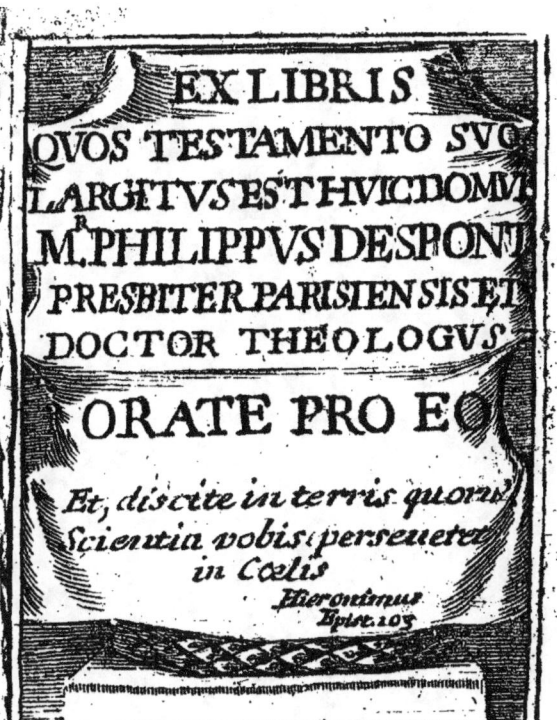

D) 6010

1761.

LE CATECHISME SPIRITVEL.

Pour les personnes qui desirent faire progrés en la Pieté Chrestienne.

Par IEAN PIERRE CAMVS,
Euesque de Belley.

A PARIS,

Chez la Vefue MARTIN DVRAND, ruë
Sainct Iacques, au Roy Dauid.

———

M. DC. XLII.

Auec Approbation & Priuilege du Roy.

CLEF DE CE CATECHISME SPIRITVEL.

1. E Catechisme Spirituel a esté dressé pour des ames auancées dans les voyes de Dieu, & qui sçauent vn peu plus que les Elemens de la Doctrine Chrestienne, que l'on enseigne aux enfans, ou aux Neophites: ce que monstre l'epithete de Spirituel, qui le distingue de l'autre, & le tesmoigne d'vne classe vn peu plus esleuée.

2. Aussi vn Euesque se doit souuenir de son caractere, & d'accomplir son ministere, conformément à sa vocation. Qui est en la Hierarchie de l'E-

glise, non seulement de purger & illuminer, ce qu'il peut faire comme Diacre, & comme Prestre, (puisque son ordre embrasse tous ceux qui luy sont inferieurs) mais encore de perfectioner les ames, c'est à dire les faire auancer en cognoissance & en Amour enuers Dieu, puisque ses fonctions en l'Eglise Militante ont rapport à celles des Seraphins en la Triomphante, selon la doctrine de Sainct Denys.

3. Le Catechisme ordinaire a comme a prix fait, de meubler les entendemens des Catechumenes des veritez Chrestiennes, & de la cognoissance des mysteres de la Foy, leur separant le precieux du vil, & leur faisant distinguer le vray du faux, pour éuiter le naufrage de la creance qui se fait dans les escueils des erreurs.

4. De plus il leur fait cognoistre le

Spirituel.

vray Bien, & le discerne du faux, de peur que la volonté seduite par la trôperie de l'entendement, ne prenne le poison pour l'herbe salutaire.

5. Cettui-cy va vn peu plus auant, & passe aucunement ces deux colomnes d'Hercule, son but est d'enseigner la Bonté, la Discipline, & la Science des voyes de Dieu, la science des saincts, & qui fait les saincts, & pour le trousser en vn mot, d'apprendre *à faire le Bien bien.*

6. Qui est l'homme, dit le Psalmiste, qui veut la vie (& la vraye vie est en l'Amour pur de la souueraine volonté de la diuine Bôté) & couler des iours heureux sur la terre, & qui le conduisent en la longueur des iours interminables de l'Eternité? Que celuy là se destourne du mal, & fasse le bien, qu'il cherche la paix & s'y attache, or qui est

ã iij

celuy qui a trouué la paix & s'y peut arrester, sinon celuy qui touche la fin derniere par ses actions, & qui court en sorte qu'il attaint à ce but, où est le prix & la couronne de Iustice, comme dit l'Apostre.

7. Plusieurs bonnes ames qui esperent en Dieu, & qui desirent luy sacrifier des sacrifices de Iustice, disent assez souuent, Hé! qui nous monstrera le bien; qui fera rayonner sur nous la lumiere du visage de Dieu, qui nous donnera la ioye de son salutaire; qui nous confirmera de son esprit principal, affin que nous puissions voir la multiplication du froment, du vin, & de l'huile, des fruits de Penitence & des bonnes œuures? Les petits demandent ce pain, & peu veulent prendre la peine de le leur rompre & distribuer.

Spirituel.

8. Peu leur communiquent ce coing de beurre, & ce rayon de miel mystique, qui fait rejetter le mal, & choisir le vray bien, leur enseignant les iustifications de Dieu, & leur apprenant à dresser leurs pas en ses voyes, qui sont des voyes de paix & de perfection Chrestienne, en vn mot peu leur enseignent *à faire le Bien bien.*

9. Cependant Dieu regarde du haut des Cieux sur les enfans des hommes, pour voir s'il y en a quelqu'vn qui entende comme il faut entendre, & qui l'aime & le recherche comme il doit estre aimé & recherché, & le Psalmiste nous declare rondement & ouuertement que tous ont decliné, & se sont rendus inutiles au seruice de Dieu, nul ne faisant le bien, non pas iusques à vn.

10. Ce n'est pas que plusieurs ne tas-

chent d'euiter le mal, & de faire quelque sorte de bien, mais ils fuyent l'vn, & ne pratiquent l'autre comme il faut, c'est à dire pour la fin, qui seule donne le prix & le poids aux actions bien faites: de sorte que mis à la balance, ils sont trouuez trop legers, leurs oeuures non pleines, & leurs holocaustes sans mouëlle.

11. Leurs traits sont comme les fleches qui partent de la main debile d'vn enfant, qui n'arriuent point au blanc, ils courent à l'incertain, & non, comme conseille l'Apostre, pour arriuer au terme de la carriere, ce qui est cause qu'ils ne se trouuent pas des vaisseaux d'honneur & de sainteté vtiles au Seigneur, & preparez à toute bonne oeuure.

12. Le vray Iuste marche par les sentiers de Iustice, pour la gloire du nom

Spirituel.

de Dieu, le Seigneur le conduit par de droites voyes, luy monstre le chemin de son Royaume, luy donne la science des saincts, rend honorables ses trauaux, & ses œuures accomplies, sa route est comme celle de l'aube resplendissante, qui s'auance tousjours & s'accroist iusques à la plenitude du iour parfait.

13. C'est à ce progrés que tasche d'aider ce Catechisme, lequel commence où l'autre finit, tenant comme vn Iacob Esaü par le pied. Il suppose vne Ame non seulement Chrestienne, mais deuote, & non simplement deuote, mais qui menant vne vie spirituelle, veut vacquer & voir combien le Seigneur est doux à celuy qui le recherche, & le recherche de tout son cœur.

14. Il s'accommode à l'ordre de l'au-

tre, comme Iacob au train de ses enfans & de ses petits agneaux, mais est d'vne classe vn peu plus haute, & à quelque doctrine vn petit plus forte que du laict.

15. En toutes entreprises il faut regarder la fin, qui doit estre la premiere en l'intention, quoy que la derniere en l'execution, c'est le piuot sur lequel tourne tout ce Catechisme, & le centre où se rapportent comme autant de lignes, tous les moyens d'y arriuer.

16. Il me semble que ce point de la fin derniere pour laquelle toutes choses sont faites, n'est pas assez pesé & expliqué dans les autres Catechismes, & qu'en enseignant la Doctrine Chrestienne aux plus simples, il faudroit insister d'auantage là dessus, & leur en faire mieux cognoistre l'importance,

Spirituel.

car le moyen de viser à vn blanc que l'on ne void pas, & d'attaindre à vn but que l'on ne sçait, n'est-ce pas courir à l'incertain, battre l'air & tirer à l'auanture?

17. Quand la fin est bien cognuë & recognuë, on cherche les moyens pour y arriuer, en les cherchant on les trouue selon ce qui est escrit, cherchez & vous trouuerez, frappez on vous ouurira, demandez & vous obtiendrez : trouuez on les embrasse, & on s'en sert pour arriuer à la fin.

18. La fin pour laquelle Dieu a creé toutes choses est sa gloire, c'est ce que l'on enseigne icy en la 1. Catechese.

19. Et parce que la fin souueraine & la Beatitude ou Vnion au souuerain Bien sont vne mesme chose, on monstre en la 2. quelle est la souueraine felicité de ceste vie qui conduit à celle

de l'autre.

20. Cela eſtably aux Catecheſes ſuiuantes, on paſſe aux moyens pour paruenir à ceſte fin derniere & ſupreme, ces moyens ſont la Foy, non la morte (car elle eſt inutile à ſalut) mais la viue & œuurante par Charité, c'eſt dequoy traicte la 3. Catecheſe, la 4. eſt de l'Eſperance viue, c'eſt à dire animée de la meſme Charité, la 5. de la vraye Charité Reine des vertus, ame, forme, & vie de toutes les autres, par laquelle nous auons la grace iuſtifiante, où elle eſt diſtinguée de la fauſſe ou feinte, ſelon le terme de l'Apoſtre, laquelle amuſe & abuſe beaucoup de gens.

21. La 6. parle de la Iuſtice Chreſtienne en general, qui n'eſt à proprement parler que la meſme Charité agiſſante & commandante le gros de l'armée des vertus.

Spirituel.

22. Et parce que ceste Iustice se partage en deux branches, qui cōprennent toute la Morale Chrestiēne, la fuite du vice, & la fuite de la vertu, la 7. Catechese explique la premiere sous le tiltre de destruction du Vice, & la 8. la seconde sous celuy d'instruction aux Vertus parfaites, c'est à dire Viues, Infuses, Chrestiēnes, Diuines, en vn mot auiuées & animées par la Charité.

23. Et parce que la foy qui nous propose les veritez des Mysteres sacrez, & aussi des promesses & des menaces de Dieu, a de coustume de faire naistre l'Esperance par les promesses, & la Crainte par les menaces, on monstre en la 9. Catechese quelle est la vraye Crainte de Dieu, qui doit loger dans le cœur du Chrestien.

24. En fin la 10. Catechese s'employe autour des Sacremens que Dieu a lais-

sez en son Eglise, côme Sceaux de ses diuines promesses, & côme vaisseaux côtenans les diuerses graces qu'il nous distribuë, lesquelles sont de tresgrands & precieux dons, ainsi que parle Sainct Pierre.

25. Voyla l'ordre & le dessein de tout ce Catechisme Spirituel, qui en vn mot ne vise que là, de faire cognoistre au Chrestien quelle est sa vraye fin, & quels sont les moyens qui l'y peuuent conduire.

26. Il y a encor quelques petites remarques à faire, à celuy qui en voudra tirer du fruict pour la gloire de Dieu, qui est l'vnique but de ce Catechisme. La 1. que le dessein est de rendre ceux qui le liront & pratiqueront, non pas plus sçauans mais meilleurs, enquoy consiste la vraye science de Dieu, la vraye science des saincts : à raison de

quoy on a autāt & plus visé à enflammer la volonté qu'à éclairer l'entendemēt, car dequoy sert de bien croire, si on ne fait le bien qui est creu, veu, & cognu, sinon à rendre plus coupable le seruiteur qui aura sçeu la volonté du Maistre, & ne l'aura pas executée?

27. Pour ce sujet on a joint à la respōse de la demāde qui éclaircit l'entendement par la proposition de la verité, l'acte de la volonté qui porte vers le bien que la verité monstre, faisant naistre l'Affection & la Resolution de la Ratiocination.

28. Ce Catechisme est dressé de ceste sorte affin qu'il puisse estre medité, & seruir de matiere, & mesme de maniere d'Oraison Mentale à ceux qui s'en voudront preualoir, les morceaux y estans tous taillez, & cōme tous digerez pour cela, ainsi ce sera vn Catechis-

me vrayment Spirituel, c'est à dire de deuotion & de Pieté, pour les ames qui font estat de mener vne vie Spirituelle.

29. Possible que quelqu'vn trouuera à dire que l'on n'y ait pas expliqué le Symbole, l'Oraison Dominicale, & le Decalogue: qui sont les trois principales pieces de la doctrine Chrestiēne, & de la science de salut. Mais outre que ces choses sont amplement exposées par les autres Catechismes, on suppose aux ames qui voudront faire vsage de cettui-cy, toutes ces cognoissances, & on les meine vn pas plus outre en leur enseignant à croire en Dieu, à esperer en luy, & à faire le Bien bien pour le pur Amour diuin, & pour la seule gloire de Dieu. Voyla le prix fait, & la tasche de ce Catechisme Spirituel.

30. Ie respands ma priere en la presence de

ce de Dieu, affin qu'il plaise à sa bonté verser sur ces fueilles les rosées de ses benedictions, a ce qu'elles produisent des fleurs, mais des fleurs qui soiēt des fruits d'honneur & d'honesteté, pour la loüange & la gloire de sa grace, & qu'il puisse estre seruy & aimé pour l'amour de luy mesme en toutes choses, & sur toutes choses, en esprit & verité.

31. Cependant ce Catechisme & toute la doctrine qu'il contient, est tres-humblemēt & entierement soumise au iugement de la tres-saincte Eglise Catholique Apostolique & Romaine, & de tous ses Pasteurs & Docteurs.

TABLE DES
Catecheses.

I. DE la fin derniere de la Creation de l'Vniuers. 1.
II. De la Beatitude supreme de ceste vie. 69.
III. De la Foy viue. 164.
IV. De l'Esperance viue. 191.
V. De la vraye Charité. 247.
VI. De la Iustice Chrestienne. 325.
VII. De la destruction du Vice. 377.
VIII. Instruction aux Vertus Parfaictes. 426.
IX. De la Crainte de Dieu. 506.
X. Des Sacremens. 565.

APPROBATION
des Docteurs.

NOvs soubsignez Docteurs, en Theologie de la faculté de Paris, attestons auoir leu & approuué *dix Catecheses de Mr. l'Euesque de Belley*, dans lesquels nous n'auons rien trouué qui ne soit conforme à la foy, en tesmoignage dequoy nous auons signé, ce vingtiesme iour de Iuillet, mil six cens quarante-&-vn.

A. EVESQVE.

LE MOVSSV.

Extraict du Priuilege du Roy.

PAr grace & priuilege du Roy, il est permis à la veufue MARTIN DVRAND, Marchand Libraire en l'Vniuersité de Paris, d'imprimer ou faire imprimer, vendre & debiter vn liure intitulé *Le Catechisme spirituel, composé par Mʳ. l'Euesque de Belley*, & deffenses sont faites à tous Libraires, Imprimeurs & autres, de quelque condition qu'ils soient, d'imprimer ou faire imprimer ledit liure, sans le consentement de ladite vefue Durand, ou autres ayans droict d'elle, à peine de mil liures d'amende, confiscation des exemplaires qui se trouueront estre faicts d'autre impression, & de tous despens, dommages & interests, & ce durant le temps & espace de cinq ans finis & accomplis, à compter du iour qu'il sera acheué d'imprimer, comme il est plus amplement porté audit Priuilege. Donné à Paris, le dixiesme iour de Nouembre, l'an de grace mil six cents quarante & vn.

Signé, *Par le Roy en son Conseil.*

COVPEAV.

Acheué d'imprimer le 15. Iour de Feburier, 1642.

CATECHESE
PREMIERE,
DE LA FIN DERNIERE
DE LA CREATION
DE L'VNIVERS.

I. POINT.

Qui a creé le Monde?

'Est Dieu, lequel a fait le Ciel & la Terre, & toutes les choses qui y sont comprises.

Adorez Dieu comme Createur de l'vniuers.

2. *Comme cognoissez-vous cela?*

Par deux sortes de lumiere, l'vne naturelle, l'autre surnaturelle.

Rendez graces à Dieu pour l'vne & pour l'autre, car il est Autheur de la nature aussi bien que de la grace.

3. *Que dittes-vous de la Premiere?*

Qu'elle est dans l'estenduë de la capacité naturelle de l'esprit humain, qui s'esleue par la

A

raison à la cognoissance d'vne premiere cause qui n'est causée par aucune autre, & qui est l'appuy & le soustien de toutes les autres qui luy sont subordonnées.

O premiere & souueraine Cause que tout le monde vous adore, & chante l'hymne de vostre loüange.

4. *Par quel moyen s'y esleue-t'il?*

Par le spectacle des effects: Car les choses de Dieu qui sont inuisibles, se cognoissent par celles qu'il a faites visibles, & par la grandeur des ouurages on cognoist l'excellence de l'ouurier. C'est l'eschelle mystique du Patriarche, qui nous porte au Createur par les degrez des creatures, qui sont comme ses marchepieds.

Adorez l'escabeau de ses pieds, honorez ses vestiges, adorez-le au lieu où il a marqué ses pas.

5. *La voix de toutes les creatures.*

Il en sort vne des plus insensibles, mesme du milieu des pierres, & toutes par concert semblét châter ce motet, c'est Dieu qui nous a faites, & non pas nous mesmes. Les cieux racontent la gloire de Dieu, & le firmamét annonce l'ouurage de ses mains: le iour & la nuict marquent la science de ses voyes, ils la publient par tout, en toutes langues & à toutes les nations; tout l'vniuers est remply du son de ses paroles, lequel se porte iusques aux extremitez de la terre.

Si vous entendez ceste voix gardez bien d'endurcir vostre cœur, ne de fermer vostre oreille, comme ce miserable serpent qui ne veut pas oüir la melodie.

6. *Et de la seconde maniere de cognoissance qu'en dites-vous ?*

Qu'elle est incomparablement plus esleuée, & plus excellente que la premiere, car elle est surnaturelle, infuse, & diuine, vn seul rayon de la foy estant de plus grand prix, que toute la lumiere de la nature.

Gardez bien de rendre en vous ceste lumiere tenebreuse, par des doutes, curiositez, ou infidelitez, car qui ne croit est desia iugé, & condamné.

7. *Que dit la foy de la creation de l'vniuers ?*

Le premier article de nostre creance est que Dieu en est le Createur. Les premieres lignes de l'vn & de l'autre testament le declarent ; on ne peut choquer ce fondement sans renuerser toute pieté & religion.

Dieu est nostre Pere qui nous a faits & creez, c'est luy qui nous a formez à son image & semblance.

8. *Dequoy a t'il creé le Monde ?*

De rien : autrement il ne seroit pas appellé Createur, car creer, à parler proprement, c'est

A ij

tirer vne chose du non estre & du neant, à l'estre.

Humiliez-vous, & vous aneantissez deuant Dieu, qui vous a tiré du neant, & sans le soustien duquel vous retourneriez au mesme neant. Pensez que n'estant qu'vne partie du monde si petite qu'elle est presque inimaginable, vous n'estes en vostre origine, que l'incōceuable partie d'vn rien De quoy doncques te peux tu glorifier, poudre, cendre, vent, fumée, neant?

9. *Vne creature n'en peut elle pas tirer vne autre du neant?*

C'est vn trait de Maistre absolu de toutes choses que Dieu s'est reserué par la qualité de Createur. Il n'est pas en la puissance de tous les Monarques de la terre de creer vn mouscheron, ny la moindre fleur, c'est à dire de tirer vne chose du neant à l'estre.

Humiliez vous sous la main toute puissante de Dieu, & honorez ceste reserue en elle.

10. *D'où vient donc que l'on dit qu'vn tel est creature d'vn tel Grand, quand il l'a auancé en fortune?*

C'est vne maniere de parler impropre, & qui prise à la rigueur est iniurieuse à Dieu, qui a le sort de tous les hommes en ses mains, & à qui seul il appartient de creer, & de tirer le pauure du milieu de la fange, pour le faire asseoir au

de la creation de l'vniuers.

milieu des Princes.

Dieu, dit le Pfalmiste, esleue celuy cy & humilie cét autre, il a en sa main vn calice de vin meslé qu'il distribue comme il luy plaist.

11. *Mais vn fils n'est il pas creature de son Pere?*

Non: car il ne l'a pas formé de rien: la creature ne fait rien de rien: il n'appartient qu'à Dieu de faire de rien quelque chose.

Il appelle ce qui n'est pas, comme s'il estoit, & aussi tost il est: car il fait tout ce qu'il veut au Ciel & en la terre.

12. *A ce conte Dieu ne seroit pas Createur d'Adam, car il l'a fait du limon de la terre.*

Mais dequoy auoit il fait cette terre sinon du neant? il est donc Createur d'Adam, dans le corps duquel il souffla l'esprit de vie, tirant son ame de rien, ce qu'il fait encore tous les iours en la creation des Ames.

O Dieu ie suis vn vray neant deuant vous, ie serois reduit à rien sans vous, coseruez-moy Seigneur, car i'ay esperé en vous, ie vous ay dit que vous estes mon Dieu, qui m'auez fait & creé.

13. *Par quel moyen de Rien a t'il fait ce Tout?*

Par sa seule parole: laquelle n'est pas seulement enonciatiue, comme la nostre, mais effectiue: Il a dit & toutes choses ont esté faites, il a commandé, & elles ont esté creées. Dieu ne trouue point de resistance dans le neant: Il n'y

A iij

a que cét infame rien du peché : Rien qui a esté fait sans luy, qui se reuolte contre ses ordonnances.

Detestez ce neant, ou pour mieux dire ce Geant temeraire qui ose brauer l'armée du Dieu d'Israël, ie veux dire le Dieu des batailles.

14. *Tout donc a esté fait par la parole de Dieu ?*
Ouy : ou par le Dieu parole c'est à dire le Verbe, comme dit S. Iean au 1. de son Euangile. Dieu dit, la lumiere soit faite & aussi tost elle fut faite : ainsi de tout le reste.

Quand serons nous aussi soupples à croire à la parole, c'est à dire au commandement de Dieu que les choses insensibles & sans raison. Parlez Seigneur, vostre seruiteur escoute ; me voila enuoyez moy : il est escrit à la teste du liure que ie fasse vostre volonté, mon Dieu ie le veux, & que vostre loy soit au milieu de mõ cœur. Dites seulement vne parole & me voila recreé : dittes à mon ame ie suis ton salut.

15. *Par quel motif a t'il creé toutes choses ?*
Par celuy de sa toute-bonté, qui estant d'elle mesme communicatiue, apres les communications internes & eternelles, en a voulu faire d'exterieures en formant l'vniuers pour cela.

Adorez ceste diuine bonté, mere seconde de tant d'admirables productions.

16. *Qu'appellez vous communications internes ?*

Celles par lesquelles de toute Eternité Dieu se communique infiniement à soy-mesme: or rien n'estant Eternel & infiny qui ne soit Dieu, ces communications qui sont en Dieu, sont Dieu mesme, se communiquant à soy-mesme eternellement & infiniement.

Voilez vos yeux & vos pieds comme les Seraphins du Prophete, c'est à dire vostre cognoissance & vos affections, & recognoissez leur incapacité à conceuoir l'incomprehensible.

17. *Encore que nous apprend la foy de ces communications interieures ?*

Qu'il y en a deux, que les Theologiens appellēt Productions, Processions, Emanations. La premiere est celle du Verbe, par la voye de l'entendement & de la cognoissance. O Dieu he ! qui peut raconter ceste generation ?

Adorez-la en silence, & la loüez en vous taisant ; car ce spectacle est le rauissement des Anges & des Bien heureux.

18. *La Seconde.*

C'est la Procession du S. Esprit par la voye de la volonté, laquelle estant vne au Pere & au Fils, & vnique la bonté infinie aimée par ceste vnique infinie volonté, il s'ensuit que le sainct Esprit procede du Pere & du Fils comme d'vn mesme principe, estant leur lien, leur don, & leur Amour reciproque.

A iiij

Catechese I. De la fin derniere.

O Amour essentiel, ô Amour personel, ô Amour infiny, deuant lequel tout autre Amour ne paroist non plus qu'vne estoile, ou plutost vne estincelle deuant le Soleil.

19. *N'y as'il point en Dieu quelqu'autre communication interne?*

Le Pere employant toute la cognoissance qu'il a de son estre & de ses perfections en la production de son Fils, qui est la splendeur de sa gloire, & l'image de sa substance, il ne peut auoir que cét vnique Fils selon sa diuinité : Et le Pere & le Fils communiquans tout leur Amour & toute leur substance au S. Esprit, la volonté diuine ne peut auoir d'autre production interne que celle du S. Esprit, lequel est le terme & le repos de la fecondité de Dieu en soy-mesme, comme il se peut dire en quelque maniere le principe de la fecondité de Dieu hors de Dieu.

Adorez ce terme & ce principe des communications diuines. O S. Esprit Dieu illuminez nos tenebres!

20. *Pourquoy l'appellez-vous principe de la fecondité de Dieu hors de Dieu?*

Ie sçay que les operations de Dieu, hors de luy sont indiuisibles, c'est à dire communes aux trois personnes : & que le Pere & le Fils ont creé toutes choses aussi bien que le sainct Esprit. A raison dequoy le Pere est appelé

Createur. Et il est dit qu'il a tout fait par son Verbe : & puis que l'esprit de Dieu, qui est le S. Esprit, estoit porté sur les eaux en la creatiõ. Neantmoins il y a vne raison particuliere pour laquelle le S. Esprit peut estre appelé principe de la fecondité ou communication de Dieu au dehors.

Honorez les trois diuines Personnes vn seul Dieu en essence, substance, & nature ; Createur de l'vniuers.

21. *Quelle est cette raison?*

La mesme par laquelle il est appelé, Amour, Lien, Don, Bonté, Charité, & aussi par laquelle l'œuure de nostre sanctification luy est attribuée par appropriation & conuenance. Car c'est par pur exces d'amour & de bonté, que Dieu apres vne eternité de seiour en soy-mesme, a voulu s'espandre & communiquer au dehors, donnant aux creatures vne image de son estre.

O Bonté infinie c'est par vous que nous sommes ce que nous sommes, c'est pourquoy nous ne deuons rien estre que pour vous.

22. *Dieu a t'il creé le Monde pour quelque fin?*

Qui en peut douter ? s'il ne veut oster à la premiere & souueraine intelligence, qui est Dieu, la gloire d'entendre & d'estre raisonnable.

Celuy qui a planté l'oreille n'entendra-t'il

Cat. I. De la fin derniere

point ? celuy qui a fait l'œil sera-t'il sans veuë? celuy qui a donné la raison aux Anges & aux hommes en sera-t'il despourueu?

23. *Pourquoy dixtes-vous cela ?*

Parceque tout agent agissant pour quelque fin ; & l'agent raisonnable cognoissant la fin pour laquelle il se porte à son action, on ne peut, sans blaspheme, denier ceste cognoissance au premier agent, qui est Dieu.

Celuy qui donne aux autres la faculté d'engendrer sera-t'il sterile ? & sans cognoissance, celuy qui l'a dôné aux creatures intelligentes.

24. *Quelle fin peut auoir celuy qui est infiny ?*

Dieu consideré en luy mesme, & auant la creation de l'vniuers, se vouloit luy mesme comme souuerain bien, & comme bonté infinie & essentielle, & non pas comme fin, car la fin dit vne habitude & relation aux moyens pour y arriuer, où donc ne sont point les moyés là n'y a point de fin. Mais regardé comme Createur de toutes choses, il s'est estably la fin de tout ce qu'il a creé ; & ainsi il a eu vne fin derniere en la creation du Monde, qui est soy-mesme.

Pesez bien ceste grande parole du Sage aux Prouerbes (16.) le Seigneur a fait toutes choses pour soy.

25. *La fin & le bien, selon S. Thomas, sont vne mesme chose.*

Ouy reellement, mais il y a pourtant quelque diſtinction de raiſon, comme parlent les Theologiens, car qui dit le bien abſolument, dit vne choſe parfaitte en elle meſme, mais qui dit la fin dit vn bien relatif, & qui regarde les moyens conuenables pour y arriuer. Dieu de ceſte façon ſe veut ſoy-meſme en ſoy-meſme comme bien abſolu, mais au regard des Creatures il les veut comme moyés & ſoy-meſme, comme fin derniere de ces moyens là. (*v. Beccan. Summ. Theol. part. 1. c. 11. q. 2. & cap. 4.*)

La Terre eſt au Seigneur & ſa plenitude, tout l'vniuers, & tous ſes habitans, il eſt, comme il dit luy meſme, le commencement & la fin de toutes choſes.

26. *Dieu eſt donc la fin derniere de la creation du Monde?*

Ouy : comme il en eſt le premier principe, l'Alpha & l'Omega : & cela neceſſairement non pas qu'il ait par neceſſité creé l'vniuers, ayant eſté vne eternité toute entiere content de ſoy-meſme & dans ſoy-meſme, ſans faire aucune production au dehors de ſoy : mais en creant le Monde, comme luy ſeul en eſt la premiere cauſe neceſſaire, il en eſt auſſi neceſſairement la derniere fin.

O Dieu, diſoit le grand S. Auguſtin, noſtre eſtre vient de vous, & il ne peut auoir de repos qu'il ne retourne à vous, & ne s'arreſte en vous comme en son centre,

27. *D'où tirez vous cette necessité ?*

De l'Excellence infinie de Dieu qui le rend la premiere de toutes les causes necessairement, Dieu ne pouuant rien faire hors de soy de plus excellent que soy. Or comme la derniere fin doit estre la plus excellente de toutes les fins, Dieu n'en pouuant faire de plus excellente que soy mesme, c'est ce qui le rend la premiere cause de toutes les causes, & la derniere de toutes les fins necessairement.

Reuerez ceste heureuse necessité qui prouient de l'infinité de l'excellence diuine.

28. *Peut-on cognoistre cette fin derniere par la lumiere naturelle?*

En quelque façon : car comme elle nous conduit par la raison à la cognoissance de la premiere cause, par la mesme route elle nous peut mener à celle de la derniere fin : d'autant que c'est le regard de la fin qui nous la cause, & la porte à son action. Or comme dans les causes, aussi dans les fins on ne procede point dans l'infiny, il faut necessairement conclure que comme il y a vne premiere cause qui donne le branfle à toutes les autres secondes & qui luy sont soumises & subordonneés, il y a aussi vne fin derniere, à laquelle tendent toutes les autres comme à leur but. (*S. Tho. 1. 2. q. 1. a. 4.*)

Adorez ceste premiere cause, & cette der-

de la creation de l'vniuers. 13

niere fin, qui est Dieu mesme. Beau cercle dont le centre est par tout & dont la circonference n'a point de bornes.

29. *Y a t'il d'autres fins que cette derniere?*

Les Philosophes & les Theologiens aussi distinguët deux sortes de fins, l'vne ils la nomment prochaine ou premiere, l'autre derniere, ou plus esloignée. (*S. Tho. 1. 2. q. 12. a. 2. q. 21. a. 1. ad 2. 2. 2. q. 23. a. 7. q. 123. a. 7.*) l'Ignorance de cecy, & l'Inaduertance, sont cause de beaucoup de manquemens, & de desordres.

Ouurez les yeux icy dessus, & gardez de prendre l'vne pour l'autre, Lia pour Rachel.

30. *Qu'appelez vous fin Prothaine ou Premiere?*

C'est le but immediat de l'operation de celuy qui agit, elle est fin si là se termine l'action, sans passer outre, mais elle n'est que moyen quand par elle on pretend aller plus auant, & passer iusques à la derniere. (*S. Tho. 1. 2. q. 12. a. 2. q. 21. a. 1. ad 2. 2. 2. q. 23. a. 7.*)

En toutes vos bonnes actions rapportables à la fin derniere, gardez de vous arrester à la prochaine & premiere, mais estendez les iusques au dernier but, car le prix eternel n'est que pour celuy qui l'attaindra: comme l'Apostre nous enseigne.

31. *Donnez quelque exemple de cela.*

Nous recherchons les Medecins pour apprendre d'eux les remedes de nos maladies; nous allons aux remedes pour chasser nos maux; nous voulons chasser le mal pour r'auoir la santé, nous desirons la santé pour ne sentir plus de douleur, nous souhaittons l'exemption de la douleur pour gouster l'aise de la vie, toutes ces fins enclauées, & enchaisnées les vnes aux autres, sont dernieres quand on s'y arreste en derniere instance, mais premieres quand on passe de l'vne à l'autre. Toutes celles cy neantmoins sont naturelles & humaines, & n'ont rien de surnaturel & diuin, & ne vont pas iusques à la derniere & souueraine qui est Dieu. C'est pourquoy au regard de celle cy on les peut appeler premieres & prochaines.

S'y arrester c'est agir en Payen, en Philosophe, non pas en Chrestien, qui doit tousiours auoir Dieu deuant les yeux, comme la fin derniere de toutes ses actions.

32. Comme faudroit il faire pour y rapporter celles-cy?

Il ne faut que faire vn pas plus outre à chacune, & rechercher le Medecin, parce que Dieu a creé la medecine, & veut que l'on honore le Medecin pour la necessité. 2. Parceque Dieu veut que nous ayons recours aux remedes. 3. Il permet que nous taschions de chasser nos maux. 4. Il entend que nous conseruions nostre santé. 5. Il n'empesche pas que

de la creation de l'vniuers.

nous repoussions la douleur. 6. Il ne deffend pas que nous goustions l'aise de l'indolence. 7. Mais principalement il desire que nous vsions de la santé pour le seruice de sa gloire.

Rapportant toutes ces lignes à ce centre, de tous costez nous arriuons à la derniere fin.

33. *Peut-on auoir plusieurs fins dernieres d'vne mesme action?*

S. Thomas (1. 2. *q.* 1. *a.* 5.) répond negatiuement : & certes l'Archer ne peut en mesme temps attaindre deux diuers buts d'vne mesme fleche.

Souuenez vous de la parole de N. S. que nul ne peut seruir à deux maistres, & auoir pour fin derniere de son action le Createur & la Creature. On ne peut seruir à Dieu & à Mammone, honorer Dieu, & se faire vn Dieu de son Ventre.

34. *Quand on rapporte la fin prochaine à la derniere, ne sont ce pas deux regards?*

Non : mais c'est vn mesme regard de deux choses, dont l'vne est rapportée à l'autre. C'est par vn mesme mouuement que nous tendons au moyen & à la fin par le moyen. (*S. Tho.* 1. 2. *q.* 12. *a.* 2. *& q.* 8. *a.* 5.)

Aymez la multiplicité qui se termine dans l'vnité.

35. *Monstrez cela par quelques exemples.*

Quand on lit auec des Lunettes, c'est d'vn

mesme trait d'œil que l'on void & le verre, & la lettre, où le regard se termine. Quand on va au Createur par l'entremise de la Creature, c'est vne mesme intention & du moyen & de la fin.

Heureux celuy qui ne se sert des Creatures que comme d'escalier, pour s'esleuer à celuy qui les a faites.

36. *Vn autre.*

Quand on va d'vne Ville en vne autre, & qu'il faut passer par quelques Bourgades qui sont au milieu, c'est vn mesme chemin que celuy de la Ville où l'on tend, & de ces Bourgades où l'on passe.

C'est ainsi qu'il faut vser en passant des fins prochaines, & ne joüir que de la derniere qui est Dieu, en y arrestant tous ses desirs, car c'est l'vnique objet qui est tout desirable.

37. *Vn beau mot du Sage.*

Les mousches mourantes, dit-il, perdent la suauité du parfum : car elles l'infectent de leur pourriture, non pas celles qui ne font que voltiger, & passer legerement par dessus. Quand la bonne œuure faite en estat de grace ne fait que passer sur le motif moral, & naturel, pour aller au dernier qui est celuy de la charité, alors elle est meritoire de la vie eternelle : mais si elle s'arreste au motif prochain, en derniere instance, elle gaste la suauité du parfum.

Les

de la creation de l'vniuers.

Les œuures de Dieu sont parfaites: & celles qui sont faites pour luy le doiuent estre, or toute leur perfection consiste à atteindre la derniere fin.

38. *Qu'appellez-vous proprement la fin derniere?*

C'est celle où l'action s'arreste en derniere instance, la prochaine & naturelle deuient derniere, si l'on n'a point d'autre regard que le motif naturel ou moral, quand on la produit. Par exemple donner l'aumosne pour la seule pitié du pauure sans aucun esgard à Dieu, c'est terminer ceste action dans vne fin morale derniere, mais quand on adiouste celle de l'amour de Dieu, alors la fin morale n'est que moyen, & l'amour de Dieu est la fin derniere.

Estendons nous tousiours plus auant, suiuant le conseil de l'Apostre, & courons en sorte que nous arriuions au but de la fin derniere, car celuy là n'aura point la couronne de Iustice, qui ne l'attaindra point.

39. *Ie demande quelle est entre toutes les fins la souueraine & derniere?*

C'est celle où, parlant absolument, toutes les autres se terminent, & y rencontrent la perfection qui leur conuient selon leur nature ; & qui peut prendre pour sa deuise le *Non plus Outre* des Colomnes d'Hercule.

C'est là, où comme à son pole, se doit arrester

B

l'aiguille de noſtre deſir. O Dieu fin derniere & ſouueraine de mon eſtre, tout mon deſir eſt deuant vous.

40. Mais cette fin eſt commune à toutes les creatures, tant inſenſibles, & irraiſonnables, que raiſonnables?

Il eſt vray, puiſque Dieu eſt la fin derniere comme il eſt le premier principe de toutes choſes, mais autrement y arriuent les creatures raiſonnables, & celles qui ſont priuées de raiſon. Car celles là y tendent en pretendant, celles-cy y tendent ſans y pretendre.

Remerciez Dieu qui vous a fait de celles du premier rang.

41. Qu'appellez vous tendre & pretendre?

Les choſes inſenſibles tendent à leur fin par l'inclination naturelle qui leur eſt donnée par la premiere cauſe, & les animaux par vn inſtinct ſenſible; mais ſans la cognoiſtre & ſans ſçauoir ce qui les meut. Il n'en eſt pas ainſi de l'Ange & de l'homme qui pretend où il tend, c'eſt à dire qui cognoiſt auant que ſe porter à ce qu'il veut, car la volōté ne ſe panche que vers ce qu'elle cognoiſt.

Ruminez ceſte belle ſentence de S. Auguſtin, que nous auons miſe en ryme, pour aider voſtre memoire.

Mon Amour eſt mon choix,
Et mon choix eſt mon poids,

de la creation de l'vniuers.

Par tout où ie me porte
Mon Amour me transporte.

42. *Dittes sommairement quelles sont les fins prochaines & premieres, & quelle la derniere & supreme.*

Celles là sont toutes les creatures ; c'est à dire tout ce qui n'est point Dieu. Celle cy est Dieu seul. Bien auisé est celuy qui en toutes ses actions ne vise qu'à celle cy, car c'est elle qui leur donne la perfection, ou s'il regarde les autres, qui ne s'y arreste pas en derniere instance: mais les rapporte incontinent à la supreme.

Celuy la peut dire auec ce grand Sainct, mon Dieu vous m'estes toutes choses.

43. *Il y a des fins prochaines qui ne peuuent estre rapportées à Dieu.*

Il est vray, ce sont les mauuaises & vicieuses, c'est lors que l'on abuse des choses creées au preiudice de l'honneur de Dieu. Ce qui a fait dire au Sage que les Creatures sont des chausse-trapes aux pieds des imprudens : de là ceste deffinition du peché, que c'est vne auersion du Createur & vne conuersion à la creature.

Detestez ces fins là malheureuses, car c'est par elles que les pecheurs descendent en enfer tous viuans.

44. *Quelles sont les bonnes ?*

Ce sont celles qui ont vne bonté naturelle

B ij

ou morale, qui d'elle mesme n'a rien qui repugne au rapport qui en peut estre fait à la gloire de Dieu.

Ce sont des fleurs sur lesquelles les abeilles mesnageres & mystiques, les ames qui sont en grace peuuent recueillir de beaux rayons de pieté.

45. *Vn exemple des Premieres.*

Soit que vous beuuiez ou que vous mangiez dit l'Apostre, (*1. Cor.* 10.) ou que vous fassiez quelqu'autre action, faittes le tout pour la gloire de Dieu. Vous voyez qu'il parle des actions naturelles du boire & du manger, ce qui se doit estendre à toutes les autres ou il n'y a point de peché.

Or tout cela par vne ame qui est en grace peut estre par le motif de la charité rapporté a la fin derniere qui est la gloire du Createur; exercez vous en ceste pratique, & vous y trouuerez vne mine d'Or, & la veine de vie. C'est là l'Or pur que l'escriture nous conseille d'acheter, si nous voulons deuenir vrayment riches.

46. *Des Secondes.*

Tout ce que vous faites soit en paroles, soit en œuures, dit le mesme Apostre (*Coloss.* 3.) faites le au nom, c'est à dire pour la gloire de N. S. I. C. Il monstre là les actions raisonnables & morales, qu'il veut que l'on rapporte à l'amour de Dieu comme à leur fin souueraine.

Mettez la main à l'œuure, & excercez vous à mettre en execution ce commandement Apostolique.

47. *A quoy sert ce rapport?*

A rendre ces œuures là meritoires de l'Eternité, car celle qui n'atteint point la derniere fin ne merite point la couronne de Iustice.

Dequoy sert à l'homme de gaigner tout le monde, s'il fait perte du Ciel?

48. *N'est-ce pas assez d'auoir l'habitude de la Charité, pour les rendre meritoires de la vie eternelle?*

Quelques vns estiment qu'ouy, pourueu que l'œuure soit bonne d'vne bonté morale, n'estendans pas ceste communication à celles qui ne sont bonnes que d'vne bonté naturelle, comme si tout ce que Dieu a fait en l'ordre de la nature n'estoit pas fort bien. Mais ceste opinion est si large, & ouure vne telle porte à la negligence & lascheté, que i'estime à propos de pratiquer en cecy le conseil de l'Apostre.

Esprouuez tout & tenez vous à ce qui est bon, disons encor à ce qui est meilleur.

49. *Quelle est la plus seure opinion?*

Elle est de ceux qui tiennent qu'il ne suffit point d'estre en grace, pour rendre les œuures naturellement ou moralement bonnes, meritoires de l'Eternité, si encor elles ne sont faites par le motif de la Charité ou actuel, ou au moins Virtuel. (*Bellam. l. 5. de Iustific. c. 15.*)

Vne bonne ame & qui ne respire que la plus grande gloire de Dieu en toutes ses actions, se rangera tousiours de ce costé cy.

50.   *Escueil descouuert.*

Quiconque estimeroit qu'vne œuure moralement bonne, sans attaindre la fin derniere par la Charité actuellement ou virtuellement peust estre meritoire de la vie eternelle, tomberoit dans l'erreur des Pelagiens.

Detestez ceste opinion que l'Eglise a foudroyée de tant d'anathemes.

51.   *D'où vient qu'vne œuure de cette sorte*
         n'est point meritoire du Ciel?

Parce que la Nature ne peut d'elle mesme attaindre à la gloire celeste, sans l'entremise de la grace. Or les fins de toutes les vertus morales sont naturelles & ne peuuent arriuer à la fin derniere & surnaturelle que par la Charité. (*v. S. Tho. 1. q. 23. a. 1. 1. 2. q. 109. a. 5. ad 3.*)

Gardez bien d'attribuer à la nature ce qui n'appartient qu'à la grace: laquelle est par l'Apostre appelée la vie eternelle.

52.   *N'y a-t-il point quelque distinction*
         dans la fin derniere?

Elle est Dieu mesme, & partant vne & indiuisible, comme Dieu est vn & sans aucune diuision. Neantmoins comme les choses irraisonnables tendent autrement à Dieu que les raisonnables, les Theologiens mettent quelque distinction entre la fin derniere, & son vsage ou jouïssance. (*v. S. Tho. 1. q. 26. a. 3. ad 2. 1. 2. q. 1. a. 8. q. 2. a. 7. q. 5. a. 2.*)

Demandez à Dieu qu'il vous donne lumiere pour bien conceuoir cette distinction, car elle est importante.

53. *Ouurez-la par quelque exemple.*

S. Thomas en donne cettuy-cy: (*li. ce. & 1. 2. q. 3. a. 8. ad 2. q. 5. a. 2. q. 11. a. 3. ad 3 q. 16. a. 3. q. 34. a. 3.*) L'or ou l'argent comme chose est la fin derniere de l'auare, mais son vsage ou jouïssance est sa fin derniere comme action. Ainsi Dieu parlant simplement, est la fin derniere de nostre felicité comme chose, & la jouïssance de Dieu est aussi cette mesme fin comme action de nostre ame, qui applique son entendement & sa volonté à cette premiere verité & bonté.

Aspirez à cette jouïssance de la fin derniere, car c'est le haut point de vostre beatitude, & en cette vie & en l'autre.

54. *Ce ne sont pas deux fins?*

Non: mais c'est vne mesme fin diuersement regardée. 1. En elle mesme. 2. En nous, c'est à dire en nostre application à elle, ce qui se fait par l'vsage ou la jouïssance: qui sont

B iiij

Cat. I. De la fin derniere

choses bien differentes.

Gardez vous bien d'vser de la fin derniere dont il faut jouir, ny de jouir des prochaines dont il ne faut qu'vser, car voila la source de tous les desordres de la vie humaine.

55. *Où prenez vous cette source de desordres?*

C'est S. Augustin qui nous asseure que la racine de tous maux est en ce que nous vsons de l'vnique chose dont nous deurions jouir, & voulons jouir de celles dont nous ne deurions qu'vser (*v. Magist. sentent. l. 1. dist. 1. S. Tho. 1. 2. q. 11.*) car nous ne deurions jouir que de la fin derniere qui est Dieu, & vser de toutes les prochaines, qui sont les creatures, que comme de moyens pour arriuer à Dieu.

Si vous cheminez tousiours ainsi, vous marcherez iustement, & par de droittes voyes au Royaume de Dieu.

56. *Expliquez cecy par quelque exemple.*

Comme nous nous seruons d'vn outil ou instrument pour faire quelque ouurage, & comme nous mangeons pour conseruer la vie ou la santé, ainsi nous ne deurions nous seruir des fins prochaines qui sont les creatures que comme de moyens pour arriuer au Createur, à la gloire duquel se deburoient terminer toutes nos actions comme en leur fin derniere.

A quiconque gardera cette regle, paix sur luy, auec la misericorde de Dieu.

de la creation de l'vniuers.

57. *Y en a-t'il qui fassent autrement?*

Pleust à Dieu qu'il n'y en eust aucun, le peché seroit exterminé de la face de la terre: car tout pecheur renuerse cét ordre & oubliant la fin derniere qui est Dieu, il l'establit aux prochaines qui sont les creatures, s'en seruant & s'y arrestant contre Dieu, au lieu d'en vser iustement & legitimement selon la volonté de Dieu:

Le salut est esloigné des pecheurs, car ils n'ont pas recherché les iustifications de Dieu, retirez-vous & vous escartez de ceste bande infortunée, qui court au precipice de sa damnation.

58. *Autre abus.*

Il y en a qui commettent vn autre desordre, ce sont ceux qui seruent Dieu pour prosperer temporellement, ou corporellement, ou spirituellement, vsans de Dieu comme d'vne fin prochaine, pour jouir d'vn bien creé comme de la fin derniere.

Ce desordre est plus grand qu'il ne semble à plusieurs, ie vous le monstre affin que vous l'euitiez.

59. *Qui sont ceux qui commettent cét abus?*

Ce sont ceux qui ne s'abstiennent du mal, & ne font le bien, que par esprit seruile & de seruilité, ou par esprit mercenaire & de mercenaireté, preferans la crainte de la peine à celle de la coulpe, & la recompense au donateur : en vn mot estimans dauantage l'interest de la creature que celuy du Createur.

Euitez ce desordre, car il renuerse la Loy de toute Iustice, & de la droitte raison.

60. *Qu'est ce proprement qu'vser?*

C'est se seruir de quelque chose, non tant pour elle, que pour arriuer par elle a quelqu'autre, comme, par exemple, nous prenons la medecine, non pour elle qui est amere & desagreable, mais pour recouurer par elle la santé, qui est vn bien desirable, (*v. S. Tho 1.2 q.16.*)

Il faut ainsi vser des creatures, & de tout ce qui n'est point Dieu, pour arriuer à Dieu.

61. *Et jouir qu'est-ce?*

C'est s'appliquer à quelque chose pour l'amour & le bien de cette chose à laquelle nous nous appliquons (*v. S. Tho. 1.2. q. 11.*) Or nous ne deuons jouir que de la derniere fin qui est Dieu, qui seul merite d'estre aymé pour l'amour de luy mesme, & non pour autre chose.

Qui a vne fois bien sauouré cette manne cachée, oublie bien tost les oignons des chetiues creatures.

62. *Ne peut on jouir de la creature?*

Quand nous nous appliquons à elle pour l'amour d'elle, ou quand nous l'appliquons à nous pour l'amour que nous nous portons ou le bien qui nous en reuient, alors nous sommes dits jouir d'elle ou de nous, & cela c'est jouir des choses dōt il ne faut qu'vser, establissāt la fin derniere où elle ne doit pas estre mise.

On vous monstre cét escueil affin que vous l'euitiez.

63. *Et quand nous nous appliquons à Dieu pour le bien qui nous en reuient ?*

Alors c'est vser de ce dont nous deurions jouir, car nous deuons aimer Dieu pour l'amour de luy mesme, & nous appliquer à luy par Charité, pour luy mesme, sans aucun retour vers nous (*S. Tho. 2. 2. q. 13. a. 6.*) car si nous l'aimons pour l'amour de nous, c'est à dire pour le biē qui nous en reuient, cōme qui diroit l'amour que ie me porte est la fin pour laquelle i'aime Dieu, en sorte que l'amour de Dieu fut dependant, subalterne, & inferieur à l'amour que ie me porte, ce seroit vne impieté nompareille, dit le S. Euesque de Genéue en son traitté de l'Amour de Dieu. (*l. 2. c. 17.*)

Detestez ceste impieté, & gardez de donner contre ce brisant.

64. *N'aimons nous pas Dieu en l'Esperance pour le bien que nous en attendons ?*

Ouy en quelque façon en l'Esperance morte, non en la viue & animée de Charité. Encor en l'Esperance morte ne preferons nous pas ny n'égalons nostre interest à celuy de Dieu, autrement ce seroit plutost vn vice qu'vne vertu, mais nous le sousmettons & subordonnons. Car l'ame qui n'aimeroit Dieu que pour l'amour d'elle mesme, establissant la fin de l'amour qu'elle porte à Dieu, en sa propre commodité, elle cõmettroit vn extreme sacrilege, dit le mesme B. Prelat au lieu cité en l'article precedent.

Gardez bien d'aimer Dieu de la sorte, car il en seroit plutost offensé que seruy.

65. *D'où vient donc que l'on met la derniere fin en la Beatitude, qui n'est autre chose que la jouïssance de Dieu?*

Le Docteur Angelique (1. 2. q. 3. a. 1.) fournit sur ce sujet vne doctrine admirable. Il distingue la Beatitude en objectiue & formelle: nous enseignant que l'object de la Beatitude, c'est la derniere fin, & le souuerain bien increé, qui est Dieu, mais l'essence de la Beatitude, c'est la jouïssance de cét object, laquelle consiste en l'vnion de nostre ame auec Dieu qui se fait en l'application de nostre entendement à la premiere verité, & de nostre volonté à la premiere bonté.

Exercez vous en la foy qui fait la premiere de ces applications, & en la Charité qui fait l'autre.

66. *Mais cela n'est qu'vne mesme fin.*
Il est vray dit S. Thomas. (1. 2. q. 11. a. 3. ad

de la creation de l'vniuers.

3.) puis que ceste jouiſſance ſe termine en dernier reſſort en Dieu: veu qu'aux choſes distinctes la ſubordination fait l'vnité.

O Dieu ma fin derniere & ma beatitude, c'eſt de jouïr de vous, & jouïr de vo' c'eſt que ie ſois tout à vous, & tout appliqué à vous, pour l'amour de vous, & pour le ſeul intereſt de voſtre gloire.

67. *Si cela eſt, les choſes inſenſibles & irraiſonnables ſeront capables de beatitude, entant qu'elles ſont vnies à la derniere fin, & ne ſe ſeparant point de l'ordonnance de Dieu.*

Elles ſont certes heureuſes en ce point qu'elles ſont inſeparablement vnies à la premiere cauſe, qui les meut comme il luy plaiſt, & elles la ſuiuent neceſſairemẽt, mais c'eſt ſans la connoiſtre & ſans l'aimer, d'autant qu'elles ſont priueés des facultez par leſquelles les creatures raiſonnables connoiſſent & aiment.

Remerciez Dieu qui vous a donné ces puiſſances, & qui vous a mis en vn rang ſi noble entre ſes creatures, ayez honte de vous voir ſurpaſſer en obeiſſance au Createur, aux choſes inſenſibles & ſans raiſon.

68. *D'où vient que l'homme eſt moins obeiſſant à Dieu que les autres creatures irraiſonnables?*

C'eſt dequoy les Cieux s'eſtonnent, & dont leurs portes ſont deſolées, dit vn Prophete, de voir que les pecheurs faſſent deux maux en mesme temps, abandonnant Dieu qui est la source de vie, pour se bastir & creuser des cisternes mal enduites qui ne peuuent contenir les eaux de la grace.

Quelle vergogne qu'il employe si mal les facultez raisonnables, qui luy sont dónées par l'Autheur de son estre pour le connoistre, l'aimer, & luy obeïr plus parfaitement, qui ne versera là dessus des larmes de sang, qui fera de nos yeux des fontaines de pleurs?

69. *Qui est la cause de cela?*

Le peché de l'origine source de tous les malheurs qui nous accueillent, car c'est luy qui a laissé l'ignorance dans nostre entendement, la malice dans nostre volonté, la foiblesse dans l'appetit irascible, la concuoitise desreglée dãs le concupiscible de là ceste extreme mesconoissance, & ce desuoyemét de la derniere fin.

Conceuez vne extreme horreur du peché, cause de tous ces desordres, & l'ennemy juré de la fin derniere qui est la gloire de Dieu.

70. *Toute action qui n'arriue point à cette fin derniere est elle peché?*

Elle est ou peché mortel, ou veniel, ou au moins action imparfaite ou defectueuse.

Iugez combien il importe non seulement de cognoistre quelle est la derniere fin, mais encore d'y rapporter ses actions pour euiter tous ces escueils.

de la creation de l'vniuers. 31

71. *Comment peché mortel?*

Toute coulpe mortelle deshonore Dieu, & par cõsequent ternit & diminuë la gloire de Dieu, derniere fin des actions vertueuses, cela est si clair que le dire c'est le prouuer.

Priez Dieu qu'il ouure vos yeux de peur qu'ils ne s'endorment en la mort de la coulpe capitale.

72. *Comment Veniel?*

Le peché veniel est vne action de beaucoup moindre malice que le mortel, neantmoins il ne peut iamais estre rapporté à la fin derniere, & Dieu n'en peut estre glorifié.

Detester beaucoup le peché veniel, est vn témoignage de grande charité.

73. *Et de l'Imperfection quoy?*

Que c'est vne action deffectueuse en ce qu'elle manque d'vne bonne fin. Or la meilleure de toutes les fins estant la derniere, l'action qui manque d'y attaindre ne peut estre appellée parfaite, elle est donc imperfection.

Voyez combien est necessaire le regard ou actuel ou au moins virtuel de la derniere fin, à celuy qui tend à la perfection Chrestienne.

74. *Que dittes vous des actions indifferentes?*

S. Thomas (1. 2. q. 18. a. 9.) ne veut point qu'il y ait aucune action humaine en particulier, procedante de la raison & d'vne volonté deliberée qui soit indifferente, mais qu'elle

Cat. I. De la fin derniere

soit bône, ou mauuaise, selon qu'elle attaint à vne bonne fin, ou qu'elle manque d'y arriuer.

Doctrine seuere, mais qui procede d'vn grād zele, & qui porte à vne grande sanctification.

75. *L'ignorance de la fin derniere est donc bien dommageable.*

Plus que l'on ne pense, puisque c'est la racine de tous maux : puisque c'est la science des voyes de Dieu, qui ne la sçait pas ne peut que se fouruoyer au chemin de la verité.

L'ignorant de cecy sera ignoré de Dieu : & qui n'aura cette science, tombera aisement dans l'esclauage & captiuité du vice.

76. *Similitudes.*

Le Pilote ne peut conduire son vaisseau sur mer qui a perdu sa boussole & sa carte, & à qui les nuages dérobent la veuë de son pole. Comme peut donner au blanc l'Archer qui ne le void pas?

Celuy qui mécognoist la fin derniere, n'y peut addresser ses actions, ny par consequent les rendre parfaittes.

77. *Figure.*

Naas Roy des Ammonites ayant reduit ceux de Iabes Galaad a l'extremité, ne voulut point traitter auec eux qu'à condition qu'il leur creueroit à chacun l'œil droit (1. *Reg.* 11.) l'esprit ennemy de nostre salut ne veut auec nous ny paix ny treue qu'il ne nous ait fait

perdre

de la creation de l'vniuers.

perdre de veuë la fin derniere, qui addresse nos actions à la gloire de Dieu.

Ne consentant iamais non plus que ceux de Iabes-Galaad à vne si grande lascheté.

78. *Ne peut on s'arrester en rien de creé en fin derniere ?*

S. Thomas (1.2.q.2. & 3.) monstre amplement & clairement que la Perfection & la felicité de l'homme (qui est la mesme chose que la fin derniere) ne consiste ny aux richesses, ny aux dignitez, ny aux puissances, ny aux delices, ny en la santé, bref en rien de creé. Dieu seul Bien infini Eternel & increé estant la vraye fin derniere & l'vnique object de la Beatitude.

O Dieu tous mes vœux, c'est à dire mes desirs sont en vous, quelles louanges vous rendray-je?

79. *Mais Dieu est generalement la fin derniere de toutes choses.*

L'Escriture appuye cette verité en beaucoup de lieux. Mais pour estre cette fin commune à l'homme, & à toutes les Creatures qui ne sont pas doüées de raison, il n'en est pas moins obligé a Dieu, puisque le Soleil n'éclaire pas moins nos yeux, quoy qu'il respande sa lumiere sur vne infinité de choses incapables de la voir, pour n'auoir point la faculté de la veuë,

G

Faudroit il que nous fussions ingrats, parce que Dieu est excessiuement bon.

80. Quelle difference y trouuez vous?

Non pas en la fin derniere qui est vne: mais en son attainte & jouissance qui est bien diuerse, au regard des Creatures Irraisonnables & des Raisonnables. D'autant que celles cy en jouissent par vne obeissance procedante de cognoissance & d'amour, & partant volontaire, & celles là obeissent simplement & necessairement à la premiere cause sans la cognoistre & sans l'aimer.

Seigneur, disoit Dauid, menez moy dans le sentier de vos commandemens, car je le veux, & je le recherche de tout mon cœur.

81. *Pourquoy Dieu s'est-il estably la fin derniere de l'vniuers?*

Par la mesme raison pour laquelle il s'en est fait le Createur, car il en est la fin derniere necessairement, comme il en est le principe necessaire & la premiere cause. Et comme il n'appartient qu'à Dieu de tirer quelque chose du neant à l'estre, en la creant, & de l'empescher de retourner au non estre en la soustenant, appuyant, & conseruant, il n'appartient aussi qu'à luy d'estre la derniere fin de tout ce qu'il cree & conserue.

C'est en luy en qui toutes choses ont l'estre, le mouuement, & la vie.

82. *Quel bien reuient à Dieu de la Création de l'Vniuers?*

Nul certes en ce qui regarde son Bien Intérieur, car il n'est ny plus grand, ny plus remply d'honneur, de richesses, & de delices, depuis qu'il a creé le monde qu'auant qu'il le creast, d'autant qu'estant infiny rien ne peut estre adjousté, non plus que diminué, à son infinité.

O Dieu, dit le Psalmiste, vous estes Dieu depuis tous les siecles, c'est à dire de toute eternité, vous estes tousjours vous mesme, & demeurant content & immuable en vous mesme, & vos ans ne deffaillent jamais.

83. *Pourquoy donc l'a t'il formé?*

Par son pur Amour qui a sollicité sa toute Bonté de se communiquer au dehors, en donnant aux creatures quelques rayons de son estre & de ses perfections.

O Dieu ie dois à vostre Amour tout ce que ie suis, & voila qu'en me donnant à vous volontairement, ie vous rends par Amour ce que ie vous dois par toutes sortes de titres.

84. *Heureux retour.*

Toute la lumiere des autres Astres vient du Soleil, auquel ils la rapportent & luy en rendent hommage. Toutes les sources des fontaines, des riuieres & des fleuues viennent de la mer où elles retournent, & reportent le tribut de leurs eaux.

C ij

Cath. I. *De la fin dernière*

O Dieu nous ne sommes rien que par vous, nous ne deuons rien estre que pour vous: nous venons de vous, & tout nostre bonheur est de nous perdre & abismer sainctement en vous, nostre salut est en cette perte.

85. *Quel est donc proprement l'auantage que Dieu peut retirer de la Creation du Monde?*

Dieu creant le Monde, & le Verbe Eternel s'incarnant, dit vn Ancien Pere, est tousjours demeuré ce qu'il estoit, c'est à dire Eternel & Infini: mais il a commencé d'estre ce qu'il n'estoit pas auparauant, scauoir Createur, & Homme-Dieu, Redempteur de l'vniuers.

Honorez ces titres diuins que la Bonté de Dieu luy a fait prendre de Createur, & d'homme-Dieu, Redempteur du monde.

86. *Que reuient-il a Dieu de cela?*

Ces titres nouueaux qui estoient en Dieu en puissance de toute eternité, & qu'il a pris en effect dans le temps, meritent des honneurs nouueaux, & comme ils ont relation aux creatures formees par la Creation, & rachetees par l'Incarnation, il est raisonnable qu'il les tire des creatures, comme le tribut & l'hommage de leur estre, & de leur salut.

Chantez à Dieu, dit le Psalmiste, vn cantique nouueau que sa loüange resonne en l'Eglise des Saincts.

de la creation de l'vniuers.

87. *Ouurez-vous dauantage.*

Ie veux dire que la fin que Dieu s'est proposée en creant le mõde, n'est autre que sa gloire. Toute l'escriture est pleine de ceste verité, laquelle porte sa preuue en sa seule proposition.

Le Ciel & la terre sont pleins de la gloire du Seigneur, louange à Dieu dans les hauts lieux.

88. *Qu'est-ce que cette gloire?*

Sa mescognoissance apporte beaucoup d'obscurité & de confusion dans la cognoissance de la fin derniere, car l'ignorance de l'vne apporte l'ignorance de l'autre, si l'vne & l'autre se peut dire d'vne mesme chose.

Ouurez icy les yeux & demandez à Dieu lumiere pour percer ces tenebres, qui sont à plusieurs chrestiens plus palpables que celles d'Egypte.

89. *Comment est-ce vne mesme chose?*

Puisque Dieu a tout fait pour sa gloire, vous pouuez iuger de-là, que cette gloire est la fin derniere pour laquelle il à tiré l'vniuers du neant par sa toute puissante parole.

A celuy de qui, par qui, en qui, & par qui sont toutes choses, soit honneur & gloire par tous les siecles.

90. *Si Dieu est la fin derniere, comment sa gloire le sera-t'elle?*

Il y a deux sortes de gloire de Dieu, l'vne qui est Dieu mesme, l'autre qui se termine & ra-

C iij

Cath. I. De la fin derniere

porte à Dieu en derniere instance, & ainsi l'vne & l'autre sont la fin derniere, & donnent à mesme but, qui est que Dieu soit glorifié.

Vous estes beni Seigneur dans le firmament du Ciel, & loüable & digne de gloire par tous les siecles.

91. *Esclaircissez ceci.*

Ce sera par vne distinction si necessaire, que sans elle on ne peut euiter vne infinité de mauuais pas, & de lourdes bronchades. Il faut donc sçauoir qu'il y a deux sortes de gloire de Dieu, l'vne interieure, qui est Dieu mesme, l'autre exterieure qui n'est pas Dieu, mais qui est à Dieu seul, qui appartient à Dieu seul, & se termine en Dieu seul, comme en son centre & en sa derniere fin.

Inuoquez la grace diuine, pour bien conceuoir ce discernement, qui est fondamental en ce sujet.

92. *Quelle est cette gloire interieure de Dieu?*

C'est la gloire, l'honneur, la loüange que Dieu se donne à soy-mesme de toute Eternité, par la cognoissance infinie qu'il a de ses perfections, & l'Amour infiny qu'il se porte.

C'est de ceste Gloire, qui est Dieu mesme, que l'Eglise chante ces versets à la fin de chaque Pseaume, Gloire soit au Pere, &c.

93. *Pourquoy dittes-vous que cette Gloire est Dieu mesme?*

D'autant que tout ce qui est en Dieu est Dieu, Dieu estant vn tout qui n'a point de parties, vne essence infinie qui n'a point d'accidens : c'est pour cela que la cognoissance infinie de Dieu c'est Dieu, son Amour infiny c'est Dieu, & la gloire & loüange qu'il se rend par ceste cognoissance & cet Amour, est luy-mesme.

Que le Seigneur est grand, dit le Psalmiste, il n'est que trop loüable, il est plus grand que nos cœurs, & au dessus de toutes nos loüanges. Il n'y a que luy seul qui se puisse glorifier comme il merite de l'estre, & selon l'estenduë de son immense grandeur resiouissez vous de ce que luy seul se peut donner la gloire dont il est digne.

94. *Quelle est la gloire de Dieu exterieure?*

C'est la manifestation de sa gloire & de son excellence interieure, qui se fait au dehors de Dieu, par toutes les creatures, desquelles il veut ce tribut pour hommage & recognoissance de leur creation.

Ie vous exalteray (c'est à dire ie vous glorifieray) ô mon Dieu, mon Roy, & ie beniray vostre nõ au siecle des siecles : dit le Psalmiste.

95. *Pour quelle de ces deux gloires Dieu a t'il creé le Monde ?*

La premiere estant infinie rien ne peut estre adiousté à sa grandeur, comme rien ne la peut

Cath. I. De la fin derniere

diminuer. Mais la seconde estant finie, comme elle peut estre amoindrie par le peché, aussi peut elle estre sans cesse augmentée par la loüange & le seruice que l'on rend à Dieu.

Adorez l'immensité de la premiere, & contribuez à l'agrandissement de l'autre tout ce qui sera de vostre pouuoir.

96. *C'est donc pour l'exterieure qu'il a creé l'vniuers?*

L'vne & l'autre ne doit estre consideree que comme vne mesme derniere fin, puisque la premiere sert de terme, auquel la seconde s'applique. (*v. S. Tho.* 1 2. *q.* 11. *a.* 3. *ad* 3.) L'vne est Dieu mesme, & l'autre est toute à Dieu, tout y est de Dieu & à Dieu.

O Dieu tout est de vous, il est digne, iuste, equitable, & salutaire que tout se rapporte à vous.

97. *Mais la gloire interieure est vne chose increée, & l'exterieure vne chose creée: & ainsi ne sont pas vne mesme chose?*

Il est vray: mais ceste chose creée appartient, se rapporte, & se termine à l'increée, comme à son object tresaimable & souuerain; ainsi tout arriue à mesme but.

O Dieu deuant vous est tout mon desir, car vous estes tout desirable.

98. *Rien de creé ne peut-estre la fin derniere.*

S. Thomas dit (1. 2. *q.* 3. *a.* 1. & 2.) que la

de la creation de l'vniuers. 41

Beatitude quant à son obiect est vne chose increée, mais quant à son formel, & à son acte, qu'elle est quelque chose de creé, parce qu'elle consiste en l'action de l'entendement & de la volonté, qui s'vnissent à la premiere verité & bonté qui est Dieu mesme. Le mesme se doit dire de la derniere fin, puisque la Beatitude & la fin derniere sont vne mesme chose.

Grauez bien cette doctrine en vostre esprit, car elle est de grande importance.

99. *Cette gloire de Dieu exterieure, est en nous plus qu'en Dieu.*

Si nous sommes plus en Dieu qu'en nous mesmes, puisque c'est en luy que nous auons estre, mouuement, & vie, & par son appuy que nous subsistons, comme pouuons nous dire qu'elle est plus en nous qu'en Dieu? Comme s'il y auoit quelque chose en nous qui ne fust pas en Dieu, ou quelque partie de nostre estre qui ne fust pas penetrée de l'immensité de Dieu.

Nous ne sommes pas capables d'auoir de nous comme de nous seulement vne bonne pensée, & nul ne peut dire Seigneur IESVS sinon au S. Esprit.

100. *Pourquoy dit on donc, que l'honneur est plus en l'honorant, qu'en celuy qui est honoré?*

Ce mot est vray parlant de creature à creature, mais non pas de creature à Createur, puisqu'il n'y a aucune creature qui ne soit comprise par le Createur, qui seul est incomprehensible.

O Dieu, disoit le Pſalmiſte, où iray ie deuant voſtre eſprit, où fuiray ie deuant voſtre face ? ſi ie monte au Ciel vous y eſtes, ſi ie deſcends aux enfers ie vous y trouue preſent, quelque part que i'aille ie ne puis eſchaper vos mains, car elles contiennent toutes les extremitez de la terre.

101. *Similitude qui éclaircit le ſujet precedent.*

L'argent du Prince eſt dans le coffre de ſon Treſorier, mais n'eſt pas au Treſorier, lequel commettroit vn larcin & vn crime de peculat, s'il s'approprioit l'argent de ſon Maiſtre. La gloire exterieure que Dieu tire de nos actions eſt en nous, puiſque les actiõs ſont du ſuppoſt, mais elle n'eſt pas à nous, & nous ne pouuons ſans ſacrilege nous l'attribuer.

Car Dieu a iuré par luy meſme qu'il ne donnera à aucun la gloire ſouueraine qui luy eſt deuë.

102. *Mais le profit de l'honneur que nous rendons à Dieu, nous demeure ?*

Dieu s'eſt gratuitement engagé par ſa promeſſe de recompenſer la moindre bonne œuure faite en ſa grace, & pour ſon nom, c'eſt à dire pour ſa gloire. Mais il ne s'enſuit pas que cefte recompenfe qu'il nous donne pour noftre feruice, foit le feruice mefme que nous luy rendons, car noftre feruice eft à luy, luy appartient, & le falaire qu'il nous en donne eft noftre.

Ne confondez pas ces chofes qui font fi manifeftement diuerfes, car ce feroit renuerfer la Iuftice commutatiue.

103. *Il fe declare plus ouuertement.*

Il y a deux gloires dans le Ciel, celle que les Bien heureux rendent à Dieu, & celle dont Dieu fauorife fes efleus. Car lors, dit l'Oracle facré, chacun fera loüé de Dieu, & quoy qu'elles foient tellement attachées qu'elles foient infeparables, & que l'vne ne foit point fans l'autre, Dieu glorifiant quiconque le glorifie, & celuy la glorifiant Dieu qui en eft glorifié, fi eft-ce que l'vne n'eft pas l'autre, puifque l'vne eft la gloire que le Createur donne à la creature, & l'autre la gloire que la creature rend au Createur.

Que celuy qui fe glorifie fe glorifie au Seigneur, car celuy qui s'eftime foy-mefme n'eft pas recommandable, mais celuy qui eft recommandé de Dieu.

104. *Pourtant il eft efcrit que Dieu n'a que faire de nos biens?*

Non pas quant à fa gloire interieure, laquelle eftant infinie ne peut eftre ny agrandie ny amoindrie par nos bonnes ny par nos mauuaises œuures. Mais l'exterieure n'estant ny ne pouuant estre infinie, peut estre & est en effect diminuée par nos pechez, & par consequent peut estre augmentée par nos bonnes œuures faites en grace & par le motif de la Charité.

Quiconque donnera vn verre d'eau froide en mon nom, c'est à dire pour mon Amour, dit N. S. ne perdra point son salaire.

104. *A ce conte Dieu auroit affaire de nos biens, c'est à dire de nos bonnes œuures, pour augmenter sa gloire exterieure?*

En quelque façon : car puisqu'elle ne peut estre agrandie que par là, ny Dieu magnifié exterieurement que de ceste maniere, il s'ensuit que, (non pas Dieu qui de soy & en soy n'a vrayment que faire de nos biens) mais sa gloire exterieure qui n'est pas luy mesme comme est l'interieure, ains quelque chose de creé, a besoin de nos seruices, comme les lampes, & le feu, d'huile, & de bois, pour leur entretien.

Consacrez de bon cœur toutes vos actions au seruice & à l'auancement de la gloire exterieure de Dieu.

106. *Figure.*

Dieu vouloit en l'ancienne Loy que le feu sacré flambast continuellement sur vn autel du Temple, & qu'il y eust vn Prestre deputé

de la creation de l'vniuers.

pour y mettre du bois de temps en temps. Il desire que dans le temple de nos corps & sur l'autel de nos cœurs éclaire le feu de son amour & de sa gloire, lequel ne se nourrit que de bonnes œuures faites en grace.

Freres, faites en sorte que par bonnes œuures, vous rendiez de plus en plus vostre vocation certaine.

107. *Pouuons nous donner à Dieu quelque bien honorable?*

C'est demander si nous pouuons glorifier Dieu : à quoy toute l'Escriture respôd qu'ouy; mais vn honneur exterieur qui s'appelle la sanctification de son nom. Magnifiez le Seigneur auec moy, dit le Psalmiste, & exaltons son Sainct nom par ensemble.

Apportez au Seigneur gloire, & honneur, apportez gloire à son nom, adorez-le dans son Sainct Temple. (*Pse.* 28.)

108. *Et vn delectable.*

Puisqu'il nous asseure que ses delices sont d'estre auec les enfans des hommes, & qu'il heurte à la porte de nostre cœur afin d'y entrer & d'y prendre son repos auec nous, pouuons nous douter que nos bonnes œuures faites en sa grace, & pour son Amour, ne luy soient des hosties viues, plaisantes, & agreables, & ne montent deuant son trosne comme vn encens en odeur de suauité?

Priez Dieu qu'il vous face la grace de luy rendre quelque seruice qui plaise à ses yeux.

109. *Et vn Vtile.*

S. Paul l'affirme expressément (2. *Timoth.* 2. v. 21.) en ces mots qu'il escrit à son Disciple Timothée; Si quelqu'vn se netoye du peché, il sera vn vaisseau d'honneur & de sanctification; VTILE au Seigneur, & preparé a toute bonne œuure.

Seruiteur bon & loyal parce que tu as esté fidele sur peu, tu seras étably sur beaucoup.

110. *Pourquoy donc sommes nous appelez Seruiteurs inutiles?* (*Luc.* 17.)

Nous le sommes quant à la gloire interieure de Dieu, qui ne peut receuoir aucun accroissement de toutes nos bonnes œuures: non quant à l'exterieure, qui en est augmentée; encor y serions nous inutiles si Dieu ne nous auoit liberalement promis de les recompenser : c'est le sentiment de S. Augustin en expliquant ce passage. (*serm.* 3. *de verb. Dom.*)

Les paraboles des talens, & des ouuriers enuoyez en la vigne, tesmoignent assez que les bonnes œuures qui ont les qualitez requises pour estre meritoires du Ciel, ne sont pas inutiles à l'augmentation de la gloire exterieure de Dieu.

111. *Dequoy seruent à Dieu les creatures?*

A luy rendre pour tribut & hommage de

leur estre, la gloire exterieure, en cognoissant & faisant cognoistre, loüant & faisant loüer, honorant & faisant honorer, estimant & faisant estimer, aimant ou faisant aimer, adorant ou faisant adorer ces perfections infinies:

Benissez le Seigneur, ô vous tous les ouurages de ses mains, loüez le & le surexaltez par tous les siecles.

112. *Quelle gloire luy peuuent rendre les choses insensibles & dépourueuës de raison?*

Elles luy rendent en deux manieres la 1. en obeissant ponctuellement, quoy que par seul instinct & sans cognoissance, à sa volonté de laquelle elles ne se departent iamais.

Seigneur, dit le Psalmiste, vous auez establi & fondé la terre sur sa fermeté, & elle demeure ainsi que vous l'auez mise : le iour perseuere en l'ordre que vous luy auez prescrit, car toutes choses vous seruent.

113. *La Seconde.*

C'est en seruant de theatre & de spectacle aux creatures raisonnables, & comme d'eschelle pour les esleuer à la cognoissance, & de la cognoissance à l'amour du Createur.

Et c'est en cette seconde maniere que les cieux racontent la gloire de Dieu, & que le firmament annonce l'ouurage de ses mains, que le iour & la nuict publient la science de ses voyes, par vn langage qui n'est ignoré d'aucune nation, quelque sauuage, & mal polie qu'elle puisse estre.

114. *Et les raisonnables, principalement l'homme.*

Il peut seruir à la gloire de Dieu en deux façons. La 1. estant consideré comme vn petit monde, c'est à dire comme vn Abbregé du grand Vniuers, & ainsi qu'il est appelé dans les saincts escrits, toute creature. Ayant l'estre auec les choses insensibles comme les Cieux, les elemens, les metaux, & mineraux : le viure auec les plantes : le sentir auec les animaux : & l'intelligence auec les Anges : estant par son ame la viue image de Dieu. Par là il se peut esleuer à la consideration du Createur, autant & plus que par la contemplation des autres creatures.

O Dieu, dit le Psalmiste, vostre science est admirable en ma composition, & si puissante qu'à peine la puis-je soustenir.

115. *La seconde maniere.*

Il l'à par auantage & preciput, sur toutes les creatures dépourueuës de raison. En ce qu'il peut glorifier Dieu par cognoissance & par amour, obeissant volontairement à ses Loix, ce que les autres creatures qui n'ont point d'entendement font par instinct & par necessité.

O Dieu, dit le Chantre Roy, ie vous sanctifieray volontairement, & ie loüeray vostre Sainct

Sainct Nom, car il est bon de faire ainsi : ie vous immoleray des hosties de loüange, & j'inuoqueray vostre bonté.

116. *Il a aussi ce malheureux desauantage qu'il se peut reuolter contre Dieu, & se rendre rebelle à la lumiere.*

Cela n'est pas tant vn pouuoir qu'vne impuissance, vn effect qu'vn deffaut, mais c'est vne nuict qui releue d'autant plus l'éclat du Iour de la liberté des enfans de Dieu : & vne espine naturelle qui rehausse la beauté de la rose de la grace.

Où abonde le peché, là surabonde la grace.

117. *En quoy proprement mettez vous cèt auantage?*

En l'Image & semblance de Dieu qu'il porte non seulement en son ame, mais encor en la gloire exterieure qu'il rend à Dieu, laquelle est vne viue image de l'interieure que Dieu se donne à soy mesme.

Seigneur, dit le Psalmiste, vous auez marqué sur nous la lumiere de vostre visage, en quoy nos cœurs ont sujet de se resjoüir en vo°.

118. *De quelle sorte est cette Image?*

Comme Dieu se glorifie eternellement & infiniment soy mesme, par la cognoissance eternelle & infinie qu'il a de ses perfections, & par l'Amour eternel & infini qu'il se porte. Ainsi nous le glorifions exterieurement, &

D

Cath. I. De la fin derniere

manifestons sa gloire au dehors par la louange qui naist de la cognoissance qu'il nous en donne par la foy icy bas & par la lumiere de gloire au Ciel, & par la charité dont nous l'aimons au Ciel & en la terre, car ceste vertu ne deffaut iamais.

Conseruez cherement cette copie en vostre cœur, en l'honneur de son original.

118. *Quel besoin a Dieu de cette gloire exterieure que luy rendent les Creatures?*

Comme il n'auoit nul besoin de creer le Monde, aussi n'en auoit il de tirer ce tribut de gloire des choses à qui il a donné l'estre. Mais son amour ayant sollicité sa puissance de faire sortir l'Vniuers du neant, sa Sagesse y ayant mis le bel ordre qui s'y void, sa bonté s'y monstrant en sa conseruation, sa Iustice estoit obligée de luy donner sa gloire exterieure pour fin derniere, & sa misericorde qui est au dessus de toutes ses œuures l'a conuié à mettre nostre felicité dans ce seruice que nous rendons à sa gloire.

Adorez Dieu dans tous ces attributs d'Amour, de Puissance, de Sagesse, de Bonté, de Iustice, & de Misericorde.

119. *Pourquoy sa iustice estoit elle obligée à cela?*

Parce que c'est vne vertu qui rend à chacun ce qui luy appartient. Or comme par creation, par conseruation, par gouuernement, & mille

de la creation de l'vniuers. 51

autres titres le Monde est à Dieu & tout ce qu'il contient, dit le Psalmiste: il est raisonnable & iuste qu'il en tire l'obeissance & la recognoissance comme le possesseur d'vn fonds en retire les fruicts.

O Dieu que tous les cantons & les tributs de la terre vous adorent!

 120.   *Similitude.*

Que deuiendroient les puissances de la terre si elles manquoient de sujets & de vassaux qui leur rendissent honneur, obeissance, sujettion, tributs, seruices, & les autres offices qui sont deus à leur dignité, qui est vn rayon de la Majesté de Dieu icy bas. Que sera ce de l'original, si l'on traitte les copies auec tant de respect?

Benediction, clarté, sagesse, honneur, vertu, gloire, force à nostre Dieu. A qui tribut, tribut; à qui honneur, honneur, doncques gloire souueraine à celuy qui porte escrit sur la lame qui pend sur sa cuisse, Le Roy des Roys & le Seigneur des Seigneurs.

 121.   *Vn autre.*

A quel propos le Soleil porteroit il son visage tout couronné de rayons, par tout le rond de l'vniuers, s'il n'y auoit des yeux capables de receuoir sa lumiere, & de jouïr de l'esclat de sa splendeur? Pourquoy Dieu Soleil d'Orient, & de Iustice, & qui est tellement toute lumie-

D ij

re que les tenebres ne le peuuent accueillir, auroit il creé tant de choses, sinon pour en estre obey, cognu, aimé, admiré, adoré, serui, loüé, & beni par tous les siecles?

O Dieu que toutes vos œuures vous loüent, & que tous vos Saincts vous benissent, qu'ils annoncent la gloire de vostre Royaume, & qu'ils racontent vostre puissance.

123. *Raison puissante.*

Dieu a creé le monde librement & sans aucune necessité, mais supposant, ce qui est tres vray, qu'il l'a voulu creer, il a esté obligé de le rapporter à sa gloire, comme à sa fin derniere, d'autant qu'il n'est pas moins necessaire qu'il en soit la derniere fin, qu'il est necessaire qu'il en soit la premiere cause.

Heureuse necessité qui procede de l'infinie excellence de Dieu, qui le rend necessairement le principe premier & la fin derniere de toutes choses : benissez Dieu de cela.

124. *Autre Instance.*

S'il y auoit (par imagination de chose impossible) quelque cause premiere que Dieu, il eust fait toutes choses pour elle en derniere instance, d'autant que la derniere fin deuant estre le non plus outre, & le souuerain terme & but de toutes choses, doit estre par consequent la plus excellente de toutes les choses. Or Dieu ne pouuant rien produire ny au de-

de la creation de l'vniuers.

dans ny au dehors de soy, de plus excellent que soy, il est de necessité qu'il soit la fin derniere de toutes choses.

Seigneur tout est sujet & sousmis à vos pieds, puisque le globe du monde n'en est que le marchepied.

125. *Belle sentence de S. Bernard.*

Dieu a fait toutes choses pour soy, & celuy qui veut estre à soy non à Dieu (ce qui se fait par l'amour propre & le peché) commence de n'estre rien entre les choses qui sont.

Au pecheur appartient ce trait de Dauid, Ie suis reduit au neant sans y penser, c'est à dire par mon imprudence.

126. *Dieu ne peut il pas faire qu'vne creature soit la fin d'vne autre?*

Ouy prochaine, mais non pas la derniere: Il a creé le monde pour l'homme, & luy a donné l'Empire de toutes les creatures insensibles & irraisonnables, selon ce que dit le Psalmiste, qu'il l'a establi sur tous les ouurages de ses mains. Mais oyez l'Apostre.

Tout est à vous, vous à I. C. & I. C. à Dieu. Voyez vous comme Dieu est la derniere fin de toutes choses & de I. C. mesme entant qu'homme?

127. *Autre Exemple.*

Dieu a voulu que la redemption des hommes fust la fin de l'Incarnation & de la Passion de I. C. comme il est marqué au Symbole, qu'il est descendu du Ciel pour le salut des hommes & a aussi esté crucifié pour nous: mais ce n'est qu'vn fin prochaine, car la derniere c'est la gloire de Dieu, ainsi que N. S. mesme témoigne en tant de lieux, où il se dit estre venu chercher icy bas la gloire de son Pere qui l'enuoyoit. (*v. Becan. summ. Theol. Part.* 1. *cap.* 11. *q.* 2. *& 9.*)

Aprenons de ce grand exemplaire de la môtagne de perfection, à ne vouloir les moyens que comme moyens, mais la fin derniere pour l'amour d'elle mesme.

128 *Passage d'Isaye.*

C'est celuy où Dieu dit par la bouche de ce Prophete, qu'il ne donnera sa gloire (il entend la souueraine qui luy est deuë en fin derniere) à personne: La raison est, que comme ce seroit impieté execrable à quelque simple creature que ce fust de l'vsurper, Dieu mesme ne la luy pourroit attribuer, sans commettre vne iniustice contre soy mesme: puisque c'est vn honneur incommunicable à tout autre qu'à la diuinité.

O Israël ton Dieu est vn, tu n'auras point d'autres Dieux deuant luy ny auec luy.

129. *La fin de nostre salut.*

La derniere n'est pas nostre propre gloire, mais celle de Dieu, c'est le comble de nostre bonheur de luy pouuoir rendre au ciel vne eternelle gloire. Cette gloire de Dieu estant beaucoup plus importante que nostre felicité, Dieu n'a ordonné nostre Beatitude en dernier ressort que pour estre à iamais glorifié par nous.

C'est à quoy vise Dauid & ce qu'il nous enseigne par ceste saincte eleuation. Bien-heureux Seigneur, ceux qui demeurent en vostre maison celeste, pourquoy? est-ce à cause des biens dont vous remplissez leurs desirs? non pas certes en derniere instance, mais parce qu'ils vous loüeront & glorifieront au siecle des siecles. Voyez vous comme il met la gloire de Dieu pour fin derniere de nostre salut.

130.   *Objection notable.*

Si Dieu a fait toutes choses en fin derniere pour sa gloire, quelle obligation luy aurons nous, & de la Creation du Monde, & de la nostre, & mesme de nostre Redemption? Cette objection est specieuse comme le Demon du Midy tout couronné de rayons, mais elle est comme ces feux de la nuict que l'on appelle Ardans, qui conduisent en des precipices.

Addressez, Seigneur, nos pas en vos voyes, de peur qu'ils ne s'escartent du sentier de la verité.

131.   *Responce Premiere.*

Iouïssons nous moins de la Creation du monde, & de nostre Redemption pour auoir esté faits en fin prochaine pour nous & non en derniere? nostre compte n'y est il pas tout entier, qu'est-ce qui nous y manque? pourquoy enuier la part de Dieu, puisque la nostre y est toute entiere?

Parce que ie suis bon, dit le Seigneur au Seruiteur enuieux, faut il que tu sois mauuais?

132.   Seconde.

Auons nous moins d'vsage du Soleil parce qu'il communique sa lumiere & sa chaleur à tout le reste de l'vniuers? chaqu'vn ne le possede t'il pas solidement & solidairement?

O Dieu les iniques m'ont raconté des fables, mais il n'y a rien en tous leurs discours qui approche de la Iustice de vostre Loy.

133.   Troisiesme.

Voudrions nous que Dieu commist vne iniustice pour nous tesmoigner l'excez de son Amour. Il ne peut estre & Dieu & Injuste?

Dieu ne veut, & mesme ne peut vouloir l'iniquité.

134.   Quatriesme.

Si nous voulions estre la fin derniere de Dieu en la Creation, & Redemption du Monde, ce seroit par vne outrecuidance effroyable vouloir estre les Dieux de Dieu, & estre à Dieu ce qu'il nous est, c'est à dire la fin derniere?

Detestez cette temerité digne de mille Enfers.

135. Cinquiesme.

Ce seroit surpasser en orgueil le premier Ange reuolté, qui ne vouloit qu'estre semblable non superieur au Tres-haut: & mettre son siege aux costez de l'Aquilon.

Ayez horreur d'vn tel aueuglement.

136. Sixiesme.

Et imitez le Demon qui tenta le Sauueur au desert, luy disant qu'il tombast à ses pieds, & l'adorast. Car vouloir que Dieu nous prenne pour la derniere fin de ses actions, n'est ce pas desirer qu'il nous adore?

S'il n'y auoit de la folie en ceste pensée elle meriteroit vne extreme indignation, & vne punition extraordinaire.

137. Septiesme.

Vne ame esclairée du moindre rayon de foy viue, & œuurante par charité, ne peut ignorer que nous ne soyons obligez d'aimer Dieu au dessus de toutes choses, & par consequent plus que nous-mesmes : & ainsi de preferer son interest au nostre, puisque la charité ne cherche point son interest propre, mais celuy de Dieu. A raison dequoy nous auons incomparablement plus d'obligation à Dieu d'auoir creé & racheté le monde pour sa gloire en fin derniere, que s'il auoit mis en nous la derniere fin de ces grandes actions contre tout ordre de raison & de Iustice.

Aimons pour l'amour de luy mesme, Celuy qui est, & qui nous est infiniment plus que nous-mesmes.

138.   *Huictiesme.*

C'est la doctrine du B. François de Sales en son Traitté de l'Amour de Dieu (*l.* 10. *c.* 10.) Nostre volonté, dit-il, qui cognoist vn bien infiny, est sans doute esbranslée, inclinée, incitée, de preferer l'amitié de l'abisme de ceste bonté infinie, à toute sorte d'autre amour, & encor à celuy de nous-mesmes.

Pesez ceste doctrine, & en tirez des actes de vostre interieur.

139.   *Neuuiesme.*

Il poursuit : Mais sur tout ceste inclination est forte, parce que nous sommes plus en Dieu, qu'en nous mesmes ; nous viuons plus en luy, qu'en nous ; & sommes tellement de luy par luy, pour luy, & à luy, que nous ne sçaurions de sens rassis penser ce que nous luy sommes, & ce qu'il nous est, que nous ne soyons forcez de crier : Ie suis vostre, Seigneur, & ne dois estre qu'à vous ; mon ame est vostre, & ne doit viure que par vous : ma volonté est vostre, & ne doit aimer, que pour vous, mon amour est vostre, & ne doit tendre qu'en vous. Ie vous

de la creation de l'vniuers. 59

dois aimer comme mon premier principe, puisque ie suis de vous; ie vous dois aimer comme ma fin & mon repos, puisque ie suis pour vous; ie vous dois aimer plus que mon estre, puisque mon estre subsiste par vous: ie vous dois aimer plus que moy-mesme, puisque ie suis tout à vous & en vous.

Ce point porte son eleuation auec soy.

140. *Dixiesme.*

Il adjouste: Que s'il y auoit ou pouuoit auoir quelque souueraine bonté de laquelle nous fussions independans, pourueu que nous peussions nous vnir à elle par amour, encor serions nous incitez à l'aimer plus que nous mesmes, puisque l'infinité de sa suauité seroit tousiours souuerainement plus forte pour attirer nostre volonté à son amour, que toutes les autres bontez, & mesme que la nostre propre.

Nostre interest deuant celuy de Dieu & de sa gloire, est vn foible nuage deuant le Soleil.

141. *Vnziesme.*

Il continuë: Mais si par imagination de chose impossible, il y auoit vne infinie bonté, à laquelle nous n'eussions nulle sorte d'appartenance, & auec laquelle nous ne peussions auoir aucune vnion, ny communication, nous l'estimerions certes plus que nous mesmes, car nous cognoistrions qu'estant infinie, elle seroit plus estimable, & aimable que nous: & par consequent nous pourrions faire des simples souhaits de la pouuoir aimer. Mais à proprement parler, nous ne l'aimerions pas, puisque l'amour regarde l'vnion, & beaucoup moins pourrions-nous auoir la charité enuers elle, puisque la charité est vne amitié, & l'amitié ne peut estre que reciproque, ayant pour fondement la communication, & pour fin l'vnion.

Voyez à quelle estime nous deuons mettre l'interest de Dieu.

142. *Douziesme.*

Il acheue ainsi: Ce que ie dis ainsi, pour certains esprits chimeriques & vains, qui sur des imaginations impertinentes, roulent bien souuent des discours melancholiques, qui les affligent grandement. Mais quant à nous, Theotime, mon cher amy: nous voyons bien, que nous ne pouuons pas estre vrays hommes sans auoir inclination d'aimer Dieu, plus que nous-mesmes, ny vrais Chrestiens sans practiquer cette inclination: aimons plus que nous-mesmes, celuy qui nous est plus que tout, & plus que nous-mesmes. Amen, il est vray.

Quiconque haït son ame en ceste vie, il la conserue pour l'autre, & quiconque la veut garder la perdra. Cela se doit entendre de l'interest propre. Gardons nous bien de preferer ny d'égaler rien que ce soit à Dieu ny à sa gloire. Leuez vous Seigneur & que tous vos

de la creation de l'vniuers.

ennemis soient dissipez.

143. *Similitude.*

Vn Roy va du lieu de sa principale demeure, en quelqu'autre Ville de son Royaume, & loge en passant en la maison de quelque Seigneur de ses vassaux. Ce vassal n'en sera pas moins obligé au Prince qui a honoré sa maison de sa presence, quoy que son voyage tende plus outre : sachant bien que le soin du public est preferable à celuy d'vn particulier, joint que la visite du Roy n'en a pas esté moins obligeante.

Seigneur, disoit le bon Centenier, ie ne suis pas digne que vous entriez dans ma maison. Et S. Pierre; Retirez vous de moy ie suis homme pecheur. Ces sentimens d'humilité sont bien differens de celuy de l'objection.

144. *Autre.*

Vn grand Seigneur pour se faire honneur habille sa suitte de fort riches liurees. Ses Pages en sont ils moins braues, parce que c'est plus pour soy que pour eux qu'il les pare si pompeusement? Au contraire s'ils ayment leur Maistre d'amour d'amitié, ne doiuent ils point estre plus contens de son honneur que du leur propre?

Quand ferons nous littiere de tous nos interests? quand les immolerons nous à celuy de Dieu, affin qu'il regne sur eux?

145. *Vne autre.*

Les estoiles ne perdent pas leur lumiere durant le iour par la presence du Soleil, au contraire elle est d'autant plus éclattante qu'elles en sont éclairées de plus pres: c'est la foiblesse de nos yeux qui ne peut discerner vne moindre lueur aupres d'vne plus grande, qui les eclipse à nostre veuë. Nous ne perdons pas nos interests pour les rapporter à celuy de Dieu qui est sa gloire, au contraire ce rapport les esleue à vne dignité surnaturelle qu'ils n'ont pas de leur estre.

Qui y renoncera pour l'amour de Dieu, aura le cétuple dés cette vie, & l'eternité en l'autre.

146. *Il semble que vous vouliez abolir les fins prochaines.*

Tant s'en faut: ie pretends par ce rapport & ce renoncement les ennoblir. Que si la perfection Chrestienne consiste en l'aneantissement volontaire de tout ce que nous sommes deuant Dieu, & dans le renoncement de nous mesmes qui est tant & tant presché, pressé & recommandé en l'Euangile. Et si ce renoncement & aneantissement est nostre plus haute esleuation, combien plus facilement deuons nous mettre aux pieds de l'interest de Dieu tous les nostres particuliers, comme les vieillards de l'Apocalypse mettent leurs couronnes aux pieds de l'Agneau, disans;

de la creation de l'vniuers.

L'Agneau qui a esté immolé est digne de receuoir loüange, gloire, honneur & benedictiõ.

147. *Instance pressante.*

A vostre auis quand on aneantiroit toutes les fins prochaines (quoy que bonnes de leur nature) pour faire regner absolument cet vnique dans l'intention de toutes nos actions la derniere & souueraine de la gloire de Dieu, en quoy blesseroit on ceste demande de l'Oraison Dominicale, vostre volonté soit faite en la terre comme au Ciel?

Comme au Ciel où Dieu est tout à tous & toutes choses en tous, & où son seul interest & sa seule gloire regne souuerainement, sans que les Bien-heureux ayent d'autre motif de leurs actions que celuy de la tressaincte volonté de Dieu.

148. *Adoucissement.*

Mais autre est la condition de ceste vie mortelle, où ce vol d'Aigle n'est communiqué qu'aux grandes ames, & abondantes en grace, appellées pour cela les vniques, les Colombes, qui n'ont des yeux que pour leur vnique paron ou Colombeau, qui ne regardent que Dieu en toutes choses, & toutes choses qu'en Dieu.

Telle estoit ceste diuine Amante à qui l'espoux disoit qu'elle auoit blessé son cœur auec vn seul de ses regards & de ses cheueux, c'est à dire par ceste haute & vnique intention d'adresser toutes ses actions à sa seule gloire.

149. *Quel est le meilleur vsage des fins prochaines?*

Elles sont mauuaises quand deliberement & expressement on s'y arreste au mespris ou au preiudice de la derniere qui est la gloire de Dieu, ce qui est commun à toutes les actions vicieuses.

Reiettez vn tel abus, qui est l'effet du peché soit mortel soit veniel.

150. *Des fins prochaines dangereuses.*

Elles sont dangereuses lors que s'amusant autour d'elles on s'expose au danger de s'y arrester en dernier ressort, en laissant la derniere par negligence ou par oubly.

C'est icy qu'il faut auoir l'œil ouuert, & se garder de surprise.

151. *Des inutiles.*

Elles sont inutiles pour la gloire de Dieu, quand elles n'y sont point rapportées, soit par l'habitude de la Charité, soit par son commandement actuel ou virtuel.

Par vostre attention taschez d'euiter ceste inutilité.

152. *Des vtiles.*

Ce sont celles qui sont rapportées à la derniere par vne bonne subordination : comme qui diroit, ie ieusne en estat de grace : premierement

de la creation de l'vniuers.

rement & principalement pour la fin derniere) qui est l'augmentation de la gloire exterieure de Dieu, secondement & moins principalement, pour le rachapt de la peine temporelle deuë à mes pechez, pour euiter l'enfer, n'estre gueres en Purgatoire, donner bon exemple, combatre la sensualité, &c.

De cette façon les fins prochaines deuiennent vtiles, augmentent la gloire de Dieu exterieure, & les œuures qui en sortent sont meritoires de l'eternité.

153. *Pourquoy dittes-vous donc qu'il y faut renoncer?*

Laisser ce rapport & y renoncer pour n'agir que par l'vnique motif de la Charité qui est l'interest de Dieu & de sa gloire, est vne maniere de faire le bien, incomparablement plus excellente. C'est l'vn necessaire, & la tres bonne part de Marie, meilleure que ce rapport qui est comme la part de Marthe.

O vn necessaire que vous estes aimable, ma portion Seigneur, i'ay dit que c'est de faire vostre volonté, & que veut vostre volonté sinon sa gloire?

154. *N'appellez vous pas cela abolir les fins prochaines?*

Qui loüe le mieux ne rejette, ne blasme, n'aneantit pas le bien qui est moindre. Qui loüe le martyre & le prefere à la virginité, ne blasme ny ne rebutte celle-ci, dire que le Celibat est de sa nature plus excellent & comme dit S. Paul (1. Cor. 7.) meilleur que le Mariage, n'est pas mespriser, abolir, rejetter & aneantir le Mariage.

Quand S. Paul dit Foy, Esperance, Charité, trois choses, & la plus grande est la charité, abolit il la Foy & l'Esperance?

155.   *Il presse.*

Quand il dit que la foy qui transporte les montagnes, que l'aumosne de tous ses biens, que le martyre du feu sans la Charité ne sont rien, destruit il la foy, l'aumosne, le martyre? Quand S. Thomas dit que sans la Charité il n'est aucune vraye vertu, aneantit il toute vertu?

Ceux là sont déplorables qui blasphement ce qu'ils ignorent, plus déplorables ceux qui se corrompent en ce qu'ils sçauent, & qui combattent gratuitement des veritez si manifestement cognuës.

156.   *Recueillez-vous.*

Ce sera en disant que la fin Souueraine & Derniere de la Creation de toutes choses est la gloire Exterieure de Dieu, qu'il veut tirer principalement des Creatures Raisonnables faites à son Image par loüanges, seruices, honneurs, adorations, respects, obeissances à ses volontez qui procedent de la cognoissance &

de l'amour de ses infinies perfections.

C'est pour cela que nous sommes creez, toute autre occupation que celle là n'est que tromperie, misere & vanité. Vains tous ceux en qui n'est la science de Dieu & de ses voyes.

157. *Comme se pratique cela?*

Par nostre vnion auec Dieu, car c'est en cela que cõsiste nostre perfection, nostre beatitude, & nostre fin derniere en ceste vie & en l'autre. Vniõ tres aimable & tres desirable, puis qu'elle nous fait passer nos iours dans le mesme employ auquel Dieu s'occupe de toute Eternité.

O Vnion, c'est en vous que consiste le haut point de nostre souueraine felicité.

158. *Quelle est cette occupation de Dieu?*

Il n'en a point de plus eminente que de se cognoistre & de s'aimer, & de se glorifier comme il merite selon ceste cognoissance & cet amour. Nous y participons lors qu'estans en grace nous appliquons par le moyen de la foy viue œuurante par charité, nostre entendement à la premiere verité & nostre volonté à la premiere bonté.

O mon petit frere qui succez les mammelles de nostre Mere, dit l'Amante Sainte, qui me donnera que ie vous trouue à l'escart dãs quelque solitude ou sans estre apperçeuë d'aucune creature? ie vous donne ce saint baiser d'vnion

E ij

68 Cath. I. *De la fin dern. de la creatiõ de l'vniuers,* qui me rende toute voſtre, & toute conſacree à voſtre gloire.

159. Par quels moyens arriue t'on à cette fin ſi ſouhaittable?

Ie les ay marquez en l'introductiõ à ces Catecheſes. Ie dy icy ſommairement que ce ſont les cinq pieces qui font les cinq parties de la doctrine Chreſtienne. La 1. la Foy. La 2. l'Eſperance. La 3. la Charité. La 4. la Iuſtice chreſtienne. La 5. le bon vſage des Sacremens, voila les carquois & les fleches dont on attaint au but de la derniere fin. C'eſt ce que nous traittons aux Catecheſes ſuiuantes. Scellons celle-cy par ce beau mot d'Iſaye (49.)

Le Seigneur me met ſous la protection de l'ōbre de ſa main (main qui comprend toutes les fins de la terre :) & me choiſit comme vne fleche eſleuë: il me cache dans ſon carquois, & me dit, Iſrael tu es mon ſeruiteur, & ie me glorifieray en toy, c'eſt à dire que de toy ie tireray ma gloire.

FIN.

CATECHESE
II. DE LA BEATI-
TVDE SVPREME DE
CETTE VIE.

I. POINT.

Qu'eſt-ce que Beatitude?

C'Eſt ce qui rend l'homme heureux, & parfaittement content, par la poſſeſſion de tout bien, & l'exemption de tout mal.

Beniſſez Dieu qui nous couronne de miſericorde & de miſerations, qui remplit noſtre deſir de biens, & qui écarte le mal de nous, & les fleaux de noſtre tabernacle.

2. *Et la Beatitude ſupreme qu'eſt-ce?*

Ie reſponds en peu de paroles, que c'eſt la jouïſſance du ſouuerain bien.

Sacrifiez à Dieu vn ſacrifice de iuſtice, c'eſt à dire iuſtifiez voſtre cœur, ou comme dit l'Eſcriture, ayez pitié de voſtre ame la rendant agreable à Dieu, & le priez qu'il vous mon-

E iij

stre le vray bien.

3. *Qu'appelez-vous jouissance ?*

Cela mesme que sonne l'ethymologie, qui est ioye vnissante. C'est vne allegresse procedante de l'vnion de deux choses qui ont du rapport & de la conuenance.

Pesez, mais au poids du Sanctuaire, quelle est la ioye de l'ame, qui est bien vnie auec Dieu.

4. *Ouurez-vous dauantage.*

Iouir, selon S. Augustin, suiuy par S. Thomas, & par toute l'Escole, n'est autre chose que s'vnir, se lier, & adherer à quelque object aimé, pour l'amour de cét object, & pour le bien qui luy en reuient & non à nous.

Desabusez vostre esprit de l'erreur populaire, qui appelle jouissance, l'vsage de quelque chose pour la commodité qui nous en reuient: ce qui renuerse entierement la verité, & la iuste signification du terme, d'où sort beaucoup de desordre.

5. *Et quel desordre ?*

Tel, que S. Augustin, met en cecy la racine de tout peché, de ce que l'on veut jouir des choses dont il ne faut qu'vser, & vser de l'vnique chose dont il faut jouir, qui est la fin derniere, c'est à dire Dieu.

Priez-le, auec Dauid, qu'il deffille vos yeux afin que vous consideriez les merueilles de sa

supreme de cette vie.

Loy, & appreniez la droitture de sa volonté.

6. *Que veut dire vser.*

Nous vsons ou pouuons vser de tout ce qui n'est point Dieu, c'est à dire des creatures pour arriuer à Dieu, comme des moyens qui nous conduisent à la fin, & nous ne deuons pas en jouir, c'est à dire nous appliquer à elles pour l'amour d'elles en dernier ressort, mais pour l'amour de Dieu, c'est à dire comme il luy plaist & auec rapport à luy.

Gardez vous bien de vous arrester à aucune creature en fin derniere & souueraine, car c'est vne espece d'idolatrie, pareille à celle de ces Israëlites, qui changerent la grace du vray Dieu, en celle d'vn veau qui broute l'herbe.

7. *Figure.*

Souuenez-vous de ce Prophete dont il est parlé au liure des Roys (3. c. 13.) qui fut deuoré d'vn Lyon par le chemin, pour auoir mangé contre le commandement de Dieu, seduit par la persuasion d'vn autre mauuais Prophete.

Ne mettez iamais la fin dans les moyens pour y arriuer: car c'est renuerser l'ordre, non seulement de la Charité, mais de la raison, & mettre Dagon en la place de l'Arche, Lia en celle de Rachel.

8. *Vn mot de la Loy de Dieu.*

N'oubliez pas ce que Dieu vous dit en sa

Loy, qu'il a donnée parmy les feux, & les tonnerres. Vous n'aurez point d'autres Dieux deuant moy. Et c'est heurter ce precepte que de mettre la derniere fin de son action dans quelque chose de creé sans la rapporter à Dieu.

Protestez que vous ne voulez rechercher que la gloire de Dieu, sur toutes choses, & en toutes choses.

9. *Quel remede à ce desordre?*

C'est de s'appliquer à Dieu seul pour l'amour de luy, & aux autres choses seulement pour l'amour de Dieu, en les rapportant à son honneur. Ainsi nous jouirons comme il faut de ce seul necessaire dont il faut jouir, & vserons comme il est expedient des choses dont il ne faut qu'vser.

Ouurez sur cecy l'œil de vostre attention, comme sur la chose la plus importante de cette vie, n'vsant que des creatures, & ne jouissant que de Dieu, ainsi vous sapperez par le fondement la Babel de tout desordre, & mettrez la coignée à la racine de tous les vices.

10. *Figure.*

La petite pierre de Daniel renuersa & mit en poudre ce grand Colosse bigarré de tant de metaux. L'attention à ne jouir que de Dieu, & ne faire qu'vser de tout ce qui n'est point Dieu, est vn simple regard de l'ame capable d'escarter de nous tout mal de coulpe, & de

supreme de cette vie. 73

nous mettre en possession de tout bien, nous faisant joüir de Dieu,

Pensez combien heureux est le peuple, comme dit Dauid, c'est à dire l'ame de qui le Seigneur est Dieu, de laquelle Dieu est seul Seigneur, seul Sainct, & le seul object de sa iouïssance.

11.   *Et le bien qu'est-ce?*

Apres auoir veu ce que c'est que joüir, il est raisonnable de cognoistre quel est le bien, puis que la felicité consiste, comme nous auôs dit, en la ioüissance du vray bien. Helas plusieurs disent qui nous monstrera le bien, mais c'est comme Pilate qui demanda à N. S. qu'est-ce que verité, & sortit aussi tost sans en attendre la responce.

Ne soyez pas comme cela, ne vous en enquerez pas par necessité, mais par vn vray desir d'vser comme il faut de ceste cognoissance & pour la gloire de Dieu.

12.   *Belle Sentence de Sainct Iacques.*

Celuy qui est auditeur de la parole de Dieu, & qui l'oublie sans la mettre en pratique, est semblable à celuy qui se regarde en passant dans vn miroir, & ne se souuient plus comme il est fait, ny d'oster les deffauts qu'il a remarquez en son visage.

N'en faites pas ainsi des veritez que le Dieu de misericorde & de verité fait voir à vostre cognoiffance.

13. *Autre de N. S. I. Chriſt.*

Bien-heureux, dit il à Sainéte Marcelle, ceux qui oyent la parole de Dieu, & qui la gardent, c'eſt à dire qui la mettent en pratique. Malheureux donc ceux qui l'entendent & qui negligent de la pratiquer.

Tremblez ſous ceſte menace : le ſeruiteur qui ſçait la volonté de ſon Maiſtre ſans la garder, ſera bien chaſtié.

14. *Dittes donc ce que c'eſt que le bien?*

C'eſt ce qui eſt conuenable à chaque choſe pour atteindre à la perfection de ſon eſtre ſelon la condition de ſa nature.

Demandez à Dieu, aprés auoir ruminé ceſte verité, qu'il vous faſſe cognoiſtre quel eſt voſtre vray bien.

15. *Expliquez ceſte deſcription par quelque exemple.*

On tient que la plante eſt arriuée au comble de ſa perfection, & a atteint le plus haut point de ſon bonheur ; quand l'ame vegetante dont elle eſt animée, y exerce plainement & entierement ſes fonctions, luy donnant la grandeur & groſſeur qui luy eſt conuenable, & luy faiſant pouſſer des fleurs, des fueilles, & des fruits en leur ſaiſon.

Peſez ces mots du Pſalmiſte en ſon premier Pſeaume, par leſquels il compare l'homme de

suprême de cette vie. 75

bien à vn bon arbre planté sur les courans de la grace, qui porte beaucoup de fruit, & qui ne manque iamais de verdeur. Remaschez encore ceux de l'Euangile qui comparent si souuent les bons à des arbres fruictiers, & les hommes à des arbres viuans & cheminans.

16. *Quelque autre exemple.*

L'Animal non raisonnable est estimé parfait, & tenu pour auoir joint le dernier degré de sa perfection, & de la félicité, quand l'ame sensitiue dont il est pourueu, luy donne vn mouuement vital, auec vn libre & entier exercice de tous ses sentimens, selon la condition & les qualitez qui conuiennent à son espece.

Voyez comme l'homme animal & sensuel qui r'enferme sa felicité dans les plaisirs des sens, merite d'estre degradé de l'honneur auquel il est esleué par l'autheur de la nature, & d'estre comparé aux animaux qui n'ont point d'entendement: se rendant volontairement incapable, par sa brutalité, des choses qui sont de l'esprit de Dieu.

17. *Encor vn autre.*

Si vous voulez passer de la nature à l'art ie vous fourniray celuy des artisans, qui sont tenus estre arriuez au plus haut faiste de leur bonheur en cette qualité, quand ils trauaillent à leurs arts auec tant de perfection, qu'il n'y ait rien à desirer à l'accomplissement de leurs ouurages.

Quand sera-ce que nous ferons pour l'amour & la gloire de Dieu des œuures si accomplies qu'il n'y ait rien à souhaitter, ny qui puisse estre taxé de deffaut? Quand dira t'on de nostre patience, ce qu'en dit S. Paul, que son œuure est parfaitte? Quand serons nous de ces parfaits dont parle S. Iacques, qui n'offensent point de leur langue? Quand opererons nous cette viande qui ne perit point; quand peindrons nous pour l'eternité.

18. *A ce conte le vray bien & la perfection seroient vne mesme chose.*

Ie l'entends ainsi: puisque l'homme est appelé parfait qui est exempt du vray mal qui est le peché, & qui opere le vray bien, c'est à dire celuy qui arriue à la fin derniere, qui n'est autre que la gloire de Dieu. Selon ce qui est escrit; Gloire, Honneur, & Paix à celuy qui opere le bien. (*Rom. 2.*)

Ruminez ce beau mot du Psalmiste. Qui est l'homme qui veut la vie, & auoir des iours heureux, qu'il se détourne du mal, & qu'il fasse le bien, qu'il cherche la paix & la suiue.

19. *En quoy consiste la perfection?*

Elle est double, il y a la morale & naturelle, & la surnaturelle, & chrestienne, & a parler generalement cela s'appelle parfait à qui rien ne manque selon la condition de son estre.

supreme de cette vie. 77

Regardez dans ce grand miroir quel est vostre estre, & quels sont vos manquemens : dites auec Dauid, Seigneur faites moy cognoistre ma fin, & par là ie sçauray ce qui me deffaut. C'est la regle qui fait voir si la ligne est droite ou oblique.

20. *Parlez plus clairement.*

Perfection naturelle, c'est lors qu'vne chose a tout ce qui luy faut selon sa nature. Ainsi les Cieux sont appelez parfaits, la terre parfaite, & de ceste façon les œuures de Dieu en la creation sont appellées parfaites, & fort bonnes: termes qui monstrent que le bien & la perfection sont vne mesme chose. Ce n'est pas de ce bien ny de ceste perfection que nous parlons icy.

Respectez la neantmoins comme vne œuure de Dieu, & dittes auec Dauid, Seigneur vous m'auez delecté par vos ouurages, & ie me resjouïray au spectacle des œuures de vos mains. Ie les trouue admirables, & mon ame ne les cognoist que trop.

21. *Qu'appelez-vous perfection Morale?*

Elle n'appartient qu'aux creatures doüées de raison, & elle consiste proprement en la vertu acquise & humaine ; c'est à dire qui se peut acquerir par le trauail & l'industrie de ceux qui s'y veulent exercer. C'est là ce qui perfectionne la raison humaine, & le vray bien de l'homme consideré en qualité de raisonnable. Aussi les Philosophes Anciens y establissoient ils le haut point de leur sagesse, & mettoient en ceste sagesse leur perfection & leur felicité.

Honorez Dieu dans cesté lumiere naturelle & raisonnable, car il est Autheur de la nature, de la raison, & de tout bien.

22. *N'y a't'il point de plus haute perfection?*
Ouy : c'est la surnaturelle, à laquelle le fidele Chrestien est esleué par les vertus diuines & infuses de Foy, d'Esperance, & de Charité : & c'est en cela que consiste le comble de sa perfection, & par là qu'il attaint à la beatitude supréme de cette vie, & qu'il merite celle de l'autre.

Aspirez à cela comme à vostre souuerain bonheur, & pesez ce mot de l'Apostre; La Foy, l'Esperāce, & la Charité sont trois excellentes choses, mais la plus grande c'est la charité, qu'il nomme pour ce sujet la plus excellente voye pour arriuer à la fin derniere, & au faiste de toute felicité & perfection : ce que Dauid appelle la fin de toute consommation.

23. *En quelle de ces vertus consiste la perfection du Chrestien?*
C'est principalement en la Charité; car la Foy & l'Esperance peuuent estre sans la Charité, selon ce que dit l'Apostre, si j'auois la foy

suprême de cette vie. 79

iusques à transporter les montagnes, si ie n'ay la charité, ie ne suis rien. Mais quiconque a la charité n'a pas seulemẽt la Foy & l'Esperance, mais encore toutes les vertus Morales, qui par elle sont surnaturalizées, c'est à dire deuiennent d'acquises infuses, d'humaines diuines, & de ceste façon meritoires du Ciel.

Estudiez vous sur toutes choses d'auoir la charité, car elle est le lien de perfection, dit S. Paul.

24. *Pourquoy l'appelle-t'il lien de Perfection?*

Pour plusieurs raisons : la 1. pource qu'elle sert de ciment pour vnir & ramasser ensemble toutes les vertus, car qui a la charité a necessairement toutes les autres, tant diuines, que Morales, qu'intellectuelles.

Admirez la grandeur & l'vniuersalité de ceste Reine des Vertus, Mere, Source, & tronc où toutes les autres s'attachent comme des branches.

25. *Seconde Raison.*

C'est parce que sans la charité elles sont toutes separées, & peuuent estre les vnes sans les autres : mais en la charité elles sont toutes liées, vnies, & inseparables, car qui en perd quelqu'vne par vn peché à mort, est aussi tost priué de la charité, & par consequent de toutes les vertus infuses.

Deteftez le peché capital, & le haïffez mortellement, puis qu'il fait vne fi vafte ruine dans vne ame.

26 — Troifiefme.

C'eft parce que la charité feule entre toutes les vertus nous lie & vnit à la derniere fin qui eft Dieu, c'eft par elle que nous luy adherons, & fommes faits vn mefme efprit auec luy.

Affectionnez vous principalement à cefte vertu la maiftreffe & matrice de toutes les autres, & repenfez à ce mot du Pfalmifte, Mon ame, Seigneur, adhere & s'vnit à vous, à raifon dequoy voftre droitte me reçoit.

27 — Quatriefme.

Nulle vertu ne peut attaindre la fin derniere que par elle, ny produire aucun acte meritoire de l'eternité, fi la charité ne l'anime, de forte que c'eft par elle que les autres vertus nous lient & vniffent à Dieu, la Religion mefme fans elle n'ayant pas ce pouuoir.

Aymez ce lien d'or & de foye, ce lien d'humanité, ce lien de dilection, qui nous vnit par les vertus, au Dieu des Vertus.

28. C'eft vn lien; mais pourquoy eft il nommé de Perfection?

Pour d'autres raifons qui ne font pas moins folides que les precedentes: La 1. par'ce que c'eft la charité qui le fait: en laquelle confifte l'effentielle perfection du chriftianifme, &

sans laquelle il ne faut parler d'aucune perfection Chrestienne.

Qui aime Dieu accomplit la loy, dit l'Apostre, & qui doute qu'en l'accomplissement du Decalogue, & sur tout du premier & tres grand commandement, ne soit toute nostre perfection?

29   *Seconde Raison.*

Nostre perfection est en nostre retour & reünion à nostre principe & à nostre fin derniere qui est Dieu, la charité seule fait cela; doncques.

Mettez à vostre col ceste chaisne d'or, qui est le carquan de pierreries, dont l'Espouse du Cantique pare le sien, elle est incomparablement plus precieuse que le collier de Daniel, ny de Mardochée.

30   *Troisiesme.*

L'Ange de l'escole nie qu'il y ait aucune vertu veritable sans la charité (2.2.q.23.4.7.) beaucoup moins y en aura t'il aucune qui puisse porter le nom de parfaitte n'en estant point animée.

Plantez bien auant dans vostre cœur ceste maxime, que tout ce qui n'est point fait en charité est deffectueux. S. Paul dit plus, que tout ce qui n'est point fait en foy, c'est à dire en conscience en grace, est peché ou deffaut. Et la doctrine de S. Thomas bat là (1.2.q.18.4.

E

9.) qui veut que tout acte volontaire particulier, soit bon ou mauuais, selon qu'il attaint ou manque d'atteindre à la derniere fin.

31. *Quatriesme.*

C'est à la pierre de touche de la Charité qu'il faut esprouuer si les œuures qui paroissent bonnes sont de bon ou de bas or, de franc ou de faux alloy. C'est elle qui leur communique tout le merite qu'elles ont au regard de la gloire.

Ie vous conseille, est-il escrit en l'Apocalypse, d'acheter de l'or pur, c'est à dire d'auoir la Charité, si vous voulez estre vrayement riche des richesses spirituelles, & operer vne viande qui ne perit point.

32. *Figure.*

A vn Pasteur qui auoit perdu la Charité & qui continuoit à faire de bonnes œuures, il est dit en l'Apocalypse, Tu penses estre riche, & tu es pauure, miserable, & nud, reprens ta premiere Charité & fay tes premieres œuures.

Les bonnes œuures faites en Charité, sont œuures pleines, & les holocaustes moëlleux tant estimez dans l'écriture. Cette vertu est le fondement & la mesure de leur merite, & recompense eternelle.

33. *Le bien est donc la mesme chose que la perfection.*

Ouy le vray bien, & qui doit auoir vne

suprème de cette vie.

eternelle durée. C'est vne peinture non de destrempe, mais faite à l'huile de la Charité, qui doit durer à iamais. Et qui dit ce vray bien dit vne œuure parfaite, & qui attaint la fin derniere. C'est la doctrine de l'Angelique S. Thomas. (1. q. 5. a. 1. in c. & ad 1. q. 6. a. 3. q. 16. a. 4. q. 48. a. 5. & 6. q. 49. a. 2.)

Remaschez bien ceste verité, & ne tenez pour vray bien & pour perfection, que ce qui arriue à ce dernier but.

34. *Et quel est-il ce dernier but ?*

C'est Dieu, auquel quand nous sommes vnis par cognoissance & par Amour, nous sommes arriuez au faiste de l'Olympe, & en l'Apogée de nostre souueraine beatitude : comme nous expliquerons plus clairement aux points qui suiuent.

Icy aspirez à ceste vnion comme au sommet de vostre supreme bon-heur, & dittes auec l'Amante sacrée, qu'il me baise du baiser de sa bouche, car ses mammelles sont meilleures que le vin, & plus odorantes que les parfums les plus suaues.

35. *La derniere fin & Dieu est donc vne mesme chose ?*

Qui en doute, puisqu'il est le principe necessaire, & le dernier but de toutes choses, lesquelles, dit le Sage, il a creées pour soy-mesme. Anatheme à qui met vn autre fon-

F ij

Cath. II. De la Beatitude

dement, & vne autre derniere fin de nostre beatitude.

Chantez auec Dauid, En vous Seigneur sont tous mes vœux, deuant vous est tout mon desir, quelles loüanges, & quelle gloire vous rendray-ie?

36. *Il est donc nostre bien, nostre perfection, nostre derniere fin?*

Vous l'auez dit, car ces trois choses ne sont qu'vne, & le moyen le plus certain pour y arriuer c'est la Charité, qui comme vne vraye eschelle de Iacob conioint la creature au Createur.

O Charité, vous estes toute nostre saincteté, & nostre sanctification, Dieu est vrayement en vous, & qui vous a demeure en Dieu: vous estes la maison de Dieu, & la porte du Ciel.

37. *Elle est donc nostre souuerain bien.*

C'est Dieu bonté essentielle & souueraine, qui est nostre souuerain bien, mais c'est par la Charité seule que nous y arriuons, à raison dequoy S. Paul l'appelle la tres-excellente voye: & Dauid le chemin qui nous monstre le salutaire de Dieu.

Dittes auec Dauid, ô Seigneur menez moy au sentier de vos commandemens, car ie le veux suiure.

38. *Mais quelques Theologiens ne mettent ils pas la souueraine Beatitude de l'autre vie en*

suprême de cette vie.

l'Amour de Dieu?

C'est l'Antagoniste de S. Thomas qui est de cette opinion, le Docteur Angelique la mettant en l'acte de l'entendement appliqué à la veuë de la diuine essence. Mais le commun sentiment de l'Escole embrasse les deux opinions, & constitue le souuerain bon-heur de la vie celeste en la veuë & en l'Amour de la diuinité.

Souspirez auec le Psalmiste. Quand viendray-ie & paroistray-ie deuant la face de Dieu, mes larmes me seruent de pain iour & nuict espreintes de la vehemence de ce desir.

39. *C'est donc tousiours en la Charité vnie à cette veuë, que consiste l'eternelle Beatitude?*

Ouy la formelle, mais l'objectiue c'est Dieu mesme, premiere & essentielle verité & bonté, qui remplit de ioye & de contentement l'entendement & la volonté de l'ame bien-heureuse. (*v. S. Tho. 1. 2. q. 3. a. 1. & 2.*) comme obiect vniuersel. (*q. 2. a. 8.*)

Pensez à ce que Dieu dit à Moyse, ie te monstreray tout bien en me monstrant à toy.

40. *Mais peut-on iouir de ce souuerain bien en cette vie?*

Non pas en la maniere dont on en iouit en l'autre, au regard de l'entendement, ouy au regard de la volonté, car la Charité, qui ne

F iiij

deffaut iamais, est la mesme en cette vie que celle de l'autre. (S. Tho. 1. 2. q. 67. 4. 6. q. 111. a. 3.)

De quelle amour deuons nous aimer ceste admirable vertu de Charité, par laquelle nous pouuons estre heureux dés cette vie.

41. La Charité peut elle estre parfaite en cette vie?

S. Thomas respond qu'ouy : (2. 2. q. 24. a. 8.) à quoy nous pouuons adiouster qu'estant la perfection mesme elle ne peut estre en vne ame qu'elle ne soit parfaite, au moins en quelque degré de perfection, de là vient que comme elle y est respanduë en vn instant par le S. Esprit de qui les œuures sont parfaites, en vn moment aussi elle se perd par le peché à mort.

Considerez que l'ame qui possede ce don precieux & tres-bon, est cette ville de parfaite beauté, la ioye de toute la terre, dont vn Prophete parle : pesez la deplorable perte de celle qui en est priuée par le peché capital. Malheur sur malheur à celuy qui ne void pas que son malheur prouient de sa malice.

42. Pourquoy dit on donc que l'on ne peut arriuer en cette vie à la perfection de l'amour de Dieu?

Ie pense que ceux qui disent cela parlent comparatiuement non positiuement, ie veux dire à comparaison de l'Amour qui naist de la claire veuë de Dieu dans le Ciel, mais non pas que l'on ne puisse parfaittement aimer autant qu'il le peut estre par vne Creature viuante en ce monde: car cela seroit contraire à la doctrine de l'Ange de l'escole que nous auons citée, & chocqueroit l'escriture en quelque sorte qui nous recommande, ou, pour mieux dire, commande d'estre parfaits en tant de lieux.

Gardez-vous du descouragement où ceste opinion vous porteroit, car on n'aspire pas volontiers à ce que l'on n'espere point de pouuoir attaindre.

43. *La Perfection de cette vie est vne imperfection, deuant celle de l'autre.*

Ie sçay que S. Paul a dit que quand le parfait sera venu, s'esuanoüira ce qui est en partie, c'est à dire ce qui est imparfait ; la venuë du Soleil dissippe les ombres que son absence causoit durant la nuict. Neantmoins la nuict a ses beautez aussi bien que le iour, & quelquefois elle nous éclaire, & ses tenebres deuiennent lumineuses ainsi que dit Dauid.

Honorez la veuë face à face que les Saincts ont de Dieu dans le Ciel, mais tandis qu'il veut que vous viuiez icy bas & que vous habitiez parmy les obscuritez, cherissez la veuë qu'il vous donne de ses veritez par les enigmes & miroirs de la foy, car ceste veuë toute

F iiij

noire qu'elle est ne laisse d'estre belle, & fille de sa bonté toute surnaturelle.

44. *Ie ne parle pas de l'Imperfection de la veuë de Dieu en cette vie, mais de celle de son Amour.*

Ny l'vne ny l'autre ne me semble point imperfection, puisque ce sont des dons surnaturels, la foy & la charité estans des vertus infuses, & les œuures de Dieu estans parfaittes, & ses dons sans repentance, c'est à dire sans deffaut, & quoy que le don de la foy ne soit pas si grand que celuy de la claire veuë, si est il parfaict en son espece, & ne faut point l'accuser d'imperfection, puisque les operations de Dieu sont toutes tres bonnes, quoy qu'il y en ait de plus grandes & excellentes les vnes que les autres.

Remerciez Dieu de la lumiere de la foy qu'il vous a donnée, puisque c'est l'estoille qui nous meine à IESVS, le flambeau de nostre mortel Pelerinage, & qui addresse nos pas au sentier de la paix.

45. *Mais l'Amour de Dieu qui se tire de la foy, est-il aussi excellent que celuy qui naist de sa veuë au Ciel?*

La verité est que l'Amour prend sa naissance de la cognoissance, car la volonté ne se porte d'affection que vers ce qu'elle cognoist, & estant aueugle de sa nature elle ne discerne le

bien, qui est son cher object, que par la lumiere de l'entendement qui le luy découure. Mais
pourtant ceste cognoissance qui est la borne &
la mesure de l'amour au Ciel, où nous n'aimerons Dieu qu'autant que nous le cognoistrons,
n'en est pas le limite en terre, car la Charité
qui est, selon S. Paul, plus grande que la Foy
ny l'Esperāce, nous fait aimer Dieu beaucoup
plus que nous ne le cognoissons. Voyez cette
doctrine parfaitement bien deduite par le B.
François de Sales en son Traitté de l'Amour
de Dieu (*l. 6. c. 4.*)

Loüez Dieu de ce qu'il n'a point donné de
bornes à la Charité en cette vie, où elle peut
tousjours estre accreuë iusques à l'infiny exclusiuement (voyez le mesme Traitté *l. 3. c. 1.*)

46.   *Suyuez cette pointe.*

De là vient que la Charité de quelques
Saints égale & mesme surpasse quelquefois en
terre, celle que quelques Bien-heureux ont au
Ciel: ce que le mesme S. Prelat prouue par plusieurs exemples au mesme Traitté. (*l. 3. c. 7.*)

Benissez Dieu de ces auantages qu'il a donnez à quelques voyageurs pour sa plus grande
gloire, & pour manifester aux hommes les richesses de sa bonté.

47. *Reste tousjours le defaut de beatitude en cette vie, e la part
de l'Entendement.*

Quoy qu'il y ait vn grand nombre de diffe-rences entre la felicité de ceste vie & celle de l'autre, cela n'empesche pas que selon la condition de ceste mortelle vie l'homme iuste & fidelle ne puisse trouuer dans la Foy & dans la Charité, c'est à dire dans la cognoissance & dans l'Amour de Dieu, tel qu'on le peut auoir icy bas, vne felicité parfaite selon son espece.

Beny soit Dieu qui a donné vne telle puissance aux hommes mortels, pour la loüange de la grace de sa gloire.

48. *Declarez-vous plus ouuertement.*

La Charité, l'Amour de Dieu, la Perfection, la derniere fin, & la Beatitude, estans des termes qui signifient vne mesme chose, comme on ne peut douter que nous ne puissions icy bas auoir la Charité, l'Amour de Dieu, & par là attaindre à la fin derniere : pourquoy doutera t'on que l'on puisse aussi arriuer à la perfection & par la perfection à la vraye Beatitude? Pesez bien ceste gradation & dites auec le Prophete.

En me resjoüissant ie me resjoüiray au Seigneur, & tout mon contentement & toute ma felicité sera en Dieu mon Sauueur & mon Salutaire.

49. *Nul ne sçait s'il a la Charité.*

Non de science certaine, & d'asseurance de foy, mais on le peut estimer sans vanité par de

supreme de cette vie.

puissantes conjectures dont le Docteur Angelique en rapporte quelques vnes (1. 2. q. 112. a. 5.) Nous sçauons toutefois, & qui plus est nous voyons tres certainement que qui n'a la Charité ne peut auoir d'accez au salut eternel.

Pesez cette verité, qui n'a la dilection de Dieu & du prochain, est en la mort, c'est le Dieu de verité qui l'a dictée par la bouche du Disciple bien aimé.

50. *Qui a la Charité a donc la Beatitude de cette vie.*

Il est ainsi : puis qu'il a en soy le Royaume des Cieux, & qu'il porte le Paradis dans son sein, la grace (que ie ne distingue point de la Charité en ce sujet) estant vne gloire commencée.

Cherchez premierement le Royaume de Dieu & sa Iustice, & en suitte toutes choses vous arriueront, c'est à dire vous serez comblé de toute felicité.

51. *Comme se fait cela?*

Qui a la Charité attaint la derniere fin, qui attaint la fin derniere, a la Perfection, qui a la Perfection a la Beatitude, puisque la perfection estant ce à qui rien ne manque, ne manquer de rien est le faiste de la felicité.

Souuenez vous de ce mot du Prophete, ceux qui cherchent Dieu (ce qui se fait par la Charité, laquelle ne cherche point son propre inceleſt, mais la ſeule diuine gloire) ne manquent d'aucun bien.

52. C'eſt donc par elle que nous jouiſſons du ſouuerain bien en cette vie.

Il eſt ainſi : car elle nous fait tendre à Dieu, & nous vnit à luy, nous faiſant arreſter là, comme dit S. Thomas, (2. 2. q. 23. a. 6.) ſans aucune autre pretenſion que de luy plaire, & d'augmenter ſa gloire, ce qui eſt proprement jouïr de la fin derniere, & joindre le haut point de la felicité ſouueraine.

Aſpirez à ce bonheur par le renoncement de vous meſme, & de tout propre intereſt; & ſouuenez vous de rechercher tousjours, c'eſt à dire, ſans ceſſe, le viſage de Dieu.

53. Il eſt malaiſé de comprendre comme l'on peut eſtre parfaitement heureux en cette vie, qui eſt accompagnée de tant de malheurs.

Si eſt-ce que l'Eſcriture, Oracle de verité, nous en aſſeure en beaucoup de lieux: le Pſalmiſte commence tous ces Pſeaumes par ce mot, & le repete en vne infinité d'endroits, attribuant la beatitude aux gens de bien dés cette vie. (*Pſe.* 1. 2. 31. 32. 33. 39. 40. 64. 83. 111. 118.) le Sage appelle heureux celuy qui a trouué la Sageſſe, & qui la garde en foy. Et quelle eſt ceſte vraye Sageſſe Chreſtienne ſinon la grace & la Charité?

supreme de cette vie. 93

Dieu est Charité, & qui demeure en la Charité demeure en Dieu, & Dieu en luy, & auoir Dieu n'est-ce pas estre au comble de la felicité?

54. *Induction.*

Que si les Anciens Philosophes éclairez de la seule lumiere de la raison, ont mis leur beatitude en la vertu morale, la foy, qui est vne lumiere surnaturelle, ne nous fait elle pas voir, qu'elle est bien mieux & plus iustement logée dans les vertus Chrestiennes & infuses?

Chantez auec Dauid. Seigneur Dieu des vertus conuertissez nous vers vous, & monstrez nous vostre face & nous serons sauuez.

55. *Autre.*

Que si la felicité consiste en la perfection, nul ne peut nier que dés cette vie plusieurs Saincts n'ayent attaint à vn haut degré de perfection : comme la Saincte Vierge, S. Iean Baptiste, les Apostres & tant d'autres, qui ont esté heureusement parfaits & parfaitement heureux, mesme parmy les Croix & les supplices qu'ils ont souffert pour I. C.

Auisez que le Monde, ainsi que dit le Psalmiste, appelle heureux ceux qui abondent en biens terrestres & passagers, mais que bien plus heureux est le peuple de qui le Seigneur est Dieu, c'est à dire qui ne pense qu'au seruice de la Diuine gloire.

56. *Encores.*

Ie dy plus que sans la perfection nul ne peut estre ny Sainct ny sauué, c'est à dire sans la Charité, & la grace.

Loüez Dieu de ce qu'il a mis vostre beatitude dans l'œuure de vostre salut. O que ceux là sont heureux qui par bonnes œuures faites en grace, & pour l'amour de Dieu rendent tous les iours plus certaine leur vocation à l'admirable lumiere de la gloire.

57. *Est-ce là cette Perfection tant recommandée en l'Escriture?*

Ouï: & sans elle il ne faut point esperer de salut. Soyez parfaits, dit N. S. comme vostre Pere celeste est parfait, soyez Saincts comme ie suis sainct, dit le Seigneur. Sur toutes choses, dit S. Paul, (*Colloss.* 3.) ayez la Charité, car c'est le lien de perfection.

Cherissez de plus en plus ceste incomparable vertu.

58. *Comme est-il possible d'estre parfait & Sainct comme Dieu?*

Il est plus aisé que l'on ne pense. La perfection de Dieu est en sa Bonté, laquelle il ayme pour l'amour d'elle mesme, & toutes choses pour elle. Aimons Dieu pour l'amour de luy mesme, & toutes choses pour luy & en luy, & nous voila parfaits comme luy selon nostre petite capacité.

Honorez ceste transformation en Dieu qui

se fait par l'Amour.

59.   *Que dittes vous de la Sainteté?*

Le mesme que de la perfection. C'est vne vertu dit S. Thomas (2. 2. q. 81. a. 8.) qui nous fait (estant animée de Charité) rapporter toutes choses au seruice de la gloire de Dieu. Si nous auons la vraye Charité nous auons la vraye sainteté.

Imitez I. C. qui dit de soy, ie suis venu chercher icy bas non ma gloire, mais celle du Pere celeste qui m'a enuoyé.

60.   *Il poursuit.*

Faites la volonté de Dieu en la terre comme elle est pratiquée au Ciel & vous voila Sainct, car toute nostre sainteté, perfection, beatitude consiste à l'entiere conformité & soufmission de nostre volonté à celle de Dieu, c'est là le Paradis du Ciel & de la terre.

Repassez par vostre memoire ce beau mot du Psalmiste, Aux saints qui sont en la terre (notez en la terre) Dieu magnifie toutes ses volontez.

61.   *Suitte.*

A cela visent les huict Beatitudes que l'on appelle Euangeliques.

Priez Dieu qu'il vous esleue à luy par ceste mystique eschelle de Iacob. Qu'il adresse vos pas en ses voyes, affin que vous ne soyez ny esbranslé ny destourné du chemin du Ciel.

62. *Que faut-il faire pour arriuer à la Beatitude?*

Le premier pas est de faire ce que N. S. dit au jeune homme qui l'en enqueroit, (*Matth.* 19) c'est de garder les Commandemens, principalement le premier qui comprend toute la loy & les Prophetes.

Le Psalmiste. Il est escrit à la teste de vostre liure Seigneur, que ie fasse vostre volonté, ie le veux ô mon Dieu, & que vostre loy soit à iamais au milieu de mon cœur.

63. *Voila de plein saut toute la perfection & la Beatitude.*

C'en est le premier degré, comme le matin est la premiere partie du iour. Il est vray que la premiere grace iustifiante, qui de pecheurs nous rend iustes, est vne sanctification, sainteté, & perfection, mais la seconde par laquelle de iustes & de saints nous nous iustifions & sanctifions encore dauantage par bonnes œuures, est vne plus grande iustice, sainteté, & perfection : qui doute qu'en la Charité aussi bien qu'aux autres vertus il n'y ait plusieurs degrez?

Estendez-vous tousjours en auant, selon le conseil de l'Apostre, courez tousjours plus outre durant cette vie sans presumer d'estre arriué au but : & pratiquez soigneusement cét autre conseil du mesme vaisseau d'election,

soyez

soyez emulateurs, c'est à dire sectateurs & poursuiuans des meilleures graces.

64. Induction.

S'il y a diuerses demeures, c'est à dire diuers degrez en l'estat de la gloire, comme la sainte parole nous en asseure, pourquoy n'y en aura t'il pas plusieurs en celuy de Grace, qui n'est que son fourrier & auantcoureur? Comme vne Estoile differe d'vne autre en clarté, ainsi vn saint d'vn autre en grace & en gloire.

Aspirez à rendre à Dieu le plus de gloire que vous pourrez, & en cette vie & en l'autre.

65. Suitte.

Neantmoins comme en la gloire tous sont parfaitement heureux, quoy que tous diuersement & plus ou moins participent à la beatitude: ainsi quiconque est au moindre degré de grace peut estre appelé parfait, & on peut dire de luy qu'il a la perfection, quoy que ceste perfection puisse croistre & estre augmentée de plus en plus en cette vie.

Pesez cette belle sentence du Sage, la route du iuste est comme celle de l'Aurore qui s'auance tousjours & se dilate iusques à ce qu'elle ait amené le iour iusques à la perfection du Midy.

66. *A ce conte il sera necessaire d'estre bien heureux en ce Monde, auant que l'estre en l'autre.*

G

C'est ce qui fait dire aux Theologiens que la grace est vne gloire commencée, & la gloire vne grace consommée. Ainsi nous pouuons passer du Paradis terrestre de la grace, au Paradis celeste de la gloire. C'est Dieu, dit Dauid, qui a fait la grace & la gloire, & sans celle là on ne peut auoir celle cy.

Nourrissez cherement en vostre cœur vn grand Amour pour la diuine grace, car c'est là le fondement du salut. Soyez desireux de l'auoir si vous vous en sentez priué par le peché, conseruez la soigneusement & jalousement si vous l'auez, ou si vous estimez l'auoir vostre cœur ne vous reprenant point. C'est ce que dit le Sage, gardez vostre cœur auec toute sorte de soin, car c'est de luy que vient vostre vie.

67. *Confirmation de la verité precedente.*

S'il faut garder tous les commandemens de Dieu pour entrer en la vie, (car qui peche en vn peche en tout) c'est principalement le pre- qui est appelé le tresgrand. Or en cét Amour de Dieu qui y est commandé, consiste nostre perfection, nostre derniere fin, & nostre beatitude en ceste vie. Ce qui nous apprend que par vne beatitude nous passons à l'autre.

Bien-heureux, dit le Psalmiste, ceux qui sont sans tache en leur voye, & qui cheminent en la loy du Seigneur. Bien-heureux ceux qui fondent ses témoignages, & qui le recherchent de tout leur cœur.

68.   *Figure.*

C'est l'opinion de quelques vns qu'Elie a esté transporté au Paradis terrestre dans vn chariot de feu, & qu'il y attend le dernier iour de la consommation des siecles, pour aller au Paradis celeste par la glorieuse mort du martyre, ainsi il yra de vertu en vertu voir le Dieu des Dieux en l'eternelle Syon.

Imitez le en quelque façon & par le Paradis de la grace tendez & pretendez à celuy de la gloire.

69. *Il y a bien de la difference entre l'vne & l'autre Beatitude de la voye & de la vie.*

Il y auoit de la difference entre Lia & Rachel, celle là laide, celle cy belle, elles estoient neantmoins toutes deux filles de Laban, & si celle-cy auoit l'eminence de la beauté, celle-là auoit l'auantage de la fecondité. La beatitude celeste est plus agreable, mais la terrestre qui est en la grace est plus fertile, puis qu'elle peut meriter par toutes sortes d'actions, & croistre sans cesse durant tout le cours de cette vie.

Aimez & honorez l'vne & l'autre comme filles de la diuine bonté.

70. *Dittes quelques vnes de leurs differences.*

Celle du Ciel consiste en la veuë de Dieu face à face & sans voile, celle de la terre en la

G ij

veuë de la foy qui est ombrageuse, & comme dit S. Paul, par miroir & par enigme : mais quoy que cellecy soit noire, c'est à dire brune, elle ne laisse pas d'estre belle & tres agreable à celuy qui est plus que Salomon, lequel cherit tendrement ceste fille de Roy, ceste Princesse Egyptienne.

Aimez la lumiere surnaturelle de la foy, & priez qu'il vous la conserue & augmente.

71.   *Deuxiesme.*

Celle du Ciel consiste en vne veuë accompagnée d'vn amour continuel, & non iamais interrompu. Celle de la terre consiste bien au mesme Amour (car nous aimons Dieu en la terre du mesme dont nous l'aimerons au Ciel) mais il n'est pas tousjours dans vn exercice actuel, à cause des ordinaires necessitez & distractions de ceste vie mortelle.

Aimez Dieu actuellement le plus frequemment que vous pourrez, & vous approcherez d'autant plus de la perfection & de la felicité des bien heureux qui sont au Ciel.

72.   *Troisiesme.*

Au Ciel la veuë continuelle de Dieu fait que iamais ceux qui l'ont ne peuuent cesser de l'aimer, ny descheoir de ceste veuë & de ceste Charité, qui est immuable, inuariable, & eternellement permanente. Mais en terre helas ! nous pouuons deschoir de l'estat de la grace,

supreme de cette vie. 101
& perdre la charité par le peché mortel. (S. Tho. 2. 2. q. 24. a. 11.)

Faites bon vsage de ces diuins auertissemens, que celuy qui est debout, auise à ne tomber pas : tenez ce que vous auez : trauaillez auec soin à rendre par bonnes œuures vostre vocation certaine.

73. *Sur le mesme sujet.*

De là ces prieres sacrées : O Seigneur ne nous rejettez pas de deuant vostre face, & ne nous ostez pas vostre S. Esprit : que vostre bon esprit nous guide tousjours en la terre de droicture : ne nous induisez point en tentation : faites que nous operions nostre salut auec crainte & tremblement.

O cieux rompez vous d'estonnement, & que vos portes en soient desolées, sur le double mal que commettent les pecheurs, en quittant Dieu qui est la vraye source de vie, pour s'attacher aux creatures qui ne sont que des cisternes gastées incapables de contenir les eaux de la grace.

74. *Exemples.*

Quand on considere les cheutes d'vn Salomon & d'vn Iudas, d'vn Adam, d'vn Dauid, d'vn S. Pierre, qui ne tremblera?

Si les colomnes sont esbranslees, que feront les roseaux du desert ? excitez vous à vne saincte & amoureuse frayeur.

G iij

75. *Quatriefme difference.*

En la Beatitude celeste il y a tousjours incomparablement plus de lumiere en l'entendement, plus de suauité & d'exercice d'amour en la volonté, qu'en celle de ceste vie, bien que quelques Saincts ayent eu dés ceste vie plus de feu & d'ardeur de dilection de Dieu, que plusieurs n'en ont dedans le Ciel, & c'est possible en ce sens qu'il est escrit que le moindre au Royaume des Cieux est plus grand, que Iean Baptiste est appelé par le Sauueur mesme le plus grãd entre ceux qui sõt naiz de femme.

Comme Iacob aima Lia en attendant qu'il fust possesseur de Rachel, aimez la beatitude de cette vie tant que Dieu vous y laissera, & souspirez y quelquefois aprés l'autre, disant auec Dauid; Seigneur prolongerez-vous encore beaucoup mon pelerinage, me laisserez vous long temps parmy les habitans de Cedar, c'est a dire des tenebres?

76. *En quoy proprement consiste donc la Beatitude de ceste vie?*

Selon mon sens (que ie sousmets tres humblement au iugement & à la correction de la tressaincte Eglise) c'est en la foy viue, c'est à dire œuurante par Charité, ou animée de la grace sanctifiante.

Selon ceste sacrée sentence le Iuste vit de la foy, ce qui ne se peut entendre que de la viue

& formée, non de la morte & informe, car comme celle-cy donneroit elle la vie si elle ne l'a pas?

77. *Declarez vous dauantage.*

La Beatitude celeste consiste en la veuë de la Souueraine verité de Dieu qui est aimée, & en l'Amour de la Souueraine Bonté de Dieu qui est veuë, c'est à dire en la veuë & en la dilection de Dieu. Celle de ceste vie en la croyance de la Souueraine verité de Dieu qui est aimée, & en l'Amour de sa Souueraine Bonté qui est creuë. Pour arriuer à l'vne attachez vous fermement à l'autre, & dittes auec l'Apostre, qui me separera de la charité de Iesus Christ?

78. *C'est presque la mesme chose.*

Il y a ceste extreme difference (outre les precedentes,) que le bien-heureux du Ciel voit & ne croit plus, car la foy qui est des choses inuisibles & non apparentes, cesse quand la veuë commence, à raison dequoy elle n'est point dans les Esleus qui sont au Ciel (*S. Tho. 2. 2. q. 4. a. 4.*) & celuy qui est en terre croit & ne voit pas, & ne laisse neantmoins d'aimer Dieu du mesme Amour surnaturel & de Charité dont ceux du Ciel l'aiment, & quelquefois comme nous auons dit auec vne plus grande charité que quelques vns de ceux qui sont au Ciel.

Cath. II. De la Beatitude

Soyons fideles iusques à la fin pour arriuer de la foy à la veuë, en quoy consiste la couronne de vie, que Dieu a promise à ceux qui l'aiment.

79. *La Beatitude consiste donc en vne action.*
Il est ainsi : & en cela elle nous rend en quelque maniere semblables à Dieu, qui est vn acte pur, & ce pur acte est sa mesme beatitude. Il est infiniment & eternellement heureux par l'infinie & eternelle cognoissance qu'il a de soy, & par l'infini & Eternel Amour qu'il se porte. Et nous sommes rendus heureux par la cognoissance que nous auons de luy en ce monde par la foy, en l'autre par la veuë, & par l'amour que nous luy portons icy & là.

Honorez ceste cognoissance & cét Amour de Dieu, puisque c'est en cela que consiste vostre souueraine felicité presente & future.

80. *Pourquoy la mettez-vous en cette action?*
D'autant que la Beatitude de l'homme estât en sa perfection, il ne peut estre accomply en son estre, si cét estre n'a ses puissances & facultez entieres, & ces puissances ne peuuent estre tenuës pour parfaites, si elles n'exercent leurs actions, veu que la puissance est faite pour l'action, & non l'action pour la puissance, celle-cy, selon la maxime des Philosophes, estant vaine, si elle n'est reduite en acte, & c'est par

cét acte que la puissance arriue à sa fin, & attaint son object. (*v. S. Tho.* 1. *q.* 48. *a.* 5. & 6. *q.* 49. *a.* 2.)

Souuenez-vous que l'homme est creé pour operer, & que sa perfection consiste en sa plus excellente action.

81. *Quelle est cette excellente action?*

La puissance par son action se termine dans son object comme dans sa fin, par exemple la faculté de voir se termine par son acte dans la lumiere & la couleur, comme dans les objets qui luy sont propres & proportionnez, & plus l'object est excellent, plus la puissance par son action en tire de perfectiō: & peut on dire que la veuë est arriuée au point de sa souueraine felicité quand son action s'exerce autour de la souueraine lumiere & de la plus exquise couleur. Le mesme se doit dire de l'action de toute autre puissance soit exterieure soit interieure.

Auisez à ceste verité qui est de grande importance pour vostre Beatitude, & prenez garde à n'arrester pas les actions de vos facultez sur des objects indignes, & qui les raualent plutost que de les esleuer.

82. *Donnez vn exemple de quelque puissance ou faculté interieure.*

L'Entendement humain ayant la verité pour son object, il est certain que sa beatitude & sa perfection consiste en son vnion à cét object, ce qui ne se peut faire que par son action qui est de contempler, & à mesure qu'il contemple de plus hautes veritez, plus il s'esleue en perfection: mais quand il est arriué à la contemplation de la Souueraine verité qui est Dieu, alors il a trouué sa souueraine felicité. (*v. S. Tho.* 1. *q.* 5. *a.* 1. *q* 6. *a.* 3 *q.* 16. 3. *& 4.* 1. 2. *q.* 52. *a.* 1.)

Dittes auec l'Amante Sainte, Ie chercheray par tout ce que mon ame ayme, & ne cesseray point que ie ne l'aye rencontré. Et auec le Psalmiste, Ie ne donneray aucun repos à mon ame, ny aucun sommeil à mes yeux, que ie n'aye trouué le lieu du Seigneur, & le tabernacle du Dieu de Iacob.

83. *Quel moyen de trouuer cette contemplation en cette vie?*

Laissons à part les plus secretes communications de Dieu aux ames de grande Oraison, dont parlent les Theologiens mystiques, disans que c'est dans la foy, & par la foy, que se trouue ceste vnion de l'Entendement à la premiere & Souueraine verité qui est Dieu en ceste vie.

Tenez pour vn don precieux du Pere des lumieres, le flambeau surnaturel de la foy, sans lequel en ce monde nostre entendement seroit incapable de s'vnir à la premiere verité,

supreme de cette vie.

84. *Mais quel est le vray & Souuerain bien de l'homme?*

Nous auons dit que le bien de quelque chose, est ce qui luy est conuenable pour rendre son Estre parfait. Et son Souuerain bien est ce qui luy conuient souuerainemēt pour ce sujet. Il faut donc sçauoir quel est le vray Estre de l'homme, pour cognoistre quel est le Bien qui luy est le plus conuenable.

Priez Dieu qu'il ouure vos yeux interieurs, pour vous faire apperceuoir vostre vray Bien.

85. *Quel est cet Estre?*

Il est double, corporel & spirituel, & ramassant en soy la ressemblance des estres de toutes les autres Creatures; à raison dequoy il est appelé petit-monde, ou abregé du grand monde, & toute Creature. D'autant que du costé du corps il est semblable aux Estres materiels animez ou inanimez, sensibles ou insensibles, & de la part de l'Ame raisonnable il est comme les Anges.

Admirez l'alliance que Dieu fait en vous du Ciel & de la terre, de ce qui est materiel & spirituel, & benissez-le pour toutes les creatures dont il a ramassé tous les Estres en vostre composition.

86. *Le Bien du corps est donc autre que celuy de l'Ame?*

Ouï sans doute: mais comme l'ame doit

estre la Maistresse du corps, selon ce qui est escrit, ton appetit sera sous toy & tu le domineras, aussi le bien du corps doit estre rapporté & subordonné à celuy de l'ame, & l'vn & l'autre pour arriuer à la fin derniere doit estre par la charité reduit au seruice de la gloire de Dieu, & par ce rapport on arriue à la beatitude & de ceste vie & de la future.

Courez en sorte que vous arriuiez iusques à ce but, si vous voulez remporter la couronne de gloire.

87. *Mais la Beatitude ne consiste pas aux biens du corps.*

Non pas certes en fin derniere, mais ils peuent seruir de moyens pour y attaindre quand ils sont appliquez par la charité au seruice de la gloire de Dieu : car qui doute que l'on ne puisse par la grace celeste reduire la santé, la beauté, l'addresse, la vigueur & autres habiletez corporelles, au seruice de la diuine gloire? (1. q. 49. a. 3. ad 5. 1. 2. q. 71. a. 2. 2. 2. q. 123 a. 1. & 2. q. 129. a. 3.)

Si vous auez quelqu'vne de ces qualitez auisez d'en faire vn bon vsage, & que vostre charité les rapporte à la derniere fin.

88. *Si elle ne consiste pas aux biens du corps, beaucoup moins aux maux corporels : puis que la felicité est vn ramas de tout bien, & vne exemption de tout mal.*

Ouï la felicité celeste, où n'entrent ny les larmes, ny les douleurs, ny les trauaux, ny aucun des maux de peine, non plus que de ceux de coulpe, rien de soüillé n'ayant accés au Royaume des Cieux: Mais en la Beatitude de la terre qui consiste en nostre vnion auec Dieu par la Foy viue & animée de Charité, & les biens & les maux corporels peuuent auoir leur place, selon qu'ils sont appliquez au seruice de la gloire & de la volonté de Dieu: par vne ame qui est en grace. (S. Tho. 1. q. 26. a. 1. ad 1. 1. 2. q. 21. a. 2. ad 2. q. 4. a. 7. ad. 2.)

Que les maux du corps ne vous estonnent point, puisque la paix de la beatitude interieure qui consiste en la grace se peut conseruer dans leur amertume tres amere, & y estre comme vn Lys parmy les espines.

89. *Mais tousjours ce sont maux qui trauersent la felicité.*

Certes les maux de coulpe mortelle non seulement la trauersent, mais la renuersent & la perdent, mais ceux de peine ne sont pas proprement maux, puis qu'ils reüssissent à l'auantage de ceux qui aiment Dieu, & qui sont en sa grace, tesmoins tant de martyrs qui tenoient à grande ioye, ainsi que l'Apostre parle, lors qu'ils estoient dans les tourmens, sçachans que la tribulation perfectionnoit leur patience, la patience leur espoir, & espoir qui

Cath. II. De la Beatitude
ne seroit point confondu.

Ainsi les Apostres se retiroient tous ioyeux du milieu des assemblées, où ils auoient reçeu des affronts, & souffert des ignominies pour le nom de I. C.

90. *Que dittes vous des Biens de l'esprit, & des exterieurs, que l'on appelle de fortune, & des maux qui leur sont opposez?*

Le mesme que nous venons de monstrer en ceux du corps, puis que nous pouuons faire seruir les vns & les autres à la Beatitude de ceste vie selõ le bon vsage que nous en ferõs en estat de grace, & pour l'Amour de Dieu qui n'a autre but que sa gloire. (S. *Thom. 1. 2. q. 114. a. 10. 2. 2. q. 58. a. 10. ad 2. q. 125. a. 4. ad 3.*)

Determinez vous de faire vn bon vsage des consolations & des afflictions interieures, des richesses & de la pauureté, comme faisoit l'Apostre qui sçauoit abonder, & souffrir la disette (*Philipp. 4.*) ainsi vous tirerez profit de vos tribulations, & comme l'abeille vous ferez du miel auec des herbes ameres, & ferez sortir l'huile du caillou.

91. *C'est neantmoins le iugement de tous les sages, que les richesses ne rendent pas l'homme heureux.*

Aussi ne le rendent elles pas malheureux: sinon lors qu'il en abuse, & que par elles il commet des desordres contre les loix diuines

& humaines. Et puis nous ne parlons pas icy de la Beatitude naturelle, mais de la surnaturelle qui ne se trouue icy bas qu'en l'estat de la grace. Or qu'auec les richesses maniées selon Dieu, on ne puisse faire beaucoup de biens pour la gloire du donateur, nul ne le peut nier sans démentir l'experience, sans elles comme peut on faire les œuures de misericorde corporelles, qui sont tant recommandées en l'Escriture?

Si vous en auez n'y attachez pas vostre cœur, dit le Psalmiste, mais vsez en pour Dieu & selon Dieu.

92. *D'où vient donc qu'il est malheur dit aux riches?* (*Luc 6. v. 24.*)

L'Escriture adjouste mesme la difficulté qu'ils ont d'entrer au Ciel, & la represente comme impossible, disant qu'il est aussi malaisé qu'vn riche entre au Ciel, que de passer vn cable ou vn chameau par le pertuis d'vne aiguille. (*Matth. 19.*) Mais ce qui est difficile à la nature est fort aisé à la grace. Il est vray que suiuant la mauuaise inclination de la nature corrompuë, plus de gens abusent des richesses qu'ils n'en vsent en bien. Mais quand la grace surabonde l'on en fait vn bon vsage:

Inuocquez la grace affin qu'elle vous preserue de mal vser de celles que Dieu vous aura mises en main.

93. *Exemples.*

Abraham, Loth, Iob, Noé, Dauid, Sainct Louys, & quantité de grands Saincts ont fait vn excellent vsage des richesses.

Fortifiez vostre courage par ces grands exēples, & souuenez vous que la main de Dieu n'est point affoiblie, ny son bras raccourcy, sa puissance comme sa misericorde demeure eternellement.

94. *Pourquoy la premiere des Beatitudes est elle mise en la pauureté?*

Adjoustez d'esprit, laquelle peut estre pratiquée parmy les richesses effectiues, comme ont fait les grands Saincts que nous venons de nommer au point qui precede. La pauureté effectiue sans l'affectiue est fort peu de chose, car comme les pauures d'esprit sont bien heureux mesme parmy les richesses, aussi les riches d'esprit, c'est à dire en desir & en affection, sont malheureux, mesme dans la pauureté.

Salomon qui sçauoit par vne Sagesse d'en haut que dans les extremitez de l'abondauce & de la disette, il y auoit de grandes tentations cachées, demande à Dieu qu'il ne luy donne ny pauureté ny richesses, mais simplement les choses necessaires à l'entretien de la vie : & S. Paul instruit en l'escole du Ciel, veut que nous soyons contens du viure & du vestir, sans desirer rien

suprême de cette vie?

rer rien dauantage. Ruminez bien le sentiment de ces deux saints personnages.

95. *La Pauureté volontaire n'est elle pas vn plus digne instrument de Perfection, que le bon vsage des richesses?*

Il faut distinguer entre la perfection morale & acquise, & la chrestienne & infuse. Sans doute c'est vn plus grand & plus excellēt acte de Temperance d'abandonner les biens exterieurs en embrassant la pauureté volontaire, que de posseder des richesses & d'en faire quelque bon vsage que ce soit. Mais de dire qu'il y ait tousjours plus de charité (en laquelle est l'essentielle perfection du christianisme) dans la pauureté, mesme volontaire, que dans le bon vsage des richesses, c'est ce que l'on ne peut iuger que par conjecture, non de certitude de foy, veu mesme que nul ne sçait s'il a la charité, beaucoup moins s'il a peu ou beaucoup de charité.

En quelque condition que vous soyez de pauureté ou de richesses, tenez vous en humilité, & ne presumez iamais de vostre perfectiō, puis que Dieu veut que cela nous soit incognu, & en a reserué le iugement à l'auenir.

96. *Pourquoy donc les conseils Euangeliques de Pauureté & de Continence?*

Parce que la pauureté & la continence sont des moyens plus propres & conuenables pour

H

arriuer à vn haut degré de temperance & de chasteté, que ne sont les richesses & le mariage, quelque bon vsage que l'on en fasse. Mais de vouloir par ces vertus Morales aggrandir la charité, c'est comme qui voudroit esclairer le Soleil par vne estoile, car comme ce n'est pas l'estoile qui augmente la clarté du Soleil, mais elle tire de luy toute sa lumiere, aussi en matiere de perfection Chrestienne, ce n'est pas l'acte de vertu morale qui perfectionne la Charité, mais c'est la charité qui communique à celuy-là toute la perfection qu'il peut auoir deuant Dieu, lequel selon la maxime des Theologiens ne regarde pas tant à ce que nous luy donnons, qu'à l'amour qui anime & accompagne nostre don.

Auisez à ne prendre pas le change en matiere de perfection, & à la recognoistre iustement où Dieu l'a mise, & non où la loge l'opinion des hommes.

97. *Declarez vous plus clairement.*
Ce sera par la doctrine sans reproche & toute sainte du B. François de Sales Euesque de Geneue en son Traité de l'Amour de Dieu (*l.* 11. *c.* 9.) où il dit ainsi. La perfection de la charité est si souueraine qu'elle perfectionne toutes les vertus, & ne peut estre perfectionnée par elles : non pas mesmes par l'obeissance (beaucoup moins par la pauureté & la conti-

fience, qui sont des actes de moindres vertus morales) qui est celle laquelle peut respandre le plus de perfection sur les autres : car encor bien que l'amour soit commandé, & qu'en aimant nous practiquions l'obeissance, si est-ce neantmoins que l'amour ne retire pas sa perfection de l'obeyssance, ains de la bonté de celuy qu'il anime, d'autant que l'amour n'est pas excellent, parce qu'il est obeyssant, mais parce qu'il aime vn bien excellent. Certes en aimant, nous obeyssons, comme en obeyssant nous aimons : mais si cette obeyssance est si excellemment aimable, c'est parce qu'elle tend à l'excellence de l'amour, & sa perfection depend, non pas de ce qu'en aymant, nous obeyssons : mais de ce qu'en obeyssant nous aimons. De sorte que tout ainsi que Dieu est esgalement la derniere fin de tout ce qui est bon, comme il en est la premiere source : de mesme l'amour qui est l'origine de toute bonne affection, en est pareillement la derniere fin & perfection.

Apprenez à ne mesurer pas l'excellence de la perfection ou charité, par les actes des vertus morales, mais à estimer ceux-cy par l'Amour qui les anime, car cêt Amour est la mesure du vray merite d'vne bonne œuure.

98. *La Charité ne s'exerce t'elle pas plus excellemment par la pauureté volontaire que par*

H ij

le bon vsage des richesses.

C'est vn excellent instrument que la pauureté volontaire en la main de la charité, & instrument naturellement & moralement plus excellent que le bon vsage des richesses, toutefois l'esprit de Dieu souffle où il veut & la grace qui n'est point attachée aux instrumens, & qui ne se distribuë point selon la capacité des vaisseaux naturels des vertus ou actes de vertu, peut estre plus grande en tel dans le bon vsage des richesses, qu'en tel dans la pauureté volontaire.

Ceste incertitude conserue l'humilité dans l'ame du pauure volontaire, & nourrit le courage & l'espoir d'aspirer à la perfection en celuy qui fait bon vsage des richesses, temperament necessaire, pour conseruer la vertu de tous les costez.

99.   *Exemple.*

Qui peut douter que nostre grand Roy S¹ Louys n'ait eu plus de charité, & par consequent plus de perfection, dans le bon vsage qu'il a fait de l'opulence, & des richesses qui accompagnent la royauté, que plusieurs autres dans leur pauureté mesme volontaire : & plus de charité dans l'vsage de son mariage que plusieurs dans leur continence?

Il est raisonnable que les vertus morales & leurs actes rendent hommage à la charité qui

supreme de cette vie.

les rend d'humaines infuses, & de naturelles surnaturelles & diuines, sans vouloir rehausser la Charité par des vertus moindres qu'elle, & ausquelles elle communique toute la perfection chrestienne qu'elles peuuent auoir.

100. *Quelle estoit donc l'erreur de Iouinian & de Vigilance, qui preferoient les nopces & le bon vsage des richesses, à la continence & à la pauureté volontaire?*

Ceste erreur estoit grossiere & contre le sens commun, veu que la seule Philosophie morale a fait cognoistre le contraire aux Anciens Philosophes qui n'auoient point la lumiere de la foy, & est expressément opposée à la decision de la parole de Dieu en S. Matthieu (19.) & en la 1. a ceux de Corinthe (7.) Car qui peut douter, parlant moralement & naturellement, que la Temperance ne soit plus grande d'abandonner tout à fait l'vsage, quoy que legitime, du Mariage & des richesses, que d'en bien vser? Mais de vouloir estendre cela necessairement à la charité, comme si elle empruntoit sa perfection de la pauureté & de la continence, & non la pauureté & la continence d'elle, & comme si Dieu estoit obligé de verser plus de charité en vn pauure qu'en vn riche, en vn continent qu'en vn marié, ce seroit contredire à la lumiere de la foy & à toute la

H iij

Théologie. (*v. S. Tho. 2. 2. q. 24. a. 3.*)

Tenez le timon droit, & gardez de donner contre l'vn ou l'autre de ces escueils.

101.   *Doctrine de S. Hierôme.*

C'est sur S. Matthieu (19.) Il monstre que la perfection chrestienne ne consiste en la pauureté volontaire, veu que Crates & quelques autres Philosophes Payens ont bien abandonné leurs richesses, mais en la suitte de IESVS, qui ne peut estre accomplie que par la charité.

Vous n'aurez iamais de perfection & de beatitude qu'autât que vous aurez de charité.

102.   *Que dites-vous des Honneurs & Dignitez?*

Que la perfection ny la Beatitude chrestienne de ceste vie n'y est point attachée, & quand elles sont iustes & legitimes, que la charité s'en peut seruir pour en rendre gloire à Dieu, & qu'en sa main se sont des instrumens de perfection.

Recognoissez que toute puissance vient de Dieu, & qui y resiste s'oppose à l'ordonnance de Dieu.

103.   *Neantmoins la fuitte des honneurs & dignitez est fort recommandée.*

Il est vray, parce que leur poursuitte trop ardante est vn vice que l'on appelle ambition, & leur fuitte tient beaucoup de l'humilité, joint que Dieu nous aduertit en l'Escriture que nul ne s'ingere dans les honneurs & dignitez s'il n'y est appelé comme Aaron, mais comme la charité qui n'est ny enflée, ny ambitieuse, dit l'Apostre, sçait rabattre l'excez de leur desir, aussi appuye t'elle le courage de ceux qui y sont engagez pour leur faire mesnager leur salut dans les charges honorables, en conuertissant leurs fonctions au seruice de la diuine gloire.

La charité est vne poudre de projection qui conuertit en or de perfection & de felicité tout ce qu'elle touche & anime, priez Dieu qu'il vous en fasse riche.

104. *De l'Infamie ou du deshonneur quoy?*

De quelque part qu'il nous arriue par où sans nostre faute, auec la charité nous le pouuons appliquer à la gloire de Dieu, & croistre comme cela en perfection & beatitude. Soit par ignominie soit par bonne reputation dit l'Apostre, pourueu que IESVS soit seruy qu'importe, puis que c'est son seul honneur & interest que la charité recherche.

Mieux vaut estre infame pour I. C. qu'honoré selon le monde. I'ay choisi, dit le Psalmiste, d'estre abject & mesprisé en la maison de Dieu, plustost que d'estre esleué en honneur dans les tabernacles des pecheurs.

105. *Et du Plaisir qu'est-ce?*

Le plaisir deshonneste & illegitime estant

vicieux, est l'ennemy de la vraye felicité de ceste vie, qui consiste en la grace. Mais l'honneste & iuste ne luy est point contraire, & la charité s'en peut seruir pour esleuer à Dieu le cœur qui le ressent.

Benissez mon ame le Seigneur, dit le Psalmiste, & n'oubliez pas ses bien faits, c'est luy qui vous couronne de misericorde, & qui remplit vostre desir de biens.

106.   *Que dittes vous de la douleur?*

Elle est double, l'vne qui nous vient de la part de Dieu, ou des hommes, sans nostre choix, l'autre que nous eslisons ou que nous nous faisons sentir à nous-mesmes par mortification : de celle-cy S. Paul disoit, Ie chastie mon corps & le reduis en seruitude. L'vne & l'autre estant rapportee par la charité à la gloire de Dieu, peut auancer nostre perfection & nostre felicité en ceste vie, plutost qu'y nuire.

S. Paul se glorifioit en ses douleurs & infirmitez, afin que la vertu de IESVS habitast en luy : il mettoit pour cela tout son honneur & son bonheur en la Croix.

107.   *Belle sentence de S. Augustin.*

Mettez en l'ame la charité, dit il, tout y sera, ostez-là tout s'y perd. Tout y sert, car elle tire auantage pour l'honneur de Dieu, des plaisirs & des douleurs, des richesses & de la pauureté, des honneurs & des ignominies. Au contraire sans toutes les autres vertus morales, intellectuelles, & mesmes les Theologales sont inutiles pour le salut, selon la doctrine de l'Apostre. (1. *Cor. 13.*)

O perle Euangelique, ô tresor caché dans le champ, celuy là est riche & heureux qui vous possede, sans vous tout homme est pauure, nud, miserable, comme il est dit en l'Apocalypse.

108. *Qui a donc la charité est heureux parmy les desastres de cette vie?*

Il est ainsi, car il est en Dieu & Dieu est en luy, & si Dieu est pour luy, qui luy peut estre contraire? S. Paul ne deffie t'il pas tous les maux de peine, & toutes les creatures de le separer de la charité de Dieu, & par consequent de luy faire perdre son bonheur? Les maux de peine sont plutost des biens que des vrays maux, quand la charité les fait seruir à la gloire de Dieu.

Souffrir en la charité & pour l'amour de Dieu est vne felicité merueilleuse. S. Paul appelle heureux ceux de Philippes (*Phil.* 1.) de ce que non seulement ils croyoient en I. C. mais de ce qu'ils enduroient pour luy. Voyez comme il conte leur souffrance pour vne beatitude.

109. *Exemple.*

Celuy de Iob est tres illustre, lequel parmy

de si extremes souffrances, ne perdit pas vn point de sa perfection, ny sa felicité, au contraire qui en augmenta en grace.

Vous auez ouy la souffrance de Iob, dit S. Paul, & vous auez veu la fin que Dieu y a mise.

110. *Allegorie.*

Les trois enfans de la fournaise y chantans la gloire de Dieu, & y trouuans des vents rafraichissans & des rosées, nous monstrent qu'vne ame qui est en grace, peut conseruer sa paix & sa felicité qui côsiste en son vnion auec Dieu, parmy les plus cuisantes afflictions.

Pesez cette diuine promesse. Ie suis auec le iuste en sa tribulation, ie l'en arracheray & l'en glorifieray.

111. *Similitudes.*

La Salemandre qui vit dans les flammes, comme aussi les Pyraustes; & le poisson qui est si doux dans l'amertume de l'eau de la mer, monstrent que la grace peut nous faire jouïr de beaucoup de douceur & de consolation parmy les plus aspres desolations.

Seigneur, dit le Psalmiste, selon la multitude des douleurs de mon cœur, vos consolations ont resjouy mon ame.

112. *Le mal de peine n'est donc point mal.*

Non pas proprement, mais seulement en quelque maniere, comme parlent les Maistres, puis qu'il peut estre appliqué & rapporté à l'amour & à la gloire de Dieu, & reuenir au bien des Esleus, qui par plusieurs tribulations doiuent, aussi bien que le Sauueur, passer au Royaume celeste, pour cela il est compatible auec la Beatitude de ceste vie qui consiste en la grace & charité de Dieu.

Benissez Dieu qui a promis d'estre auec nous en la tribulation, si nous cheminons en sa dilection.

113.   *Et quel sera le vray mal?*

C'est celuy de coulpe, lequel est opposé au Souuerain bien qui est Dieu. C'est vn neant qui se reuolte contre le Tout : vn Rien que Dieu n'a point fait, & qu'il ne peut ny vouloir ny faire.

Detestez ce neant execrable par dessus tout ce qui est detestable, & digne d'horreur.

114.   *Mais Dieu est Tout Puissant.*

Il est vray : & c'est à raison de cela qu'il ne peut commettre le peché, qui n'est pas tant vn effect qu'vn deffaut, vn estre qu'vne priuation, & que nous ne commettons que par impuissance, ce qui ne peut conuenir à Dieu qui est vne souueraine perfection, & vne lumiere que les tenebres de la coulpe ne peuuent accueillir.

Pesez ce mot de S. Iean, que le peché est ce neant qui a esté fait sans Dieu, que l'homme a commis contre Dieu, & excitez voſtre haine contre vn monſtre que Dieu haït ſouuerainement, & qui eſt le ſeul bois qui nourriſt les flammes de l'enfer.

115. *Eſt-ce le ſeul peché qui nous rend malheureux?*

Ouy, puis qu'il eſt la cauſe, la ſource, la racine de tous les maux de peine, & de toutes les miſeres dont cette vie eſt accompagnée, ſans cela rien ne peut trauerſer noſtre felicité, qui conſiſte en noſtre vnion auec Dieu, par grace icy bas, & par gloire là haut, car il eſt eſcrit que le ſeul peché met diuiſion entre Dieu & nous.

Vous ne deteſterez iamais aſſez ce qui eſt ſi ſouuerainement deteſtable, & ce qui met ce Chaos de ſeparation entre Dieu & nous.

116. *Dittes ce qui rend proprement l'homme heureux en cette vie.*

C'eſt ce qui le rend parfait 1. en la qualité de Raiſonnable 2. en celle de Chreſtien.

Aſpirez à l'vne & à l'autre perfection, puis que c'eſt le comble & la couronne de voſtre bonheur.

117. *Qui le rend parfait en qualité de Raiſonnable?*

C'eſt ce qui le rend accomply ſelon l'ame & l'eſprit, ie veux dire ce qui perfectionne ces deux principales facultez raiſonnables, ſon

supreme de cette vie.

entendement & sa volonté. Car ce sont les fonctions de ces deux parties qui le distinguẽt des animaux & qui le rendent semblable aux Anges.

Cheminez selon l'esprit, dit l'Apostre, & n'accomplissez point les desirs de la chair, car si vous ne mortifiez celle-cy par celuy là vous mourrez, qui seme en esprit, moissonnera en esprit, & le fruit de sa recolte sera la vie eternelle.

118. *Qu'est-ce qui perfectionne ces deux facultez?*

L'Entendement ayant la verité pour object, c'est par la cognoissance de la verité qu'il se perfectionne, & plus hautes & parfaittes sont les veritez qu'il cognoist, plus est-il rendu parfait & accomply.

Aspirez à ceste cognoissance & la demandez au Dieu de verité, puis que c'est en elle que consiste la felicité de vostre entendement & le dernier traict de sa perfection.

119. *Et la volonté?*

La bonté estant son object, plus excellente est la bonté à laquelle elle s'applique plus est elle perfectionnée.

Demandez à Dieu auec Dauid, qu'il vous enseigne la bonté, la discipline, & la science de ses voyes.

120. *Comme peut on cognoistre la verité?*

Il y a deux moyens, dont l'vn est naturel, l'autre surnaturel. Le 1. est par la science. Le 2. est par la foy. Le premier monstre à nostre entendement les veritez qui se peuuent cognoistre par la lumiere naturelle. Le 2. celles qui nous sont reuelées de Dieu, par l'Eglise & les sainctes Escritures.

Reuerez ces deux moyens, mais principalement le surnaturel, deuant qui le premier n'est qu'vne foible Estoille deuant le Soleil, & comme le moindre rayon du Soleil vaut mieux que la lueur de la Lune & des Estoilles, aussi la moindre lumiere de foy est plus exquise que toute la clarté de la cognoissance naturelle.

121. *L'Homme peut-il attaindre à la Beatitude de cette vie par le premier moyen?*

Ouy à la felicité naturelle, mais non pas à la surnaturelle & infuse, qui est celle dont nous parlons icy : Car la cognoissance naturelle de la science peut perfectionner l'entendement de l'homme entant que raisonnable, mais non pas entant que Chrestien. Comme aussi l'amour de la vertu morale, humaine, & acquise, peut perfectionner sa volonté en qualité de faculté raisonnable, mais non pas comme la volonté d'vn Chrestien.

Admirez la hauteur des richesses de la sagesse & science de Dieu, qui est celle de la foy, par laquelle les plus petits d'entre les Chrestiens cognoissent ce qui a esté caché aux Sages Anciens, & à ces grand Philosophes de l'antiquité, qui ont esté appelez les genies de la nature. Car auec toute leur subtilité ils se sont esuanouïs en leurs pensées, ayans leurs entendemens obscurcis de tenebres & d'erreurs.

122. *Et par le Second?*

C'est celuy de la foy, par laquelle son entendement est surnaturellement esclairé par les veritez qui luy sont diuinement reuelées, il peut arriuer au comble de la felicité de ceste vie, appliquant son intelligence, heureusement captiue sous l'obeyssance de la foy, à la premiere & souueraine verité qui est Dieu, car c'est en ceste application de l'entendement à la plus excellente verité qui est Dieu, que consiste le souuerain bonheur de ceste faculté raisonnable.

Estimez comme vous deuez le precieux don de la foy, sans lequel ceste application ne se peut faire en ceste vie surnaturellement.

123. *La Beatitude ne consiste pas en la seule cognoissance surnaturelle.*

Non : car la foy sans les œuures est morte, & S. Paul dit que sans la charité celle là mesme qui fait les miracles ne sert de rien pour la vie eternelle, à raison dequoy elle doit estre viue, c'est à dire operante par charité, & c'est par la charité vertu infuse, diuine, surnaturelle, & la Reine des Vertus, que la volonté du Chrestien est vnie à la Souueraine & premiere Bonté qui est Dieu, & de ceste sorte cette faculté attaint la perfection chrestienne, & par la perfection la Beatitude supreme de cette vie.

O Foy! ô Charité! vous estes ces deux liens d'humanité & de dilection qui nous attirent & attachent à Dieu : ô qu'il est bon de luy adherer & de mettre en luy toute son attente!

124. *Est-ce dans l'exercice de ces deux Puissances de l'ame raisonnable, que consiste nostre souueraine Beatitude surnaturelle en cette vie?*

Vous l'auez dit ; car la felicité de l'homme entant que raisonnable & Chrestien, est dãs la perfection de son ame, & ceste perfection est dans les plus nobles actions de ces deux puissances, vers leur plus excellent & Souuerain object, qui n'est autre que Dieu la premiere & essentielle verité & bonté (*v. S. Tho.* 1. *q.* 62: 4. 1. *ad* 1. *q.* 3. *a.* 5.)

Remerciez Dieu qui a mis en vous, par sa grace, vostre felicité, & comme dit l'Escriture, le Royaume des cieux, vous dõnant le moyen par la foy, & la charité, de vous appliquer à luy, qui est la verité & la bonté mesme, en quoy consiste vostre Souueraine Beatitude, (*v. S. Tho.*

suprême de cette vie.

(v. S. Tho. 1. 2. q. 98. 5. ad 2. 2. 2. q. 27. a. 6. ad 3. q. 30. a. 4. q. 186. a. 1. 2. 2. q. 81. a. 7. q. 104. a. 4. ad 2.)

125.   *Expliquez-vous plus clairement.*

L'excellence d'vne action se tire de celle de son object & de sa fin, car c'est là qu'elle se termine. Or l'action est d'autant plus releuée que la puissance qui la produit est noble, & qu'elle a pour but le plus digne object qu'elle puisse auoir. Que l'ame soit plus noble que le corps en l'homme, que l'entendement & la volonté, soient les deux plus releuées puissances de l'ame raisonnable, & que Dieu premiere verité & bonté soit le plus esleué object de ces facultez, ce sont trois veritez qu'il ne faut que dire pour les faire admettre par tout esprit equitable.

Regardez les fixement, comme vn aiglon legitime la roüe du Soleil, & gardez bien de vous arrester en fin derniere, à des objects disproportionnez à la dignité de vostre ame.

126.   *Belle sentence de S. Augustin.*

O Dieu vous nous auez fait pour vous, c'est pour cela que nôtre cœur est en vne perpetuelle inquietude iusques à ce qu'il se repose en vo⁹.

Ie dormiray, dit Dauid, & reposeray en paix sur celuy qui est, parce qu'il m'à establi dans vne singuliere esperance de iouïr de sa bonté.

I

127. *Quel est le repos de l'entendement humain?*

Il va parcourant toutes les veritez subalternes auec insatiabilité, mais quand il est arriué à la Souueraine & Essentielle qui est Dieu, il s'y arreste comme en son centre, & s'y attache, comme l'espouse qui tenoit son espoux, auec resolution de ne le quitter point.

Si vostre entendement cherche sa quietude en quelqu'autre verité qu'en ceste premiere, souueraine, & essentielle qui est Dieu, il se trompe, & il erre dés le ventre, c'est à dire dans le principe.

128. *Et où est cette verité icy bas?*

Dans le sein de l'Eglise Catholique, colomne & appuy de la verité, & hors de laquelle comme il n'y a que mensonge & erreur, il n'y peut auoir de salut.

Loüez Dieu qui vous a rendu enfant de cette Mere, qui seule nous donne Dieu pour Pere.

129. *Comme faut-il faire pour y vnir son entendement?*

En le captiuant sous l'obeïssance de la foy, & en acquiesçant à toutes les veritez reuelées par l'Eglise, sans exception d'aucune, à cause de la premiere verité reuelante qui est Dieu, dans lequel il ne peut y auoir aucune fausseté.

Dittes, comme cettuy-cy de l'Euangile, je

suprême de cette vie?
croy Seigneur aidez mon infirmité.

130. *Et le repos de la volonté où le mettez vous?*

En son application, & vnion, à la Souueraine Bonté increée, qui est Dieu, car toutes les bontez subalternes & creées, ne sont point capables de l'accroistre ny de luy donner vne parfaite quietude.

O Dieu, disoit le Psalmiste, vous estes le Dieu de mon cœur, & la part de mon heritage pour iamais, part neantmoins qui fait le tout, car vous m'estes toutes choses, & ma portion c'est de garder vostre loy, & de faire en tout & sur tout vostre volonté.

131. *Mais la volonté humaine est-elle infinie?*

Rien de ce qui est creé n'est infiny, n'y ayant que Dieu qui soit tel, ou plutost l'infinité mesme. Neantmoins la capacité de l'ame humaine est telle que rien de finy ne la peut combler, tout l'vniuers estant trop petit pour le cœur humain: il n'y a que l'infiny c'est à dire Dieu, lequel est plus grãd que nos cœurs, dit la sainte parole, qui les puisse remplir, à raison dequoy l'entendement & la volonté de l'homme, ne se peuuent arrester en dernier ressort qu'à la premiere & Souueraine Verité & Bonté, qui est Dieu mesme.

Ie seray rassasié, dit le Psalmiste, lors que vostre gloire m'apparoistra ô Seigneur. Mon-

I ij

sirez nous vostre face & nous voyla sauuez & contens.

132. *Voyla l'vn necessaire.*
Ouy : à ceux qui veulent estre heureux dés cette vie; Dieu est la tres bonne part de Marie, qui ne luy sera point ostée, c'est commencer dés ce monde, l'exercice que nous ferons eternellement en l'autre, qui est de glorifier Dieu par cognoissance, & par Amour. Bien heureux le peuple de qui le Seigneur est Dieu.

I'ay demandé vne chose au Seigneur, ie ne desire que cela seul de luy, qui est que ie demeure en luy par grace, attaché à son bon plaisir, c'est à dire à l'execution de sa volonté, au temps de cette vie & en l'eternité de l'autre.

133. *Il n'y a rien de comparable à cette vnité.*
Non, car qui est semblable à Dieu? ou comme disoit S. Michel, aux Anges Apostats, qui est comme Dieu? Qui a trouué ceste vnion auec luy a rencontré la vie & puisera le salut du Seigneur.

Adorez cette vnité centre de vostre repos & de vostre beatitude, comme la multiplicité des creatures est la source de toute inquietude & infelicité.

134. *Quel est le meilleur moyen de cette vnion?*
C'est la charité, que S. Paul appelle la plus excellente voye, pour aller & se joindre à Dieu & le lien de perfectiō. Sans elle il ne faut point

parler de cette vnion auec Dieu, en laquelle est le haut point de nostre felicité en ceste vie & en l'autre. (*S. Tho.* 2. 2. *q.* 82. *a.* 2. *ad* 1.) C'est elle seule qui nous fait attaindre la derniere fin, & iouïr du souuerain Bien: & la fin derniere, & le bien Souuerain, & la supreme Beatitude sont vne mesme chose (*v. S. Tho.* 1. 2. *q.* 114. *a.* 4.)

Aymons Dieu qui le premier nous a aymez, c'est en son amour que se trouue la souueraine felicité du fidele.

135. *Que deuiendra la cognoissance, si vous mettez la Beatitude en l'Amour?*

Qui a la charité a toutes les vertus, & principalement la Foy & l'Esperance, qui sont ses fourrieres necessaires, & qu'elle doit trouuer en l'ame où elle se répand. (*S. Tho.* 1. 2. *q.* 65. *a.* 3. *&* 5.) Il n'en est pas ainsi des autres vertus & mesme de la Foy & de l'Esperance qui peuuent estre en l'homme sans la Charité. (*1. Cor.* 13.) C'est pourquoy i'ay dit que la beatitude parfaite consiste en l'Amour de Dieu qui n'est iamais sans la cognoissance, mais la cognoissance peut estre sans l'amour.

Vne grande estime de la charité qui est l'ame, la vie, la perfection, & le comble de toutes les vertus, & de toute felicité.

136. *Pourquoy est elle la plus grande de toutes les vertus, mesmes des Theologales?*

Outre l'auctorité de l'Apostre (*1. Cor.* 13.)

S. Thomas (1. 2. q. 66. a. 6.) en rend vne belle raison. C'est, dit-il, parce qu'elle auoisine de plus près son souuerain object qui est Dieu. La Foy est des choses non veuës, l'Esperance des choses à venir, mais la charité est vn amour de Dieu present & preslant, par lequel l'amant est en l'aimé, & l'aimé en l'amant.

Sainct Iean, qui est en la charité demeure en Dieu, & Dieu en luy.

137. *Il y a d'autres manieres d'estre vny à Dieu que par la charité.*

Il est veritable, mais comme la charité est plus excellente entre les vertus Theologiques que la Foy & l'Esperance, aussi entre les vnions que nous auons auec Dieu celle de l'amour actuel est la plus exquise.

C'est par cette adhesion que nous sommes faits vn mesme esprit auec luy, qui est nostre supreme beatitude.

138. *Marquez quelques vnes de ces vnions.*

La 1. est appellée de dependance, par laquelle tout estre creé & finy depend de l'increé & infiny qui est Dieu, auquel nous viuons, nous nous mouuons, & nous sommes.

Pensez que si Dieu n'appuyoit vostre estre vous seriez à chaque instant reduit à rien, chaque moment luy acquiert sur vous vne nouuelle obligation.

139. *Vne autre.*

La 2. s'appelle de penetration, qui prouient de l'infinité & immensité de Dieu, lequel estât par tout par essence, presence & puissance, non seulement contient toutes choses en soy, & les porte par la vertu de sa parole, mais encore il les remplit d'vne maniere si intime, que le feu n'est point plus intimement vny au fer qu'il embraze, ny l'ame si joincte au corps qu'elle anime, ny l'air si penetré de la lumiere qui le rend plein de clarté.

Pensez que Dieu est plus intime à vostre ame que vostre ame ne l'est à vostre corps, & que c'est luy qui remplit le ciel & la terre comprenant tout, estant luy mesme incomprehensible.

140. *Quelque autre.*

La 3. est celle de la grace iustifiante, car bien que la grace qui nous iustifie, ne soit pas Dieu mesme, mais vne qualité creée par laquelle no' luy sommes rendus agreables, si est-ce qu'elle porte Dieu auec soy dans l'ame d'vne maniere speciale, c'est à dire par vn effect & vn respect nouueau. C'est ce que dit N. S. Qui m'aime gardera ma parole, & mon Pere l'aimera, & nous viendrons à luy, & ferons en luy nostre demeure.

Vn grand respect à la grace de Dieu, qui nous rend en quelque sorte participans de la nature diuine.

I iiij

Cath. II: De la Beatitude

141.   *Y en a t'il quelqu'autre?*

La 4. est l'vnion hypostatique, par laquelle le Verbe s'est fait chair, vnissant en sa personne la nature diuine auec l'humaine, esleuant nostre nature par ce moyen à vn si haut degré de gloire, que les Anges adorent vn Dieu-homme, mais les hommes n'adorent point d'Ange-Dieu. Car à quel des Anges dit S. Paul, le Pere Eternel a t'il iamais dit, vous estes mon fils, comme il le dit à l'homme-Dieu?

Humiliez vous deuant I. C. qui s'est aneanty iusques là de se faire homme, afin d'esleuer nostre nature iusques à vn tel degré d'honneur.

142.   *Poursuiuez.*

La 5. est au diuin mystere de l'Eucharistie, qui est côme vne extension de celuy de l'incarnation, par lequel IESVS s'vnit à chaqu vn des fideles en particulier, comme il s'est vny à nostre nature en se faisant homme. Cette vniõ est si intime que rien plus, puis qu'il s'y rend nostre viande, & rien ne nous estant plus vny que la nourriture que nous prenons.

Qui mange ma chair & boit mon sang, demeure en moy, & moy en luy : adorez ceste vnion & en rendez graces à IESVS pour sa grande gloire.

143.   *Continuez.*

La 6. est l'vnion Actuelle de nostre entendement à la premiere verité qui se fait par la Foy, & de nostre volonté à la premiere Bonté qui se fait par la Charité, sans celle cy toutes les autres quoy que tres excellentes (exceptées l'hypostatique & la Iustifiāte qui côtiennent en elles la Charité)ne no⁹ mettēt point dās le salut.

Exercez-vous puissamment & frequemment en ces deux cheres vertus, puis que ce sont les deux bras par lesquels nous tenons Dieu, le rédant nostre prisonnier d'amour, & nous tenans attachez à luy qui est le côble de nostre bôheur.

144. *Expliquez comme se fait cette vnion.*

Estant toute surnaturelle elle est comme inexplicable, car nous n'auons point de termes qui la puissent proprement exprimer, nous en donnerōs neantmoins quelques foibles rayōs. Celle de l'entendement se fait en retenant en soy la cognoissance de Dieu telle que la Foy nous la peut fournir en cette vie : ce qui se fait par vne espece fort subtile, & intelligible, que S. Paul appelle par miroir, & par enigme. Et parce que ceste espece par laquelle Dieu se fait cognoistre à nous porte Dieu auec soy, comme l'effect est vny à sa cause, à raison de cela l'Entendement est joint à Dieu premiere & essentielle verité, par l'entremise de cette espece intelligible que la foy produit en luy. (voyez le B. François de Sales au Traitté de l'Amour de Dieu *l. 3. c. 11.*)

Aymez cherement le don de la Foy & d'intelligence par lequel se produit vne vnion si desirable de l'Entendement à son Souuerain object.

145. *Passage de S. Iean expliqué.*

C'est la vie eternelle, dit le Disciple bien aimé de IESVS, de cognoistre le vray Dieu, & le Christ qu'il a enuoyé. La supreme felicité non seulement de l'autre vie, mais encore de celle cy consiste en ceste cognoissance, quoy que la maniere en soit diuerse, au Ciel par la veuë face à face, icy par le miroir de la foy. Et il appelle cette vie Eternelle, parce que ceste vnion & cognoissance commencée icy bas par la foy, durera pour iamais dãs le Ciel, où l'entendement renforcé par la lumiere de gloire, verra celle de la diuinité sans entremise d'aucune espece (voyez le B. François de Sales au lieu preallegué.)

Consolez vous dans le miroir de la Foy, attendant la claire veuë de Dieu dans la Ierusalem celeste, car qui croira par foy viue & animée de charité sera sauué.

146. *Expliquez aussi l'vnion de la volonté.*

Elle se fait d'vne autre maniere, car la volonté qui a le souuerain bien pour son souuerain object, sort d'elle mesme par son action, pour s'appliquer, & se donner comme toute en proye au bien qu'elle aime. Et c'est par cét abandonnement qu'elle entre en joüiſſance de ſon vray bien, que s'accomplit ceſte vnion, & par cette vnion ſa ſupreme felicité. I'ayme ceux qui m'aiment, qui m'aymera ſera aymé de moy dit N. S.

O diuin Amour que tu és admirable, que tu és aimable : tu és vne chaiſne toute d'or & de diamans qui attaches la Creature au Createur, tu és le faiſte de la couronne de noſtre Beatitude.

147. Cette vnion eſt-ce vne joüiſſance ?
L'vnion à la Creature s'appelle vſage quand on s'en ſert pour aller au Createur, mais joüiſſance quand on s'arreſte à elle en fin derniere, en s'appliquant à elle pour elle meſme, car joüir n'eſt autre choſe, que s'vnir à quelque object pour le bien qui reuient de cette vnion à cét object, c'eſt pourquoy on vſe dès moyēs pour arriuer à la fin derniere, mais on joüit de la fin derniere pour elle meſme.

Ruminez & retenez ceſte grande & fondamentale maxime qu'il ne faut joüir que de Dieu comme fin derniere, & vſer de tout ce qui n'eſt point Dieu, comme de moyens pour arriuer à la fin : quicōque diſcernera ſoigneuſement cette maxime, s'eſloignera de tout mal & fera tout bien, & aura attaint la perfection & la Beatitude.

148. Mais la felicité n'eſt point ſans ioye,

Non plus qu'vn Diamant sans éclat, le Soleil sans lumiere, le feu sans chaleur, & le miel sans douceur. Aussi la joüissance est-ce vne ioye, & ioye de triomphe, qui prouient de l'vnion de la puissance à vn object tres aymé, & elle s'appelle ainsi, selon ce que nous auons dit cy-dessus, comme qui diroit ioye vnissante. Tout de mesme donc que la loüange procede de la cognoissance & de l'amour, de quelque sujet que nous en estimons digne, à cause de son excellence; ainsi la ioye procede de l'vnion d'vne faculté à vn excellent object qui luy est proportionné.

O quelle est la ioye infinie que Dieu a de l'infinie cognoissance qu'il a de soy mesme & de ses perfections & de l'amour infiny qu'il porte à sa bonté. Resjoüissez vous de la joüissance que Dieu a de soy mesme en luy mesme, car c'est sa beatitude.

149. *Parlez de la ioye attachée à nostre Beatitude.*

C'est celle là mesme de Dieu dont nous joüissons par participation: selon ce qui est escrit, Seruiteur bon & fidele entre en la ioye de ton Seigneur. Et S. Bernard nous apprend que les bien-heureux dans le Ciel ne se resjoüissent pas tant de ce qu'ils sont côblez de tous biens, & exempts de tous maux, que de ce qu'en leur salut la volonté de Dieu, qui n'est autre que sa

suprême de cette vie.

gloire, est accomplie.

En me resjoüissant ie me resjoüiray au Seigneur, dit vn Prophete, & toute ma ioye sera en Dieu mon Sauueur. Leuez vous ô ma gloire, & quelle doit estre nostre gloire sinon que Dieu soit magnifié?

150. *La ioye de nostre Beatitude d'icy bas doit elle estre sensible?*

Il y a deux sortes de ioye, l'vne dans l'appetit sensitif, l'autre dans le raisonnable, celle là s'appelle passion, d'autant que le corps patit en la ressentant; l'autre se nomme affection, & est en l'appetit raisonnable qui est la volonté. En la beatitude de l'autre vie l'vne & l'autre sera pleine d'vne mesure comblée & respanchante, mais en la felicité de celle-cy la ioye sensible n'est pas necessaire, & sans elle l'homme peut estre heureux, & mesme il peut conseruer son bonheur parmy les douleurs & les amertumes des sens.

Espreuuez tout & tenez vous à ce qui est de meilleur, à la ioye raisonnable.

151. *Exemple.*

Il est tres illustre en I. C. lequel durant sa vie voyagere, estant souuerainement heureux quant à l'ame, a esté quant au corps l'homme de douleurs, & en des tristesses & angoisses incomparables, sans perdre vn seul point de la beatitude de son ame. C'est là le Roy des exemples, & l'exemplaire de la montagne de perfection.

Que sa grandeur ne vous estonne point, car par sa grace, nous pouuons aller après luy & cheminer en l'odeur de ses parfums, puis qu'il est venu pour nous frayer le chemin, & nous faire marcher comme il a marché.

152. *Si la ioye sensible manque, c'est tousjours vn deffaut en la Beatitude.*

Encor que la cognoissance de Dieu que nous auons par la foy, ne soit pas si claire ny accomplie que celle des bien-heureux qui le voyent face à face, elle suffit neantmoins pour rendre l'entendement humain heureux en ceste vie, en l'vnissant à la premiere verité en cette maniere, Dieu ne voulant pas que l'homme viuāt en terre le voye & le cognoisse d'autre façon. Le mesme deuons nous dire de la ioye, que la sensible n'est pas necessaire à la felicité de ceste vie, bien qu'elle ne luy soit pas contraire, quād elle prouient de Dieu & luy est rapportée.

Resjoüissez vous au Seigneur, dit l'Apostre, & adjouste derechef, resjoüissez vous en luy, & que vostre modestie soit manifeste à tous les hommes : car la ioye immodeste n'est pas de Dieu.

153. *Ne peut on pas auoir cette ioye sensible en la felicité de cette vie?*

Quelquefois, & selon qu'il plaist à Dieu

suPreme de cette vie.

d'ouurir sa main, & remplir quelques personnes de cette benediction. C'est lors que la ioye raisonnable & spirituelle est si abondante qu'elle se respand sur les sens, ainsi qu'vn fleuue qui enflé de pluyes surpasse ses riuages, & inonde sur la plaine.

Attendez, comme vne Cananée, ces miettes qui tombent de la table des bien-heureux, qui se repaissent des delices, & des richesses de Dieu.

154.   *Exemple.*

C'est celuy de Dauid, quand il disoit, ô Seigneur que grande est la suauité, que vous communiquez en secret à ceux qui ont vostre crainte amoureuse & filiale : & encore, Mon cœur & ma chair se sont resjoüis au Dieu viuant.

Honorez ceste communication diuine à cét homme selon le cœur de Dieu.

155.   *Vn autre.*

S. François Xauier estoit quelquefois tellement surcomblé de consolations & de ioyes sensibles, qu'il estoit contraint de dire à N. S. C'est assez, Seigneur, c'est assez : si vous en adjoustez d'auantage il faudra que mon ame se separe de mon corps, & que vous la receuiez entre les bras de vostre paternelle bonté.

Pesez combien le Dieu d'Israël est bon à ceux qui sont droits de cœur.

156. *Vn autre.*

Le B. François de Sales Euesque & Prince de Geneue, estant visité de Dieu assez souuent par des tendresses & consolations spirituelles qui passoient iusques à ses sens, s'escrioit quelquefois : O Seigneur retenez les ondes du torrent de vostre grace, ce qui me fait souuenir du mot de S. Pierre. Seigneur éloignez vous de moy, car ie suis homme pecheur.

Goustez & voyez combien le Seigneur est doux, certes il est suaue aux bons, & ses misericordes sont au dessus de toutes ses œuures.

157. *Ces faueurs sont rares.*

Dieu ne fait pas ainsi à toute nation, & ne manifeste pas ses douceurs & ses carresses à chaque ame, il meine les vnes par des chemins d'espines, les autres par des voyes de roses, selon que sa prouidence le iuge expedient pour leur bien & pour sa gloire.

Il faut benir Dieu en tout temps, & que sa loüange soit tousjours en nostre bouche.

158. *Quelle estime faut-il faire de ces ioyes sensibles?*

Comme elles peuuent proceder de trois endroits differens, dont il y en a deux suspects, & vn bon, & qu'il est malaisé de discerner de quelle part elles viennent, il est meilleur de n'en faire ny recepte ny mise, mais de les rapporter toutes à la gloire de Dieu sans s'y amuser, &

suprême de cette vie.

ser, & sans en faire aucune proprieté.

Determinez-vous à en faire ce bon vsage, puis que c'est le plus asseuré.

159. *Quels sont ces endroits suspects.*

Elles peuuent prouenir ou de l'artifice du mauuais esprit, qui se transforme ainsi en Ange de lumiere, ou de nostre nature. En l'vn & en l'autre l'ennemy de nostre salut tend ses pieges pour nous surprendre par des illusions & tromperies.

Ayez tousjours vos yeux au Seigneur afin qu'il dégage vos pieds, c'est à dire vos affections, de ces pieges.

160. *Et le bon endroit.*

C'est quand elles nous arriuent de la part de Dieu, par surabondance de grace. Alors elles sont fort precieuses, car tout don est tres bon & parfait qui vient d'enhaut du pere des lumieres. C'est lors que vous pourrez dire auec la Saincte Vierge.

Mon ame magnifie le Seigneur, & que mon esprit se resjoüisse en Dieu son salutaire. Ierusalem, dit vn Prophete, soyez en allegresse, car vostre lumiere est venuë, & la gloire de Dieu s'est leuée sur vous.

161. *Ne peut-on pas discerner d'où prouient cette ioye?*

Les Spirituels en donnent quelques regles, qui seroient longues à rapporter, le meilleur

K

est sans s'embarrasser dans ces recherches, qui ne sont pas sans difficulté & sans incertitude, de faire de ceste ioye sensible, de quelque part qu'elle nous vienne, l'vsage que nous auons dit, l'appliquant à la seule gloire de Dieu, sans nous faire detester par son sentiment, & sans nous desoler de sa priuation.

L'Indifference en ce point est vne haute pratique de mortification.

162. *Que dittes vous de la ioye spirituelle qui est toute dans la raison?*

Que c'est principalement de celle là qu'il faut faire estat, & que c'est celle qui contribuë à la supreme beatitude de ceste vie. L'autre est vne passion dont les animaux peuuent estre participans, & qui nous est cómune auec eux, mais la purement spirituelle nous est cómune auec les Anges, qui sont des substances separées de la matiere.

Pensez qu'autant que l'ame est plus que le corps, autant ses delices sont elles plus exquises & plus estimables que les sensibles.

163. *Quelle est cette ioye des Anges?*

Elle procede de la veuë & de l'amour de Dieu, c'est à dire de l'application de leur entendement releué par la lumiere de gloire à la premiere verité qui est Dieu, & de l'vnion de leur volonté à sa Souueraine Bonté. Selon nostre portée, & la capacité de ceste vie nous pou-

suprême de cette vie.

tions joüir des mesmes delices purement spirituelles, vnissans nos entendemens à la premiere verité par la lumiere surnaturelle de la foy, & nos volontez à sa supreme bonté par l'amour, & c'est en cela que consiste le comble de nostre Beatitude en ce monde, attendant celle de l'autre, en laquelle nous serons faits comme les Anges de Dieu.

Enfans des hommes iusques à quand pesans de cœur cherirez vous la vanité, & chercherez vous le mensonge, preferans les delices materielles & sensibles aux spirituelles, Angeliques & Diuines?

163. *Pourquoy dittes-vous diuines?*

Parce que la ioye & la supreme felicité de Dieu mesme ne consiste qu'en la cognoissance qu'il a de soy, & en l'Amour qu'il se porte. Il est vray que ceste cognoissance amoureuse estant eternelle & infinie, & la ioye aussi qui en prouient, c'est par consequent Dieu mesme, tout ce qui est en Dieu estant Dieu, & Dieu estant vn tout qui n'a point de parties.

Admirez ceste Beatitude infinie de Dieu, adorez la, & vous resjoüissez de ce qu'il est luy mesme sa félicité.

164. *Vn mot de S. Iean.*

Nous sçauons, dit le Disciple bien aimé de I. C. que quand nous verrons Dieu, comme il est, nous luy serons faits semblables: qu'est-ce

K ij

à dire cela sinon que nous serons rendus participans de sa felicité selon nostre portée, par la cognoissance que nous aurons de ses perfections, par l'amour de sa bonté, & par la ioye qui naistra de cette cognoissance & de cét amour.

Pensez que la grace, qui est vne gloire commencée, nous fait gouster en quelque façon dés ce monde ceste felicité, par la cognoissance que la Foy nous fournit des grandeurs & perfections de Dieu, & par l'amour que la Charité respanduë en nos cœurs nous donne de sa bonté, & par la ioye surpassante tout sentiment qui naist de ceste amoureuse cognoissance.

165. *Belle maxime de la Philosophie.*

Les Anciens Philosophes, quoy que priuez de la lumiere surnaturelle de la Foy, n'ont pas laissé de recognoistre, que le plus haut degré de la vraye Sagesse, & par consequent la plus grande felicité de l'homme en ceste vie, consistoit en l'action des plus nobles facultez de l'ame raisonnable, l'entendement & la volonté vers leur plus digne object, ce qui se fait par la contemplation & l'Amour du premier estre.

Plusieurs viendront de l'Orient & de l'Occident, & reposeront auec Abraham, Isaac, & Iacob, tandis que quelques enfans de lumiere seront iettez aux tenebres exterieures.

166. Induction.

Si la speculation des veritez naturelles a porté ces Anciens Philosophes, à de telles extremitez que de leur faire abandonner leurs richesses, leur pays, leurs parens, & toutes sortes d'hôneurs, & de plaisirs legitimes, pour vaquer auec plus de loisir à l'estude de leur chere Philosophie: A quel prix les Chrestiens éclairez du flambeau surnaturel de la Foy, doiuent ils mettre les felicitez qui se recueillent dans la Contemplation, & l'Amour, de la premiere verité, & Bonté, qui est Dieu mesme.

Pourrez-vous regretter les aulx des delices sensibles, si vne fois vous sauourez comme il faut, cette Diuine Manne, ce pain des Anges & des Bien-heureux.

167. Vne autre.

Si les plaisirs des sens, par exemple celuy de l'harmonie, charment quelquefois tellement les esprits de ceux qui s'y appliquent, qu'ils entrent en des transports qui leur font oublier tout autre objet, que celuy autour duquel ils sont recueillis: Quelles douceurs ne doiuent gouster les ames contemplatiues & de grace, quand elles sont attentiues à la consideration de la souueraine beauté & bonté de Dieu, fontaine de toute perfection; & où se rencontrent en eminence toutes les perfections qui sont diuersement esparses dans les Creatures. De-là

K iij

les extases & les rauissemens de tant de grandes ames, dequoy l'histoire des Saincts est toute remplie.

Ayez vne haute estime de ceste tres bonne part de Marie, dont N. S. fait tant d'estat.

168.   *Exemple.*

S. Anthoine l'honneur des deserts, & le miroir de la vie contemplatiue, se plaignoit de la briefueté des nuicts qu'il auoit passées en ce sainct exercice de la contemplation, & reprochoit au Soleil sa trop grande promptitude à se leuer.

Il pouuoit bien dire auec le Psalmiste, la nuict est mon illumination, & mes plus cheres delices.

169.   *Mais la Contemplation ne regarde que l'Entendement.*

Il est vray que la Contemplation purement studieuse n'occupe que l'entendement, mais la Chrestienne, & animée de Charité, telle qu'est celle en laquelle nous mettons la Beatitude, embrasse aussi, ou pour mieux dire embrase la volonté, telle estoit celle de ce Sainct dont nous venons de parler & de tant d'autres qui se sont addonnez à ce sainct exercice.

Qu'heureux sont ceux qui commencent en terre ce que nous ferons eternellement dans le Ciel, où sans fin nous contemplerons & aymerons la diuine beauté & bonté.

170. *La Contemplation de cette vie est tousjours imparfaitte.*

Il est vray que cette belle Roze est enuironnée des espines de beaucoup de difficultez, mais il n'est rien de difficile à celuy qui veut & qui ayme, que ne pouuons nous auec la grace de celuy qui nous fortifie, certes nous pouuós tout, comme sans elle nous ne pouuons rien.

Pluft à Dieu que nous eussions autant de desir d'aimer Dieu, qu'il en a que nous l'aymions, & que nous fussions aussi bons mesnagers de sa grace, qu'il en est liberal. Quand dirons nous auec l'Apostre, sa grace n'a point esté vuide c'est à dire inutile en moy.

171. *Nous ne voyons Dieu icy bas que par les épaules, & au trauers d'vn voile.*

Neantmoins si nous faisons vn bon vsage de la Foy, nous y trouuerons vne tres aimable clarté, & proportionnée à la debilité de la veuë de nostre ame, tandis qu'elle est enfermée dans la prison de nostre corps. Israël ne laissoit pas d'escouter Moyse auec respect, & d'en tirer de sainctes instructions, encor qu'il luy parlast à visage couuert.

La lumiere de la Foy, quoy que sombre & brune, ne laisse pas de consoler beaucoup vne bonne ame.

172. *Similitude.*

Nous ne laissons pas de cognoistre qu'il est

iour, & que le Soleil luit, encor que le Ciel soit remply de nuages, qui desrobent à nos yeux la veuë de ce grand astre. Nostre entendement ne laisse pas d'entreuoir la lumiere de la diuinité, & l'esclat de ses perfections adorables, à trauers les sombres obscuritez qui accompagnent la Foy.

Le voyla, dit l'Espouse de son diuin Amant, qui est derriere la paroy, nous regardant par des fenestres couuertes de jalousies.

173. *Perspicacité de la Foy.*

Elle a des yeux d'aigle, qui regardent fixement le Soleil. Et elle nous fait assez cognoistre que comme la felicité de Dieu consiste en la cognoissance qu'il a de soy, & en l'amour qu'il se porte: nostre supreme Beatitude se trouue en ceste imitation, & que nous ne sommes heureux que quand nous le cognoissons & aimons.

Que ie vous cognoisse, ô Dieu, disoit S. Augustin; & Dauid, que ie vous ayme ô Seigneur. S. François enferme ceste cognoissance & cét amour en cét élancement sacré, Mon Dieu vous m'estes toutes choses.

174. *Induction.*

Entre les felicitez celle de Dieu est la Souueraine & Incomparable, car elle est Dieu mesme. Entre les Beatitudes creées celle des Anges, & des ames bien-heureuses qui sont

en la gloire tient le premier rang. Aprés cela
viēt la Beatitude des ames des iustes qui sont
en la terre, & remplies de la grace de Dieu.

Le iuste vit de la Foy, dit le Texte Sainct,
c'est à dire de la Foy viue animée de Charité,
& en ceste vie là est sa Beatitude.

175.   *Il poursuit.*

Or selon la maxime de Philosophie, ce qui
est le premier en quelque grace est la regle de
ce qui le suit : pour exemple nous estimons les
copies d'autant plus excellentes que plus elles
approchent des originaux : D'où nous tirons
que la plus parfaite Beatitude de ceste vie est
celle qui auoysine ou imite de plus prés celle
de Dieu, & des Esprits Celestes La Foy doncques nous enseignant que la felicité diuine, &
Angelique consiste en la cognoissance & en
l'Amour du premier & Souuerain Estre qui
est Dieu, enquoy pouuons nous mettre la Supreme Beatitude de ceste vie, sinon aux mesmes actions exercées selon la portée, & la condition de nostre mortalité?

O Dieu vostre cognoissance & vostre Amour
par le moyen dequoy ie donne gloire à vostre
nom, voyla comme tout le desir, aussi toute la
felicité de mon ame.

176. *Mais cette occupation, est elle en*
nostre pouuoir?

Ie sçay que cette supreme Beatitude n'est

pas dans l'estenduë de la nature, mais dans celle de la grace. Grace que Dieu ne desnie point à vne ame dont le franc arbitre suit les mouuemens de la grace excitante & preuenante, & qui fait ce qu'elle peut sous vn vent si fauorable. Elle vient donc en nostre pouuoir par nostre vouloir, lors que nous accommodons nostre volonté, à celle que Dieu a de nous bien faire.

I'ay ouuert ma bouche, dit le Psalmiste, & i'ay attiré l'esprit de Dieu : pource que i'ay desiré accomplir sa loy.

177. *Elle depend donc de Dieu.*

Qu'est-ce qui n'en depend point, quel estre peut subsister s'il n'est appuyé du sien, vn seul cheueu peut-il tomber de nostre teste sans sa prouidence, le iour ne perseuere t'il pas par son ordonnance, d'autant que tout luy sert, peut on rien faire sans luy, pouuons nous auoir comme de nous vne seule bonne pensée, comme il est nostre premier principe il est aussi nostre fin derniere. Tout vient de luy & tout retourne à luy, & en ce retour consiste nostre Souueraine felicité.

Ie suis à vous Seigneur sauuez moy, car i'ay recherché vos iustifications, elles sont le sujet de mon chant, en ce lieu de mon pelerinage.

178. *Fait-il cette grace à chacun?*

Le Soleil ne demande pas mieux sinon que

l'on marche en sa lumiere, & Dieu que l'on chemine en la splendeur de son Orient. La source viue offre son eau à qui en veut puiser. La grace diuine est vne fontaine rejallissante à la vie eternelle, & fontaine ouuerte en la maison de Iacob, fontaine des jardins, puits des eaux viues qui coulent du Liban auec impetuosité, fleuue rapide qui resjoüit la cité de Dieu.

Venez donc & puisez des eaux auec joye dans les fontaines du Sauueur, & benissez le Seigneur Dieu des sources qu'il fait boüillonner en Israël.

179. *Appelle-t'il vn chaqu'vn à la Beatitude de cette vie?*

La Grace suffisante à salut, n'est desniée à personne, nul n'est exempt de sa lumiere ny priué de sa chaleur. Dieu veut que tous soient sauuez, & ne manque point de fournir les assistances necessaires pour cela, de luy vient nostre aide, de nous seuls nostre perte. Demander si Dieu veut que nous soyons heureux, c'est demander s'il veut estre glorifié, & demander s'il veut estre glorifié, c'est demander s'il veut que nous arriuions à la fin derniere, pour laquelle il a creé toutes choses qui est sa gloire.

Il attaint puissamment à sa fin, mais il y dispose toutes choses auec suauité.

180. *Est-il si liberal de la Charité?*

Fussions nous aussi prompts à la receuoir qu'il l'est à l'offrir, il frappe sans cesse à la porte de nos cœurs pour y introduire sa grace, & auec elle faire sa demeure en nous, & par ceste demeure y mettre le Royaume celeste, car l'ame du iuste est le siege & le trosne de la sagesse diuine.

Ie t'ay aimée, d'vne charité perpetuelle, dit Dieu à l'ame par vn de ses Prophetes, à raison dequoy ie t'ay attirée par pitié.

181. *Quelque vnion que nous puissions auoir auec Dieu en cette vie par la Foy & la Contemplation, elle est tousjours imparfaitte.*

Taxer la Foy d'imperfection, c'est blasmer l'œuure de Dieu, or tout ce qu'il a fait en la nature est tres bon, combien plus ce qu'il opere en l'estat de nature Quoy que la veuë de Dieu face à face dont les Anges & les Bien-heureux jouïssent au Ciel, soit vne cognoissance plus claire & plus excellente que celle de la Foy, la Foy neantmoins en son espece ne laisse pas d'estre vn don de Dieu fort parfait, vne estoile est parfaite comme estoile, & le Soleil comme Soleil. Et quoy que la violette soit moins esclattante que la roze ou le lys, elle ne laisse pas d'estre vne vraye fleur, & accomplie en qualité de violette.

supreme de cette vie.

182. *N'est-il pas permis de souhaitter vne plus grande cognoissance de Dieu en cette vie, que celle qui nous est donnée par la Foy?*

Celuy, dit le Sage, qui sonde de trop prés la Majesté du Tres-haut est opprimé de sa gloire. Il ne faut pas estre trop sage, mais l'estre à sobrieté, il ne faut pas tendre par curiosité à vne trop haute sagesse. Quand l'homme se hausse en son cœur, Dieu se rehausse encore dauantage & s'esloigne de sa prise, ce desir quand il est excessif est la porte des illusions, & par là plusieurs ames se sont precipitées en beaucoup de tromperies & de malheurs.

Dieu resiste aux superbes, & donne sa grace aux humbles.

183. *Si nous desirons plus de cognoissance pour en conceuoir plus d'amour de Dieu, ce desir n'est-il pas iuste?*

Ouy, pourueu qu'il soit pur, & desnué de tout interest propre, car si nous y meslons de la curiosité il sera dangereux. Nous ne deuons en ceste vie donner aucunes bornes à l'Amour que nous desirons porter à Dieu, mais cét Amour ne prenant point sa mesure de la cognoissance de Dieu, bien qu'il en tire son origine, nous ne deuons souhaitter de ceste cognoissance, outre celle de la Foy, qu'autant que Dieu nous en voudra communiquer.

Mieux vaut beaucoup de Charité & peu de cognoissance des choses diuines, que beaucoup de cognoissance & peu de Charité.

184. *Au Ciel les Bien-heureux n'ayment Dieu qu'autant qu'ils le cognoissent.*

Il est vray : mais il n'en est pas ainsi en ceste vie, où nous le pouuons plus aymer que cognoistre, & où ceux qui ont plus de cognoissance de Dieu n'en ont pas tousjours plus d'amour, la science estant souuent sans conscience. Au fond la Tressaincte volonté de Dieu doit estre le comble de nostre felicité & en ceste vie & en l'autre.

Prononçons de tout nostre cœur ce trait de la Reine des Oraisons; O Dieu vostre volonté soit faite en la Terre comme au Ciel. Et cet autre de N. S. O Pere vostre volonté soit faite & non la mienne : selon ce que vous voulez, non selon que ie veux. Ouy Pere Eternel il est bon ainsi qu'il vous plaist.

185. *Comme entendez vous cela?*

La Volonté de Dieu est le Paradis du Paradis, & le faiste de toute Beatitude & Temporelle & Eternelle, & sans elle les Bienheureux seroient comme malheureux dans le Ciel, car cognoissans d'vn costé que Dieu est infiniment aimable, & de l'autre qu'ils sont incapables de l'aimer infiniment, à cause de leur condition creée, qui est bornée & finie : ils pasmeroient,

supreme de cette vie.

& periroient d'vn desir angoisseux, d'aimer infiniment ce qu'ils voyent estre digne d'vn amour infiny: retenus par leur impuissance qui les rend incapables d'infinité. Mais sçachans que Dieu ne veut pas qu'ils l'aiment que selon le degré de gloire où il les à mis, & selon la capacité qu'il leur a donnée, ceste diuine volonté les arreste, & met la leur dans l'aimable repos dont elle joüit.

O Souueraine volonté de Dieu que vous estes souuerainement adorable!

186. *Il continuë.*

Sans cét arrest leur Amour & leur felicité seroit également douloureuse que delicieuse: delicieuse, dans la joüissance d'vn si grand bien que celuy qu'ils sauourent: douloureuse pour l'extreme desir de l'aimer autant qu'il meriteroit de l'estre, c'est à dire infiniment. Mais ils aiment si parfaitement le diuin vouloir, qu'il sert de borne au leur, contens du contentemēt de Dieu, & acquiesçans d'estre bornez en leur amour, par la volonté mesme dont la bonté est l'object de leur Amour.

Benissez Dieu dont la volonté regne si absolument dans le Ciel: ô si elle auoit vn tel empire en la terre: de quelle felicité joüiroient les ames qui luy seroient parfaitement soubmises.

187. *Speculation sur le sujet precedent.*

Les Bienheureux en la veuë de Dieu sont rauis en mesme téps de deux admirations, l'vne pour l'infinie beauté qu'ils contēplent, & l'autre pour l'abysme de l'infinité, qui reste à voir en ceste mesme beauté. O Dieu, que ce qu'ils voyēt est admirable, mais ô Dieu que ce qu'ils ne voyent pas l'est beaucoup plus, & toutefois Theotime, la tres-saincte beauté qu'ils voyent estant infinie, elle les rend parfaictement satisfaicts & assouuis; & se contentans d'en iouyr, selon le rang qu'ils tiennent au Ciel, à cause de la tres-aimable prouidence Diuine qui en a ainsi ordonné, ils conuertissent la cognoissance qu'ils ont de ne posseder pas, ny ne pouuoir posseder totalement leur object en vne simple complaisance d'admiration, par laquelle ils ont vne ioye souueraine, de voir que la beauté qu'ils aiment est tellement infinie, qu'elle ne peut estre totalement cogneuë que par elle mesme. Car en cela consiste la Diuinité de ceste beauté infinie, ou la beauté de ceste infinie Diuinité.

Cecy est la Doctrine du B. François de Sales en son Traicté de l'Amour de Dieu (*l. 3. c. 15.*)

Laissez aller vostre esprit aprés ces deux Admirations.

188.   *Bella figure.*

Les Seraphins que vid le Prophete auoient six aisles, de deux ils se voiloient les yeux deuant le uant le thrône de Dieu, de deux autres ils se couuroient les pieds, & de deux ils voloient. Comme disans à Dieu, que le voyans tout ils ne le voyoient pas pour cela totalement: l'aimans (& les pieds sont le symbole des afflictions, comme les yeux de la cognoissance) ils ne l'aimoient pas autant qu'il est aimable, le voyans neantmoins & l'aimans & volans ainsi en luy, selon l'estenduë de la capacité qu'il leur auoit donnée par sa tressaincte volonté.

Imitez ces Bien-heureux esprits en la contemplation amoureuse que vous ferez de la Diuine verité & bonté en cette vie.

189. *Comment les imiter.*

Ce sera en vous contentant de la cognoissance de la Foy, par laquelle vous ne voyez la premiere verité, que par miroir, & par enigme, & comme au trauers d'vn voile : & sans mettre aucuns bornes à vostre Charité, l'estendre tout autant qu'il plaira à la grace de pousser en auant vos foibles forces, & ainsi vous toucherez la supreme beatitude telle qu'on la peut attaindre en ceste vie mortelle. Vnissant ainsi vostre entendement à la premiere verité, puis que Dieu ne veut pas que vous l'y vnissiez d'autre façon en ce terrestre sejour, & vostre volonté à sa bonté par le lien de perfection la saincte Charité qui ne deffaut iamais, puis que celle du Ciel est la mesme en nombre que celle qui est en terre dans les ames qui sont en grace.

Exercez vous en la pratique de la Foy viue & œuurante par Charité, puisque c'est en elle que consiste vostre felicité supreme en cette vie.

190. *Conclusion par vne belle Sentence du Sage.*

Il finit ainsi l'Ecclesiaste. Craignez Dieu & gardez ses commandemens, & voyla le Tout de l'homme. Il veut dire que l'homme attaint sa perfection, sa fin derniere, & sa Beatitude en cette vie en craignant Dieu d'vne crainte chaste, filiale, amoureuse, animée de charité, crainte saincte, & qui demeure au siecle des siecles dit le Psalmiste. C'est à dire estant fondé & enraciné en grace & en Charité, sans laquelle il ne faut parler ny de perfection, ny de toucher la fin derniere, ny de beatitude. Qui a la Charité accomplit toute la Loy, car elle en est la plenitude, & ceste vertu suppose necessairement la Foy & l'Esperance.

Conclusion: cognoistre, aimer, & glorifier Dieu par toutes nos actions est le haut point de la supreme felicité du Chrestien en ceste vie. Ce qui se rencontre dans l'vnion de nostre entendement à la premiere verité qui se fait en terre par la Foy, & au Ciel par la veuë de Dieu, & de nostre volonté à la souueraine Bonté, ce

supreme de cette vie. 163

qui se fait par la Charité au Ciel & en la Terre. Voyla le chemin par lequel nous est monstré icy bas le Salutaire de Dieu. Heureuse l'ame qui est instruite de ces choses & qui les pratique auec assiduité & fidelité. Bien-heureux celuy de qui le Seigneur est Dieu, de qui Dieu est le Seigneur vnique & absolu, & qui tout ce qui n'est point Dieu n'est rien, à qui Dieu est toutes choses, qui ne void toutes choses qu'en Dieu, qui ne void & ne veut que Dieu en toutes choses. Qui est celuy là & nous le loüerons, car il a fait des merueilles en sa vie. Il a eu dedans soy le Royaume des Cieux, & gousté des fruits de la terre promise de l'Eternité, dés ce séjour de larmes & de miseres.

FIN.

CATECHESE
III. DE LA FOY VIVE.

I. POINT,

Qu'est-ce que la Foy?

C'Est vne vertu Theologale, Diuine, & Infuse, par laquelle Dieu respand en l'ame vne lumiere surnaturelle, qui nous fait acquiescer à toutes les veritez, qu'il nous propose par son Eglise.

Qui chemine auec ce flambeau ne marche point en tenebres, mais il a la lumiere de vie dit N. S.

2. *Expliquez cette description.*

I'ay dit que c'est vne vertu, parce que c'est vne bonne habitude de l'ame de laquelle nul ne peut vser en mal.

O Dieu ouurez mes yeux à ceste diuine lumiere, & ie considereray les merueilles de vostre Loy.

3. *Est-ce vne vertu Speciale?*

Ouy : car elle a son object particulier qui est la premiere verité, en consideration de laquelle nous acquiesçons à tout ce que l'Eglise nous enseigne.

Seigneur vous estes bon, & par vostre bonté enseignez moy vos iustifications.

4. *Pourquoy l'appelez-vous Theologale & Diuine?*

Parce qu'elle a Dieu pour object entant qu'il est la premiere verité qui nous reuele les mysteres proposez à nostre creance.

Il y a Dieu au Ciel, dit le sacré texte qui reuele les mysteres.

5. *Vous adjoustez Infuse.*

Pour la distinguer des vertus Morales qui se peuuent acquerir par l'humaine industrie, mais la Foy, comme aussi l'Esperance & la Charité, sont dits dons de Dieu qu'il respand cōme il luy plaist dans les ames : ayant misericorde de celuy à qui il veut faire misericorde.

Ce n'est pas celuy qui veut ny celuy qui crée, mais c'est Dieu qui fait grace, il ne la fait pas à toute nation, & il ne manifeste pas ses iugemens à tous.

6. *Pourquoy appelez-vous ce don vne lumiere surnaturelle?*

Parce que la lumiere naturelle est trop foible, pour penetrer l'interieur du voile, où celle de la Foy nous introduit, comme dans vn san-

Ctuaire!

O Foy tu és la lumiere pour la reuelation des nations, & la gloire de la maison du Dieu d'Israël, la saincte Eglise.

7. *Quelle est cette lumiere surnaturelle?*

Comme il seroit impossible à l'entendement creé de voir Dieu dans le Ciel, s'il n'estoit renforcé par la lumiere de gloire, par laquelle Dieu le rend incapable de joüir de sa veuë, selon ce qu'a chanté le Psalmiste, en vostre lumiere nous verrons vostre lumiere: Aussi sans la splendeur surnaturelle de la foy nostre entendement seroit trop foible pour conceuoir tant de glorieuses choses de la Cité de Dieu, c'est à dire tant de diuines veritez qui nous sont reuelées par l'Eglise.

Remercions Dieu de cette lumiere, & marchons honnestement en son iour.

8. *Cette lumiere discerne donc les fideles d'auec les infideles.*

Ouy: & c'est pour cela que ceux-cy sont appelez en l'Escriture enfans de lumiere. C'est par ce Soleil que les aiglons legitimes sont separez & distinguez des degenerés.

Tandis que vous auez la lumiere, croyez en elle, dit N. S. affin que vous soyez enfans de lumiere.

9. *Figure*

De la Foy viue.

La Foy est figurée par ceste colomne de nuée qui alloit deuant Israël à la sortie de l'Egypte, elle estoit tenebreuse le iour, & claire durant la nuict. Parce que la Foy est resplendissante à comparaison des sciences humaines qui s'aquierent par la lumiere naturelle, mais comparée à la vision de Dieu dans le Ciel elle est ombrageuse & sombre.

Nous voyons maintenant, dit l'Apostre, par miroir & par enigme, mais vn iour nous verrons face à face.

10. *Similitude.*

Il arriue quelquefois des iours chargez de broüillars durant lesquels on ne void pas tant comme l'on entreuoit le Soleil, telle est l'entreueuë des choses diuines que la Foy nous represente par diuers enigmes & symboles.

Quand sera-ce que nous verrons Dieu comme il est, & que par son esprit nous serons transformez de clarté en clarté.

11. *Allegorie.*

L'Espouse au Cantique est appelée brune mais belle: telle est la Foy parmy les sciences humaines, elle paroist plus obscure que celles cy & moins conuenable, mais à des beautez & à des certitudes qui surpassent de bien loing toutes celles des arts & des sciences. Ce qui se monstre bien aux effects, car qui voudroit mourir pour soustenir vne maxime de quelque science humaine pour euidente qu'elle soit, comme tant de milliers de Martyrs qui sont morts pour le souſtien des veritez & des articles de la Foy.

O Foy, plus belle mille fois qu'Abſalon, qui nous donnera que nous mourions par vous.

12. *Vne autre.*

Les Iſraëlites ayans eſleué ſur vn tas d'armes & de veſtemens le Capitaine Iehu, le proclamerent pour leur Conducteur General, en criant viue Iehu. Toutes les lumieres & cognoiſſances naturelles font le meſme hommage à la Foy quand Dieu la reſpand dans vne ame, car à ſon arriuée la raiſon humaine, & les puiſſances de l'ame la recognoiſſent pour Royne & pour Regente.

C'eſt ce que l'Apoſtre appelle, captiuer ſon entendement ſous l'obeiſſance de la Foy.

13. *Pourquoy appelez vous la Foy vn acquieſcement?*

Parce que ce n'eſt pas aſſez que l'entendement ſoit eſclairé, ſi la verité n'acquieſce aux veritez qui luy ſont propoſées, & ne les embraſſe, auec vne puiſſante & ſolide aſſeurance qu'elle prend en l'auctorité de la reuelation qui luy en eſt faite.

Le plus fort de l'acte de la Foy conſiſte en cét acquieſcement de noſtre eſprit, lors qu'il

De la Foy viue.

à receu l'agreable lumiere de la verité, selon cette sacrée parole, les fideles en la dilection luy acquiescent.

14. *Vous adjoustez aux veritez reuelées par l'Eglise.*

Ouy, parce que nous croyons la Saincte Eglise Catholique, Colomne & fermeté ou firmament de la verité, laquelle ne peut ny faillir ny deffaillir, Dieu nous obligeant de l'escouter & de la croire à peine d'estre tenus pour Payens & infideles.

Celuy n'aura point pour Pere le Dieu de verité, qui n'aura l'Eglise pour Mere, hors de ceste arche tout perit dans le deluge de l'erreur.

15. *Il semble que l'Apostre deffinit autrement la Foy.*

Il l'appelle vne substance des choses à esperer, & vn argument des choses qui n'apparoissent point, (*Hebr.* 11.) Substance qui est comme la baze & le fondement de l'edifice Chrestien, car comme la substance est l'appuy des accidens, la foy est le soustien du salut.

L'ame fidelle est ceste belle du Cantique, qui marche & s'auance par le desert de ceste vie appuyée sur son bien aimé.

16. *Pourquoy des choses à esperer?*

Parce qu'elle est des choses inuisibles, or, comme dit S. Paul (*Rom.* 8.) nous esperons ce que nous ne voyons pas. Ce n'est pas que la Foy entre en l'ame après l'Esperance, mais c'est parce qu'elle porte le flambeau qui fait cognoistre à l'ame les choses qu'elle doit esperer.

Ie me suis resjouy, dit le Psalmiste, des choses qui m'ont esté dittes (cela s'entend par la Foy qui est pour l'ouye) nous irons en la maison du Seigneur. O Dieu vos tesmoignages ne sont que trop croyables!

17. *Il l'appelle vn Argument.*

Ouy: parce que la Foy a le mesme effect par sa lumiere surnaturelle pour vaincre & conuaincre l'entendement, & le faire fermement adherer à la verité proposée, que l'argument ou syllogisme mis en bonne forme en a pour prouuer vne verité par la lumiere de la nature & de la science.

La Foy se fait croire à l'entendement auec tant d'authorité, que la certitude qu'elle nous donne de la verité surmonte toutes les autres certitudes du monde, & assujettit tellement à soy tout l'esprit & tous ses raisonnemens, qu'ils n'ont point de credit à comparaison.

18. *Il adjouste des choses non apparentes.*

C'est d'autant que la Foy est des choses inuisibles, car la Foy, disent S. Augustin & S. Gregoire, c'est de croire ce que l'on ne void point.

De la Foy viue.

La Foy n'a plus de merite, dit ce dernier, lors que la raison humaine se fonde sur l'experience.

19. *N'ozeroit on appuyer la Foy par la raison humaine?*

S. Thomas dit (2.2.q.2.a.10.) que c'est oster le merite de la Foy de la vouloir persuader par raison humaine : mais quand on croid on peut se seruir de la raison humaine pour s'affermir en la Foy, rendant la raison seruante de la Foy.

Aux sciences humaines il faut cognoistre & sçauoir auant que de croire, mais en la Foy, il faut pratiquer cét enseignement d'vn Prophete, croyez & vous entendrez.

20. *Ne peut on croire ce que l'on void?*

Non pas par la vertu Theologale de la Foy, laquelle cessera au Ciel, & comme dit S. Paul, y sera euacuée parce que l'on y verra face à face, celuy auquel on aura creu icy bas.

Bien-heureux ceux qui ne verront pas & qui croiront.

21. *Ne croit on point les choses que l'on sçait?*

Sçauoir c'est cognoistre vne chose par sa cause, or Dieu qui est la cause de la Foy nous estant inuisible & incomprehensible, il s'ensuit selon S. Thomas (2.2.q.1.a.5.) que les choses sçeuës ne sont pas creuës, & que les creuës ne sont pas sçeuës.

che sur les genoux de Rachel. (*v. S. Antonin Summ. Moral. p. 4. t. 8. c. 3.*)

27. *Qu'est-ce que croire?*

C'est l'acte principal de la Foy, par lequel l'entendement s'applique à vne verité reuelée, par l'aquiescement & consentement de la volonté.

Qui croira sera sauué, qui ne croira pas sera condamné.

28. *Doctrine excellente de S. Augustin.*

Elle est soigneusement remarquée par les Theologiens. Il met difference entre croire Dieu, croire à Dieu, & croire en Dieu. Croire Dieu c'est croire qu'il y a vn Dieu. Croire à Dieu c'est croire à toutes les veritez qu'il nous reuele. Mais croire en Dieu c'est faire toutes ses volontez qui nous sont signifiées par ses veritez. (*v. Magist. 3. d. 33. S. Tho. 2. 2. q. 2. a. 2. S. Antonin Sum. Mor. p. 4. t. 8. c. 3. §. 1.*)

Du premier il est escrit, il faut que celuy qui vient à Dieu croye qu'il est. Du second. Abraham a creu à Dieu. Du troisiesme. Celuy qui croit en moy, dit N. S. quand bien il seroit mort il viura.

29. *Qu'est-ce que croire Dieu?*

La lumiere naturelle nous fait cognoistre qu'il y a vn Dieu. Mais cette lumiere est fort debile à comparaison de la surnaturelle de la Foy.

De la Foy viue. 175

Il n'y a que l'Insensé & le brutal, dit le Psalmiste, qui die en son cœur, il n'y a point de Dieu : encor le dit-il en son cœur, car s'il l'auoit proferé de bouche, il seroit dementy de toutes les Creatures, & seroit poursuiuy par elles comme vn monstre.

30. *Et croire à Dieu.*

C'est croire non seulemét qu'il y a vn Dieu, & que Dieu est, mais qu'il est Eternel, Infiny, la premiere Verité, Bonté, Sagesse, & croire tout ce qu'il nous reuele par son Eglise. Ceste sorte de Foy est vne vertu Infuse & Theologale, mais qui peut estre en vn pecheur dépourueu de Charité.

C'est de celle-là dont l'Apostre parle (1. Cor. 13.) Si i'auois la Foy iusques à transporter les montagnes, si ie n'ay la Charité ie ne suis rien.

31. *Et croire en Dieu.*

C'est en cét acte que consiste proprement la Foy viue, c'est à dire animée de Charité, ou comme dit S. Paul, œuurante par Charité. Croire à Dieu c'est aquiescer à toutes les veritez qu'il nous reuele par son Eglise, ce qui peut estre en la Foy morte : mais croire en Dieu, c'est non seulement croire toutes les veritez proposées par l'Eglise, mais vouloir & faire toutes les volontez de Dieu, qui nous sont enseignées par ces veritez.

Celuy qui fera sera appelé grand au Royaume des Cieux.

32. *Quelle difference faites-vous entre croire à Dieu & croire en Dieu?*

La mesme qu'entre faire & dire, entre la Foy morte & la viue. La morte croit assez, mais n'execute pas les veritez Diuines qu'elle sçait: la viue croit & fait: ceux qui ont la Foy morte sont les pecheurs qui sont en l'Eglise Catholique, qui disent assez ie croy, mais leurs pieds c'est à dire leurs affections courent au mal: ceux qui ont la Foy viue & animée de Charité, viuent conformément à leur croyance, & font le bien qu'ils croyent.

Tous ceux qui disent Seigneur, Seigneur, ie croy, ie croy, n'entreront pas pour cela au Royaume des Cieux, mais ceux qui font la volonté du Pere celeste.

33. *N'est-il pas escrit qu' Abraham a creu, & qu'il luy a esté reputé à Iustice?*

La Foy qui a iustifié Abraham n'a pas esté morte, mais viue & animée d'vne excellente Charité, qui l'a porté à des œuures si heroïques, & à vne si parfaitte obeïssance au vouloir de Dieu.

Il est vray que le Iuste vit de la Foy, mais c'est de la viue non de la morte. La Foy œuurante par Charité nous iustifie & nous sauue, ce que ne fait pas la morte qui croit assez, mais
qui

De la Foy viue.

qui n'execute pas le bien qu'elle croit?

34. *Autre difference de la Foy viue & de la morte.*

Celle-cy compatit auec le peché mortel, celle-là non, car elle accomplit tous les commandemens diuins. Celle-là n'introduit pas au Ciel, mais celle-cy.

Car il est escrit, si tu veux entrer en la vie garde les commandemens.

35. *Il suit.*

La Foy morte croit tous les articles que l'Eglise propose à nostre croyance, car si elle manquoit d'en croire vn seul elle ne seroit pas Foy. Mais la viue fait accomplir tous les articles de la Loy de Dieu sans en excepter vn seul, autrement elle ne seroit pas viue.

En ces matieres qui peche en vn peche en tout. Les œuures du Seigneur sont grandes, & exquises en toutes ses volontez. Aux saincts qui sont en la terre, Dieu magnifie toutes ses volontez, pour estre selon son cœur, il faut faire toutes ses volontez.

36. *Perfection de la Foy viue.*

L'Ame qui la possede ne se contente pas de croire toutes les veritez diuines enseignées par l'Eglise, mais elle obeït à toutes les volontez de Dieu qui luy sont signifiées par ces veritez.

A elle conuient ce mot d'vn Prophete, tu ne seras plus appelée l'abandonnée & la delaissée,

M

mais tu seras nommée ma volonté en elle, c'est là le nom d'vne Ame parfaicte, toute belle & qui n'a point de tache en soy.

37. Imperfection de la morte.

Quand nous auons la Foy morte nous pouuons bien auoir l'entendement clair & lumineux, mais nostre volonté est froide, & sans chaleur ny affection pour le bien.

Or, comme dit S. Bernard, luyre seulement est vne chose vaine, brusler seulement c'est peu, mais luyre & brusler (ce qui appartient à la Foy viue) c'est la perfection.

38. Parabole, & exemple.

Ce n'est pas assez aux Vierges Prudentes & sages d'auoir en main la lampe allumée, si elles n'ont aussi le pot à l'huile, symbole de la Charité, pour entretenir la vie de la Foy, & de l'Esperance.

S. Iean est appelé lampe ardante & luisante à cause de la Foy viue, luysante comme Foy & ardante, comme viue, & animée de Charité.

39. Qu'appelez-vous Foy informe & formée?

C'est le mesme que morte & viue, car la charité estant la forme, c'est à dire l'ame & la vie des autres vertus, sans elle toutes sont mortes & informes.

La Foy sans la Charité, c'est à dire sans les œuures, est vn corps sans ame.

40. Croire n'est-ce pas vn acte meritoire?

Ouï, pourueu qu'il soit accompagné de Charité, parlant du merite de la vie eternelle, car sans la grace & la Charité il n'est point de merite eternel. (*S. Tho. 2. 2. q. 2. a. 9.*)

Dieu, dit Dauid, donne la grace & la gloire, la gloire pour le respect de la grace qui est vne gloire commencée, comme la gloire est vne grace consommée, & ceste gloire selon la mesure de la grace.

41. *Qu'est-ce que croire implicitement, & explicitement?*

Implicitement c'est croire sans s'expliquer tout ce que la Saincte Eglise nous propose à croire, & la tenir pour la colomne & fermeté de la verité. Explicitement c'est s'expliquer particulierement sur quelques articles de nostre creance.

Ie croy Seigneur aydez mon infirmité, Seigneur augmentez nostre Foy.

42. *Suffit-il de croire implicitement?*

Ouï certaines choses, mais non pas toutes, car il y en a quelques vnes que nous sommes obligez de croire explicitement. En gros, en masse, en general, en bloc nous sommes obligez de croire tout ce que l'Eglise nous propose à croire. Mais explicitement nous deuons sçauoir tous les articles du symbole (*S. Tho. 2. 2. q. 2. a. 5.*)

O Seigneur vos tesmoignages ne sont que

trop croyables, dit le Psalmiste.

43. *Tous doiuent-ils esgalement sçauoir les articles du Symbole?*

Ouï selon qu'ils sont couchez par les Apostres, & a la lettre, mais non selon l'esprit & l'explication, car Dieu a mis en son Eglise, les vns Pasteurs, les autres Docteurs, les autres Apostres, les autres Euangelistes, pour l'edification de son corps mystique. Auquel les vns sont repeus, les autres repaissent, les vns sont enseignez, les autres enseignent, les bœufs y labourët & les asnes y paissent, selō l'allegorie que S. Thomas tire de Iob. (2. 2. q. 2. a. 6.)

Qui fera & enseignera sera appelé grand au Royaume du Ciel : & qui monstrera la Iustice aux autres reluira comme vn bel astre au firmament de l'eternité.

44. *Y a t'il obligation de croire explicitement le mystere de la Trinité?*

Ouï : aussi est-ce la premiere chose que l'on enseigne aux enfans, quand on leur apprend à faire le signe de la Croix. (S. Tho. 2. 2. q. 2. a. 8.)

Il faut en terre rendre tesmoignage des trois qui rendent tesmoignage au Ciel, Pere, Fils, & S. Esprit, & ces trois ne sont qu'vn.

45. *Que dittes-vous de celuy de l'Incarnation?*

Qu'il y a obligation semblable de le croire explicitement, c'est l'opinion de S. Thomas, (*q. d. a. 7.*).

Et c'eſt pour le grauer profondement dans l'eſprit & le cœur des fideles, que l'Egliſe en l'office diuin ordonne que chaqu'vn fléchiſſe les genoux, quand on recite ces mots du Symbole, Et il a eſté incarné par le S. Eſprit dans la Vierge Marie, & a eſté fait homme.

46. *La Confeſſion de la Foy eſt elle neceſſaire à ſalut?*

Ce n'eſt pas aſſez d'aquieſcer interieuremét aux veritez qui nous ſont propoſées à croire par l'Egliſe, mais quand la neceſſité y eſt nous ſommes obligez d'en faire la profeſſion exterieure, & de fait & de parole. Autrement qui rougira de I. C. deuant les hommes, il rougira de luy deuant le Pere Eternel. (*v. S. Tho. q. 1. a. 1. & 2.*)

S. Paul (*Rom.* 10.) croire de cœur c'eſt Iuſtice, mais confeſſer de bouche eſt requis pour le ſalut.

47. *Quand eſt-on obligé de confeſſer la Foy?*

S. Thomas dit (*q. d.*) que quand il y va de l'honneur de Dieu & de l'edification du prochain, l'on eſt obligé de faire ouuette profeſſion de la Foy.

Seigneur, dit Dauid, ie vous rendray teſmoignage à la face des Roys, & ie ne ſeray point confondu, c'eſt ce qu'ont fait tant de Martyrs.

48. *La Foy informe ou morte est-ce vne vraye Foy?*

Vn corps mort c'est à dire priué de son ame, ne laisse pas d'estre vn vray corps, mais il a des yeux qui ne voyent point, des oreilles qui n'entendent & ainsi des autres organes, parce que l'esprit de vie luy manque. La Foy morte ne laisse pas d'estre Foy, mais l'esprit de vie qui est celuy de Charité, & qui rend les actes de Foy meritoires de la vie eternelle, luy deffaut.

Prions Dieu qu'il anime nostre Foy de sa grace & de son Amour, qui est le vray souffle de vie & de vie eternelle, selon ce qui est escrit, que la grace de Dieu est l'eternelle vie.

49. *La Foy morte & informe est-ce vn don de Dieu?*

S. Thomas respond affirmatiuement (2. 2. q. 6. a 2.) & sa raison est, parce que l'informité ou priuation de Charité n'est pas de l'essence de la Foy, non plus que la seruilité n'est pas de l'essence de la crainte de Dieu. Quand vn homme perd la Charité par vn peché mortel autre que d'infidelité, il ne perd pas pourtant la Foy & l'Esperance, & quand la Charité reuient par la Penitence, celuy qui est iustifié ne croit pas d'auantage de choses que celles qu'il croyoit estant remis en grace, ce qui s'entend s'il estoit Catholique.

La Foy morte qui subsiste dans le peché à

De la Foy viue. 183

morte est comme ce feu sacré d'Israël qui se conserua dans la bouë.

50. *La Foy morte est donc vne vertu?*

Ouï, mais imparfaite, comme vn corps est imparfait dépourueu de son ame. Elle est vertu entant que l'entendement est par elle esclairé de la lumiere de la verité; mais dequoy sert ceste lumiere à l'ame si sa volonté demeure dans la malice & dans le vice. (S. *Tho.* 2. 2. *q.* 4. *a.* 5.)

Il se faut tenir à la maxime de l'Ange de l'escole, que sans la Charité il n'est point de vraye ny de parfaite vertu Chrestienne. (1. 2. *q.* 23. *a.* 7 *&* 8.)

51. *Quel rang tient la Foy entre les vertus Theologales?*

Le premier rang en l'ordre de l'origine & de la naissance, mais la Charité en celuy d'excellence & de preeminence. La Foy est comme le fondement de l'edifice spirituel, sans lequel on ne peut faire qu'vn amas inutile. La Foy est respandue en l'ame auant l'esperace, car nous n'esperons que les biens que nous croyons, & que la Foy nous monstre & nous promet, & la Charité qui est vne blanche Colombe, ne viẽt dans vn cœur que sur les aisles de la Foy & de l'Esperance. (S. *Tho.* 2. 2. *q.* 4. *a.* 7. S. *Antonin* Sum. Moral. *p.* 4. *t.* 8. *c.* §. 2.)

Sans la Foy il est impossible de plaire à Dieu,

M iiij

& en vn mot sans la Foy, l'Esperance, & la Charité il ne faut point attendre de salut.

52. Les Anges en la creation ont ils eu la Foy?

Oüi, pource qu'ils ont esté creez en grace & iustice originelle & non pas en gloire : les bons par la Foy & la grace ont merité la gloire qu'ils possedent, & les mauuais en sont deschus par leur rebellion.

S. Paul aux Hebreux (11.) Il faut que celuy qui veut arriuer à Dieu croye. Or les Anges en leur creation, ont esté mis en vn estat tendant à Dieu, lequel ils ne voyoient pas face à face, d'où il s'ensuit qu'ils ont eu la Foy.

53. Et le premier homme?

Il a eu pareillement la Foy en son estat d'innocence, & de plus vne Foy viue, ornée de grace, & animée de Charité, perdant la Charité par sa preuarication, il ne perdit pas pourtant la Foy ny l'Esperance, mais ces vertus de viues deuindrent mortes en luy aprés son peché.

Que grand est le venin du peché, puis qu'il oste la vie à des vertus si excellentes.

54. Les Démons qui ont eu la foy auant leur cheute, l'ont ils encor dans leur reprobation?

S. Thomas dit que non : parce qu'ils sont priuez de toutes les graces infuses & de toutes vertus : & comme ils sont enfans du mensonge, ils haïssent & le Dieu de verité, & toutes

De la Foy viue. 185
sortes de veritez. Mais pourtant ils sont si manifestement conuaincus par l'euidence des signes, qu'ils sont contraints de ceder à l'authorité de Dieu. (*q. d. a. 2.*)

Et c'est de ceste Foy contrainte par les signes manifestes qu'il veut que l'on entende ce mot de S. Iacques, les Démons croyent & tremblent.

55. La foy demeure-t'elle en celuy qui n'aquiesce point à vn des articles de la croyance?

Non : car comme par vn seul peché capital la Charité meurt en vne ame & s'en retire, aussi la Foy s'y esteint par la mescreance d'vn seul article du Symbole.

Ceux, dit S. Augustin, qui en l'Euangile croyent ce qui leur plaist, & ne croyent pas ce qui ne leur aggrée point, ne croyent pas à l'Euangile mais à leur propre fantaisie, c'est à dire n'ont point de Foy.

56. Les Heretiques n'ont ils point de foy?

Nullement, ils n'en ont ny morte ny viue, ny informe ny formée : & bien qu'ils semblent croire quelques articles du symbole, ce n'est point pourtant par la vertu de la Foy, mais pour leur propre opinion, à raison dequoy ils sont appelez Heretiques, c'est à dire gens opiniastres, ou attachez à leurs opinions. (*S. Tho. q. d. a. 3.*)

O Dieu les iniques ne racontent que des fa-

bles, qui sont bien dissemblables à vostre Loy?
Sauuez moy Seigneur, car les veritez sont bien
diminuées parmy les enfans des hommes.

57. *Est-ce la seule foy viue qui fait les Miracles?*

S. Paul enseigne que mesme la Foy morte
c'est à dire qui est sans Charité, en peut operer
(1. *Cor.* 13.) ou pour mieux dire que Dieu les
peut faire pour celuy qui aura la Foy morte,
mais il en opere beaucoup plus par ceux qui
ont la Foy viue, & qui sont ses amis par grace
& par Charité, comme l'on peut voir en l'Epistre aux Hebreux (*chap.* 11.)

Plusieurs diront au iour du Iugement à N. S.
n'auons nous pas chassé les Démons, gueri les
malades, & fait d'autres miracles en vostre
nom, ausquels neantmoins il sera dit, allez on
ne vous cognoist point.

58. *Abus du terme de viue foy.*

Il y en a qui appellent quelquefois vne Foy
viue celle qui est ferme ou feruente, encore
qu'elle soit morte & en vne ame dépourueuë
de Charité. Il est vray que la Foy viue peut
auoir ces qualitez, mais la morte les peut auoir
aussi : & ce n'est point par elles que l'on discerne la Foy viue de la morte, demander en Foy
sans hesiter, se peut aussi bien entendre de la
Foy morte, mais ferme & constante, que de la
viue.

De la Foy viue. 187

Mais pourtant quand la Charité anime la Foy elle est bien plutost exaucée, car Dieu fait volontiers la volonté de ceux qui le craignent & qui l'aiment, & ses oreilles sont ouuertes à leurs oraisons.

59. *Rareté de la foy viue.*

Pensez vous, est il escrit en l'Euangile, que quand le fils de l'homme viendra en son secõd auenement qu'il trouue de la Foy en terre? Certes nous voicy à la lie & à la fin des siecles, où il y a fort peu de Foy viue, c'est à dire animée de Charité.

Il se trouue encor assez de gens qui croyent toutes les veritez que l'Eglise nous propose, car la Religion Catholique est fort estenduë dans la terre, mais combien y en a t'il peu qui viuent conformément à leur croyance, & qui fassent toutes les volontez de Dieu qui leur sont declarées par les veritez qu'ils croyent.

Si ie ne fusse point venu, dit le Sauueur, & ne leur eusse point parlé, ils ne seroient pas si coulpables. Croire le bien & le cognoistre & faire le mal rendent le pecheur beaucoup plus criminel.

60. *Quelle est la perfection de la foy?*

C'est celle qui est animée de plus de Charité, car la perfection essentielle du Christianisme consistant en la Charité, qui en a plus, a plus de perfection.

Croire tout ce qu'il faut croire & faire tout ce qu'il faut faire, n'est-ce pas la perfection du Chrestien? Crains Dieu, dit le Sage, & garde ses Cōmandemens, voila le tout de l'homme.

61. *Quelle est la meilleure disposition à la foy viue?*

C'est ceste docilité ou flexibilité de cœur qui est vn don particulier du S. Esprit dont il est dit en l'Euangile.

En ce temps là, (il est parlé du progrez de la Foy) plusieurs auront la docilité de Dieu, & Dauid dit de soy que sō cœur a esté fait comme vne cire molle au milieu de sa poictrine.

62. *Et l'Indisposition.*

C'est la dureté de cœur, la presomption, & l'obstination. O tardifs & durs de cœur à croire! le cœur dur fera vne mauuaise fin.

Enfans des hommes iusques à quand pesans de cœur, aimerez vous la vanité, & chercherez vous le mensonge?

63. *Qu'appelez-vous credulité?*

C'est vne facilité trop grande à croire legerement beaucoup de choses vaines & superstitieuses, facilité blasmable.

Celuy qui croit trop tost, dit le Sage, est leger de cœur.

64. *Et Incredulité.*

C'est vne resistance par laquelle on refuse de soumettre son opinion à ceux qui sont dignes

De la Foy viue. 189

de croyance, & à qui Dieu a donné le pouuoir d'enseigner en son Eglise.

C'est elle dont il est escrit qu'elle fait esua-noüir la Foy.

65. *Quel est le plus haut point de la foy viue & parfaitte?*

C'est de croire en Dieu pour Dieu, c'est à dire non seulement croire toutes les veritez diuinement reuelées par l'Eglise, & faire toutes les volontez de Dieu signifiées par ces veritez, mais croire les vnes & faire les autres, non parce qu'elles nous plaisent, mais parce qu'il plaist à Dieu que nous croyons & faisions ainsi, sans autre interest que celuy de la gloire de Dieu.

A celuy qui est arriué à ce point il appartient veritablement de dire, Ie croy en Dieu. Car il croit le vray & fait le bien comme il faut, & par vn tres parfait motif.

66. *C'est donc en ce desinteressement que consiste le faiste de la Perfection de la foy viue?*

Oüi: & le comble de toute la perfection du Chrestien qui est vrayment fidele. Croire les veritez Chrestiennes parce qu'elles nous plaisent, & faire les volontez de Dieu parce qu'elles nous sont agreables, n'est autre chose que se rechercher soy mesme dans la Foy & dans l'Amour de Dieu, & ternir de beaucoup le merite de la Foy viue.

Croire en Dieu pour Dieu, & l'aimer pour l'amour de luy mesme, sans recherche de nous mesmes & de nostre particulier interest, c'est le signe d'vne Foy viue & d'vne Charité bien pure.

67.   *Il conclut.*

Croire donc toutes les veritez que Dieu nous propose par son Eglise, & faire toutes les volontez Diuines qui nous sont enseignées par ces veritez, c'est le vray effect de la Foy viue, mais sa couronne & sa perfection c'est de croire en Dieu, pour Dieu, & d'aimer Dieu pour Dieu sans aucun meslange d'interest propre.

Quiconque sera fidele iusques à la mort, & perseuerera iusques à la fin en ceste Foy viue animée de Charité, aura la couronne de vie, & de vie eternelle, que le Dieu de verité a promise à ceux qui l'ayment d'vn cœur pur, d'vne bonne & sincere conscience, & d'vne Foy non feinte.

CATECHESE
IIII. DE L'ESPE-RANCE VIVE.

I. POINT.

D'où vient ce nom d'Esperance?

LA question du nom doit tousjours preceder celle de la chose. Quelques vns tirent le mot de (*Spes*) de celuy de (*Pes*) parce que, selon S. Gregoire les affections (dont les pieds sont le symbole en l'Escriture) sõt les pieds de l'ame, auec lesquels elle s'auance vers le bien ou vers le mal: leurs pieds courent au mal: l'ordure est en leurs pieds: leurs pieds sont prompts à respandre le sang: au contraire il est dit que les pieds sont beaux de ceux qui éuangelizent le bien & la paix: que les pieds de l'espouse sont beaux!

Prions Dieu qu'il addresse nos pieds c'est à dire nos affections dans les sentiers de paix & de Iustice: que sa parole soit vne lampe & vne lumiere à nos pieds.

2. *En quoy l'Espoir est-il le pied de l'ame?*

L'Ame a deux pieds mystiques, l'appetit sensitif & le raisonnable, & chaque appetit est divisé en irascible & concupiscible, & en l'vn & l'autre il y a diuers doigts qui sont diuerses passions & affections.

Qui est ceste belle, disent les Anges au Cantique, qui s'auance dans le desert, pleine de delices, appuyée sur son bien aimé, & qui s'esleue comme vn filet de fumée, composé de plusieurs parfums?

3. *Quelle difference mettez-vous entre les Passions & les Affections?*

Ce sont les mesmes mouuemens quant au nom, mais ils s'appellēt Passions dans l'appetit sensitif, & Affections dans le Raisonnable, celles-là sont communes à l'homme auec les animaux, il a celle-cy commune auec les Anges.

L'homme estant en honneur ne l'entend pas tousjours, mais souuent il deuient semblable aux animaux qui n'ont point d'entendement.

4. *Dittes nous quelles sont les Passions.*

En l'appetit concupiscible sensitif que l'on loge dans le cœur il y en a six. 1. L'Amour, 2. La Haine, 3. Le Desir, 4. L'Auersion, 5. La Ioye, 6. La Tristesse. En l'Irascible que l'on met au foye il y en a cinq. 1. La colere, 2. L'Esperance

perance, 3. Le Defefpoir, 4 La Crainte, 5. La Hardieffe.

Ce font là des vents en deux cauernes qui excitent de grands orages interieurs, quand ils ne font pas reglez par la raifon : prions celuy qui commande à la mer & aux vents, & qui feul fonde le cœur de l'homme qu'il a en fa main, qu'il faffe le calme & la bonace, comme Dieu de Paix.

5. *Et quelles font les Affections?*

Il y a autant de mouuemens & qui portent les mefmes noms dans l'appetit raifonnable qui eft la volonté : laquelle eft comme le cœur de l'ame.

O Dieu que mon cœur foit rendu fans tache, & marchant droit en vos iuftifications, afin que ie ne fois pas confondu au tribunal de voftre iuftice.

6. *Sont-ce là les pieds de l'ame?*

Oui, & ces diuerfes affections en font comme les doigts : vfons en felon Dieu & pour Dieu, ainfi qu'il eft efcrit de la femme forte.

Qui a mis fa main à chofes grandes, & fes doigts ont tourné le fuzeau. Nous ne fommes bons ou mauuais, que felon que nos affections font bonnes ou mauuaifes.

7. *N'y a t'il point quelque autre ethymologie du mot d'Efperance?*

Quelques vns difent qu'il vient de celuy

N

spirer ou spiration. Et que tout ainsi que par la spiration nous attirons & repoussons l'air par le souffle, d'où viennent les termes de respiration & aspiration, aussi par l'Esperance nous aspirons en Dieu, & respirons parce qu'il nous inspire, son inspiration estant à nostre ame, ce que l'air est au poulmon de nostre corps.

I'ay ouuert ma bouche, dit Dauid, & attiré l'esprit du Seigneur, parce que i'ay desiré ses commandemens, & suresperé en sa parole.

8. *Cette vertu est donc bien necessaire?*

Elle ne l'est pas moins pour la vie de l'ame que le respirer l'est au corps. Ma vie, dit Iob, n'est qu'vn vent, c'est à dire vn souffle: l'esprit de vie est en mes narines. Dieu est l'esprit de nostre bouche, dit vn Prophete.

Sans l'Esperance il ne faut attendre ny le salut eternel ny aucune vie de grace: cela seul manqua à Iudas pour accomplir sa penitence. O Seigneur Dieu des vertus que bienheureux est l'homme qui espere en vous.

9. *Qu'est-ce donc qu'Esperance?*

Il faut distinguer les Equiuoques auant que venir à leur description, il y a donc trois sortes d'esperance. La 1. est vne Passion de l'appetit Irascible, ou vne Affection Raisonnable, La 2. est vn Vice, La 3. est vne vertu & vertu Theologale.

O Seigneur instruisez moy en la voye de vos

iustifications, & ie m'exerceray en vos merueilles.

10. *La Passion d'Espoir qu'est-ce?*
C'est vn mouuement de l'ame qui nous porte vers vn Bien futur, difficile à acquerir : La
voloté humaine a vne si forte tendance vers le
bien qu'aussi tost qu'elle l'apperçoit elle le desire,& cherche aussi tost les moyens de s'y joindre, que si elle en est retardée par la difficulté,
elle appelle à son aide l'Esperance.

O Dieu qui estes le Souuerain bien de nos
ames, nous esperons en vous, que nous ne
soyons pas confondus eternellement.

11. *Les animaux ont-ils cette Passion?*
Oui, car ils ont des sens : & ils ont les deux
appetits concupiscible & irascible. S. Thomas
(1. 2. q. 40. a. 3.) donne pour exéple le chien
de chasse ou l'oyseau de proye qui ne suiuent
point le gibier quand il est trop esloigné, &
qu'ils perdent l'espoir de l'attaindre.

Ce qui n'est que passion sensitiue aux animaux, est plus noblement aux hommes vne affection raisonnable.

12. *A quoy sert cette Passion ou Affection?*
Elle est en l'ame, comme l'éperon dans le
flanc du cheual, pour la pousser vers le bien de
difficile conqueste. Il faut necessairement esperer si nous voulons aspirer à quelque chose
d'importance (*v. S. Tho.* 1. 2. q. 40. a. 8.)

N ij

Mon pied, dit Dauid, a cheminé droitement, ie vous beniray ô Seigneur en l'Eglise des Ss. pour les paroles de vos léures, c'est à dire pour vos promesses, qui sont l'amorce de mon esperance, i'ay marché par de dures voyes.

13. *Quelle est l'Esperance vicieuse?*

C'est celle qui a le peché pour object, d'elle Dauid dit, n'esperez point en l'iniquité (*Psal.* 61.) telle est l'esperance des vsuriers qui prestent sous espoir de gain, contre ce qui est escrit, prestez sans en esperer aucun profit (*Luc 6.*) telle l'esperance de ceux qui n'attendent que l'occasion pour mettre en executiō leurs mauuais desseins, qui bandent leurs arcs, dit Dauid, & couchent leurs fleches dessus, pour en percer les gens de bien à cachette.

Heureux celuy qui met son esperance en Dieu, son azyle est en lieu esleué.

14. *Ouurez vous dauantage.*

Il y a trois sortes de mauuaise esperance. La 1. de ceux qui se confient en eux mesmes, & c'est plutost presomption qu'Esperance.

Celuy qui se confie en son propre cœur, est vn fol, dit le Sage, en ses Prouerbes (28.)

15. *En quoy consiste cette folie?*

En trois choses principalement, 1. en ce qu'ils pensent subsister par eux mesmes, quoy que tout estre creé ne subsiste que par l'estre increé qui est Dieu, car, comme dit S. Gregoire, ce qui est venu du neant y retourneroit, sans l'appuy de celuy qui l'en a tiré.

Qui sont donc ceux qui disent chez le Psalmiste nos lévres sont à nous, qui est nostre Seigneur? & ceux là sont des insensez.

16.   *La seconde raison.*

En ce que sans le secours de Dieu ils succomberoient à tous leurs ennemis, car l'homme est foible comme vne feüille, dit Iob, emportée du vent.

C'est la Misericorde de Dieu, dit Ieremie au nom de tout Israël, de ce que nous ne sommes point consommez & abbatus.

17.   *La Troisiesme.*

Parce que d'eux mesmes ils ne peuuent rien meriter, car le merite a son fondement & sa mesure en la grace & Charité, qui est vne qualité infuse de Dieu, & vne vertu surnaturelle.

Nous ne sommes pas suffisans de penser rien de bon de nous comme de nous. Nostre perte vient bien de nous, mais nostre aide de Dieu, qui a fait le Ciel & la terre. Heureux celuy qui est aidé de la grace, car auec ce vent fauorable du S. Esprit, il fera de bonnes esleuations en son cœur.

18.   *Quelle est la seconde sorte de mauuaise Esperance?*

C'est celle que l'on met en l'homme mortel, tantost à raison de sa puissance, comme Pha-

N iij

raon qui se confioit en ses armes, en ses cheuaux & chariots. Mais le Seigneur dit par Isaye (20. & 31.)

Que les Ethiopiens seront confondus de leur esperance,& les Egyptiens de leur gloire, & il prophetise, malheur aux Egyptiens qui esperẽt en leurs forces,& non au Dieu d'Israël.

19. *Poursuiuez.*

Tantost on se fie en l'homme à cause de l'aliance & de la parenté. Mais le Seigneur dit par Ieremie (.7.)

Malediction à celuy qui se confie en l'homme, & qui met son bras, c'est à dire son appuy sur la chair, il entend la consanguinité.

20. *La troisiesme espece de mauuaise Esperance quelle est elle?*

Elle est de ceux qui esperent en choses vaines & friuoles, comme la vie qui est si incertaine & si courte, aux richesses qui sont si fragiles, en la reputation qui n'est qu'vne ombre, vne opinion, vne fumée.

L'Espoir du meschant, dit le Sage, est comme ces bourriers que le vẽt emporte (Sap. 5.) enseignez aux riches, dit S. Paul, (1. Timoth. 6.) de n'esperer point en l'incertitude des richesses. L'espoir des hypocrites perira, dit Job (8.)

21. *Quelle est l'Esperance vertu?*

C'est vne qualité diuinement infuse en l'a-

De l'Esperance viue. 199
me, par laquelle nous attendons auec asseurance la celeste Beatitude, par la Grace de Dieu, & le merite des bonnes œuures. (*Magist. Sent. l. 3. d. 26. S. Tho. 2. 2. q. 17. & 18. S. Antonin. Summ. Moral. part. 4. tit. 7.*)

I'ay dit au Seigneur vous estes mon Esperance, & ma portion en la terre des viuans. Qui espere en Dieu change de force, prend des aisles d'aigle & vole sans deffaillir.

22. *Est elle vertu Theologale?*
Ouï, car elle a Dieu pour object, & comme elle vient de Dieu par infusion, elle se relance vers Dieu. (*S. Tho. 2. 2. q. 17. a. 5.*)

Comme ceste source d'eau viue, dont il est parlé en l'Euangile, qui rejallit à la vie eternelle.

23. *Vient elle en l'ame auant la Foy?*
Non: car comme l'entendement porte le flambeau de la cognoissance deuant la volonté, laquelle ne s'applique qu'aux choses qu'elle cognoist comme bonnes, aussi n'esperons nous en Dieu, qu'aprés que la Foy nous l'a descouuert, & nous a signifié ses promesses.

Sans la Foy il est impossible de plaire à Dieu, ny de jetter en luy son esperance.

24. *Comme se pratique cette œconomie?*
La Foy est vne lumiere surnaturelle infuse de Dieu en nostre entendemēt, qui est le sujet & le siege de la Foy, par laquelle nous aquiet-

N iiij

çons à toutes les veritez qu'il nous reuele par son Eglise. Or entre ces veritez, sont les promesses de la Beatitude Eternelle, qui est si grande, que iamais œil n'a veu, oreille entendu, cœur pensé de si grandes choses. Et parce que ce grand bien, quoy que difficile à conquerir, le peut pourtant estre par le secours de la grace, de-là naist l'Esperance, qui est l'attente asseurée de ceste incomparable felicité par l'aide de la grace.

Ie me suis resjouï, dit le Psalmiste, aux choses qui m'ont esté dites, nous irons en la maison du Seigneur.

25. *Pourquoy l'appelez vous vne attente certaine?*

Il est vray que nul icy bas ne sçait s'il est digne d'Amour ou de haine, tout ce qui regarde l'auenir estant incertain. Aussi ne disons nous pas que ceste asseurance soit vne certitude pareille à celle de la Foy, qui n'admet aucun doute en ce qu'elle propose, mais nous parlons d'vne morale & conjecturale, sur laquelle le cœur esperant establit sa confiance.

En laquelle S. Paul disoit (2. *Timoth.* 1.) Ie sçay en qui ie croy, & suis certain, que Dieu peut garder mon depost: & encore, I'ay combatu vn bon combat, i'ay acheué ma course, i'ay gardé ma Foy, me reste la couronne de Iustice, que me rendra le Iuste Iuge, au iour de la retribution.

26. *Surquoy fondez vous cette certitude & asseurance?*

Sur ce que la Foy nous apprend, & nous asseure, que la grace suffisante ne manque iamais à quiconque la veut serieusement mesnager: de plus elle nous apprend que Dieu veut que tous soient sauuez & fassent penitence: que sa volonté est nostre sanctification.

O Dieu receuez moy selon vostre parole, & ie viuray ; & ne me confondez pas de mon attente.

27. *Auez vous encor d'autres fondemens?*

Oui: la Toutepuissance de Dieu, sa Misericorde Infinie, son aide qui ne manque iamais, & en temps opportun ; sa liberalité sans mesure ; le desir extreme qu'il tesmoigne par toute l'Escriture, de nostre salut.

Celuy, dit Dauid, qui demeure dans l'aide du Seigneur, est appuyé de sa protectió, Dieu est son refuge tres esleué : il espere sous ses aisles, il est enuironné de sa verité comme d'vn bouclier, qui peut arracher de sa main ceux qui viuent sous la faueur de sa clemence.

28. *Mais cette asseurance est elle sans crainte?*

Nullement, autrement elle deuiendroit vne vraye presomption. La Crainte est le Lest du nauire de nostre cœur, qui le tient en equilibre dans la varieté des mouuemens de ses agitations.

La vraye Esperance est humble & craintiue, elle a des aisles de Colombe pour voler en Dieu, mais de Colombe timide.

29. *D'où peut proceder ceste crainte?*

Comme de la sainte confiance en Dieu naist la certitude de nôtre esperance, aussi la deffiance de nous mesme produit la crainte iuste & raisonnable, & c'est là le contrepoids qui tient l'Esperance dans ceste mediocrité qui est le centre & l'element de la vertu. (*v. S. Thom. 2.2. q. 18. a. 4. & in 3. sent. dist. 26.*)

De la part de la Diuine Bonté tousjours égale à elle mesme, & tousjours preste à se respandre & communiquer, nous auons tout sujet d'asseurance, mais de la part de nostre misere, changeante, encline au mal, & qui fait souuent obstacle à la grace, nous auons grand sujet de craindre : & d'imiter la Colombe, qui tremble en volant, & vole en tremblant. (*v. S. Antonin. part. 4. summ. Moral. tit. 7. c. 1.*)

30. *Comment l'asseurance peut-elle compatir auec la crainte?*

Demandez-le au Psalmiste, qui dit, ils ont mis leur firmament, leur forteresse, leur fermeté dans la peur, ne voyez vous pas que les paux & les grands arbres s'affermissent par les secousses? les plus fermes au seruice de Dieu sont les plus craintifs.

Seigneur i'espereray sous l'ombre de vos aisles iusques à ce que l'iniquité passe. Il cherche l'asseurance dans la cachette, & ceste cachette par la peur. Venez ma Colombe craintiue dans la cauerne de la masure, & là & en paix & en asseurance vous dormirez & vous reposerez.

31. *Expliquez vous plus clairement.*

Du costé des promesses Diuines dont toute l'Escriture est semée, & qui sont infaillibles entant qu'elles sortent de la bouche du Dieu de verité, nous auons toute asseurance, car Dieu est fidelle en ses paroles & en ses œuures, sa verité demeure eternellement, & sa parole ne s'esuanoüit point. Mais nous auons vn ennemy domestique, nostre propre malice qui met des busches dans nostre pain, du fiel dedans nostre breuuage.

C'est de ceste negociation tenebreuse que nous deuons auoir crainte & deffiance.

32. *Poursuiuez.*

Au reste la pluspart de ces promesses sont conditionnées, car Dieu ne promet les recompenses qu'à ceux qui feront le bien : de la part de la promesse est toute certitude, mais de celle de son accomplissemēt nous auons à redouter nostre peché qui fait diuision entre Dieu & nous, & nous separe de luy par vn grand chaos.

Donc comme Israël bastissoit le temple d'vne main, & batailloit de l'autre, il nous faut esperer en craignant, & craindre en esperant, & en tremblant nous resjoüir en Dieu.

33.   *Continuez ce sujet.*

Comme donc la Colombe (vray symbole d'Esperance) se balance en son vol sur deux aisles, aussi l'Espoir doit s'eslancer en Dieu entre l'asseurance & la crainte, qui sont comme les deux faces de Ianus, les deux seruantes qui appuyoient Esther quand elle se presenta deuant le courroucé Assuere, ou comme Rachel & Ioseph qui appaiserent la colere d'Esau contre Iacob.

Cela c'est cingler entre Sylle & Caribde, & esperer iustement comme il faut, sans descouragement & sans presomption deux extremitez vicieuses, & contraires à l'Esperance.

34. *Pourquoy l'appelez vous vne attente?*

Parce que l'Esperance est d'vn bien futur difficile à conquerir, comme est l'eternelle felicité: or l'attente à proprement parler est de ce qui nous doit arriuer par quelqu'autre. Et comme nous receuons la vertu infuse de l'Esperance de la pure liberalité de Dieu, aussi attendons nous la gloire par sa grace, car sa grace est la vie eternelle.

Par la grace de Dieu ie suis ce que ie suis, &

De l'Esperance viue.

sa grace n'a point esté vuide en moy. Attendons Dieu, & nous comportons courageusement, que nostre cœur se fortifie, & soustenons Dieu, dit le Psalmiste.

35. *Vous adjoustez vne attente de la Beatitude eternelle.*

Dautant que nous parlons icy de la vertu Theologale & Surnaturelle de l'Esperance, qui a Dieu pour object, auquel consiste l'eternelle felicité:

La vie eternelle c'est de voir le vray Dieu, & celuy qu'il a enuoyé, qui est I. Christ.

36. *Elle est donc des choses inuisibles ainsi que la foy?*

Il est ainsi, car l'Apostre desfinit la Foy vne substance des choses à esperer, & vn argument de celles qui n'apparoissent point. C'est la doctrine de S. Augustin en son Manuel (*c.* 8.)

O saincte vertu c'est vous qui mettez nostre conuersation dans le Ciel. (*v. Magist. sent. l. 3. d. 26. b.*)

37. *Ce seroit donc vne mesme vertu auec la foy?*

Si elle a ceste ressemblance, elle a d'autres differences. La 1. la Foy est des choses bonnes ou mauuaises que l'on croit telles, l'Esperance n'est que des bonnes. La 2. la Foy est des choses passées, presentes, & futures; l'Esperance n'est que des futures. La 3. la Foy est dans l'Entendement comme dans son sujet; l'Esperance est dans la volonté. S. Tho. 2. 2. q. 18. a. 1. & q. 17. a. 6. & 7.

La Foy, l'Esperance, & la Charité sont trois choses distinctes, mais la plus grande c'est la Charité.

38. *L'Esperance est donc des choses futures?*

Oui, car elle regarde la vie du siecle auenir, c'est à dire l'Eternelle Beatitude comme son object, & parce que l'object de ceste Beatitude c'est Dieu, elle est vertu Theologale entant qu'elle regarde Dieu, & qu'elle tend à Dieu en derniere instance.

Celuy qui espere en Dieu sera enuironné de sa misericorde.

39. *Comme se peut elle asseurer de l'obtenir?*

L'Apostre escriuant aux Hebreux (6.) dit que l'Esperance est comme vne anchre seure & ferme, qui nous fait marcher dans l'interieur du voile. Il l'apelle vne anchre ferme à cause de la certitude des diuines promesses, qui affermissent le cœur contre les agitations des flots enflez de la crainte, ainsi que parle Iob.

O Dieu vous soyez beny qui affermissez nos pieds, c'est a dire nos affectiõs sur ceste pierre.

40. *Suiuez cette explication.*

Il l'appelle seure, parce qu'il n'y a rien de plus asseuré que ce que Dieu promet, pourueu que de nostre costé nous n'y mettions point d'obstacle, car la parole de Dieu est infaillible, en luy dire & faire est vne mesme chose.

En paix en luy, dit le Psalmiste, ie dormiray, & me reposeray, parce qu'il m'a estably en vne singuliere esperance.

41. *Continuez cette exposition.*

Il adjouste qu'elle nous fait auancer dans l'interieur du voile, faisant allusion au voile du Temple, qui cachoit le Sainct des Saincts aux yeux du vulgaire, figure de la Beatitude celeste voylée à ceux qui viuent sur la terre, selon ce qui est escrit, nul ne me verra & viura.

L'Esperance neantmoins nous introduit à l'aide du flambeau de la Foy dedans ce voile, comme Moyse entra dans le nuage pour y contempler Dieu, & luy parler comme vn amy à son amy, familierement.

42. *Quels sont les moyens dont se sert l'Esperance pour attendre & attaindre la Beatitude?*

Il y en a deux. Le 1. la grace de Dieu. Le 2. les merites des bonnes œuures faites en cette grace, & par le motif de la Charité. Quant au premier, il est certain que nul ne peut ny esperer la gloire, ny y arriuer, que par la grace de Dieu.

Sans Dieu, c'est a dire sans sa grace, nous ne sçaurions rien faire de bien.

43. *Ne sçauroit-on auoir l'Esperance sans la*

Catechese IIII.
Grace, c'est a dire sans la Charité.

Si la Foy peut estre en vne ame sans la Charité, mais morte & informe, l'Esperance y peut estre aussi sans la grace iustifiante, & sans la Charité. Mais ie dy que par l'Esperance morte ny viue, on ne peut attendre la Beatitude que de la grace de Dieu, car la grace estant vne gloire commencée, nul ne peut entrer en celle-cy que par la clef dorée de la Charité, qui n'est iamais sans la grace qui iustifie.

Prions Dieu qu'il nous reueste de ceste robe nuptiale, sans laquelle il n'y a point d'accés aux nopces Eternelles.

44. *Pourquoy adjoustez vous, & par les merites des bonnes œuures faites en grace?*

Pour rejetter l'erreur des Pelagiens qui croyoient que les bônes œuures qui sortoient de la nature sans estre accompagnées de la grace, meritoient la vie eternelle.

Quiconque n'est en la dilection, c'est à dire en la Charité deuienne en la mort, & par consequent ses œuures sont mortes, & sans aucun principe de vie & de merite.

45. *Faut-il donc auoir confiance en ses propres merites?*

C'estoient les Pelagiens qui auoient ceste vaine confiance en leurs propres merites, mais tout l'appuy, le fondement, & la racine du vray

De l'Esperance viue. 209

vray merite estant en la grace de Dieu, ce n'est pas se confier en son propre merite que se confier en la grace & Charité qui rend nos œuures meritoires, & vnis aux merites de I. C.

Ceux-là sont vains qui se confient en leur propre vertu. Mais qui se confie en Dieu est comme le mont de Syon, qui ne s'esbransle iamais pour aucun orage.

46. *Mais faut il auoir confiance en ses propres bonnes œuures faites en grace, cela ne tient il point du Pharisien ?*

Les Pharisiens comme les Pelagiens, se confioient en eux mesmes, & en leurs propres œuures, s'estimans iustes, & ne l'estans pas. Mais celuy qui se confie aux bonnes œuures faites en grace, met son principal appuy sur la grace, comme sur celle qui rend la bonne œuure meritoire de l'eternité.

Non moy, dit S. Paul, mais la grace de Dieu auec moy, c'est à dire par moy, comme par vn instrument animé & libre.

47. *C'est tousiours se confier en sa bonne œuure.*

Qu'auons nous que nous n'ayons receu, & si nous l'auons receu, quel sujet auons nous de nous en glorifier comme si nous ne l'auions pas receu, ne sçauons nous pas que Dieu ne couronne en nous que ses propres faueurs?

Car telle est sa bonté, dit S. Augustin, qu'il a voulu que les dons de sa grace fussent nos

O

merites.

48. *Aussi les Phariziens se confioient en eux mesmes.*

Il y a bien de la difference entre se confier en ses propres merites, & en des merites qui nous sont communs auec I. C. qui luy sont raportez, qui sont entez & incorporez dans les siens, qui tirent leur vie de la Charité qui est vn don de Dieu, & dont en fin tout le tribut de la gloire reuient à Dieu.

Non à nous Seigneur non à nous, mais à vostre sainct nom soit honneur & gloire.

49. *Mais tousjours auons nous esgard à nostre bonne œuure faite en grace.*

Le Bien-heureux dedans le Ciel regarde Dieu en soy, & se regarde en Dieu, & voit Dieu en toutes choses & toutes choses en Dieu, en sorte que Dieu est toujours le dernier terme de ses regards. Ainsi regarder sa bonne œuure dans la grace diuine, qui donne le vouloir & le moyen de la produire, ou regarder la grace dans la bône œuure, n'est pas tant regarder l'œuure que la grace, c'est à dire Dieu en son don, & le don en Dieu.

Beni soit Dieu en ses dons, & qu'il soit sanctifié en toutes ses œuures.

50. *Ne suffit il pas d'esperer en la seule grace de Dieu, sans s'appuyer encor sur le merite des bonnes œuures?*

C'est tousjours s'appuyer sur la grace, que de s'appuyer sur le merite des bonnes œuures, puis que tout leur merite est fondé sur la grace. Esperer proprement c'est attendre quelque chose par le moyen d'autruy, mais pretendre à quelque chose pour nous mesmes, & nos propres forces, c'est plutost Aspirer qu'Esperer.

Ceux qui pretendent au Ciel par leurs propres forces aspirent mais n'esperent pas. Dieu seul sauue ceux qui esperent en luy.

51. *Mais ne pouuons nous pas aspirer au Ciel?*

Non pas par nos propres forces, mais quand nous y tendons sous le vent fauorable de la grace, à laquelle nous contribuons nostre consentement & foible cooperation, alors nous aspirons en esperant, & nous esperons en aspirant : en sorte neantmoins que nous jettons en Dieu toute nostre confiance, par la grace duquel nous esperons arriuer à la jouïssance de nostre souuerain bien, premierement & principalement par sa faueur & sa misericorde, laquelle nous preuenant de ses benedictions de douceur & de son operation, donne vigueur à nostre foible cooperation.

Ainsi la grace nous preuient & sa misericorde nous suit, acheuant en nous & par nous ce qu'elle y a commencé.

52. *Ne peut-on donc esperer en la seule grace*

sans penser aux merites des bonnes œuures?

Qui veut la fin efficacement doit aussi vouloir les moyens qui y conduisent. Celuy qui nous a creez sans nous, ne nous sauuera pas sans nous, dit S. Augustin. La Charité n'est point oysiue, où est l'amour là est l'operation, où il cesse d'agir il cesse d'estre, la cause se cognoist par les effects, comme le Soleil par ses rayons & sa lumiere.

C'est voler sans aisles, & vne vraye presomption, que d'esperer la vie eternelle, sans se mettre au chemin qui y conduit, & ceste voye ce sont les fruits dignes de Penitence, à l'arbre on cognoist le fruit, voulez vous entrer en la vie faites ce qui est necessaire, & qu'est-ce sinon garder les commandemens?

53. *Vne Figure de ce qui a esté dit.*

La Charité presse le cœur humain où elle fait sa demeure de produire de bonnes œuures, & luy dit comme Rebeca à Iacob, donne moy des enfans, autrement ie mourray.

Tandis que nous auons le temps & le iour faisons le bien & des bonnes œuures de lumiere, la nuict de la mort viendra apres laquelle il ne sera plus question de meriter, ioye & paix au S. Esprit à tout homme qui opere le bien, & qui opere pour vne viande imperissable.

54. *Quelle difference mettez vous entre esperer & aspirer?*

De l'Esperance viue. 213

La mesme qu'entre la grace & le consentement de nostre franc arbitre : nous esperons en la grace, & nous aspirons de nous mesmes, donc comme nostre volonté sans la grace ne peut pas seulement penser comme il faut à nostre souuerain bien pour y paruenir, aussi sans elle ne pouuons nous iamais y aspirer comme il faut pour l'obtenir.

Toute la nuict, disoient les Apostres, nous auons trauaillé à la pesche sans rien prendre, car si le Seigneur n'edifie la maison, en vain trauaillent ceux qui la bastissent.

55. *Qu'est-ce donc qu'aspirer?*

L'Aspirement est vn rejetton de l'Esperance, comme nostre cooperation l'est de l'operation de la grace. Et tout ainsi que ceux qui veulent esperer sans aspirer, sont rejettez comme lasches & negligens ; de mesme ceux qui veulent aspirer sans esperer sont tenus pour temeraires & presomptueux. Mais quand l'Esperance est suiuie d'aspirement, & qu'esperans nous aspirons, & aspirans nous esperons, trauaillans à rendre nostre vocation certaine par bonnes œuures, alors l'Esperance se conuertit en vn courageux dessein par l'aspirement, & l'aspirement deuient vne humble pretension par l'esperance, esperans & aspirans selon que nostre bon Dieu nous inspire.

Ceux qui esperent en Dieu joüyront de son

O iij

aide & de sa protection.

56. *Pouuons nous esperer la Beatitude pour vn autre?*

L'Espoir à proprement parler ne regarde que le bien de celuy qui espere, mais parce que la Charité & la Foy rendent les fideles & vnis & vns, comme membres d'vn mesme corps mystique de I. C. de qui nous sommes membres de ses membres, & en luy n'ont qu'vn cœur & vne ame & vn mesme esprit, marchant vn peu au large, & prenant l'Espoir en vne maniere plus ample nous pouuons esperer la Beatitude à vn autre, non pas pour vn autre. (*V. S. Tho. 2. 2. q. 17. a. 3.*)

Que ceux-là esperent en leurs cheuaux & en leurs chariots, & nous autres espererons au nom du Seigneur nostre Dieu.

57. *Pourquoy dites vous à vn autre, non pour vn autre?*

Parce que le merite d'vne bonne œuure faite en grace, telle qu'est l'acte d'esperance animée de Charité, est tellemēt personnel qui ne peut estre communiqué à vn autre, les merites de I. C. exceptez, lesquels il nous communique de telle sorte que c'est par eux que nos œuures sont renduës meritoires. Ce qui m'a fait dire que nous pouuons esperer à vn autre la Beatitude, non pas l'esperer, c'est à dire la meriter condignement pour luy.

De l'Esperance viue. 215

O IESVS c'est par vostre sang que nous auons entré au sanctuaire de l'eternité, c'est par ce beau sang, (plus iuste que celuy d'Abel, puis qu'il demande & impetre misericorde, non la vengeance) que vous nous auez rachetez ; ô grand ! ô infiny, ô adorable prix, pour lequel nous deuons à Dieu, en nos corps, & en nos ames, vne eternelle gloire.

58. *Peut-on legitimement esperer aux hommes?*

L'Esperance comme vertu Theologale ne regarde que Dieu pour son object & sa fin, & par sa grace premierement & principalement elle attend la Beatitude Celeste. Mais moins principalement & instrumentalement nous pouuons esperer aux prieres des Saincts du Ciel, & aux intercessions des iustes qui sont en la terre.

Car la priere du iuste vaut beaucoup, les yeux de Dieu sont sur les Iustes, & ses oreilles enclines à leurs requestes, il fait la volonté de ceux qui le craignent, & exauce leurs oraisons.

59. *C'est donc comme cela que l'Eglise appelle la Saincte Vierge nostre Esperance?*

Oui, car nostre Esperance Souueraine n'est qu'en Dieu, nostre aide est au nom du Seigneur qui a fait le Ciel & la Terre. Mais nous pouuons mettre vne Esperance subalterne, moins principale, & rapportée à Dieu, sur les prieres de la Saincte Vierge, des Saincts, &

O iiij

des Iustes qui sont agreables à Dieu.

Allez à mon seruiteur Iob, dit Dieu à quelques vns qui l'auoient offensé, & faites qu'il me prie pour vous,

60. *Et l'Esperance est elle entre les Bien-heureux?*

Non : parce qu'ils possedent la Beatitude qu'ils ont attenduë icy bas, & qu'ils ont meritée par la grâce de Dieu, & les bonnes œuures faites en Charité. Ainsi disons-nous qu'elle n'a pas esté en N. S. parce que dés ceste vie il estoit comprehenseur. (*v. S. Tho. 2. 2. q. 18. a. 2. & S. Antonin Summ. Moral. part. 4. tit. 7. c. 2.*)

Quand viendray-je & paroistray-je deuant les yeux de Dieu, car alors mes esperances seront comblées, quand sa gloire me paroistra.

61. *Figure.*

La Foy & l'Esperance sont comme Moyse & Aaron qui expirerent à l'entrée de la terre de promesse. Car la Foy éuanoüit, lors que l'on void au Ciel ce que l'on a creu en Terre, & lorsque l'on y possede ce qu'on a esperé icy bas.

Comme nous auons ouy (or la Foy est par l'ouye) ainsi verrons en la Cité du Dieu des Vertus.

62. *Et la Charité que deuiendra t'elle?*

C'est elle qui entre, comme le grand Prestre, dans l'interieur du voile, dans le saint des saincts, car elle ne deffaut iamais, & la mesure de nostre gloire au Ciel sera selon la Charité que nous aurons euë en terre.

La dilection de Dieu n'est pas seulement forte comme la mort, mais bien plus forte, d'autant que ses feux ne se peuuent esteindre par les eaux des angoisses, ny par les cendres du tombeau.

63. *Et l'Esperance est elle parmy les damnez?*

Nullement: au contraire vn eternel desespoir. Car comme ils n'ont aucune vertu beaucoup moins les diuines & infuses, de Foy, d'Esperance, & de Charité (*S. Tho. 2. 2. q. 18. a. 3.*)

Ils seront affligez de peines eternelles loin de la face de Dieu, dans vn feu deuorant & dans des ardeurs qui ne s'esteindront iamais, rongez d'vn desespoir & d'vne rage qui n'aura iamais de fin.

64. *Quelle est la Beatitude Eternelle qui est le propre objet de l'Esperance?*

On la distingue en objectiue & formelle, l'objectiue est Dieu mesme, object de l'eternelle felicité de soy mesme & des saincts, car c'est en sa veuë & en son Amour, que consiste sa propre Beatitude, & celle de tous les bienheureux.

C'est la vie eternelle que de voir Dieu, &

ceste veuë porte auec soy vn Amour necessaire, mais d'vne heureuse necessité.

65. *La formelle qu'est-ce?*

C'est l'acte de l'Entendement Angelique ou Humain par lequel il void Dieu, & de la volonté Angelique ou Humaine qui l'aime pour l'amour de luy mesme.

Ceste espece de Beatitude est la veuë du Souuerain Bien qui est aimé, est l'Amour du Souuerain Bien qui est veu.

66. *Quelle difference faites vous entre l'vne & l'autre.*

Tres grande, en ce que l'vne est Increée, & l'autre Creée. Car l'objectiue estant le Createur mesme Eternel & Infiny, il n'y a rien en elle de creé; mais la formelle estant l'acte d'vn entendement creé, & d'vne volonté creée, qui void & anime vn object Increé, cét acte est vne chose creée, de sorte que l'on peut dire que la Souueraine Beatitude de la part de son object est quelque chose d'Increé, mais de la part de son operation est quelque chose de creé.

Bien-heureux le peuple qui est arriué à ce comble de felicité! Bien-heureux le peuple de qui le Seigneur est Dieu.

64. *Quelle est la plus excellente?*

C'est comme qui demanderoit qui a plus de lumiere, ou du Soleil qui est la source de toute clarté, ou de l'Estoille qui tire du Soleil toute

De l'Esperance viue.

la sienne: car qui ne voit que l'objectiue surpasse autant la formelle, que le Createur est au dessus de la Creature, & l'Infini surmonte ce qui est fini?

O Dieu vous estes toute ma gloire, disoit Dauid, c'est vous qui esleuez ma teste dans la vraye felicité.

68. *Expliquez plus clairement ce que c'est que Beatitude formelle?*

L'objectiue c'est Dieu mesme, Incōprehensible, Infini, Ineffable. Mais la formelle c'est à proprement parler, l'operation des plus excellentes facultez de l'esprit Angelique ou Humain vers leur plus excellent object. Or l'Entendement & la volonté sont sans doute les plus excellentes facultez de l'esprit raisonnable, doncques la Beatitude Souueraine consiste en leur vnion à leur Souuerain object. (S. Tho. 1. 2. q. 3. a. 2.)

Aspirons à ceste vnion sur les aisles d'vne bien-heureuse esperance, attendant la veuë face à face de Dieu grand & bien-heureux!

69. *Quel est l'object souuerain de l'Entendement?*

L'object de l'Entendement c'est la verité, & plus les veritez sont excellentes, plus elles ennoblissent nostre entendement, mais quelle verité subalterne est comparable à la Souueraine, Premiere, & Essentielle verité qui est

Dieu mesme, d'où il s'ensuit que la Souueraine felicité de l'Entendement raisonnable est en son vnion à ceste Eternelle & essentielle verité. (*S Tho. d. q. a. 3.*)

Nous sçauons, dit S. Iean, que nous serons faits en quelque maniere semblables à Dieu, lorsque nous le verrons comme il est clairement, sans miroir & sans enigme.

70. *Et celuy de la volonté.*

C'est le Bien, & à mesure que le Bien est grand, nostre volonté s'y appliquant en est perfectionnée, mais en son vnion à la Souueraine & Essentielle Bonté qui est Dieu, est sa Souueraine felicité & Perfection. (*S. Tho. d. q. a. 4.*)

O Dieu vostre volonté soit faite en nous & par nous en la terre, comme elle l'est au Ciel par vos esleus, totalement transformez en l'Amour de vostre bon plaisir, vne chose ay-je demandée au Seigneur, ie l'en supplie auec instance, dit le Psalmiste, c'est que ie voye la volupté, qu'est-ce à dire volupté sinon plaisir, & en Dieu il n'y a point de volupté qui ne soit bonne, & par consequent tout bon plaisir, & bon plaisir & bonne volonté n'est-ce pas la mesme chose? O Dieu quand nous couronnerez vous du bouclier de vostre bonne volonté?

71. *Mais en quoy consiste la totale Beatitude qui est la fin de nostre Esperance?*

De l'Esperance viue. 221

Prise en toute son étenduë, elle comprend & la Beatitude objectiue qui est Dieu mesme, & la formelle qui est l'acte de l'ame, par laquelle elle vnit son Entendement & sa volonté à la Souueraine verité & Bonté : mais pourtant l'objectiue est la fin derniere de la formelle, car que feroit la Puissance sans l'object, puis que c'est cestuy-cy qui arreste celuy-là, & qui luy donne le comble de sa felicité?

En Dieu est la fontaine mesme
De vie & de plaisir suprème,
Sa clarté nous apparoistra,
Aux raïs de sa viue lumiere,
Et nostre liesse premiere,
De son iour seulement naistra.

72. *La Beatitude est-ce la mesme chose que la fin derniere?*

Ouï : mais pourtant il faut tousjours se souuenir de la distinction de la Beatitude objectiue & formelle, car bien que la formelle soit en quelque sorte fin derniere, parlant simplement c'est l'objectiue qui est la fin finale & totalement derniere & la fin de toute consommation, parce qu'elle est la fin de la formelle. La raison de cela est, parce que Dieu estant le necessaire principe de toutes choses, il faut aussi necessairement qu'il en soit la fin Souueraine, & finalement finale & derniere.

Aussi dit il en l'Apocalypse qu'il est l'Alpha

& l'Omega, c'est a dire le commencement & la fin de toutes choses: tous les fleuues, dit le Sage, viennent de la mer & y retournent.

73. *Esclaircissez cecy.*

Le Docteur Angelique distingue entre la fin à laquelle on tend, & celle par laquelle on tend à quelqu'autre, celle-là est simplement fin derniere, celle-cy n'est fin qu'en quelque façon, la fin derniere est la chose à laquelle on tend, & l'vsage ou possession de ceste chose, par exemple la fin de l'auare c'est l'argent, & l'vsage & possession de l'argent. Ainsi la Beatitude Souueraine selon son étenduë comprend Dieu comme son object & aussi la joüissance de Dieu, qui se fait par l'vnion & l'application de l'ame à Dieu. (S. *Tho. 1. 2. q. 13. a. 3. ad 3.*)

Nostre Souueraine felicité consiste en nostre retour à nostre principe, c'est a dire en nostre parfaite vnion auec Dieu.

74. *Qu'est-ce que joüissance de Dieu?*

Ioüir est s'vnir à quelque chose pour l'amour & le bien de la chose à laquelle nous nous vnissons, & nous joüissons de Dieu quand nous vnissons nostre entendemēt à sa premiere verité, & nostre volonté a sa Souueraine bonté, par l'auancement de sa gloire exterieure.

Il est bon d'adherer à Dieu de ceste façon, & de mettre en luy toute son esperance.

75. *Peut on joüir de Dieu parfaitemēt dés cette vie?*

De l'Esperance viue. 225

Ouï, quant à la volonté, ce qui se fait par la Charité qui est vn lien, & lien de perfection, non quant à l'entendement, parce que nous ne voyons Dieu icy bas, que par miroir & par enigme, non face à face.

76. *Quel est le Bien auquel consiste nostre Beatitude?*

Ce ne peut estre vn bien creé, parce que la Beatitude ne seroit pas parfaite. Cela est parfait à qui rien ne manque : & il manque tousjours quelque chose au Bien creé, parce qu'il est particulier, il n'y a que le seul Bien vniuersel qui est Dieu mesme à qui rien ne manque, en luy seul donc consiste nostre parfaite & souueraine Beatitude qui est le faiste de nostre Esperance. (S. Tho. 1. 2. q. 2. a. 8.)

C'est luy qui côblera nostre desir de biens, & renouuellera nostre jeunesse comme celle de l'aigle, lors que nous luy chanterons vn Cantique tousjours nouueau dans l'eternité.

77. *Il y en a donc bien de trompez?*

Ouï, certes de ceux qui mettent la Beatitude aux honneurs, aux richesses, aux plaisirs, en la gloire, en la santé, en la force, & autres semblables biens du corps, de l'esprit, ou de fortune. (S. Tho. 1. 2. q. 2.)

Bien-heureux celuy qui n'a point eu esgard aux vanitez, & aux fausses folies, & n'y a point arresté son esprit, ny son affection.

78. Mais l'operation de l'ame par laquelle elle s'unit à Dieu dans le Ciel, n'est-ce pas vn bien creé?

Il l'est, mais c'est vne operation qui se termine dans vn Bien increé qui est Dieu, & qui se rapporte tout à fait à son honneur & à sa gloire, & c'est a cause de cela qu'il est regardé comme Beatitude, parce qu'il se termine tout en Dieu, & plus en Dieu, qu'en la veuë de Dieu.

C'est le Dieu de Paradis qu'il faut aimer & desirer plus que le Paradis de Dieu. Ie seray, dit Dieu à Abraham, ta recompense trop plus grande.

79. *Ouurez vous dauantage.*

Ie dy que Dieu veu est la fin finalement finale, & toute derniere du Paradis, plustost que l'acte de la veuë ou vision de Dieu, car qui termineroit son regard dans l'acte de la vision de Dieu en derniere instance, entant que cét acte nous est vtile, honorable, delectable, c'est à dire est nostre propre bien, ne toucheroit pas la fin derniere pour laquelle Dieu a ordonné cét acte de sa veuë qui est sa propre gloire plus que la nostre, qui n'est que subalterne & inferieure à la sienne.

Tout ce que vous faites, dit S. Paul, soit en parole soit en œuure, faites le tout au nom de Dieu, c'est à dire pour son honneur & gloire.

80. *Mais ne peut on pas considerer les hvnneurs, les richesses,*

De l'Esperance viue. 225
les richesses, & les delices que possederont
les Esleus dans le Ciel?

Toute l'Escriture est pleine de ces tesmoignages, toutesfois ces biens ne sont pas la derniere fin de la Beatitude Celeste, s'ils ne sont rapportez en dernier ressort à la gloire du Createur.

A raison dequoy les vieillards de l'Apocalypse mettent toutes leurs couronnes au pied du trosne de l'Agneau, pour luy en rendre hommage.

81. *Les Bien-heureux ne considerent ils pas les faueurs que Dieu leur fait?*

Ils ne les peuuent mescognoistre sans ingratitude, vice, qui ne peut loger en leurs esprits; Mais toutes les graces qu'ils en rendent à Dieu se terminent tousjours dans la gloire de Dieu en fin derniere, non dans leur propre gloire.

Gloire à Dieu aux lieux tres hauts, nous le loüons, benissons, glorifions, adorons, & nous luy rendós graces pour sa grande gloire. Mon ame, dit la Saincte Vierge, magnifie le Seigneur, qui a fait en moy choses grandes, pour la gloire de son Sainct Nom.

82. *Voyla vne grande droiture?*

Aussi est-ce vne excellente doctrine des Theologiens qui nous enseignent, que l'acte par lequel les bien-heureux voyent & aiment Dieu, est droit & non reflechy, parce que quoy

P

qu'ils regardent la fin de leur veuë est Dieu, ils voyent les Anges & les Saincts, mais en Dieu, & Dieu en eux : ils se voyent aussi mais en Dieu, & Dieu en eux-mesmes, en sorte qu'ils voyent tout en Dieu & Dieu en tout. (v. S. Antonin Sum. Moral. p. 4. tit. 30. c. 7.)

De ceste façon s'accomplit en eux ceste parole sacrée, que Dieu est toutes choses en tous & à tous.

83. *N'ayment-ils aussi rien que Dieu?*
Ils l'aiment en toutes choses & toutes choses en luy, & de plus ils n'aiment que luy en toutes choses, & n'ayment aucune chose qu'en luy. Ils s'entr'aiment tres ardamment, ils nous ayment aussi, ils ayment les vertus, mais tout cela pour plaire à Dieu seulement.

Car ils n'aiment chose aucune, pour autre fin quelconque, que pour celle de la Bonté de Dieu, & par le motif de luy vouloir plaire.

85. *Qu'est-ce a dire acte reflechi?*
C'est lors que le regard de l'entendement ou de la volonté, s'arreste en derniere fin sur quelque chose qui n'est pas Dieu, c'est à dire sur quelque chose creée sans la rapporter à Dieu.

Ce qui ne se fait point dans le Ciel, où chaqu'vn des bien-heureux peut dire auec ce Sephraque Pere, Mon Dieu m'est toutes choses: & auec S. Paul, Tout nous est comme de l'ordure à comparaison de Dieu, ô grand Dieu qui vous est semblable? ou comme disoit S. Michel qui est comme Dieu?

84. *Vous parlez là de l'Amour parfait & consommé qui est dans les comprehenseurs?*

Il est vray, & vray aussi que ce parfait amour n'est que dãs la Charité, nõ pas dans l'Esperãce si la Charité ne l'anime. Aussi l'esperance n'est elle pas dans les Bien-heureux d'autant qu'ils aiment Dieu du pur Amour d'amitié, non de celuy de conuoitise, qui est l'Amour d'Esperance, comme simple & non viue Esperance.

Prions Dieu qu'il anime nostre esperance de sa tressaincte Charité, autrement elle sera tousjours imparfaite & inutile pour nostre salut.

85. *Qu'appelez vous Esperance viue?*

Toute vertu, & la Foy mesme qui fait les miracles, ainsi que nous auons dit aprés Sainct Paul, est morte sans la Charité, telle est l'Esperance que l'on appelle informe, c'est à dire qui n'est point animée de Charité. C'est vn corps sans ame: si ces aisles de Colombe luy manquent il est impossible qu'elle s'esleue en Dieu comme il faut pour s'y reposer.

Qui nous donnera ces aisles Colombines pour voler en Dieu & nous y reposer?

86. *Si nul ne sçait s'il a la Charité, comme pourra-t'il sçauoir si son Esperance est viue?*

Il ne le sçaura pas de certitude de Foy, mais

P ij

par asseurance morale & conjecturale, qui doit suffire à toute ame fidelle & iuste qui veut operer son salut auec crainte & tremblement.

O Dieu puis que vostre volonté est, pour de grandes & saintes causes, que nous viuions en ceste suspension d'esprit, nous adorons ce decret auec humilité, soumission, & amour.

87. *Dittes quelque conjecture pour nostre consolation.*

Il y en a tout autant pour l'Esperance viue, que les Theologiens en donnent, pour auoir lieu d'estimer que l'on a la Charité, car iamais la Charité n'entre en vne Ame que la Foy & l'Esperance ses fourrieres, & auantcoureuses, ne luy preparent les voyes & les logis.

On peut bien auoir la Foy & l'Esperance sans la Charité, mais non la Charité sans la Foy & l'Esperance.

88. *Mais quelque conjecture.*

La plus forte que l'on puisse auoir de posseder vne Esperance viue, c'est lors que l'on espere purement & simplement pour Dieu, & non pour soy : c'est à dire pour l'interest de Dieu, non pour le sien propre.

Esperer en Dieu pour Dieu, est le vray caractere d'vne esperance viue.

89. *Que deuiendra donc l'acte propre de l'Esperance, qui nous fait attendre nostre future felicité?*

De l'Esperance viue. 229

Il sera heureusement perdu comme les fleuues dedans la mer, où ils se conseruent bien mieux que dans leurs propres lits, où ils ne font que couler sans aucun repos.

Il n'est pas perdu mais ennobly par la Charité qui change son cuiure en or.

90. *Vn Exemple.*

Esther esclaue esleuée aux costez d'Assuere & reuestuë à la royale, eust elle eu bonne grace de regretter les haillons de son esclauage?

Esperer pour l'interest de Dieu n'est-ce pas vne chose incomparablement plus exquise, que d'esperer pour son interest propre?

91. *Vn autre.*

La vente de Ioseph ne fut-ce pas sa grandeur en Egypte, & les Estoiles à la presence du Soleil ne perdent pas leur lumiere, sinon dans la foiblesse de nos yeux, qui ne peuuent ensemble voir vne grande lumiere & vne moindre.

L'acte d'Esperance n'est pas de ceste façon aneanty mais ennobly, abbatu mais releué; car de mort il deuient viuant, & nous luy disons comme N. S. au Lazare & au jeune homme de Naïm, leue toy, & au Paralytique, mets toy debout & marche.

92. *Quel est proprement l'acte de l'Esperance morte?*

Il est tout fondé sur son propre interest, &

P iij

sur vn Amour de concupiscence, qui nous fait tendre vers Dieu, pour le bien que nous en attendons. Cét Amour Imparfait va certes à Dieu, mais il reuient à nous, il a son regard vers la Diuine Bonté, mais a esgard à nostre vtilité.

C'est là vne maniere d'aimer Dieu fort basse & fort imparfaite, c'est plutost se rechercher soy mesme que Dieu.

93.   *Continuez.*

Cét acte tend vers la perfection de Dieu, mais il pretend nostre satisfaction. C'est à dire qu'il ne nous porte pas vers Dieu, parce qu'il est souuerainement bon en soy-mesme, mais parce qu'il est souuerainement bon enuers nous mesmes.

Ce nostre & ce nous mesme nous doit estre fort suspect, parce que c'est le mouuement d'vn Amour de conuoitise, & interessé.

94. *A ce conte nous aimerions Dieu par l'esperance pour l'amour de nous-mesmes?*

O certes non, car aimer Dieu de ceste sorte seroit plutost vn vice qu'vne vertu, & vertu diuine. Si vne femme n'aimoit son mary que pour l'amour de son valet, elle aimeroit son mary en valet, & son valet en mary. L'Ame qui n'aime Dieu que pour l'amour d'elle mesme, elle s'aime comme elle deuroit aimer Dieu, & aime Dieu comme elle se deuroit aimer elle mesme.

De l'Esperance viue.

Dieu nous preserue du sacrilege que commettroit ceste ame, qui n'aimeroit Dieu que pour l'amour d'elle mesme, establissant la fin de l'amour qu'elle porte à Dieu en sa propre commodité.

95. *Pourtant c'est nostre propre commodité, que nous attendons de Dieu par l'Esperance, qui ne laisse d'estre vertu Theologale encore qu'elle soit morte & sans la Charité.*

Il est vray, mais ce moins n'exclut pas le mieux qui est l'interest de Dieu. Il y a bien de la difference entre ces deux propositions. La 1. j'ayme Dieu pour la retribution c'est à dire pour les biens que i'en attends, & ceste 2. ie n'aime Dieu que pour le bien que i'en espere.

La 1. est vne affection saincte cent fois inculquée en l'Escriture, la 2. est vn peché, & vne espece d'impieté.

96. *En quoy Impieté?*

En ce qu'elle rend l'amour qu'elle se porte la fin pour laquelle elle aime & cherche Dieu, rendant l'amour de Dieu comme despendant, subalterne, & inferieur à son Amour. En quoy elle imite l'outrecuidance de ce Démon du desert qui vouloit que le Sauueur tombast à ses pieds & l'adorast.

Peut-on ignorer que ceste impieté ne soit la nompareille?

P iiij

97. Comme ferez vous donc pour iustifier l'amour d'esperance?

Les Iugemens de Dieu sont veritables, & iustifiez en eux mesmes. Ceste vertu estant infuse de Dieu ne peut auoir rien de desordonné, quoy que l'amour qu'elle nous inspire, auant qu'elle soit informée de la Charité, soit vn amour de conuoitise & interessé, ceste conuoitise n'est pas si dereglée, qu'elle nous fasse preferer nostre propre amour à celuy de Dieu, mais elle fait que nous aspirons à Dieu, comme à nostre felicité Souueraine, sans preferer pourtant, ny égaler nostre interest à sa gloire.

Il n'appartient qu'à l'Ange reuolté de dire, ie seray semblable au Tres-haut.

98. Poursuiuez ce propos.

Par l'Amour d'Esperance morte, nous nous aimons auec Dieu, nous meslons nostre amour auec le sien, mais celuy de Dieu surnage, & tient le haut bout, nostre Amour propre y entre mais comme simple motif, & comme fin prochaine, non comme fin principale & derniere. Nostre interest y tient quelque lieu, mais celuy de Dieu y tient le rang principal.

Car nostre Dieu est vn grand Seigneur, & vn grand Roy sur tous les autres Dieux, dit Dauid.

99. Si par l'Esperance nous aimons Dieu comme nostre souuerain bien, non comme

De l'Esperance viue. 233
souuerain bien en luy mesme, n'est-ce pas
l'aimer pour nous, non pour luy?

Il est vray que par cette vertu nous n'aimons pas Dieu comme bon à soy & en soy, mais comme bon à nous & en nous, ce premier & parfait Amour n'appartient qu'à la vertu de Charité, non à celle d'Esperance, sinon lors qu'elle est viue & animée de Charité, mais pourtant nous n'esperons pas en Dieu nostre Souuerain bien, comme le rapportant à nous, mais comme nous rapportans à luy, non affin qu'il nous appartienne, mais affin que nous luy appartenions, non affin qu'il dépende de nous, mais nous de luy.

Et nous luy disons auec le Psalmiste ; Receuez moy Seigneur selon vostre promesse, affin que ie viue & ne me confondez pas de mon attente.

100. *Tousjours cherchons nous nostre bien en Dieu par l'Esperance.*

Il est vray que cét Amour imparfait que l'Esperance morte met en nostre ame n'est point vuide de propre interest, ceste pureté n'appartient qu'à la Charité, laquelle ne cherche point ses propres auantages, neantmoins nous le recherchons d'vne façon honorable & qui n'est pas desauātageuse à Dieu. Car nous regardōs Dieu comme nostre Souuerain Bien, duquel despend nostre perfection, nostre repos, & nostre fin, & en la jouïssance duquel consiste nostre bonheur. Nous le regardons comme celuy dont l'abondance & la bonté doit combler nostre indigence & nostre disette.

O Dieu mon ame est sans vous comme vne terre sans eau: ouurez vostre main & me remplissez de benediction, car mes yeux n'esperent qu'en vous, I'ay dit en ceste diuine abondance, ie ne seray point esmeu eternellement.

101. *Mais nous voulons posseder Dieu par l'Esperance?*

Ouï, mais nous pensons plutost à estre possedez de luy affin qu'il fasse de nous à sa volonté, que de le posseder pour faire de luy ce qu'il nous plaira, ainsi que nous possedons les choses qui nous sont inferieures. Ce mot de possession tire son origine de l'ancienne forme d'asseoir ses pieds sur vn heritage que l'on acquerroit, côme qui diroit session ou assiette de pieds (*Possessio pedum sessio*) Ie croy qu'il n'y a celuy qui par l'Esperance pretende mettre les pieds sur Dieu, ny le posseder comme vne chose inferieure.

Au contraire l'humilité inseparable de la vraye Esperance, nous fait souhaitter d'estre le marchepied de Dieu, & nous fait soumettre à toute creature pour son Amour.

102. *Declarez vous dauantage.*

Il y a des choses desquelles nous nous seruons en les possedant, comme des esclaues, des cheuaux, des meubles, & l'amour que nous portons à ces choses là, est vn Amour de pure conuoitise, car nous ne les aimons que pour le profit que nous en tirons.

L'Amour d'Esperance quoy qu'imparfait est neantmoins surnaturel & infus, & est trop noble pour nous faire aimer Dieu de ceste sorte, ce seroit auoir de sa grandeur de trop bas sentimens, il en faut conceuoir de plus releuez.

103. *Mais n'esperons nous pas posseder Dieu?*

L'Escriture nous dit en cent lieux qu'il est nostre part eternelle, la portion de nostre heritage, & l'espouse ne dit elle pas que son bien aimé est à elle & qu'elle est à luy? Tout cela neantmoins se doit entendre selon la proportion de Createur & de Creature.

O Dieu ie suis vostre esclaue, & le fils de vostre seruante, vostre seruice est preferable aux diademes.

104. *Expliquez cecy plus clairement.*

Il y a des biens dont nous joüissons, mais d'vne reciproque, & mutuellemét égale joüissance, comme nous faisons de nos amis : car l'amour que nous leur portons entant que n° en receuons du contentement, est certes amour de conuoitise, mais de conuoitise honneste, par laquelle ils sont à nous & nous également à eux, ils nous appartiennent par la loy d'amitié qui égale les amis par vn don mutuel & cordial, & pareillement nous leur appartenons.

Or la Charité estant vn vray Amour d'amitié entre Dieu & l'homme, elle nous fait amis de Dieu, d'où vient qu'en l'Escriture, Abraham, Iacob, Iob, Moyse & tant d'autres sont appelez amis de Dieu, & le Sauueur dit à ses Disciples, ie ne vous appelle point mes seruiteurs, mais mes amis.

105. *Voyez vous vne reciproque possession?*

L'Amour, dit le Prouerbe, ou se forme entre égaux ou égale ceux qui s'entr'aiment: neantmoins il y a tousjours vne distance infinie entre le Createur & la Creature, Dieu & l'homme, & quelque benignité & humanité que Dieu fasse paroistre à l'homme, il faut tousjours que Dieu soit Dieu, Createur, & Maistre, & l'homme soit homme, Creature & esclaue.

O Dieu ne permettez point que le bandeau de l'Amour me fasse mescognoistre ce que ie suis & ce que vous estes. O! le beau mot d'vn grand Sainct, qui estes vous Seigneur, & qui suis-je? Et vn autre disoit à Dieu, Seigneur que ie vous cognoisse, & que ie me cognoisse. Voila toute la Sagesse du Chrestien.

106. *De quelle sorte donc esperons nous de posseder Dieu?*

Il y a des biens dont nous joüissons d'vne

joüiſſance de dépendance, de participation, & de ſujetion, comme nous faiſons de la bienveillance de nos Paſteurs, de nos Princes, de nos Peres & Meres, de nos Maiſtres & Superieurs : l'Amour que nous leur portons eſt de conuoitiſe, quand nous les aimõs entant qu'ils ſont nos Princes, nos Paſteurs, nos Peres, & nos Maiſtres, car ce ne ſont pas ces qualitez que nous aimons en eux, mais parce qu'ils ſont tels à nous, pour nous, & ſur nous.

O Dieu vous eſtes noſtre Roy, noſtre Paſteur, noſtre Pere, noſtre Mere, noſtre Maiſtre, ie vous aimeray mon Dieu, ma force, ma fermeté, mon refuge & mon Protecteur.

107.   Continuez.

Cét Amour de conuoitiſe dont nous aimons nos Superieurs, eſt vne conuoitiſe de reſpect, de reuerence, & d'honneur, parce que nous les aimons, non tant pource qu'ils ſont noſtres, qu'à cauſe que nous ſommes à eux : Et c'eſt ainſi que nous aimons & conuoitons Dieu par l'Eſperance, non affin qu'il ſoit noſtre bien, mais parce qu'il l'eſt, non afin qu'il ſoit noſtre, mais parce que nous ſommes ſiens, non comme s'il eſtoit pour nous, mais d'autant que nous ſommes pour luy.

Ie me donne à vous, ô mon Dieu, diſoit S. Auguſtin, parce que ie vous aime. Et l'eſpouſe ne ſouhaitte t'elle pas de rencontrer ſon bien aimé qu'elle appelle son petit frere, pour luy donner ses deux mammelles, c'est à dire consacrer à sa gloire son corps & son ame, & tout son estre.

108. Pourtant c'est tousjours nostre Bien que nous cherchons en Dieu par l'Esperance.

A la verité en l'Amour imparfait qui est en l'Esperáce morte, la raison pour laquelle nous aimons Dieu, c'est à dire par laquelle nous appliquons nostre cœur à l'Amour du Bien que nous conuoitons, c'est parce qu'il est nostre Bien: de sorte qu'encor qu'on y regarde Dieu, on a pourtant égard à soy, on va à Dieu, mais on reuient à soy, car il n'appartient qu'à la charité de nous faire aller à Dieu, & nous tenir à luy, sans pretension d'aucun bien pour nous. (*v. S. Tho. 2. 2. q. 17. a. 6. & 8.*)

Le vray Amour de Charité & d'amitié, n'est nullement mercenaire: ouï celuy d'esperance qui est de conuoitise, quelque bien reglée que soit ceste conuoitise: celuy-là est vn vin & vn or espuré, cestui-cy est accompagné de lie & d'escume.

109. Comme entendez vous cela?

C'est parce que selon S. Thomas (*l. c.*) l'Esperance nous fait adherer à Dieu à cause du bien que nous en attendons, & la Charité seulement pour l'Amour de luy mesme sans aucune pretension pour nous.

De l'Esperance viue.

L'auantage de la Charité sur l'Esperance est aussi grand, que l'Amour d'amitié excelle celuy de concupiscence.

110. Mais la Foy & l'Esperance n'attaignent elles pas Dieu qui est la derniere fin, aussi bien que la Charité?

Dieu est le commun object des trois vertus Theologales, mais comme plusieurs archers tirent à mesme but, & y donnent diuersement, aussi la Foy & l'Esperance regardent Dieu bien differemment de la Charité, car la Foy & l'espoir, le considerent entant qu'il nous vient du bien de la part de Dieu, mais la Charité le regarde en luy mesme sans en rien attendre.

Les deux premieres vertus ont chaqu'vne deux yeux, de l'vn desquels elles regardent Dieu, de l'autre leur bien, mais la Charité est vne Colōbe qui n'a qu'vn œil simple & droict, dont elle regarde Dieu seul, dont elle blesse le cœur d'vn seul de ses regards, & le lie d'vn seul de ses cheueux.

111. Donnez nous plus clairement à entendre, quel est le bien que la Foy, & l'Esperance recherchent en Dieu.

La Foy le considere, comme celuy duquel prouient à nos entendemens la cognoissance de la verité, & l'espoir comme celuy de qui nous doit arriuer la poffeffion du vray bien, mais la Charité va droit à Dieu pour s'arrefter en luy, fans pretendre qu'il luy vienne de Dieu aucun profit particulier.

C'eft pourquoy l'Apoftre dit que c'eft la plus excellente voye pour aller à Dieu, & que des trois vertus Theologales la Charité eft la plus grande.

112. *Puis que nous aimons Dieu par l'Efperance comme noftre fouuerain bien, nous l'aimons donc fouuerainement?*

Dieu ne peut eftre confideré que comme Eternel, Infiny, & Souuerain, à raifon dequoy l'Amour d'Efperance morte, quoy qu'imparfait, ne laiffe d'aimer Dieu fouuerainement, parce qu'il fe mefure par cét objeét Souuerain dont l'excellence eft infinie; ainfi nous aimons plus ou moins nos Bien-faiéteurs, felon que plus ou moins nous receuons d'eux. Pourquoy en l'Efperance aimons nous Dieu d'amour de conuoitife, parce qu'il eft noftre bien, & parce qu'il eft noftre bien fouuerain nous l'aimons auffi fouuerainement : & après tout cela cét Amour d'efperance eft imparfait.

O que l'Amour de Charité doit eftre accomply, puis qu'il efleue l'ame plus haut que tout cela.

113. *Comment fe peut-il faire?*

Il y a bien de la difference entre aimer Dieu fouueraisouuerainemẽt & l'aimer du souuerain amour qui n'est qu'en la Charité. Car en l'Esperance nous l'aimons souuerainement, parce qu'il est nostre Bien souuerain, c'est à dire entant qu'il nous est souuerainement bon: mais en la Charité nous l'aimons du Souuerain Amour, parce que nous l'aimons comme souuerainement bon en luy mesme, & à luy mesme, non comme Bon en nous & à nous.

O Seigneur donnez nous l'eau claire, pure & viue de ce pur Amour, nº renõçons aux eaux troubles de l'Egypte, à tous propres interests.

114. *Donnez quelque grand éclaircissement.*

En l'Esperance l'Amour est imparfait, parce qu'il ne tend pas à la bonté infinie de Dieu, entant qu'elle est telle en elle mesme, mais seulement entant qu'elle est bonne, or quoy qu'infinie en elle mesme, elle ne peut pourtant estre infinie en nous, dautant que nostre capacité estant finie, nous ne sommes pas susceptibles d'vne communication infinie, le receu estant admis selon la mesure de ce qui reçoit.

Loüons Dieu parce qu'il est bon, oüi, dit S. Bernard, parce qu'il est bon à luy mesme & en luy mesme, plus que parce qu'il est bon en nous mesmes & à nous mesmes, ô Dieu vous estes bon & par vostre bonté enseignez nous vos iustifications.

115. *Nous ne pouuons pas aimer Dieu plus que*

ne porte nostre capacité?

Ie ne dy pas aussi que par la Charité nous aimions Dieu au dessus de nostre portée. Il n'y a que Dieu seul qui se puisse aimer autant qu'il est aimable, c'est à dire infiniment, il ne nous oblige pas à l'impossible, mais il se contente que nous l'aimions de tout nostre cœur, c'est à dire autant que nous le pouuons aimer, & selon la grace qu'il nous en donne.

O Seigneur donnez ce que vous commandez, & puis commandez ce qui vous plaira, disoit S Augustin.

116. Ne l'aimons nous pas en l'Esperance autant que nous pouuons?

Non : car nous le pouuons aimer pour l'amour de luy mesme purement, & sans reflexion sur nostre propre interest, ce qui se pratique par l'Amour de Charité, qui est le Souuerain Amour duquel nous aimons Dieu, & non en l'Esperance, en laquelle nous n'aimôs Dieu que d'amour de conuoitise & interessé, quelque bien reglé qu'il puisse estre.

Cependant cét Amour d'Esperance & interessé contrefait si bien le souuerain Amour de Dieu qui n'est qu'en la Charité, que plusieurs le prennét pour celuycy, & s'y amusent de telle sorte, que comme ces deux tribus d'Israël, ils ne veulent point passer le Iourdain, pour habiter en la terre de promesse du vray & sincere

De l'Esperance viue.

Amour de Dieu, qui est vn Amour d'amitié & desinteressé, & par lequel nous aimons Dieu, & souuerainement & du souuerain Amour.

117. *Ne se peut on pas sauuer auec l'Amour d'Esperance?*

Le B. François de Sales en son Traicté de l'Amour de Dieu (*l. 2. c. 17.*) respond que non, & que nul, par cét Amour interessé de la simple Esperance, ne peut ny obseruer les commandemens de Dieu, ny auoir la vie eternelle, parce que sans la Charité, nulle vertu ne nous peut rendre iustes, & capables de l'entrée du Ciel.

Ne nous arrestons donc pas à cét amour imparfait, mais soyons jaloux & desireux des meilleures graces, selon l'auis de l'Apostre, achetons à quelque prix que ce soit l'or pur, & la perle de la Charité, si nous voulons estre vrayment & solidement riches.

118. *Quelle difference faites vous entre l'amour d'esperãce viue, & celuy qui est en l'Esperãce morte.*

La mesme qui est entre la mort & la vie, car celuy-là nous met en la vie eternelle, non celuy-cy. Celuy là est incompatible auec la mort du peché, cestuy-cy peut subsister en vne ame pecheresse. En vn mot l'Esperance morte a vn Amour mercenaire & interessé, mais la viue a vn Amour filial & chaste qui nous fait esperer en Dieu pour Dieu.

Celuy qui n'aime point Dieu comme il faut demeure en la mort, celuy qui l'aime comme il conuient est transporté de la mort à la vie.

119. Qu'est-ce qu'esperer en Dieu pour Dieu?

C'est esperer en Dieu par Amour pur & desinteressé, non par Amour interessé, & imparfait: c'est esperer en la misericorde de Dieu pour sa gloire, pl⁹ que pour nostre profit, c'est à dire en tât qu'il est glorieux à Dieu de nous faire misericorde & de nous sauuer, plus que pour l'auantage qui nous peut reuenir de nostre salut, c'est esperer en Dieu par le motif de la Charité, laquelle n'a aucun égard à son interest, mais à celuy de Dieu qui est sa gloire.

I'espere en Dieu, dit Dauid, parce que ie le loüeray, il est le salut de ma face & mon grand Dieu.

120. Est-ce donc en cela que consiste l'Esperance viue?

Ouï: car comme la Foy est viue qui opere par Charité, aussi l'Esperance est appelée viue, qui espere par le motif de la Charité, qui n'est autre que l'interest de Dieu, & cét interest c'est sa gloire.

Ceux qui esperent en Dieu, dit Dauid, prendront des aisles d'aigle, & voleront sans deffaillir. Ce qui se doit entendre de l'Esperance animée de Charité, laquelle ne deffaut iamais.

121. *Mais ne peut on pas en esperant en Dieu*

De l'Esperance viue. 245
pour Dieu, *auoir égard à son propre bien.*

Quiconque espere en Dieu par le motif de la Charité, c'est à dire qui a vne esperance animée de Charité, n'a aucun bien propre, puis qu'il rapporte tout son estre, & tout ce que la grace celeste verse de bien en luy, à l'amour & à l'hõneur de Dieu, où regne l'amour de Dieu, l'amour propre n'a gueres de credit. Mais quand on fait le bien premierement & principalement pour la gloire de Dieu, si secondement, & comme par accessoire on regarde le bien qui nous en peut reuenir, ce n'est point mal fait, ny mesme de s'exciter à la vertu par la veuë de la recõpense, pourueu que l'õ n'y mette pas la fin derniere. (*Concil. Trid. Sess. 6. c. 11.*)

Moyse souffrant beaucoup pour l'Amour pur & le seruice de Dieu, ne laissoit pas pourtant de regarder comme en passant la retribution qu'il attendoit de la main du iuste iuge.

122. *Son esperance estoit donc interessée?*

En quelque façon : mais son interest estoit englouti par celuy de Dieu, qui estoit le Souuerain & principal, en la mesme façon que sa gaule changée en serpent deuoroit les serpens des Mages d'Egypte : & en la maniere que la splendeur des estoilles est effacée par celle du Soleil, & que le nom des riuieres se perd quãd elles sont deschargées en la mer.

En vous Seigneur sont tous mes vœux &

Q iij

mes desirs, quelles loüanges vous rendray-je?

123. *Peut on esperer sans attendre quelque bien?*

Non: puis que l'espoir n'est autre chose que l'attente de quelque bien difficile, mais possible à obtenir. Mais comme nous pouuons esperer quelque bien pour vn autre, aussi bien que pour nous, nous pouuons aussi esperer en Dieu pour Dieu, c'est à dire attendre la beatitude de sa bonté, non tant parce que ceste felicité nous sera auantageuse, qu'à cause qu'elle nous donnera le moyen de le glorifier en l'eternité. Et c'est en cela proprement que se cognoist l'Esperance viue.

O Dieu des vertus que bien-heureux est l'homme qui espere en vous de ceste façon!

124. *Conclusion.*

Encore que l'esperāce morte soit bône de soy, & bon cét Amour de cōuoitise, mais de cōuoitise bien reglée, dōt elle nous fait aimer Dieu, si est-ce que cela peut estre appelé rien sans la Charité, aussi bien que la Foy qui transporte les mōtagnes, encore qu'elle ne soit pas viue.

Taschons donc d'animer nostre esperance, & de la rendre viue par la Charité, afin de rendre ses actes auantageux à la gloire de Dieu, & meritoires de le glorifier eternellement au Ciel, occupation qui est le comble de toutes nos esperances viues & charitables.

CATECHESE V. DE LA VRAYE CHARITÉ.

I. POINT.

Qu'est ce que la vraye Charité?

Est ce que l'Apostre oppose à celle qu'il appelle feinte, laquelle n'a que l'escorce & l'apparence de Charité, mais n'en a pas la vertu ny l'effect.

O Dieu preseruez nous des fausses vertus, autant & plus que des vices veritables.

2. *Pourquoy dittes vous cela?*

Parce qu'vn mal d'esprit aussi bien que de corps est à moitié guery quãd il est bien cognu. Mais quand on prend vne fausse vertu pour vne vraye, on conserue cette hapelourde pour vne pierre fine, & ceste fausse persuasion est vne maladie prés qu'incurable.

Les pires fols ce sõt ceux qui pẽsent estre bien sages: il y a vne voye qui paroist droitte à quelques vns, dont la fin se termine dans la mort.

3. Comme faut il faire pour discerner la vraye Charité de la fausse?

Qui auroit trouué cette pierre Lydienne pour distinguer le faux du franc alloy, auroit rencontré la vraye vie, & puiseroit auec ioye le salut du Seigneur.

Car Dieu est Charité, & qui demeure en Charité demeure en Dieu & Dieu en luy.

4. En quelle carriere se trouue cette pierre?

En celle de la deffinition, car c'est la deffinition qui nous fait cognoistre l'essence & la nature d'vne chose, comme le portrait tiré au vif nous fait cognoistre la personne qu'il represente.

Bien-heureux les yeux de l'esprit qui peuuent apperceuoir cette beauté pleine de lumiere & de chaleur, en laquelle consiste toute la perfection Chrestienne, & tout le fondemēt de salut, fondement tout de Saphirs.

5. Quelle est cette deffinition?

La Charité est vne vertu Theologale, diuine, infuse, & surnaturelle, par laquelle nous aimons Dieu, pour l'amour de luy mesme, nous, & le prochain pour l'amour de Dieu.

La Charité, dit S. Paul, est respanduë en nos cœurs, par le S. Esprit qui nous est donné.

6. Pourquoy l'appelez vous vertu Theologale & Diuine?

Parce qu'elle a Dieu pour son object, comme ont aussi la Foy & l'Esperance, quoy que bien diuersement. Car, comme dit S. Thomas, la Foy ne regarde Dieu qu'entant que de luy nous vient la cognoissance du vray : l'Esperance qu'entant que de luy nous tirons l'acquisition du Bien : mais la Charité va à Dieu, & s'y arreste sans pretendre que rien nous en reuienne. En quoy, comme l'aigle, elle enuisage le Soleil de la Diuinité, d'vn œil plus espuré que les autres.

O Dieu, disoit le grand S. Augustin, celuy là vous aime moins qu'il ne doit, qui aime quelque chose auec vous, sans l'aimer pour l'amour de vous : adjoustons & ne vous aime pas comme il doit, qui vous aime autrement que pour l'amour de vous mesme.

7.   *Pourquoy Infuse & Surnaturelle?*

Pour la distinguer des autres vertus morales qui ne sont qu'Humaines, Acquises, & naturelles, & pour nous enseigner que c'est vn don precieux & tres bon du Pere des lumieres, qui le respand gratuitement en nos ames par infusion, sans aucun merite de nostre part, car la premiere grace ne se merite point.

Non par nos œuures de iustice, dit S. Paul, autrement la grace ne seroit pas grace, c'est à dire gratuite.

8.   *Pourquoy surnaturelle?*

Pour nous faire sçauoir que cefte habitude est au deſſus de nos forces naturelles, & ſurpaſſe noſtre pouuoir ſelon noſtre nature, & que ce n'eſt point par nos actes naturels qu'elle ſe forme en nos ames.

Ce n'eſt pas vn Amour que les forces de la nature ny Angelique ny Humaine puiſſent produire, mais c'eſt le S. Eſprit qui le donne, & le reſpand en nos cœurs Que rendrós nous à Dieu pour vne ſi grande faueur, ſinó ces meſmes cœurs qu'il à daigné remplir de ceſte celeſte grace?

9. *Induction fort propre.*

Comme nos ames qui donnent la vie à nos corps, n'ont pas leur origine de nos corps (dit vn S. Prelat de noſtre age) mais ſont miſes en nos corps par la naturelle prouidēce de Dieu: ainſi la Charité qui donne la vie à nos cœurs, n'eſt pas extraitte de nos cœurs, mais elle y eſt verſée, comme vne celeſte liqueur, par la ſurnaturelle prouidence de Dieu.

O Seigneur toutes vos œuures ſont parfaites, & toutes vos voyes ſont judicieuſes.

10. *Vne autre Raiſon*

Nous l'appelons encor Surnaturelle pource que nous tendons à Dieu par cette vertu, & nous le regardons, non ſelon la ſcience naturelle que nous auons de ſa bonté, mais ſelon la cognoiſſance ſurnaturelle de la Foy,

De la Vraye Charité. 251

La Foy, l'Esperance, & la Charité, sont trois choses, dit S. Paul, mais la plus grande des trois c'est la Charité.

11. *Suiuez l'explication de ceste definition.*

Il y a, par laquelle nous aimons Dieu : car la Charité est Amour, mais vn Amour qui n'a que Dieu pour object & pour fin derniere, tout autre Amour qui n'a point cét object & ceste fin ne peut porter le nom de Charité.

O Seigneur vous auez fait le monde pour l'homme, l'homme pour son cœur, son cœur pour vostre Amour, ne permettez pas que le Dagon de quelqu'autre Amour se mette auprés de l'arche du vostre dans ce sanctuaire qui vous est dedié, & duquel vous estes jaloux.

12. *Qu'appelez vous aimer Dieu pour l'amour de luy mesme?*

C'est n'auoir autre but ny autre visée en aimant Dieu que le bien de Dieu. C'est aimer Dieu comme Souueraine Bonté en luy mesme & pour luy mesme, non comme Souueraine Bonté en nous, & pour nous, comme Souuerain Bien en luy & pour luy, non comme tel en nous & pour nous.

Le vray Amour (tel qu'est celuy de la Charité) veut le Bien pour l'object aimé, non pour le sujet qui aime. S. Bernard parlant de l'Amour de Dieu, j'aime, dit il, parce que j'aime, j'aime pour aimer encore dauantage.

13. *Pourquoy adjoustez vous, nous, & le prochain pour l'Amour de Dieu?*

D'autant que nous ne nous deuons pas aimer nous-mesmes, pour l'Amour de nous mesmes, c'est à dire terminer l'Amour que nous nous portons en nous-mesmes comme en nostre derniere fin, mais nous nous deuons aimer en Dieu, pour Dieu, & selon Dieu, c'est à dire auec rapport à Dieu, & suiuant la regle que sa volonté a donnée à tout Amour legitime.

Seigneur, ie ne me veux aimer qu'en vous, selon vous, & pour vous, comme vne piece de vostre appartenance.

14. *Et le Prochain.*

Puis que la Loy de Dieu nous oblige à aimer nostre Prochain comme nous mesmes, nous le deuons donc aimer en la maniere en laquelle il veut que nous nous aimions nous-mesmes, c'est à dire en Dieu, pour Dieu, & selon Dieu.

Seigneur, dit Dauid, pour auoir paix auec vous, j'aime mes freres & mes prochains, pour arriuer en vostre maison, ie leur fay tout le bien que ie puis.

15. *Ne pouuons nous point nous aimer nous mesmes sans rapport à Dieu?*

Si nous excluons expressément ce rapport nous pechons, car nous disons à Dieu qu'il se retire de nous, & que nous ne voulons point de ses voyes, nous pechons & nous condam-

De la vraye Charité. 253

nons par noſtre propre iugement, d'autant que nous nous deïfions autant qu'il eſt en noꝰ, mettant noſtre derniere fin en nous meſmes.

Ceux qui n'ont qu'vne ſageſſe terreſtre mettent leur gloire en leur confuſion, diſans nos levres ſont à nous, qui eſt noſtre Seigneur & noſtre Maiſtre?

16. *Il ſuit.*

Mais ſi nous n'excluons pas le rapport de noſtre eſtre à Dieu, & que nous aimions noſtre propre Bien & conſeruation d'vn Amour legitime & conforme à la droitte raiſon, nous ne pechons pas, mais nous ne meritons pas auſſi, car nous ne faiſons rien pour Dieu, ne rapportans pas cét Amour à ſa gloire.

Non à nous Seigneur, non à nous, mais à voſtre nom ſoit honneur & gloire.

17. *Mais ſi nous nous aimons exteſſiuement?*

Alors nous pechons, parce que non ſeulemét nous ne tendons pas à Dieu, mais nous renuerſons l'ordre de la droitte raiſon par cét amour deſreglé.

Cét Amour de nous meſmes & propre, eſt la ſource de tout peché, ſelon ce que dit l'Eſcriture, qui appelle la conuoitiſe racine de tous maux.

18. *Faut il dire le meſme de l'Amour deſreglé du prochain?*

Ouï: car auſſi toſt que nous l'aimons, mais

non pour Dieu, en Dieu, & selon Dieu, nous tombons en des desordres extremes, d'où naissent vne infinité de vices, & de desbauches, soit que nous l'aimions trop, ou soit que nous l'aimions trop peu.

Il le faut donc aimer comme nous mesmes, non pour l'amour de luy en fin derniere, mais pour l'amour de Dieu.

19. *Ne pouuons nous pas aimer le prochain pour l'amour de luy?*

Ouï, d'amour d'amitié naturel, selon la regle de la droitte raison naturelle, mais si nous le voulons aimer par Charité, qui est vn Amour d'amitié surnaturel, il faut que Dieu soit la fin derniere de cét Amour, & que nous l'aimions non pour l'amour de luy mesme, en derniere instance, mais pour l'amour de Dieu c'est à dire par rapport à Dieu.

Ainsi nous aimerons nostre amy en Dieu, & selon Dieu, & nostre ennemy pour l'amour de Dieu.

20. *Puis que la Charité est vn Amour, quelle difference faites vous entre Amour & Charité?*

Toute Charité est bien Amour, mais tout Amour n'est pas Charité : pour ne tomber dâs la mesintelligence qui peut naistre de la confusion des termes, il est besoin d'expliquer ceux-cy, Amour, Amitié, Bienveillance, Dilection, Grace, & Charité.

Demandons à Dieu qu'il déuoile nos yeux, affin que nous considerions les merueilles de sa Loy.

21.   *Amour qu'est-ce?*
C'est vne Passion de l'Appetit Sensitif, ou vne Affection de l'Appetit Raisonnable, pour laquelle nostre sens ou nostre volonté se porte vers le Bien, ou vers ce qui a apparēce de Bien.

Prions Dieu qu'il nous monstre le vray Bien, de peur que nos pieds, c'est à dire nos affections, ne courent au mal, & ne se fouruoyent des sentiers de verité & de Iustice.

22. *Il y a donc vn bon & vn mauuais Amour?*
Ouï: car si le Bien vers lequel nous nous portons est veritable, & si nous nous y portons en vne bonne maniere, nostre Amour est bon: Et mauuais s'il est faux, ou si nous nous portons vers le vray Bien d'vne injuste façon.

Ils se sont rendus abominables, dit Dieu par vn de ses Prophetes, comme les choses qu'ils ont aimées.

23 *En quoy proprement consiste l'Amour?*
En la complaisance ou inclination naturelle ou surnaturelle, que l'appetit sensitif & raisonnable a vers le Bien. La premiere complaisance est le premier esbranslement du cœur vers le Bien aussi tost qu'il l'apperçoit. La seconde est en la recherche des moyens pour y arriuer,

& la troisiesme est en son vnion auec le Bien.

Voila le commencement, le milieu, & la fin, c'est à dire le tout de la nature de ceste Reine de nos Affections, laquelle naist de la simple complaisance, s'auance par vne autre qui est de recherche, & se termine dans la parfaite qui est celle de l'vnion, d'où ceste maxime commune aux Philosophes & aux Theologiens, que l'Amour tend à l'vnion.

24. *Expliquez vous plus clairement.*

L'object de l'appetit, soit sensitif, soit raisonnable, c'est à dire de la volonté c'est le bien, auquel la volonté est si fort alliée, & si étroittement liée, qu'aussi tost qu'elle l'apperçoit par l'entremise de l'entendemẽt, elle s'y porte comme le fer à l'aiman, & la paille à l'ambre.

On ne cognoist parfaitement l'vn que par l'autre, ainsi que deux fers s'éclaircissent & s'entrepolissent, car le Bien c'est ce que la volonté desire, & la volonté est vne faculté de l'ame qui appete le Bien.

25. *Continuez.*

La volonté apperceuant le Bien ou ce qui luy semble tel, ressent vn certain plaisir, comme vn tressaillement, qui la réueille, & la tourne de ce costé là, & voila la premiere complaisance qui excite l'Amour.

Seigneur, dit S. Augustin, vous auez fait nostre ame par vous, & pour vous, à raison dequoy elle quoy elle n'a point de repos qu'en son vnion auec vous.

26. *Quelle est la seconde complaisance?*

C'est celle qui nous fait rechercher les moyens pour attaindre à l'vnion du Bien apperçeu & aimé.

Dauid l'exprime excellemment en ces mots. Ie ne donneray point de sommeil à mes yeux, ny de repos à mes paupieres, iusques à ce que i'aye trouué le lieu du Seigneur, le tabernacle du Dieu de Iacob.

27. *La Troisiesme.*

C'est l'vnion du cœur à la chose aimée d'où naist la delectation, qui est la derniere & parfaite complaisance en laquelle l'amour se termine.

Delectez vous au Seigneur, dit le Psalmiste, & il accomplira les desirs de vostre cœur, il les remplira de biens.

28. *Ouurez vous par quelques similitudes.*

La 1. comme l'Aube ou l'Aurore est le commencement du iour, le couchant du Soleil est sa fin, & le vray cœur du iour, le progrés du Soleil depuis le Leuant iusques à l'Occidēt: ainsi la premiere complaisance est comme le berceau de l'Amour, celle de la recherche est son auancement, mais l'vnion est sa consommatiō.

O qu'il est bon d'adherer à Dieu, & d'estre fait vn mesme esprit auec luy.

R

29. Vne autre.

La 1. complaisance est comme la racine de l'arbre de l'Amour. La 2. son tronc, ses branches, ses fleurs, & ses fueilles, mais la 3. est son fruict.

Puisse la Charité estre plantée au milieu de nostre cœur, comme vn bel arbre posé sur le courant des eaux de la grace, donnant du fruit en son temps.

30. Vne autre.

Comme l'abeille naist dans le miel, trauaille pour le miel & s'en nourrit, & meurt en fin dedans le miel, ainsi l'Amour naist dans la 1. complaisance, se plaist & se paist dans la 2. & se consomme dans la 3. comme vn Phœnix dans sa cendre.

O IESVS, faites que nous viuions & mourions pour l'amour de vostre amour, puis que vous auez daigné naistre & mourir pour l'amour de nostre amour.

31. Vne quatriesme.

Le poids des choses les ébransle, les emporte, & les arreste à leur centre quand elles y sont arriuées, c'est le poids qui attire la pierre en bas, qui l'y pousse quand elle est ébranlée, & qui l'y attache quand elle est jointe à son centre.

Mon amour c'est mon poids, dit le grand S. Augustin, c'est luy qui est le Maistre ressort de

De la vraye Charité.

tous les mouuemens de mon cœur?
L'Amour est en mon choix,
Mon Amour c'est mon poids,
Par tout où ie me porte.
Mon Amour me transporte.

32. *Tout ce qui agit agit-il par Amour?*

C'est l'opinion de S. Thomas (1. 2. q. 28. a. 6.) sa raison est, que tout ce qui agit, agit pour quelque fin, or la fin & le bien estans vne mesme chose, & le bien estant l'object de l'amour, il s'ensuit que quiconque agit, agit pour quelque fin, c'est à dire pour quelque bien, & par consequent par Amour (1. 2. q. 27. a. 1.).

Dieu ayant tout fait par l'Amour & pour l'Amour, il veut que tout ce qui agit, se meuue, par ce premier & principal ressort, qui n'aime point est en la mort, où est l'Amour là est l'operation, où l'action cesse l'amour perit. (*v. S. Antonin. summ. Moral part. 1. tit. 6. c. 2.*)

33. *Quelle difference mettez vous entre l'Amour sensitif & le raisonnable?*

Le mesme qu'entre le sens & la raison, le Cheual & le Cheualier : Celuy-la nous est cómun auec les animaux, cestui-cy auec les Anges. (*S. Antonin. summ Moral. p. 1. tit. 6. c. 2.*)

Sous toy sera ton appetit & tu en auras la domination, fut il dit au premier homme en sa creation. (*Genes 2.*)

34. *Enquoy differe l'Amour de la Charité*

R ij

Comme le genre de l'espece. 1. l'Amour peut estre bon & mauuais, la Charité est vn Amour tousjours bon. 2. l'Amour peut estre terrestre ou celeste, la Charité est vn Amour celeste. 3. l'Amour peut estre naturel ou surnaturel, la Charité est vn Amour surnaturel. 4. l'Amour est vne Passion ou Affection vertueuse ou vicieuse selon son object: La Charité est vne vertu Theologale qui n'a que Dieu pour object en derniere fin.

O Dieu de Charité donnez nous la Charité, & changez le plomb de l'Amour naturel, en l'or de l'Amour surnaturel, que nous deuons auoir, si nous voulons posseder les vrayes richesses qui iamais ne perissent.

35. *Qu'est-ce qu'Amitié?*

C'est vn Amour mutuel qui est entre des creatures raisonnables. Ie l'appelle Amour mutuel, parce que là où il n'est pas reciproque il y a de l'Amour, mais non de l'amitié, ie dy qu'il est entre des creatures raisonables, parce que la mutuelle propensiō qui est entre les animaux, comme entre les tourterelles, ne merite pas ce beau nom, non plus que l'inclinatiō reciproque qui se trouue entre le chien & l'hōme.

O que c'est vne chose bonne
 Qui mille suauitez donne,
 Quand des freres ensemblement
 Habitent vnanimement.

De la vraye Charité.

C'est ainsi que le Psalmiste depeint l'honneste & vertueuse amitié, adjoustant que c'est vn parfun qui recrée le Ciel & la Terre, Dieu & les hommes.

36. *Est-ce assez que l'Amour soit mutuel pour estre dit Amitié?*

Non: mais il faut en second lieu que ceux qui s'entr'aimét sçachent leur reciproque affection, autremét ce sera Amour de part & d'autre, mais non encor amitié.

Dequoy nous seruiroit la bienveillance d'autruy, si nous l'ignorons? dequoy la nostre vers luy, s'il n'en auoit point de cognoissance? qui aime Dieu aime son frere, dit S. Iean.

37. *Suffit-il qu'ils sachent leur mutuelle affection?*

Non: car dequoy seruiroit la possession des richesses si l'vsage en estoit interdit: Il faut donc qu'il y ait quelque sorte de communication iuste & honneste parmy ceux qui s'entr'aiment, car si elle estoit illegitime & vicieuse, ce ne seroit pas vne vraye amitié, d'autant que la vraye amitié suppose le bien, estant elle mesme vne vertu, & pourtant vne bonne habitude, de laquelle on ne peut vser en mal.

Qui craint Dieu, dit le Sage, aura pareillement vne bonne amitié.

38. *Quelle est cette communication?*

Selon la varieté des communications, les

amitiez sont diuerses. Si les biens que l'on s'entrecommunique sont faux ou friuoles, l'amitié est fausse ou vaine, ou plutost vn fantosme d'amitié qu'vne veritable amitié. S'ils sont vrays & legitimes, l'amitié est iuste & solide.

Bien-heureux l'homme qui ne va point en l'assemblée des mauuais qui ne chemine point au train des pecheurs, & ne s'assied point au banc de pestilence.

39. *N'y a t'il point d'amitié entre les vicieux?*

Les Philosophes Payens ont recognu qu'il n'y en auoit point de veritable: ce qui est clair, puis que la vraye amitié est vne vertu. Il y a bien quelque société, ce que Dauid appelle le Conuent des Malings, c'est à dire l'assemblée des peruers : il y a mesme entre les voleurs qui sont associez, quelque espece de Iustice, ou plutost vne Image.

Retirez vous de moy malings, dit Dauid, & ie rechercheray les tesmoignages de mō Dieu.

40. *Quelles sont ces mauuaises communications?*

Ce sont celles qui sont fondées sur des vanitez, voluptez, ou Possessions iniustes, car ce sont autant de cordages malheureux, par lesquels ceux qui s'entretient, se trainent à la damnation les vns & les autres.

De la vraye Charité.

Brizez ces liens, ô Seigneur, & nous vous en sacrifierons des hosties de loüange, en inuoquant & benissant vostre Sainct Nom.

41. *Quelles sont les bonnes communications?*

Ce sont celles qui sont fondées sur les Biens Honorables, vtiles, & delectables, dont on vse iustement, & legitimement c'est à dire selon Dieu.

C'est en cét vsage que consiste la vraye sagesse, auec laquelle & par laquelle, dit Salomon nous arriuent toutes sortes de biens.

42. *Quel est ce bon vsage?*

Celuy par lequel les amis se prouoquent à la vertu & au seruice de la gloire de Dieu par leur mutuelle bienveillance & cômunication. Telles sont les communications des vertus qui sont des Biens Honnestes.

Cherchez en premier lieu le Royaume de Dieu & sa Iustice, c'est à dire sa Grace & son Amour, & toutes choses vous succederont en suitte.

43. *Y a t'il des delices honnestes?*

Qui en doute, comme celles qui sont iustifiées par le mariage: les plus Saincts personnages n'ont ils pas fait des banquets à leurs amis, & N. S. mesme n'a t'il pas esté quelquefois à des nopces, & à des festins?

Tout ce qui est fait en charité est bon : que tout se passe honnestement entre vous, dit S.

Paul aux fidelles, ainsi qu'il est conuenable à des Saincts.

44. *Que dites vous des communications fondées sur l'vtile?*

Qu'elles peuuent estre bonnes, pourueu qu'elles procedent legitimement, côme les societez qui se font entre des marchands qui sôt amis, & qui traffiquent en commun auec loyauté & fidelité, qui est-ce qui peut blasmer vne si iuste procedure?

Sinon ceux qui maudissent le iour, & qui appellent le mal bien, & le bien mal, mettant les tenebres pour la lumiere.

45. *Y a t'il d'autres communications?*

Autant qu'il y a de diuerses inclinations, car les vns contractent amitié par la communication des sciences, d'autres pour le contentement d'vne honneste conuersation, d'autres communiquent aux choses spirituelles & de Pieté; d'autres pour la sympathie & conformité de mœurs. Tout cela est bon pourueu qu'il soit conforme à la regle de la droitte raison & selon Dieu.

S. Paul entre autres reproches qu'il fait à quelques vicieux, les appelle gens sans affection, c'est à dire sans amitié.

46. *Quelle est la meilleure amitié?*

C'est celle qui a la Charité pour sa baze principale, & qui rapporte à l'hôneur de Dieu

De la vraye Charité. 265

toutes les communications qu'elle a auec le prochain: ceste amitié est plus celeste qu'humaine, plus surnaturelle que naturelle, plus effectiue qu'affectiue, plus d'œuure & de verité, que de langue & de parole.

C'est vn rayon, & vn crayon en terre, de l'amitié qui est au Ciel entre les Bien-heureux: ô qu'il fait bon aimer icy bas, comme l'on aime là haut, & apprendre à s'entrecherir en ce monde, comme nous ferons eternellement en l'autre.

47. *Bienveillance qu'est-ce?*

Le mot denote assez la chose, c'est vouloir le Bien, en quoy elle ne differe pas de l'Amour, qui n'est autre chose qu'vne inclinatió ou propension de la volonté vers le Bien consideré en general. Mais elle differe de l'amour, en ce que la Bienveillance veut quelque sorte de Bien, soit à nous, soit à autruy, & encore de l'amitié en ce qu'elle peut estre reciproque ou non, mais non cognuë entre ceux qui se veulent du bien. Ce que nous expliquerons plus clairement cy dessous, quand nous parlerons de l'Amour de conuoitise & d'amitié.

Car celuy-là est vne bienveillance enuers nous, & cettui-cy vne Bienveillance enuers autruy.

48. *Qu'entendez vous par le mot de Dilection?*

Selon le son de la parole c'est vn Amour qui procede d'vn choix particulier, comme qui diroit Amour d'Eflection, & qui porte en soy quelque sorte de preference, en quoy il surpasse les termes d'Amour, d'Amitié, & de Bienveillance.

La Dilection, est il dit aux Cantiques, est forte comme la mort, la jalousie est aspre au combat comme l'Enfer.

49. *Qu'est-ce que Grace?*

Quoy que subtilizent les Scolastiques, prenant ce mot de Grace pour celle qui nous iustifie, & nous rend agreables à Dieu, ce n'est autre chose que la Charité.

La Grace de IESVS CHRIST, la Charité de Dieu, & la communication du S. Esprit soit auec vous tous Amen. C'est ainsi que parle le vaisseau d'eslection (*2. Cor. 13.*)

50. *N'y a t'il point de difference?*

Quelques vns estiment que la Grace, & la Charité different seulement de nom, non reellement ny rationellemēt. Si est ce que (*Charis*) en Grec veut dire Grace, & que les trois Graces imaginées par les Poëtes, sont appelées Charites.

S. Paul prend indistinctement les mots de Grace & de Charité, car qui peut nier que la Charité ne soit vn don & vne grace celeste, que Dieu nous donne gratuitement, & qui nous rend agreables à luy. (1. Cor. 16. 2. Cor. 13. Galat. 6 Ephes. 6. Philipp. 3. 1. Thessal. 5. 2. Thessal. 3)

51. *Il poursuit par vne autre difference.*

D'autres disent que la Grace & la Charité different reellement, la Charité estant dans la volonté comme dans son sujet, & la Grace residant dans l'essence de l'ame, comme si les facultez de l'ame raisonnable, memoire, entendement & volonté n'estoient pas dans la substance de l'ame.

En cela l'ame est l'Image de Dieu de ce qu'elle est vne en sa substance & trine en ses facultez. O Dieu vostre science est admirable en moy, dit *Dauid*.

52. *Vne autre difference.*

Quelques vns estiment que la Grace & la Charité ne differét ny quant au nom, ny quant à la chose, mais seulement par raison. Mais quelle raison peut on alleguer de ceste difference, puis que tout ce que l'Escriture dit de la Grace gratifiante elle le dit de la Charité: puis que la Charité est espanduë en l'ame au mesme temps que la Grace, puis que la Grace sort de l'ame aussi tost que la Charité en est bannie par le peché à mort, & puis que la Charité iustifie & donne la vie à l'ame aussi bien que la Grace.

Laissons donc là ces inutiles subtilitez qui

ne font rien à nostre sujet, disons que la Charité (& la Grace de Dieu) est respanduë en nos cœurs par le S. Esprit qui nous est donné.

53.   *Charité donc qu'est-ce?*

C'est vn Amour, mais vn Amour de Dieu: vne Amitié, mais vne Amitié de Dieu & de l'homme: vne Bienveillance, mais reciproque entre l'homme & Dieu, quoy que fort inégale: vne dilection d'election, mais d'election exquise. Vne Grace, mais gratifiante & iustifiante. Enfin c'est la Charité, nom propre & particulier de ceste vertu diuine & infuse, par laquelle nous aimons Dieu pour l'amour de luy mesme, nous & le prochain pour l'amour de Dieu.

Pour son Amour, dit S. Paul (*Ephes.* 3.) ie fléchis mes genoux deuant Dieu, afin que fondez & enracinez en la Charité, nous puissions comprendre quelle est la longueur, largeur, hauteur, & profondité de la sureminente science de la Charité de I. C. & estre remplis de sa plenitude.

54.   *Qu'il y a 3. sortes de Charité.*

La 1. est appelée Essentielle C'est Dieu mesme qui est la mesme Bonté, & Charité par Essence, car en Dieu il n'y a point d'accidét, tout y est substance.

Dieu est Charité, dit S. Iean: Ie t'ay aimé d'vne Charité perpetuelle, dit le Seigneur par

De la vraye Charité. 269

Ieremie, c'est à dire par moy mesme. O Charité mon Dieu, dit S. Augustin embrasez moy.

55. *La Seconde.*

Elle se nomme Personnelle, & n'est autre que le S. Esprit, troisiesme personne de la Tres saincte Trinité, laquelle estant l'Amour Infini, Eternel, & reciproque du Pere & du Fils, desquels il procede côme d'vn mesme principe, elle est appelée Charité infinie & increée.

L'Eglise en son hymne l'appelle, viue source de feu, Charité, & Onction spirituelle.

56. *La Troisiesme.*

C'est la Charité vertueuse, c'est à dire la vertu Theologale de la Charité, qui est, dit S. Paul respandué, ou infuse en nos cœurs par le S. Esprit, non que le S. Esprit nous la donne plutost que le Pere & le Fils, car les œuures exterieures de Dieu sont communes aux trois personnes Diuines, mais parce que nous estant communiquée gratuitement & par Amour, elle semble plus conuenable au S. Esprit qui est Amour substantiel & Charité essentielle. (*v.* S. *Antonin Sum. Moral. p. 4. t. 6. c. 1.*)

Hé! venez S. Esprit, remplissez les cœurs de vos fideles, & y allumez le flambeau de vostre dilection.

57. *Du nom de Charité.*

S. Antonin (*l. c.*) dit qu'elle s'appelle Dilection, comme qui diroit Eslection de Dieu.

D'où l'espouse disoit aux Cantiques, que son bien aimé estoit esleu entre les miliers. Et que Charité est vn mot composé de ces deux cher & vnité, comme qui diroit chere vnité.

Parce qu'elle nous fait tellement adherer à Dieu pour l'amour de luy mesme, que nous sommes comme transformez en luy, & sommes faits vn mesme esprit.

58. *La Charité peut elle estre nommée Amour?*

Tout Amour ne peut pas estre dit Charité, mais toute Charité peut estre appelée Amour. Et quoy que dise Origene (*Homil. 2. in Cant.*) que le nom d'Amour peut laisser dâs les esprits quelque impression prophane, estimant celuy de dilection plus propre pour exprimer vne affection saincte & Diuine telle qu'est la Charité. Si est-ce que nous nous deuons plutost rendre à l'opinion du grand S. Augustin (*de ciuit. Dei l. 14. c. 7.*) qui estime que le nom d'Amour est plus conuenable à la Charité.

O Amour Eternel, ô feu Diuin, dit ce mesme Pere, qui brûlez tousjours, & ne vous éteignez iamais, embrasez moy, que vos flammes portent en moy vne totale consomption de tout ce qu'il y a d'imparfait & d'impur.

59. *Il poursuit.*

Et le grand S. Denis Areopagite, ce sçauant Maistre en l'Escole du diuin Amour, n'vsa

De la vraye Charité. 271
point d'autre terme pour exprimer la Charité, enquoy il nous rend ce mot d'autant plus venerable, qu'il est constant, que ce Theologien n'auoit point eu d'autres precepteurs que les Apostres qui en parloient de ceste façon, comme il est fort probable.

S. Ignace aussi leur contemporain, auoit ordinairement ce mot en la bouche & au cœur, mon Amour est crucifié, ou le crucifié est mon Amour.

60.   *Il continuë.*

Apres tout il ne faut pas estre delicat ny pointilleux en ces termes, car bien que les mots de Grace & de Charité soient les plus propres, & ceux qui expriment plus precisemét l'Amour de Dieu enuers nous, & le nostre enuers luy, si est-ce que nous pouuons vser indifferemment de ceux d'Amour, d'Amitié, de Bienveillance, & de Dilection, pourueu que nous y adjoustions le nom de Dieu, comme Amour de Dieu, dilection de Dieu, pour tesmoigner que nous parlons de ceste affection vertueuse, sainte, & surnaturelle, qui a Dieu pour object & derniere fin.

La volonté de N. S. est que nous ayons dilection les vns enuers les autres, semblable à celle qu'il a euë pour nous.

61.   *Mais qu'est-ce qu'aimer?*

C'est vn mot fort communément vsurpé, &

dont la proprieté est neantmoins bien peu cognuë: ce qui se cognoistra par ce que nous déduirons. Il signifie propremēt vouloir le bien. Surquoy nous remarquerons 1. qu'il y a le bien aimé en soy en qualité de bien. 2. qu'il y a le bien que l'on veut pour soy mesme. 3. celuy que l'on veut à vn autre ou pour vn autre.

Cecy est important, prions Dieu qu'il nous imprime ceste cognoissance pour sa gloire: disons luy cōme l'aueugle, Seigneur que ie voye.

62.   *La 1. sorte.*

Aimer le bien en soy, & en general sans l'appliquer ny à soy, ny à vn autre c'est propremēt ce que l'on appelle amour, & c'est vne complaisance qu'a la volonté au regard du Bien. Car le Bien n'est autre chose que ce qui est cōuenable à quelque chose selon sa nature.

Ceste complaisance est naturelle & agreable, mais inutile, & pareille à ces fleurs qui ne font point de fruit : prions Dieu que la terre de nostre cœur porte vn fruit d'amour qui luy soit delectable.

63.   *La 2.*

Aimer le Bien pour nous, c'est Amour de conuoitise, par lequel nous nous voulons quelque sorte de bien, soit honorable, soit vtile, soit delectable.

Il m'est bon d'adherer à *Dieu*, dit Dauid, & de mettre en luy mon Esperance, voyez vous

comme

De la vraye Charité. 273

comme l'Amour d'Esperance, comme Esperance est vn Amour de conuoitise.

64. *La 3.*

Aimer le Bien pour autruy, c'est Amour d'amitié: car le Philosophe (2. *Rhetoric.*) dit qu'aimer quelqu'vn c'est luy vouloir du bien, pour luy, non pour nous: car si nous voulons le bien d'autruy pour nous, c'est nous que nous aimons & non autruy.

Ionathas témoigna bien son Amour d'amitié enuers Dauid, aimant mieux le Royaume d'Israël pour Dauid que pour soy.

65. Quelle difference mettez vous entre l'Amour de Conuoitise, & l'Amour d'amitié?

L'Amour de conuoitise nous fait aimer quelque chose ou quelqu'vn pour le bien & le profit que nous en pretendons. Et l'Amour d'amitié nous fait aimer quelqu'vn pour le bien que nous luy voulons, sans aucune propre ou particuliere pretension pour nous.

Qui ne void qu'autant que le plomb est moindre que l'or, l'Amour de conuoitise est moins estimable que celuy d'amitié.

66. Expliquez vn peu l'Amour d'Amitié.

Si celuy à qui nous voulons du bien l'a desja & le possede, nous nous en resjouïssons, & nous le luy voulons par le contentement de la complaisance que nous auons de l'en voir possesseur,

S

Se resjoüir du bien qu'a nostre prochain est vn témoignage qu'on l'aime d'amour d'amitié : vertu opposée à l'enuie.

67. *S'il n'a pas le bien que nous luy voulons?*

Alors nous le luy desirons, & se forme ainsi l'amour de desir, qui procede de l'Amour d'amitié.

Ainsi les amis de Iob souhaittoient de le reuoir dans ses premieres felicitez & abondances : c'estoit vn vray Amour d'amitié.

68. *Suffit il de le desirer?*

Cette affection est vaine, si pouuant luy faire le bien qu'on luy desire, on n'en vient pas à l'effect.

Si ton prochain est en necessité, dit S. Iacques, (2.) & que tu luy dises, sois à ton ayse, sans luy rendre aucune autre assistance, dequoy luy seruira cela? Il faut, dit S. Iean, aimer nõ de langue & de parole, mais d'oeuure & en verité, qui void son frere en necessité, & luy ferme les entrailles de la misericorde, peut il dire qu'il a la Charité?

69. *Il poursuit.*

Celuy qui ne peut faire à celuy qu'il aime le bien qu'il luy desire, ne se contente pas encor de le luy souhaitter, mais il procure autant qu'il peut que ce bien luy soit fait par celuy qui a le pouuoir de le faire : remuant toute pierre pour reduire son affection en effect.

De la vraye Charité. 275

La preuue de la vraye dilection, c'est l'exhibition de l'œuure, dit S. Grégoire.

70. *Quels sont les degrez de l'amour d'amitié?*

Le 1. est d'aimer simplement l'amy sans le preferer aux autres, & ceste dilection est vn Amour de simple amitié.

Ayez paix auec vn chaqu'vn, & le Dieu de paix sera auec vous.

71. Le 2.

Si nous le preferons peu ou beaucoup, selon le plus ou le moins, cét Amour d'amitié se nômera dilection, de grande ou moindre excellence. Mais si elle est souueraine & incomparable, elle s'appellera dilection sureminente, laquelle n'appartient qu'à la Charité.

Laquelle S. Paul (*1. Cor. 12.*) nomme la plus excellente voye.

72. *La Charité est donc vn Amour d'amitié?*

Il est ainsi; & par consequent c'est vn Amour de Dieu, non de conuoitise ny interessé, par lequel, comme dit S. Thomas, nous aimons Dieu pour l'amour de luy mesme, sans pretendre que de cét Amour il nous reuienne aucun profit particulier.

La Charité, dit l'Apostre, ne cherche point son interest propre, mais celuy de Dieu.

73. *Quel bien pouuons nous vouloir à Dieu?*

Celuy mesme qu'il a, nous resjoüissant de ce qu'il est, ce qu'il est, c'est à dire l'Estre des

S ij

Estres, celuy qui est seul par luy mesme, de qui, par qui, en qui, pour qui sont tous les autres Estres. Celuy qui est Eternel, Infini, Increé, tout parfait, à qui rien ne manque, content, plein, satisfait de sa propre Beatitude, bref de ce qu'il est tel qu'il est plus grand que nos cœurs, & au delà de tous les souhaits.

Le Seigneur nostre Dieu est grand, & grande sa vertu, & sa Sagesse est sans nombre.

74. *Cét acte est il fort considerable?*
Les Theologiens tiennent que c'est vn des plus grands que l'Amour de Dieu puisse produire en nos cœurs. Leur raison est qu'en cela nostre volonté est toute conforme à la diuine, par laquelle Dieu veut estre ce qu'il est, & non plus, & ne peut vouloir estre dauantage, il veut son propre bien qui est soy mesme, & toutes choses pour soy, & il se complaist de telle sorte d'estre ce qu'il est, qu'en cela consiste sa Beatitude.

Quel plus grand bien pourrions nous vouloir à Dieu que celuy là mesme qu'il se veut, & qui le rend heureux.

75. *Il poursuit.*
L'Amour d'amitié enuers Dieu ne s'arreste pas là, mais par vn essor nouueau il donne iusques dans l'excés, & par imagination de ce qui est impossible, il nous fait souhaitter que Dieu fust tout ce qu'il est, s'il estoit possible qu'il ne

le fuſt pas.

S. Auguſtin fait cét eſlans ſacré, que ſi Dieu eſtoit Auguſtin, & luy Dieu, il ſe feroit Auguſtin, affin que Dieu fuſt Dieu. Et IESVS par excés d'amour ne s'eſt il pas fait homme par l'Incarnation pour nous rendre des Dieux par participation, & enfans du Tres-haut par adoption?

76. *Mais Dieu n'a que faire de nos biens.*

Il eſt vray que le Bien interieur de Dieu qui eſt luy meſme, eſtant infiny, ne peut eſtre ny augmenté par nos bonnes œuures, ny diminué par nos mauuaiſes, & c'eſt en ce ſens que Dieu n'a que faire de nos biens. Mais Dieu a vn Bien exterieur, c'eſt la gloire exterieure qu'il veut que toutes les Creatures luy rendent. Or ce Bien eſtant finy & creé peut eſtre augmenté par nos vertus viues, ou diminué par nos pechez.

C'eſt ce que toute l'Eſcriture nous enſeigne, quand elle nous dit que les bons glorifient & magnifient Dieu, & que les mauuais le deshonorent.

77. *Dieu deſire t'il cette gloire exterieure?*

Toutes les ſainctes pages ſont remplies des teſmoignages de ce deſir, tout arbre qui ne portera point ce fruit ſera taillé, & jetté au feu, tout homme qui inuoque mon nom, dit Dieu en Iſaye, ie l'ay creé pour ma gloire, fait pour

S iij

ma gloire, formé pour ma gloire.

Qu'ai-je pû faire à ma vigne que ie n'aye fait, j'ay attendu qu'elle me donnaſt des raiſins, & elle ne m'a produit que des ronces.

78. *Dieu eſt il donc neceßiteux?*

Nullement en ſoy, eſtant Infiny, & comblé de tout bien : & ſa Gloire Interieure qui eſt luy meſme n'a que faire de rien. Il parle neantmoins cõme tel en beaucoup de lieux de l'Eſcriture ſe plaignant que nul ne le recherche, que tous l'abandonnent, que nul ne fait du bien pour luy, qu'il n'eſt pas ſeruy, honoré, adoré, loüé, & que les voyes de Syon pleurent nul ne venant à ſes ſolemnitez.

Tout cela ſe doit entendre de ſa gloire exterieure laquelle eſtant à Dieu, & non pas Dieu meſme, eſtant vn Bien creé & finy, peut receuoir augmentation ou diminution par nos bonnes œuures ou par nos offenſes.

79. *Y a t'il Amour de Dieu enuers l'homme?*

L'Eſcriture ne crie autre choſe. Il aime tout ce qui eſt, & il ne haït rien de tout ce qu'il a fait. Ie t'ay aimé d'vne Charité perpetuelle. I. C. m'a aimé, dit S. Paul, & s'eſt donné luy meſme pour moy.

Aimons donc Dieu, dit le meſme vaiſſeau d'elite, puis que le premier il nous a preuenus de ſon Amour.

80. *Y a t'il de l'Amour de l'homme*

De la vraye Charité.
enuers Dieu?

Ouï : & il est double, naturel, & surnaturel, le naturel est celuy que nous luy portons, en suitte de la cognoissance que nous auõs de luy par la lumiere naturelle. Le surnaturel celuy que nous luy portons par la cognoissance que nous en dõne la lumiere surnaturelle de la foy.

Ce premier Amour est comme vne nuict à comparaison du second, auquel nous deuons marcher comme en vne lumiere qui nous conduit au beau iour de l'eternité.

8. *Le surnaturel est il de deux sortes?*

Ouï : car nous aimons Dieu surnaturellemẽt d'amour de conuoitise, & d'amour d'amitié, ce premier est en la vertu d'esperance comme Esperance simple, mais ceste cõuoitise est bien reglée, autrement elle ne seroit pas vertu comme elle est & infuse de Dieu. Le secõd Amour n'est qu'en la vertu de Charité.

Esprouuons tout, & nous tenons à ce qui est de meilleur.

82. *Quel est cet Amour d'amitié que nous auons pour Dieu?*

C'est celuy qui nous fait aimer Dieu pour l'amour de luy mesme, c'est à dire à cause de son Infinie Bonté souuerainement aimable en elle mesme, & parce que Dieu est bon en soy & à soy : non entant qu'il nous est bon, & que sa bonté nous est bonne:

S iiij

O Pureté du vray Amour de Dieu, ô Charité veritable, quand seras tu bien cognuë, & bien auant imprimée en nos cœurs:

83 *Y peut il auoir amitié reciproque entre Dieu & l'homme?*

Elle est tres parfaite & accomplie entre Dieu & ceux qui sont en sa grace iustifiante, c'est à dire ceux qui sont iustes & ont la Charité, il le dit luy mesme en diuers lieux de l'Escriture les appelant ses Amis.

Ie ne vous appelleray plus mes seruiteurs, mais mes amis, dit N. S. à ses Apostres, & encores, vous serez mes amis si vous faites tout ce que ie vous commande.

84. *Monstrez cela.*

Parce qu'elle a toutes les qualitez necessaires pour establir vne vraye amitié. La 1. que la Bienveillance soit reciproque. Et qui peut douter que Dieu n'aime ceux qui l'aimét, veu mesme que N. S. a donné sa vie pour nous, lors que nous estions ses ennemis.

I'aime, dit-il, ceux qui m'aiment, & qui m'aimera sera aimé de mon Pere.

85. *La 2.*

La 2. il faut que ceux qui s'entr'aiment sachent leur mutuelle Bienveillance. Or nous ne pouuons ignorer celle que Dieu a enuers nous, puis qu'il nous en donne tant de tesmoignages qu'il faudroit estre aueugle ou prodigieusement ingrat pour ne les cognoistre pas.

Puissions nous dire auec le bon & tres aimant S. Pierre, Seigneur vous sçauez que ie vous aime. Dieu qui void les cœurs & qui sonde les reins & les pensées, à qui rien n'est caché, ne peut ignorer si nous l'aimons, & si nostre cœur est droit deuant le sien.

86. *La 3.*

Nous pouuons si nous le voulons estre en continuel commerce, & communication auec luy par l'oraison, ou appliquant toutes nos actions & intentions à sa gloire, comme luy est tousjours auec nous par le bien fait de la conseruation, par ses inspirations continuelles, par sa perpetuelle assistance, par sa presence, essence, & puissance, & principalement par le tres sainct & tres adorable Mystere de l'Eucaristie.

En quoy il tesmoigne par son amour excessif, la verité de ceste diuine parole, mes delices sont d'estre auec les enfans des hommes.

87. *Excellence de cette amitié.*

Cette reciproque bienveillance de Dieu est telle que comme elle a fait en l'Incarnation, Dieu en la forme & semblance de l'homme; par la Grace, & la Charité, elle fait l'homme à l'Image, & semblance de Dieu.

S. Iean parlant de la Foy viue, c'est à dire animée de l'Amour de Dieu, dit que par elle nous auons le pouuoir d'estre faits enfans de Dieu,

Dauid dit plus, car il appelle les Iustes des Dieux, & les enfans du Tres-haut.

88. *Il poursuit cette excellence.*

Or ceste amitié que nous auons pour Dieu, n'est pas vne simple amitié, mais vne amitié d'election, & dilection, d'incomparable & souueraine excellence, car par elle nous n'aimons rien, non pas nous mesme à l'égal de Dieu, nous ne preferons rien à son Amour, nous l'aimons par dessus toutes choses, & en toutes choses, & toutes choses en luy, pour luy, & selon luy.

Cette amitié sureminente nous fait dire auec S. Michel, qui est comme Dieu?

89. *Il continuë.*

Cette amitié de Charité nous fait aimer Dieu par vne estime de sa bonté si haute & si releuée au dessus de toute autre estime, que les autres Amours ou ne sont pas vrais Amours, à comparaison de cettui-cy, ou s'ils sont vrais Amours, cettui-cy est infiniment plus qu'Amour.

O Seigneur nostre Dieu! nul ne vous est semblable: deuant vous tout ne nous est rien.

90. *La Charité est donc vne vraye amitié?*

Il est ainsi, mais entre Dieu & l'homme, & entre les hommes en Dieu, & pour Dieu, car toute amitié qui ne se termine point en Dieu, ne peut porter le nom de Charité.

De la vraye Charité. 283

De-là vient que S. Paul pour témoigner sa Charité enuers ses prochains, dit qu'il les aime dans les entrailles de I. C. c'est à dire en Dieu, pour Dieu, & selon Dieu.

91. Comme se pratique cette amitié entre Dieu & l'homme?

Dieu Autheur de tous biens, non seulement veut tout bien à l'homme, mais en le voulant il le luy fait, d'autant que la volonté de Dieu porte son effect auec soy.

C'est pourquoy le Psalmiste appelle la bonne volonté de Dieu enuers luy, la couronne, & son bouclier, c'est à dire la source de tout son bonheur.

91. Mais quel bien peut faire l'homme à Dieu?

Dieu l'ayant creé & libre, & capable auec sa grace de faire des œuures meritoires, il peut augmenter la gloire exterieure de Dieu, & en soy & en autruy, dressant toutes ses actions à l'honneur de Dieu, & procurant selon son pouuoir que tous les autres le seruent & le glorifient.

Benissez mon ame le Seigneur, & que tout ce qui est en moy loüe son sainct nom. A cela vise tout le Cantique de la Saincte Vierge, celuy des trois enfans qu'ils chanterent dans la fournaise, & tant de Pseaumes de Dauid, ausquels il inuite toutes les creatures à magnifier Dieu auec luy.

92. *Quels biens peut faire l'homme à vn autre homme par Charité?*

Tous ceux qui ne repugnent point au seruice de Dieu, & qui peuuent estre rapportez à la Gloire de l'Autheur de tous biens. Parmy leur grand nombre ceux de Misericorde, dont il y en a sept de spirituels, & autant de corporels tiennent vn notable rang.

Freres, dit S. Paul, n'oubliez pas la beneficence enuers tous, principalement enuers les domestiques de la Foy, car telles hosties sont fort agreables à Dieu.

93. *De l'amitié des premiers Chrestiens.*

Elle estoit si grande & si sainte, qu'ils auoient toutes choses communes, comme il se lit au liure des Actes (2. & 4.) & nul d'entr'eux ne disoit ceste chose m'appartient.

Ils estoient mesme en communauté de biens spirituels, selon ce qui est escrit, que les croyans en toute leur multitude n'auoient qu'vn cœur & vne ame.

94. *Ils s'aimoient donc d'vn Amour charitable.*

En doutez vous? selon ce que dit l'Apostre, aimez vous d'vne dilection fraternelle : comme membres l'vn de l'autre, & d'vn mesme corps mystique en I. C. que toutes vos actions se fassent en Charité.

Et ceste mutuelle Bienveillance & Amour d'amitié fondée & enracinée en la Charité, est ceste Charité mesme, que S. Paul appelle le lien de perfection.

95. *L'Amour d'amitié est il tout à fait desinteressé?*

C'est en cela proprement qu'il differe de l'amour de conuoitise, qui est vn amour qui nous porte vers quelque chose pour le profit que nous en attendons où pretendons : quiconque donc aime Dieu de cét amour charitable ne respire que le bien de Dieu pour Dieu, sans pretendre rien pour soy. (S. *Tho.* 2. 2. *q.* 23. *a.* 6.)

Le vray Amour de Dieu n'est point mercenaire, ny attaché en derniere fin à la recompense.

96. *Il ne laisse pas pourtant d'estre recompensé.*

Et il l'est d'autant plus, dit S. Chrysostome, & aprés luy S. Bernard, que moins il tend vers la recompense, car le Dieu de verité, qui ne peut ny tromper, ny mentir, s'est volontairement engagé par sa promesse, de recompenser du centuple en ce monde, & de la vie eternelle en l'autre, quiconque estant en sa grace, fera quelque bonne œuure pour son nom, c'est à dire pour son honneur & pour sa gloire.

Pour vous, Seigneur, nous sommes mortifiez tout le iour, & tenus pour des moutons que l'on meine à la boucherie : cela c' soufrir purement pour l'Amour.

97. Mais n'est-ce pas aimer Dieu, que de faire le bien pour auoir ce centuple, & cette vie Eternelle qui est promise?

Elle est promise à ceux qui feront le bien par le motif de l'Amour de Dieu en derniere fin, non par celuy de la recompense sinon en fin prochaine, & rapportée à la derniere, & c'est icy vn écueil auquel eschoüent beaucoup de Barques.

O Dieu vous estes bon, ie vous supplie par vostre bonté de m'enseigner vos iustifications.

98. Il s'explique par vne similitude.

Quelques Archers proposent vn prix à qui donnera dans le blanc, ce prix sera, par exemple, vn bassin d'argent. L'archer qui viseroit au bassin & l'attaindroit, ne l'auroit pas pour cela, car il n'est pas pour celuy qui touchera le bassin : mais pour celuy qui donnera dans le blanc. La recompense du centuple, & de la vie eternelle, n'est pas promise à celuy qui fera vne bonne œuure, seulement pour auoir ce centuple, & la vie eternelle : mais à celuy qui la fera pour le nom, c'est à dire pour l'Amour, & la gloire de Dieu.

Que le Sage a prudemment dit, que la fascination de la cajollerie offusque la cognoissance du vray & du bien.

99. Il s'eclaircit encore dauantage.

De la vraye Charité. 287

Celuy qui ne fait le bien que dans la seule veuë & par le seul motif de la recompense, est vn mercenaire, qui n'a pour derniere visée que sa propre vtilité, & par consequent il se paye par ses mains, & tire de soy-mesme son propre salaire qui dit merite suppose que l'on fasse quelque chose pour celuy de qui l'on attend quelque recompense, selon ceste maxime des legistes, ie fay pour vous afin que vous fassiez pour moy, ie vous donne afin que vous me donniez.

Qui reçoit le Prophete au nom du Prophete, receura son salaire du Prophete, si au nom de celuy qui l'enuoye, il sera recompensé par celuy qui l'a enuoyé.

100. *Est-ce mal fait de faire le bien dans la veuë de la recompense?*

C'est tousiours bien fait que de faire le bien, en quelque estat que l'on soit, de peché ou de grace, par quelque motif que ce soit, seruile, mercenaire, ou de pur amour. Mais pour rendre vne œuure bonne de sa nature meritoire du Ciel, le seul motif seruile ou mercenaire ne suffiroit pas, il faut que celuy de l'Amour de Dieu y soit joinct, afin qu'elle ait vie, & qu'elle merite l'eternité.

Que personne ne nous seduise par de vaines paroles, disant paix, paix, où il n'y a point de paix, & merite eternel, où il n'y a point de merite eternel : or il n'y a point de merite eternel (qui est le vray merite) que dans la bonne œuure faite en grace, & par le motif de l'Amour de Dieu, ou seul, ou joint aux autres motifs.

101. *Ne peut on pas rapporter à ce Diuin Amour les Motifs seruiles ou mercenaires?*

Ouï : mais la parfaitte Charité met hors de l'ame quelle occupe la seruilité, & la mercenereté selon ceste doctrine de l'Apostre.

Vous n'auez point receu l'esprit seruil des esclaues, mais celuy des enfans adoptifs qui est l'amoureux & filial, auquel vous criez Abba, Pere. Quand le parfait arriue on se dessaisit de ce qui est en partie, c'est à dire moins parfait.

102. *Quel est le propre object de la vertu de Charité?*

C'est la diuine Bonté telle qu'elle est en elle mesme, comme la Beatitude objectiue, c'est à dire comme l'object de la Beatitude de Dieu & des hommes. En quoy nous voyons qu'elle touche la fin finale, & souuerainemēt derniere de toutes les fins, & que nulle vertu non pas mesme Theologale ne peut aller plus haut ny plus outre (*v. S. Tho. 2. 2. q. 23. a. 4.*)

C'est par elle que Dauid disoit qu'il auoit veu la fin de toute consommation, & la consommation de toute fin.

103. *Elle*

103. Elle est donc la plus excellente de toutes les vertus.

Nul n'en peut douter sans renuerser tous les fondemens du Christianisme, car c'est en l'accomplissement du precepte de la Charité que consiste le comble de la Loy & des Prophetes.

Qui aime a accomply la Loy, la dilection en est la plenitude.

104. Quelle est la principale raison de sa preeminence?

C'est celle qu'allegue le Docteur Angelique, disant que la Foy ne regarde Dieu qu'entant que de luy nous prouient la cognoissance du vray, & l'esperance qu'entant qu'il nous est bon, mais la Charité le regarde comme bon en luy mesme & pour luy mesme, nous faisant arrester à luy sans reuenir à nous, c'est à dire à nostre propre recherche (2. 2. q. 23. a. 6.)

La Charité est patiente, douce, elle croit tout, elle espere tout, mais elle a cela de principal sur toutes les autres, qu'elle ne cherche point son propre interest.

105. Vne autre Raison.

C'est qu'elle est l'ame, la vie, & la forme de toutes les autres vertus, soit Morales, soit Theologales, lesquelles sans elle sont mortes, & sans merite (V. S. Tho. 2. 2. q. 23. a. 8. & q. 24. a. 11.)

Ce que S. Paul declare amplement en la 1.

T

ceux de Corinthe (*c. 13.*) monstrant que ny la foy qui fait les miracles, ny l'aumosne de tous ses biens, ny le martyre du feu ne seruent de rien sans la Charité.

106. Il n'y a donc point de vraye vertu sans elle?

C'est l'opinion du Docteur Angelique (2. 2. q. 23. a. 7.) qu'il fonde sur ce qu'elle seule touche la fin derniere, & par elle seule les autres vertus, qui d'elles mesmes n'y peuuent attaindre.

Remarquons soigneusement ceste grande maxime, qu'il n'y a aucune vraye vertu sans la Charité, & qu'en elle seule est le fondement de la perfection Chrestienne, & du salut eternel, ses fondemens sont sur les hautes montagnes de la Foy & de l'Esperance, & Dieu aime les portes de ceste Syon mystique, plus que les tabernacles de Iacob de toutes les autres vertus,

107. Peut on auoir les autres vertus sans la Charité?

Ouï, mais elles seront mortes: mettez toutes les vertus en vne Ame, si la Charité ne les anime & accompagne, tout cét assemblage luy sera inutile.

Qui ne seme & moissonne auec elle, perd son temps & sa peine, qui ne bastit auec elle ne fait que des ruines.

108. *Peut on auoir la Charité sans les autres vertus?*

Non : car aussi tost qu'elle est répanduë en l'ame par le S. Esprit, toutes les autres y sont infuses, j'entends des Morales, car la Foy & l'Esperance viennent en l'ame deuant la Charité pour luy preparer les logis, mais toutes infuses & diuines qu'elles soient, elles sont mortes si la Charité ne les anime.

Mettez la Charité en l'ame tout y sert, ostez la Charité de l'ame, tout s'y perd. Cette Sentence est de S. Augustin.

109. *La Charité dont nous aimons le prochain, est elle differente de celle dont nous aimons Dieu?*

S. Thomas (2. 2. q. 25, a. 1.) dit que c'est la mesme en espece, parce que la raison pour laquelle nous aimons Dieu c'est Dieu mesme, & Dieu mesme est la raison pour laquelle en fin derniere nous aimons le prochain.

Car aimer le prochain d'amour charitable, c'est l'aimer en Dieu, pour Dieu, & selon Dieu: ne le regardant qu'en Dieu, & que Dieu en luy.

110. *Nous pouuons nous aimer nous mesmes par Charité?*

Si nous deuons aimer nostre prochain comme nous mesmes, il est bien raisonnable que nous nous aimions nous mesmes comme le prochain, or nous pouuons aimer le prochain par Charité.

Banniſſez, Seigneur, hors de nos cœurs tout autre Amour de nous meſmes.

111. *Comme faut il faire?*

C'eſt en nous regardant tant en l'ame qu'au corps, comme vne choſe qui appartiét à Dieu, & comme vn temple & vn vaiſſeau qui luy doit eſtre conſacré.

Ne ſçauez vous pas dit l'Apoſtre que vos cœurs & vos corps ſont des temples du S. Eſprit, & des vaſes de ſanctification?

112. *Que deuons nous aimer par Charité?*

Toutes choſes, leſquelles S. Auguſtin au liure de la doctrine Chreſtienne (1. c 23. & 26.) reduit à quatre chefs. Le 1. au deſſus de nous c'eſt Dieu. Le 2. au dedans de nous, c'eſt noſtre ame. Le 3. au deſſous de nous c'eſt noſtre corps. Le 4. à côſté de nous c'eſt noſtre prochain (S. Thô. 2. 2. q. 25 a. 5. & 8.)

Reduiſant les trois derniers chefs à l'honneur du premier, il ſe trouuera que la Charité qui n'a qu'vn œil fort ſimple, ne regarde qu'vne ſeule choſe qui eſt Dieu, & la regarde en toutes choſes, ſur toutes choſes, & quelque fois vniquement ſans toutes choſes. O mon Dieu, vous m'eſtes toutes choſes, diſoit le grand, & Seraphique S. François.

113. *Pouuons nous aimer noſtre corps?*

De la Vraye Charité. 293

Nul ne haït sa propre chair, dit l'Euangile. Quand elle est soumise à l'esprit & sans reuolte elle doit estre conseruée comme vn vaisseau d'honneur mais quand cela se reuolte il la faut traicter comme vn esclaue qui se mutine, & lors mettre en pratique tant d'enseignemens de mortification dont l'Escriture est remplie.

Mortifiez vos membres qui sont sur la terre; portez la mortification de I. C. en vos corps; soyez mortifiez en la chair, & viuifiez en l'esprit; si par l'esprit vous mortifiez les faits de la chair, vous viurez.

114. *Pouuons nous aimer les pecheurs par Charité?*

Oüi leur nature, c'est à dire ce qu'ils sont par nature creatures de Dieu, capables de Penitence, de grace, & de gloire, mais nous deuons haïr leur peché, parce que Dieu le haït (S. *Tho.* 2. 2. q. 25. 4. 6.)

Le fils de Dieu a aimé les pecheurs, car il est venu pour les sauuer, mais il est venu aussi pour destruire le peché. I'ay haï les iniques, dit Dauid, j'ay seché de zele sur les ennemis de Dieu. Ie haïs & abomine l'iniquité.

115. *Pouuons nous auoir de la Charité pour nos ennemis?*

Si nous n'en pouuions auoir, I. C. nous auroit fait vn commandement impossible, & mis sur nous vn joug insuportable. Mais nous ne

T iij

les deuons pas aimer comme ennemis, autrement nous aimerions leur vice, qui déplaift à Dieu, mais comme nos prochains, comme nos freres, comme creatures de Dieu capables de grace & de gloire, comme inftrumens dont Dieu fe fert pour no˚ faire auancer en la vertu.

O Seigneur, difoit le tres doux Dauid, deftournez tout mal de mes ennemis, & faites leur cognoiftre la verité de mon innocence.

116. *La Charité du prochain s'étend elle aux Anges?*

Celuy-là n'en peut douter qui croit la communion des Saincts de l'Eglife Militante & Triomphante, que fi nous aimons les Bienheureux qui font faits comme les Anges de Dieu, pourquoy n'aimerions nous pas ces Efprits celeftes, qui, par le commandement de Dieu nous gardent en toutes nos voyes, de qui nous fçauons que nous fommes aimez d'vne Charité parfaitte, qui nous procurent tant de biens, & qui defirent noftre falut auec tant de zele (S. *Tho.* 2. 2. *q.* 25. 4. 10.)

Nous ferions bien ingrats fi nous ne recognoiffions par vne bienveillance reciproque leurs finceres & faintes affections.

117. *Quel Bien leur pouuons nous faire?*

Nous resjoüir de leur felicité entant qu'elle eft agreable à Dieu, de ce qu'ils font fidelles feruiteurs de la diuine gloire, les beniffant, ho-

De la vraye charité. 295

norant & sur tout aquiesçant à leurs sainctes inspirations.

Et viuant si bien que nous puissions remplir les ruines, & reparer les breches des Anges tresbuschez dans l'abisme, en occupant leurs sieges.

118. *Et les Démons qu'en dittes vous?*

Que la Charité s'estend mesmes iusques à eux en quelque façon, non pas aimant leur extreme malice, & leur sens reprouué que Dieu deteste, mais en les regardant comme creatures de Dieu, & comme executeurs de sa Iustice. Il est vray que nous ne pouuons pas leur desirer l'eternelle felicité, car nous offenseriós la Iustice de Dieu, qui les a destinez à la gesne perpetuelle. (*S. Tho. 2. 2. q. 25. a. 11.*)

Aimons en eux ce que Dieu y a mis, & detestons ce que le peché y a imprimé, separans ainsi le precieux du vil.

119. *Y a t'il ordre en la Charité?*

Il y en a vn, & qui est tellement de son essence, que l'on ne peut troubler ou renuerser cét ordre sans offenser & détruire la Charité, c'est pourquoy il importe fort de le sçauoir & de s'y tenir.

Mon Roy, dit l'Espouse du Cantique, m'a introduite dans son celier à vin, & là il a mis en moy l'ordre de sa Charité.

120. *Quel est cét ordre?*

T iiij

En 1. lieu nous deuons aimer Dieu pour l'amour de luy mesme, & toutes choses en luy, pour luy, & selon luy, l'aimer au dessus de toutes choses, plus que nous mesmes, plus que le prochain, pl⁹ que tout ce qui n'est point Dieu. Nous ne deuons rien aimer plus que Dieu, ne à l'égal de Dieu, car il est vn Dieu jaloux, qui ne veut ny Superieur, ny compagnon. (v. S. Tho. a. 2. q. 26.)

Le lict de nostre cœur est trop étroit, il ne peut tenir l'espoux & l'adultere, le Createur & la creature, le manteau de nostre Amour est trop court pour en couurir deux, nul ne peut seruir à deux Maistres, ny jurer en Dieu & en Melcon, quelle conuenance de la lumiere auec les tenebres de I. C. & de Belial?

121. *La Charité veut elle que nous nous aimions plus que le prochain?*

Ouï, car nous sommes à nous mesmes nostre premier prochain. Et cela se doit entendre quant à l'ame, car nous deuons preferer le salut de l'ame du prochain, à nostre propre corps en cas de necessité. (S. Tho. a. 4. & 5.)

La Charité bien reglée dont nous nous aimons nous mesmes selõ Dieu, doit estre le niueau de celle que nous deuons auoir pour le prochain, & ainsi elle doit preceder, puis que le precepte ne nous oblige d'aimer nostre prochain que comme nous mesmes, non plus que

De la vraye Charité.

nous mesmes.

122. *Mais ne pourrions nous pas preferer le salut du prochain au nostre?*

Non : ouï bien son salut à nostre vie corporelle, car nous pouuons par Charité donner nostre vie pour son salut, non pas nous exposer au peché pour le sauuer.

O Dieu, ny homme, ny Ange, ny creature quelconque ne nous doit iamais separer de vostre Charité.

123. *Y a t'il vn ordre en la Charité du Prochain?*

La Grace ne détruit point la nature, au contraire elle la perfectionne, & Dieu estant autheur de l'vne comme de l'autre, conserue l'vne & l'autre selon leur condition. Il veut donc que nous aimions & estimions dauátage ceux qui nous sont plus proches selon le sang. (S. *Tho.* 2. 2. *q. a.* 6. 7. 8.)

Celuy, dit S. Paul (1. *Timot.* 5.) qui n'a point de soin des siens, ny de ses domestiques, est infidele & pire qu'vn Payen.

124. *Et en la Dilection des proches y a t'il vn ordre?*

S. Thomas (*q. c.* 4. 9. 10. 11.) respond affirmatiuement, & dit que le Pere doit estre plus aimé que la Mere, le Pere & la Mere plus que l'enfant propre, & mesme plus que la femme en quelque façon.

O Dieu qui estes le mesme ordre, faites nous aimer le prochain ordonnément.

125. *Quelle est la plus excellente Charité, celle que nous auons pour nôtre amy, ou pour nostre ennemy?*

La plus excellente Charité c'est la plus feruente, & la plus pure, or en aimant l'amy en Dieu, l'on peut auoir de l'affection pour luy, pour quelque autre motif que pour Dieu, mais c'est pour Dieu seul que nous aimons nostre ennemy. 2. Il faut faire vn plus grand effort à son cœur, pour l'incliner a aimer l'ennemy que l'amy.

Ainsi selon la conjecture, la Charité pour l'ennemy semble plus pure & plus forte, que celle que l'on a pour l'amy : bien que celuy qui aime son amy, aime quelque chose de meilleur, d'autant que l'amitié de l'vn est meilleure que la haine de l'autre. (S. Tho. 2. 2 q. 27. a. 7. Magist. sent. 3 d. 30.)

126. *Quel est le plus meritoire?*

Comme le fondement du merite en est la Charité, c'en est aussi la mesure, quiconque aime pour Dieu dauantage, son amy & son ennemy merite d'auantage.

Mais comme nul ne sçait que par conjecture s'il a la Charité, nul aussi ne sçait si sa Charité est grande ou petite, il n'y a que Dieu lequel sonde les cœurs qui cognoisse parfaitement

De la vraye Charité.

quelle est nôstre Charité. Seigneur vous m'esprouuez & me cognoissez, vous entendez mes pensées de loing, & vous voyez toutes mes voyes.

127. Y a t'il plus de merite à aimer Dieu que le prochain?

Cette demande est ou captieuse ou inutile, car la vraye charité ne separe iamais l'vn de l'autre quiconque aime Dieu, aime aussi son prochain qui est l'image & la creature de Dieu, & celuy dit S. Iean qui n'aime pas son frere qu'il void, comment aimera t'il Dieu qu'il ne voit pas. Quiconque se dit aimer Dieu, & n'aime pas son frere, est menteur, & la verité n'est point en luy.

La deffinition de la Charité monstre leur inseparabilité, car cette vertu nous fait aimer Dieu pour l'amour de luy mesme, nous & le prochain pour l'Amour de Dieu. C'est là le bouclier de la Minerue de Phidias, ostez en vne maille vous gastez tout l'ouurage.

128. Quels sont les degrez de la Charité?

Les principaux sont trois, le 1. est des commençans, le 2. des profitans, le 3. des auancez, S. Thomas (*q. 24. a. 9.* les tire de S. Augustin qui dit ainsi : La Charité estant creée se nourrit, ce qui appartient aux commençans, estant nourrie elle se renforce, ce qui regarde les profitans, estant fortifiée elle se perfectionne, ce qui concerne les auancez.

O Seigneur faites nous sçauoir quelle est voſtre volonté bonne, agreable & parfaite.

129. *Quel eſt celuy des Commençans ?*

C'eſt de ceux qui ſont entrez en la grace, mais qui ont beaucoup de difficulté à ſurmonter les tentations & les vices, à dompter leurs paſſions, & à pratiquer les vertus.

Gueriſſez moy Seigneur car ie ſuis infirme, ſoyez noſtre aide dans les difficultez.

130. *Celuy des Profitans.*

Ce ſont ceux qui ſurmontent les tentations & les vices, moderent leurs paſſions, & s'exercent en la vertu auec plus de facilité.

Deuant eux les montagnes s'applaniſſent, & les chemins rabotteux ſe font doux & aiſez.

131. *Celuy des Auancez.*

Ce ſont ceux qui ſurmontent les tentations & les vices, & temperent leurs paſſions auec ioye & allegreſſe, & font les actes des vertus auec contentement.

Ceux-là joüiſſent du ſalutaire de Dieu, & ſont confirmez de ſon eſprit principal : & peuuent dire auec Dauid qu'ils cheminent au large, & que les commandemens de Dieu ne ſont que trop larges pour eux, que leur joug eſt ſuaue, & leur poids fort leger.

132. *Peut on attaindre à la perfection de la Charité en cette vie ?*

De la vraye Charité. 301

Nous n'aimerons iamais Dieu en ceste vie ny en l'autre, autant qu'il est aimable, c'est à dire infiniemét, il n'appartient qu'à Dieu seul de s'aimer de cette façó. Nous ne pouuós l'aimer en cette vie par acte continuel, cela est reserué aux Bien heureux, dont la felicité consiste en l'acte de cognoissance & d'amour de Dieu continuel & iamais interrompu. Mais nous le pouuons aimer par vne habitude continuelle, & par les plus frequens actes que peut souffrir la foiblesse de ceste vie.

Ceux qui aiment Dieu plus frequemment, plus feruemment, plus purement en ceste vie, sont les plus parfaits : car toute la perfection chrestienne consiste au diuin Amour.

133. *Pouuons nous dés cette vie aimer Dieu immediatement?*

La Foy ne fait pas que nostre entendement touche immediatement son object qui est la premiere verité, d'autant que la cognoissance qu'elle nous donne (quoy que tres certaine) n'est que par miroir & par enigme. L'Esperance ne regarde la Souueraine Bonté que comme future, & à laquelle nous tendons & aspirons, mais la Charité qui ne deffaut iamais entre dans l'interieur du voile, & applique immediatement dés cette vie nostre volonté à la Souerainte Bonté, considerée comme telle en elle mesme. Elle est comme le Grand Prestre de l'ancienne, qui seul auoit droit d'entrer dans le Sainct des Saincts.

Elle nous fait dire auec l'Espouse, ie le tiens, & ne le quitteray point.

133. *Pouuons nous aimer Dieu totalement?*

Quiconque void Dieu le void Tout, car c'est vn Tout qui n'a point de parties, mais il n'y a que luy mesme qui se voye totalement, & tout autant qu'il peut estre veu, c'est à dire infiniment, parce qu'il a vne capacité infinie. Il n'y a que luy seul en ce sens qui s'aime totalement c'est à dire infiniment. Nous pouuons neantmoins l'aimer totalement selon nostre totalité, c'est à dire selon nostre portée, & aussi aimant tout ce qui le regarde, & adherant à toutes ses volontez.

Aux saincts qui sont en sa terre, c'est à dire en sa grace, Dieu a magnifié toutes ses volontez. (S. Tho. 2. 2. q. 27. a 5.)

134. *Pourquoy dit on qu'en cette vie la Charité peut tousjours croistre iusques à l'infiny?*

Parce qu'elle n'a point de bornes ny de limites de son accroissement, d'autant que son object estant infiny elle seroit capable de deuenir infinie, si elle rencontroit vn cœur capable d'infinité, rien n'empeschant cét amour d'estre infiny, que la condition de la volonté qui le reçoit, par laquelle il doit agir. Condi-

De la vraye Charité. 303

tion à raison de laquelle, comme personne ne verra iamais Dieu, autant qu'il est visible, aussi nul ne le pourra aimer autant qu'il est aimable.

Le cœur qui pourroit aimer Dieu d'vn amour égal à la diuine bonté, auroit vne volonté infiniment bonne, & cela ne peut estre qu'en Dieu seul.

136.   *Il poursuit ce beau sujet.*

La Charité donc peut estre entre nous perfectionnée iusques à l'infini, mais exclusiuement, c'est à dire la Charité peut estre renduë tousjours plus excellente, mais non pas que iamais elle puisse estre infinie. L'Esprit de Dieu peut esleuer le nostre, & l'appliquer à toutes les actions surnaturelles qu'il luy plaist, tandis qu'elles ne sont pas infinies, d'autant qu'entre les choses petites & les grandes, pour excessiues qu'elles soient, il y a tousjours quelque sorte de proportion, pourueu que l'exces des excessiues ne soit pas infiny.

O Seigneur entre le finy & l'infiny il n'y a nulle proportion, & pour y en mettre il faudroit, ou reueler le finy & le rendre infiny, ou raualer l'infiny & le rendre finy, ce qui ne peut estre. C'est vous seul ô Dieu qui estes grand, Immense, Infiny, Tres haut.

137.   *Exemple notable.*

De sorte que la Charité mesme qui est en I. C. entant qu'il est homme, quoy qu'elle soit au dessus de tout ce que les Anges & les hommes peuuent comprendre, si est-ce qu'elle n'est pas infinie en son estre, & d'elle mesme, mais seulement en l'estime de sa dignité & de son merite, parce qu'elle est la Charité d'vne personne diuine; qui est le Fils Eternel du Pere Tout puissant. (*v. S. Tho. 2. 2. q. 27. a. 6.*)

Hé! quelle faueur extreme pour nos ames qu'elles puissent croistre de plus en plus & sans fin en l'amour de Dieu, tandis qu'elles sont attachées à nos corps en cette mortelle vie, allans de vertu en vertu vers le Dieu des Dieux qui demeure dans la celeste Syon.

138. *A quoy peut on cognoistre si l'on a la Charité?*

Nul ne sçait, dit le Sage (*Eccles. 9.*) s'il est digne d'amour ou de haine, & nous n'en auons aucune certitude de foy, ny de science, Neantmoins on le peut cognoistre en deux façons. La 1. par speciale reuelation, faueur que Dieu a faite à quelques saints! La 2. par des signes ou conjectures probables. (*v. S. Thom. 12. q. 112. a. 5.*)

C'est vne temerité de souhaitter la 1. & c'est s'exposer à beaucoup d'illusions & tromperies, & il faut considerer la 2. auec beaucoup de crainte & d'humilité.

139. *Dittes encor quels sont ces signes?*

J'en marqueray quelques vns, le 1. & le plus
certain

certain est, quand nous ne nous sentons coupables d'aucun peché mortel.

Si nostre cœur ne nous reprend point, dit S. Iean, nous deuons auoir confiance d'estre en la grace de Dieu.

140. Le 2.

N'auoir aucune volonté, ny tacite, ny expresse de consentir au peché capital.

Fuyez deuant le peché comme deuant le Serpent, car la solde du peché c'est la mort.

141. Le 3.

Le mespris des choses creées, car comme elles seruent de chaussetrapes & de pieges aux pieds c'est à dire aux affections des imprudens, quiconque les méprise n'a garde de tomber en leurs lacqs.

Mes yeux sont tousjours au Seigneur, le priant de retirer mes pieds des lacqs & des surprises.

142. Le 4.

Penser volontiers & auec affection à Dieu, & aux choses qui regardent son honneur & sa gloire, penser souuent à la Sagesse, c'est vne marque de consommation, c'est à dire de perfection (*Sap. 6.*) or la perfection consiste en la Charité.

Où est l'Amour, là est l'œil, dit le Prouerbe, & en l'Euangile, il est dit que nostre cœur est où est nostre tresor. (*Math. 6.*)

V

143.   Le 5.

Escouter volontiers & de bon cœur la parole de Dieu, & prester l'oreille aux entretiens qui regardent sa gloire. Qui escoute ma parole, & la garde, dit N. S. en l'Euangile, celuy là m'aime, vne des marques du grand Amour de la Magdeleine enuers N. S. c'est celle-cy, qu'elle estoit ordinairement assise à ses pieds escoutant sa parole, & la conseruant soigneusement en sa memoire & en son cœur.

Celuy qui est de Dieu, entend volontiers la parole de Dieu.

144.   Le 6.

Parler souuent de Dieu, mais tousjours auec respect & reuerence, comme il est bien seant quand on traicte d'vn si excellent sujet. Car, comme dit le Pere à la bouche d'or, c'est le propre des Amants de parler frequemment de ce qu'ils aiment, ils n'ont point de plus agreable entretien.

De l'abondance du cœur la bouche parle, dit le texte diuin.

145.   Le 7.

Donner librement & joyeusement l'aumosne pour l'honneur de Dieu, & parce qu'il est glorifié par cette action qui luy plaist. Dieu aime celuy qui donne joyeusement pour sa consideration, ce que vous ferez au moindre des necessiteux en mon nom, dit-il, ie le tiens comme donné à moy-mesme, j'ay eu faim & vous m'auez donné à manger. &c.

Si l'homme donne toute la substance de ses biens pour la dilection, il estimera n'auoir rien fait, qui void son frere en necessité & ne l'assiste pas comme il peut, comment la Charité de Dieu est elle en luy? Il a dispersé & donné aux pauures, dit le Psalmiste, à raison dequoy, sa Iustice demeurera au siecle des siecles, & sa corne sera releuée en gloire.

146   Le 8.

Souffrir allegrement & de bon cœur pour Dieu. C'est icy vn excellent signe, & comme le creuset & la coupelle où s'espreuue le vray or: combien souffrit Iacob pour l'Amour de Rachel: en aurons nous moins pour le Createur? Heureux celuy qui souffre pour Dieu, car estant esprouué, il en remportera la couronne de vie.

Vous estes heureux, disoit S. Paul aux fideles, non seulement de croire en I. C. mais de souffrir quelque chose pour luy. Ou patir ou mourir, c'estoit la deuise de la grande seruante de I. C. Saincte Terese.

147.   Le 9.

Garder les Commandemens de Dieu. En cela dit S. Iean, (5.) nous cognoissons que nous auons la Charité, si nous gardons ses Commandemens: Si tu veux entrer au Ciel (or il
V ij

n'y a point d'accés sans la robe nuptiale de la Charité) garde mes commandemens, dit N. S. au jeune homme.

Et à ses Disciples, Si vous m'aimez gardez mes commandemens. Au contraire quiconque viole la Loy de Dieu, & se dit auoir la Charité, se seduit soy-mesme, est vn menteur, & la verité n'est point en luy.

148.   Le 10.

C'est lors que nous aimons ce qui plaist à Dieu, c'est à dire les Bons & les Bonnes œuures. Et lors que nous haïssons ce qu'il haït, sçauoir les meschans comme meschans, & les œuures de tenebres, c'est à dire mauuaises.

Au premier nous sommes excitez par l'exemple de I. C qui appelle son Pere, Mere, Frere, Sœur, celuy qui fait la volonté de son Pere : au second par l'exemple de Dauid, qui se dit haïr l'inique & l'iniquité d'vne haine parfaite.

149.   Le 11.

Honorer les Superieurs qui sont les viuantes Images de la Puissance & Authorité de Dieu, que par eux il exerce sur nous. Reuerer ses seruiteurs & ceux qui nous parlent de sa part, comme ses truchemés & Ambassadeurs.

Dont Dieu a dit, Qui vous écoute m'écoute, qui vous méprise me méprise. Ce qu'il fit paroistre aux exemplaires chastimens de

De la vraye Charité.

Coré & de ses complices.

150. *Le 12.*

Vne grande promptitude & facilité à faire de bonnes œuures en grace, pour en augmenter la gloire exterieure de Dieu. L'Amour est vn feu fort actif, par tout où est le vray amour, là est la bonne operation.

La grace du S. Esprit, dit S. Ambroise, ignore les delais : & Dieu vomit les tiedes, & maudit ceux qui font les choses de son seruice auec negligence & lascheté coupable.

151. *Le 13.*

Detester le peché entant qu'il offense Dieu, par dessus tout ce qui est detestable, & redouter incomparablement plus le mal de coulpe que celuy de peine.

Ouï Seigneur, ie veux plus redouter celuy là que celui-cy, pource qu'il touche vostre interest, & cestui-cy ne regarde que le mien, qui est infiniment moins considerable que le vostre.

152. *Le 14.*

Puis que le peché est vne chose ditte, faite, ou pensée contre la Loy de Dieu, quiconque ne veut rien de contraire à la volonté de Dieu, a vne puissante conjecture d'estre en sa grace.

Heureux l'homme qui a mis toute sa volonté en la Loy de Dieu, & qui y medite la nuict & le iour.

V iij

153.   Le 15.

Tout pecheur prefere la creature au Createur, puis que tout vice est vne auersion du Createur, & vn retour vers la Creature. Mais qui n'estime rien plus que Dieu ny à l'égal de Dieu, est bien esloigné de ceste preference, & par consequent dans vne grande probabilité d'estre en la grace de Dieu.

Que veux-je au Ciel & en la terre sinon vous, ô le Dieu de mon cœur, & la part de mon heritage pour iamais, ma portion, Seigneur, c'est de garder vostre Loy.

154.   Le 16.

Auoir de Dieu vne haute & incomparable estime, & estime non seulement affectiue, ce qui est bon, & toutefois assez inutile, mais effectiue, c'est à dire qui nous porte à entreprendre pour luy de grandes choses, soit en fuyant le vice, soit en pratiquant la vertu.

O Dieu pour les paroles de vos lévres, i'ay gardé des obseruances étroittes, & marché par des chemins bien aspres.

155.   Le 17.

Preferer l'interest de Dieu au nostre en toutes choses. C'est là vne grande marque d'Amour de Dieu.

La raison est que l'ame de l'amant, est plus où elle aime, qu'où elle anime, & a beaucoup plus d'égard au bien de l'aimé, que de l'amant,

156 Le 18.

Mais, à mon auis, il me semble que la plus expresse marque d'vne Charité parfaite & cōsommée, c'est lors qu'en toutes nos actions bonnes & indifferentes & en la fuite des mauuaises, nous n'auons aucun égard à nostre interest propre, mais à celuy de Dieu seul qui n'est autre que sa gloire.

L'Apostre nous apprenant, que la vraye Charité ne cherche point ses propres auantages.

157. *Quelle est la plus parfaite Charité?*

C'est celle que nous venons de dire, qui est la plus espurée de tout interest propre, comme la flamme la plus pure, est celle qui est plus esloignée de la matiere, telle qu'est celle qui est en la sphere du feu.

Telle estoit la Charité de ce diuin Apostre qui disoit, ie ne vis plus moy, mais c'est I. C. qui vit en moy.

158. *La plus pure est donc la plus vraye.*

Le vin meslé d'eau ne laisse pas d'estre vray vin, mais il n'est pas pur : la Charité qui mesle nostre interest auec celuy de Dieu, pourueu qu'elle raporte celuy-là à celui-cy en fin derniere, ne laisse pas d'estre vraye Charité, mais elle n'est pas vrayment pure.

Combien y en a t'il à qui conuient cette reproche d'vn Prophete, Ton argent est plein

V iiij

d'escume, & ton vin est affoibly par le meslange de l'eau.

159. *Aquoy peut on cognoistre cette pureté?*

L'interest de Dieu est la pierre de touche
qui discerne le vray du bas or, & c'est le Soleil
qui distingue l'aiglon legitime de celuy qui
degenere.

Tous, dit l'Apostre, cherchent leurs interests, non celuy de I. C.

160. *Allegorie.*

Salomon recognut la vraye Mere, lors qu'il
eust dit que l'enfant fut divisé, car la fausse ac-
quiesça à son iugement. Ceux qui veulent
partager leur cœur vnique entre l'interest de
Dieu & le leur propre, tesmoignent ou qu'ils
n'ont point de Charité, ou que s'ils en ont elle est bien foible, & peu pure.

O Dieu ie vous veux confesser, c'est à dire
loüer & aimer de tout mon cœur, ie ne veux
point vous donner de riual en cét Amour. Ie
suis tout de vous & à vous, ie dois estre tout
pour vous.

161. *Vne autre.*

L'Espoux sacré dit à son Amante en son epi-
thalame, que si elle s'ignore, c'est à dire si elle
ne sçait pas la fin pour laquelle elle a esté creée,
qui n'est autre que pour seruir à la Gloire du
Createur, qu'elle s'en aille aprés ses trou-
peaux, c'est à dire aprés ses propres interests.

De la vraye Charité. 313

Dieu regarde du haut des Cieux si quelqu'vn a attention à luy & à le rechercher, il a veu que tous declinent & se rendent inutiles à son seruice, nul ne faisant le bien comme il faut, c'est à dire pour la gloire de Dieu, mais pour son interest propre.

162. *D'où procede qu'il y a si peu de vraye Charité?*

S. Paul attribue cette faute aux vices qui doiuent faire vne espece d'inondation sur les dernieres siecles, & la Charité se refroidir en plusieurs, car il est certain que la Sagesse, c'est à dire le vray Amour de Dieu, n'habite point en vne ame maligne, ny dans vn corps sujet au vice, & auquel regne le peché.

Le peché à mort & la Charité sont incompatibles, comme la lumiere & les tenebres, qui n'est point en la dilection est en la mort, & par la vraye dilection nous sommes transportez de la mort à la vie.

163. *N'y a t'il point quelqu'autre raison?*

Voicy vne cause plus specieuse, & qui en trompe plusieurs qui se tiennent pour bien deuots & fort spirituels. C'est l'Amour de conuoitise, & de conuoitise surnaturelle qui se trouue en l'esperance, lequel contrefait si accortement l'Amour d'amitié, & d'amitié surnaturelle qui ne se rencontre qu'en la Charité, que beaucoup prennent icy Lia pour Rachel, & vne statuë pour Dauid.

Prions Dieu qu'il fasse tomber cette écaille de nos yeux, & qu'il nous enseigne ceste difference, O Dieu monstrez moy la bonté, la discipline, & la science de vos voyes, car i'ay donné ma creance à vos commandemens.

164. *Expliquez vous plus clairement.*

L'Amour imparfait que nous exerçons enuers Dieu par la vertu d'Esperance comme telle, c'est à dire sans estre animée de Charité, est vrayment vn Amour de conuoitise, par lequel nous allons à nous, mais nous reuenons à nous, nous tendons à Dieu, mais parce que nous en pretendons quelque bien, nous auons nostre regard vers sa bonté, mais par esgard à nostre vtilité.

D'autant que nous ne nous portons pas vers Dieu par cest Amour, parce qu'il est souuerainement bon en soy mesme & à soy mesme, mais parce qu'il est souuerainement bon enuers nous-mesmes & en nous-mesmes, où vo⁹ voyez que le nous & le nostre tesmoignent vn Amour interessé.

165. *C'est donc vn Amour propre?*

Nullement, car ce seroit vn vice au lieu d'vne vertu Theologale, & infuse de Dieu. Il fait donc que nous aimons Dieu pour la satisfactiõ que nous en attendons, mais non pas seulemẽt pour l'Amour de no⁹, en excluant son Amour

De la vraye Charité.

& son interest (car ceste exclusion seroit vn peché).

Car l'Ame, dit vn S. Prelat de nos jours, qui n'aimeroit Dieu que pour l'amour d'elle mesme, establissant la fin de l'amour qu'elle porte à Dieu en sa propre commodité, elle commettroit vn extreme sacrilege.

166. *Autre Induction.*

Il y a bien à dire entre ces deux propositiós: La 1. j'ayme Dieu pour le bien que j'en attéds, & la 2. ie n'ayme Dieu que pour le bien que j'en attends. La 1. est bonne & sainte, & exprimée en tant de lieux de l'Escriture, I'ay incliné mon cœur vers la retribution: me reste la couronne de Iustice: Mon bien aimé est à moy & ie suis à luy: & semblables. La 2. est mauuaise, car elle rend l'amour que nous portons à Dieu subalterne au nostre propre, & met en nous la fin derniere pour laquelle nous aimons Dieu, ce que le mesme S. Personnage appelle vne impieté nompareille.

O Dieu preseruez nous de ce déreglement qui met les tenebres en la place de la lumiere, & qui viole tout l'ordre de la nature & de la grace.

167. *Quelle est doncques cette conuoitise de l'amour d'esperance?*

C'est vne sainte & bien ordonnée conuoitise, par laquelle nous ne tirons pas Dieu à nous, ny à noſtre vtilité, mais nous nous joignons à luy, comme à noſtre felicité derniere.

Nous voulons eſtre de ſon appartenance & dépendance, non pas qu'il ſoit de la noſtre.

168 *Mais nous nous aimons auec luy?*

Il eſt ainſi : non toutefois nous preferant ou égalant à luy (car ce ſeroit vn grand peché, pareil à celuy que commit cét Ange rebelle, qui diſoit, ie ſeray ſemblable au Tres-haut) mais nous ſoumettant & aſſujetiſſant à luy. Nous voulós eſtre à luy, ſes ſujets, ſes creatures, ſon peuple, & les oüailles de ſa bergerie, ſes enfans, ſes ſeruiteurs, ſes eſclaues, les meubles de ſa maiſon, ſa poſſeſſion, ſon heritage.

O Seigneur, ie ſuis voſtre ſerf, & le fils de voſtre ſeruante : receuez moy ſelon voſtre parole, & ie viuray, & ne me confondez pas de mon attente.

169. *Nous pouuons aimer conjointement auec Dieu?*

En l'Eſperance noſtre Amour eſt meſlé auec celuy de Dieu, mais celui cy ſurnage, le noſtre y entre comme ſimple motif, mais celuy de Dieu comme fin principale. Noſtre intereſt y a quelque lieu, mais celuy de Dieu y eſt au premier rang.

Nous ne faiſons pas mal de nous aimer nous meſmes, pourueu que ce ſoit ſans preiudice de la preeminence de l'Amour que nous deuons à Dieu.

170. Mais aimans Dieu comme nostre Souuerain Bien, n'est-ce pas pour nous que nous l'aimons?

L'aimans de la sorte, mais l'aimons pour vne qualité par laquelle nous ne le rapportōs pas à nous, mais nous à luy, nous ne sōmes pas sa fin, sa pretension, sa perfectiō, mais il est la nostre, il ne nous appartient pas, mais nous luy appartenons, il ne dépend pas de nous, mais nous de luy, nous ne l'assujetissons pas à nous, mais nous à luy.

Nous nous mettons entre ses mains comme la boüe en celle du potier, mais nous le supplions de nous faire misericorde, & attendons de sa bōté qu'il nous fasse des vaisseaux d'honneur, & non d'eternelle contumelie.

171.   Il poursuit.

Somme aimans Dieu par l'Amour d'Esperance comme estant nostre Souuerain Bien, nous l'aimons en tiltre respectueux & honorable, par lequel nous l'auoüons estre nostre perfection, nostre repos, & nostre fin, en la joüissance de laquelle consiste le comble de nostre bonheur.

O Seigneur tous mes desirs seront accomplis & mes esperances rassasiées, quand vostre gloire m'apparoistra. Monstrez nous vostre visage & nous voila sauuez.

172. *Mais tousjours nous y regardons Dieu comme nostre Dieu?*

Il est vray que la raison par laquelle nous aimons Dieu en l'Esperance, c'est à dire pour laquelle nous appliquons nostre cœur au Bien que nous conuoitons, c'est parce qu'il est nostre bien. Mais pourtant nous ne prenons pas l'ascendāt sur ce Bien souuerain, comme nous faisons sur les autres biens qui nous sont inferieurs, lesquels nous rapportons à nostre seule vtilité.

Nous y aimons Dieu comme Superieur en toutes façons, auquel nous desirons appartenir, & duquel nous desirons absolument dépendre, à cause qu'il nous est bon d'estre en ceste dépendance.

173. *Nous aimons aussi Dieu souuerainement par l'Esperance.*

Ouï; parce que nous l'aimons en qualité de Bien Souuerain: & comme pourroit on aimer le Souuerain Bien sinon Souuerainement, c'est à dire comme le premier de tous les biens, par vne estime & vne preference incomparables.

O qu'il m'est bon, disoit Dauid, d'adherer à Dieu, & de mettre en luy mon esperance!

174. *N'aime t'on pas aussi Dieu souuerainement en la Charité?*

Non seulement on l'aime souuerainement, mais qui plus est du souuerain Amour, lequel

De la vraye Charité.

est dans la seule Charité, & non dans l'Esperance, parce qu'on ne l'aime pas comme Souuerain Bien en nous & pour nous, mais comme Souuerain Bien en luy & pour luy, sans aucun égard à nostre propre vtilité.

Ce qui nous enseigne que l'Amour d'Esperance ne regarde la Souueraine Bôté de Dieu que comme estant telle enuers nous, mais l'Amour d'amitié qui est en la Charité n'a esgard à ceste Bonté Souueraine qu'entât qu'elle est telle en elle mesme, non entant qu'elle nous est telle.

175. *D'où vient donc que tant de gens prennent vn Amour pour l'autre, & l'imparfait pour le parfait?*

Pour deux causes principales: la 1. parce que l'Amour d'Esperance quoy que de conuoitise, est pourtant d'vne conuoitise surnaturelle & bien reglée, par laquelle nous nous rapportons à Dieu, & non Dieu à nous : & ce rapport de soy à Dieu, est pris par plusieurs, qui ne cognoissent pas le change pour vn vray Amour de Charité, qui est vn Amour d'amitié, non de conuoitise.

Ie suis à vous Seigneur sauuez moy, car j'ay recherché vos iustifications.

176. *Enquoy consiste la difference?*

En ce que l'Amour d'Esperance nous rapporte bien à Dieu, mais c'est pour nostre bien, parce que cela nous est bon, en vn mot parce que c'est nostre propre interest, en quoy se voit l'Amour de conuoitise. Mais l'Amour de Charité fait que nous nous rapportons à Dieu pour le bien exterieur de Dieu mesme, qui est sa gloire, sans aucune pretension de propre interest ny de nostre profit.

L'inclination qu'a nostre nature corrompuë de chercher en toutes choses les interests propres, fait que plusieurs prennent ainsi l'Amour d'esperance pour celuy de Charité.

177. *Que faut il faire pour se garder du change?*

Il faut auoir l'œil simple selon le conseil de l'Euangile, & tout nostre corps sera lumineux, c'est à dire toutes nos actions seront de lumiere, & elles seront de lumiere si elles sont faites pour le seul Amour & le seul interest du Pere des lumieres, lequel est tout à fait exempt de vicissitude, & mesme d'ombre de vicissitude.

Tandis que la lumiere nous éclaire cheminons en sa clarté, affin que soyons enfans de lumiere.

178. *Y at'il vn autre change?*

Ouï: & il prouient de ce que Dieu estant souuerainement aimé par l'Esperance, & en qualité de Souuerain Bien, plusieurs s'imaginent qu'aimer souuerainement, soit le mesme qu'aimer du souuerain Amour, & ainsi s'arrestent en

De la vraye Charité. 321

stent en dernier ressort à l'Amour d'Esperance qui aime souuerainement le Souuetain Bien, sans passer outre au souuerain Amour qui n'est qu'en la Charité.

O Dieu gardez moy de toute voye destournée, affin que ie garde vostre Loy comme il faut.

179. *Le moyen de s'en garder?*

C'est en prenant garde à la fin qui est le niueau comme le but de toute bonne action. Or l'Amour d'Esperance estant vn Amour de connoitise, & par consequent interessé, quelque bon reglement, qu'il ait a tous jours nostre interest meslé, quoy que subordonnémét auec celuy de Dieu. Mais l'Amour de Charité qui est de pure Amitié, ne regarde Dieu que pour l'Amour de luy mesme, & toutes choses pour l'Amour de Dieu : & ce qui regarde Dieu autrement ne procede point d'vne Charité veritable.

O Dieu faites que nous vous aimions souuerainement, mais du souuerain Amour, parce que vous estes souuerainement bon & aimable en vous mesme & à vous mesme.

180. *Et que deuiendra l'acte de la vertu d'Esperance?*

Ce ne sera plus vn acte d'esperance morte, par lequel nous aimons Dieu, parce qu'il est nostre Souuerain Bien, mais vn acte d'esperan-

X

ce viue par lequel nous esperōs en Dieu pour Dieu, entant qu'il est auantageux à sa gloire que nous esperions en sa bonté, & que nous l'aimions non pour nous mais pour elle mesme.

O Seigneur Dieu des vertus, que bien-heureux est l'homme qui espere en vous de ceste façon.

181. *Mais ce ne sera plus vn acte d'esperance?*
Vne femme roturiere mariée à vn Noble ou à vn Prince, ne laisse pas d'estre femme, mais elle deuient Noble ou Princesse par ceste alliance. Il en est ainsi de l'esperance animée de Charité, elle ne cesse pas d'estre esperance, mais elle n'est plus esperance morte mais viue, & son acte n'est plus vn acte d'amour de conuoitise mais d'amour d'amitié, qui fait que nous esperons en Dieu pour Dieu, c'est à dire non entant qu'il nous est bon d'estre à luy, mais entant qu'il luy est bon, & qu'il est auantageux à sa gloire exterieure que nous soyons à luy.

Selon tant de semonces qu'il nous en fait en l'Escriture. Preuaricateurs reuenez à vostre cœur: Mon fils donne moy ton cœur: Venez à moy vous tous qui estes surchargez & trauaillez, & ie vous soulageray. &c.

182. *Figures.*
Isaac ayant receu Rebecca pour son espouse, modera auec elle le desplaisir qui l'affligeoit sur la mort de sa bonne Mere Sara. Et Iacob

De la vraye Charité. 323

ayant conquis Rachel, quitta sans regret le cōmerce de Lia. C'est regretter les oignons de l'Egypte aprés auoir trouué la manne, que de plaindre la perte de l'acte d'esperance morte, & son Amour de conuoitise, quand il est ennobli par l'Amour d'amitié qui est en la Charité. La lumiere des Estoilles ne se perd au leuer du Soleil que dans nostre foible veuë, non dans elle mesme.

C'est gaigner que de perdre ainsi, & c'est quitter la mort pour auoir la vie, ie veux dire des œuures mortes, pour en produire de viues.

183. *Qu'est-ce donc qu'Esperance viue?*

C'est celle qui nous fait attendre la beatitude celeste, auec ferme confiance en la Grace & misericorde de Dieu, par les merites de I. C. & par les bonnes œuures faites en grace : le tout pour l'Amour & la gloire de Dieu.

Cette Esperance viue nous fait regarder le Ciel, comme le Trosne de Dieu, & où il est eternellement glorifié par ses esleus.

184. *Et Foy viue qu'est ce?*

C'est celle qui nous fait aquiescer à toutes les veritez que Dieu nous propose par son Eglise, & faire toutes ses volontez, qui nous sont signifiées par ces veritez.

Cela proprement c'est croire en Dieu, & faire ce que l'on croit.

185. *Y a t'il vne Charité viue?*

X ij

Celle qui donne la vie aux autres vertus seroit elle sans vie? Il n'y a point de Charité qui ne soit non seulement viue, mais la mesme vie de l'ame, selon ce qui est escrit, que la vie est en la volonté de Dieu, & que la vie est en la dilection.

Faire la volonté de Dieu par Amour & Charité, c'est la vraye vie de l'ame.

186. *Il conclut par vn crayon de la vraye Charité.*

En fin la vraye & viuante Charité est vn vray Amour de Dieu, & vn Amour d'amitié, & vne Amitié de dilection, & vne dilection d'Eslection, & vne Eslection Souueraine & Incomparable, par laquelle nous preferons Dieu à toutes choses, & à nous mesmes, nous cherissons ses interests plus que les nostres, & après tout nous l'aimons pour l'amour de luy mesme, nous & le prochain pour l'Amour de luy.

Tout Amour qui n'a point ces marques n'est point Amour de Charité, & tout ce qui n'est point Charité est mort.

Il faut choisir ô mortel!
En cette vie mortelle,
Ou bien l'amour eternel,
Ou bien la mort eternelle,
L'ordonnance du grand Dieu
Ne laisse point de milieu.

CATECHESE
VI. DE LA IVSTICE CHRESTIENNE.

I. POINT.

Qu'est-ce que Iustice?

C'Est vne vertu Morale, qui tient vn notable rang entre ces quatre que l'on appelle Cardinales ou principales, par laquelle nous rendons à vn chaqu'vn ce qui luy appartient.

Aimez l'egalité de cette vertu si conforme à la droitte raison, qu'elle en est cõme le niueau.

2. *Qu'appelez-vous Iustice Chrestienne?*

C'est cette mesme vertu morale, mais infuse, c'est a dire animée ou accompagnée de Charité, par laquelle nous rendons à chaqu'vn ce qui luy appartient pour l'Amour de Dieu.

Ce motif surnaturel & diuin, vous doit faire priser celle-cy plus que l'autre, autant que l'or est plus estimable que le plomb.

3. *Quelle différence mettez vous entre l'vne & l'autre.*

La Iustice simplement morale, n'est que naturelle, acquise, & humaine, & se trouue dans l'estenduë & la capacité de nostre puissance, mais l'autre dépend de la grace, & est surnaturelle, infuse, & diuine.

Autant que le Ciel est esloigné de la terre, autant sont esleuées les voyes de l'infuse sur celles de l'aquise.

4. *Autres differences.*

La morale sans la Charité peut tomber en vn infidele, & en vn croyant qui sera d'ailleurs dans le peché à mort, & ainsi elle sera morte, & ses œuures mortes, & sans principe de vie. Mais l'infuse ne se rencontre que dans le fidele iustifié, c'est à dire qui est en grace : & est tousjours viue à cause de la Charité qui luy sert d'ame & de forme, & ses œuures viues & dignes du salaire eternel.

Operez, non la viande qui perit, mais celle qui demeure à la vie eternelle.

5. *Vne autre.*

La Iustice morale est toute dans l'exterieur, & ne frape que les yeux des hommes qui ne voyent que le dehors, non ceux de Dieu qui penetre au dedans, qui sonde les cœurs & les reins, & cognoist les pensées de loin. La Iustice Chrestienne est principalement dans l'interieur, & est vne qualité inherente & permanente, par laquelle sa grace nous rend iustes deuant luy, estant respanduë en nos cœurs par le S. Esprit.

Regardez à qui vous aimez mieux plaire, aux yeux des hommes ou à ceux de Dieu.

6. *Leçon de I. C.*

C'est en S. Matthieu (5.) qu'elle est couchée. Si vostre Iustice n'est plus abondante que celle des Scribes & Phariziens, vous n'aurez point d'entrée au Royaume des Cieux, gardez de faire vostre Iustice pour estre veus des hommes & estre loüez d'eux. Si vostre lumiere luit deuant eux, & qu'ils apperçoiuent vos bonnes œuures, que ce soit affin qu'ils glorifient vostre Pere qui est aux Cieux. Leur Iustice n'estoit qu'humaine, naturelle, acquise, nullement infuse, diuine, surnaturelle, sans laquelle, c'est à dire sans grace & sans Charité, il n'y a point d'accés au Ciel.

Faites prouision de ceste robe nuptiale, si vous voulez estre admis aux nopces de l'Agneau.

7. *Dittes proprement ce que c'est que Iustice Chrestienne?*

Selon ma pensée ce n'est autre chose que la Iustification, appelée en diuers lieux de l'Escriture Regeneration, Renouation, Sanctification, & mesme Glorification, entant que la

Grace est vne gloire commencée, selon le sentiment de S. Thomas sur ce mot de S. Paul. (*Rom. 8. v. 30.*) ceux que Dieu a iustifiez il les a glorifiez.

Il est escrit de Zacharie & d'Elizabeth (*Luc 1.*) qu'ils estoient tous deux iustes deuant Dieu, marchans droittement en ses preceptes & en ses iustifications.

   8.   *Suiuez.*

Or comme la iustification est double: La premiere par laquelle nous passons de l'estat de peché à celuy de la grace, & dans l'adoption des enfans de Dieu. La seconde par laquelle nous faisons progrés en la grace, rendans par bonnes œuures nostre vocation plus asseurée, la Iustice Chrestienne peut aussi estre considerée en deux façons, comme celle qui dompte le peché par la grace dont elle est animée, & comme celle qui s'exerce dans le bien où elle s'auance auec l'aide de la mesme grace.

Que celuy qui est sainct se sanctifie encor plus, & que le iuste se iustifie d'auātage, voyez vous en ce passage ces deux sortes ou degrez de sanctification & iustification bien marquez?

   9.   *Induction.*

Comme la Foy s'appelle viue qui opere par la Charité, aussi la vraye & viuante Iustice Chrestienne est celle qui se porte par le motif de la Charité, à la destruction & exterminatiō de tous les vices, & à la pratique & exercice de toutes les vertus.

Aimez ceste grande & excellente vertu, qui a, comme les Israëlites, l'espée d'vne main, & la truelle de l'autre, l'vne pour se deffendre contre les vices ennemis iurez des vertus, l'autre pour edifier les murailles de la mystique Ierusalem la saincte perfection interieure.

10. *Quel est ce motif de la Charité?*

C'est le regard & l'attainte de la fin derniere qui est l'amour & la gloire de Dieu, vnique & souueraine pretension de la Charité, laquelle comme vne vraye Amour d'amitié ne recherche point son propre interest, mais celuy là seul de l'object aimé.

Voilà l'œil de la diuine Amante qui blesse le cœur de l'espoux sacré. Purifiez en sorte vos intentions que vous le puissiez auoir affin de luy faire quelque belle playe.

11. *De quelle façon la Iustice Chrestienne agit elle par ce motif?*

C'est lors qu'estant animée de la Charité, qui est la fin de toute consommation, & l'accomplissement de la Loy, elle se porte à la fuite de tous les vices, & à la suitte de toutes les vertus, pour le seul Amour de Dieu, c'est à dire entant que Dieu est seruy & glorifié par cette fuite & ceste suitte. Non entant que ceste suitte ou fuite nous sont auantageuses en derniere fin.

C'est ainsi que la fleche esleuë tirée du Carquois de la Iustice Chrestienne & viue, attaint le but, auquel est attachée la Couronne de Iustice.

12. *Quelles sont les parties de la Iustice Chrestienne?*

Elle en a deux. La fuitte du mal, & la suite du bien, ainsi que nous auons dit, pourueu que l'vne & l'autre se fasse pour l'Amour de Dieu.

O Seigneur, disoit Dauid, pour les paroles de vos lévres, c'est à dire pour obseruer vostre Loy, en laquelle consiste l'accomplissement de toute Iustice en Charité, j'ay cheminé par des voyes bien rudes.

13. *Vn mot du Psalmiste.*

Il comprend toutes ces parties en ce verset: Euitez le mal, & faites le bien, cherchez la paix & ne cessez point que vous ne l'ayez trouuée, c'est à dire vnissez vous à Dieu, en quoy est nostre paix, nostre centre, nostre repos, nostre derniere fin, nostre derniere felicité, ce que vous ferez en fuyant le mal, & suiuant & embrassant le bien pour son amour & pour sa gloire.

Ie reposeray & dormiray paisiblement en la grace de celuy qui est, car il m'a establi en vne singuliere esperance de sa misericorde.

14. *Qu'est-ce que le mal qu'il faut éuiter?*

De la Iustice Chrestienne.

C'est la priuation du Bien, ceste priuation est vn non estre, vn neant malheureux, qui a esté fait sans Dieu, dit S. Iean, & qui nous fait reuolter contre Dieu. Il est mal-aisé de le cognoistre si l'on ne cognoist quel est ce Bien dont il nous priue.

O Dieu mettez du feu à ma lampe, & esclairez mes tenebres.

15. *Qu'est-ce donc que le Bien ?*

C'est ce qui est conuenable à chaque chose selon sa nature, comme la santé est le bien du corps, la veuë celuy de l'œil, la cognoissance celuy de l'entendement : & ainsi des autres.

Sacrifiez à Dieu des sacrifices de Iustice, & esperez au Seigneur, plusieurs disent qui nous monstrera le bien ? Dites au Iuste que bien luy sera, & qu'il mangera le fruit de ses trauaux.

16. *Combien y en a t'il de sortes ?*

Les Philosophes, & aussi les Theologiens les rangent en trois classes, en Biens. 1. Honorables. 2. Vtiles. 3. Delectables. Ceux-là proprement regardent l'esprit (ie parle au regard des hommes) les seconds, les biens de fortune ou exterieurs, les 3. ceux du corps quand ils sont iustes & legitimes ce sont de vrays biens, autrement ce sont plustost des maux que des biens.

Demandez à Dieu le rayon de miel mystique, ou plustost le rayon de sa lumiere, qui vous fasse discerner quels entre ces Biens sont les vrais ou les faux, pour éuiter les vns & bien vser des autres, à la gloire de celuy qui en est le donateur & dispensateur.

17. *Quels sont les maux?*

Les Priuations de ces Biens là, comme les infamies, les disettes, les douleurs dans les pecheurs ce sont de vrais maux, mais endurez en grace & pour l'amour de Dieu ils se changent en bien, selon ce qui est escrit.

Tout coopere & se tourne en Bien à ceux qui aiment Dieu, & qui sont saints par la grace iustifiante.

18. *Quel est le vray Bien & le vray Mal?*

Il est vray que les biens que nous auons marquez peuuent deuenir maux par vn mauuais vsage, & les maux biens, quand on en vse bien. Mais il y a de vrais biens desquels on ne peut mal vser, ce sont les vertus que l'on deffinit, ainsi ce sont de bonnes habitudes de l'ame dont on ne peut vser en mal. Ceste deffinition est de S. Augustin (*l. de lib. arb. c.* 18. *&* 19.)

Demandez au Dieu des vertus de qui procede tout don parfait, qu'il vous fasse riche de ces biens là pour sa gloire.

19. *Quels sont les vrais maux?*

Ce sont les vices & pechez qui sont de mauuaises habitudes desquelles nul ne peut faire bon vsage. Car, comme dit l'Escriture, qui

De la Iustice Chrestienne. 533

peut recueillir des raisins sur des espines, & des figues sur des broussailles?

C'est de ce vray mal que nous demandons en l'Oraison Dominicale d'estre deliurez.

20. *N'y a t'il point d'autre vray mal?*

Il y a deux sortes de mal, celuy de peine, & celuy de coulpe, mais le mal de peine peut deuenir bien par vn saint vsage, & ainsi est proprement mal, ou ne l'est pas absolument, mais celuy de coulpe qui ne peut iamais estre fait bien, est vrayment, proprement & absolument mal, & c'est à la fuite & extermination de ce mal icy, que nous porte principalement la Iustice Chrestienne.

Elle nous fait dire auec le Psalmiste, Ie poursuiuray mes ennemis, ce sont les pechez, & les attaindray, & ne cesseray que ie ne les aye aneantis. Ie les haïs d'vne haine parfaite, parce qu'ils desplaisent à Dieu.

21. *Et à quel bien nous porte-t'elle?*

Au Bien de la Vertu : qui est vn vray bien, lors que la grace y est jointe, & les œuures de vertu sont bonnes & meritoires de la vie eternelle, lors qu'elles sont faites en Charité & par le motif de la Charité.

De ceste façon nous accomplirons ce conseil sacré, faites iustement ce qui est iuste.

22. *Quel est le premier en la Iustice Chrestienne, de fuir le Mal, ou de faire le Bien?*

La premiere iustification se faisant en vn instant, il n'y a point d'ordre de temps, puis qu'il est comme la lumiere qui chasse les tenebres aussi tost qu'elle se monstre, de sorte que le paroistre de la lumiere & le disparoistre des tenebres se fait en mesme temps.

Mon ame s'est fonduë, dit l'Espouse du Cantique, aussi tost que le bien aimé a fait oüir sa voix.

23. Le Psalmiste y semble mettre vn ordre neantmoins.

Il est vray, mais c'est vn ordre de nature qui dispose la matiere auant qu'introduire la forme, & parce qu'il n'y a nulle conuenance de la lumiere auec les tenebres, de Christ & de Belial, le commencement de la vertu, selon cét Ancien, estant en la fuitte du vice, & l'abandon de la folie, l'entrée à la Sagesse, le Psalmiste a eu raison de mettre la fuitte du vice deuant la suite de la vertu.

La nuict est passée & le iour venu, quittons donc les œuures de tenebres, & endossons les armes de lumiere, pour cheminer honnestement en la splendeur du iour.

24. La fuitte du Mal, c'est à dire du peché, va donc deuant.

Oui, en l'ordre & de nature & d'instruction, ce que le Prophete Isaye nous insinuë quand il dit (c. 1.) cessez de mal faire, & apprenez

De la Iustice Chrestienne. 335

à faire le bien. Et le Sage (*Eccles.* 3.) le cœur bien aduisé s'abstiendra des pechez, & fera progrés en la Iustice. Et S. Paul aux Romains (12.) haïssez le mal & adherez au bien. Et aux Collossiens (3.) & aux Ephesiens (4.) il conseille de despoüiller le vieil homme, auant que reuestir le nouueau.

Renoncez au peché si vous voulez receuoir l'infusion de la grace, de laquelle autrement vous esteindriez & suffoqueriez l'esprit.

25. *Qu'est-ce donc que le mal de coulpe?*

Ce n'est autre chose que le vice & le peché, car la coulpe signifie l'vn & l'autre, c'est là le souuerain Mal opposé au Souuerain Bien, qui est Dieu. C'est là le neant opposé au souuerain Estre, c'est ce que Dieu deteste sur toutes choses. C'est ce rien qu'il n'a point fait, & qu'il ne peut faire, car c'est vne miserable impuissance.

O Dieu vous ne voulez point l'iniquité, l'impie & son impieté vous sont en abomination, & moy ie hais l'iniquité & l'abomine d'autant qu'elle vous déplaist, & qu'elle diminue vostre gloire exterieure.

26. *Quelle difference mettez-vous entre Vice & Peché?*

Telle qu'entre l'habitude & l'acte. Le Vice est vne mauuaise habitude qui nous incline au mal, selon la nature de toutes les habitudes qui ont propension & disposition à produire leurs actes.

Vn si mauuais arbre ne peut produire de bon fruit, trauaillez à arracher cettui-cy de vostre cœur, si vous y voulez planter celuy de la vertu, qui arrosé des courans de la grace porte du fruit en sa saison.

27.   *Et le Peché qu'esece?*

C'est le mauuais œuf de ce mauuais corbeau. C'est le fruit empoisonné de ceste malheureuse plante que l'on appelle vice.

Gardez d'estendre vos mains à ce fruit defendu, à cét arbre de la science du bien & du mal, car rien de soüillé n'entre & ne demeure au Paradis celeste.

28.   *Dittes ce que c'est que Peché.*

La deffinition qu'en donne S. Ambroise comprend, à mon auis, toutes les autres quand il dit, que ce n'est autre chose que la transgression de la Loy de Dieu.

Heureux, qui peut dire auec le Psalmiste, I'ay retiré mes pieds (c'est à dire mes affectiõs, à plus forte raison les effects) de toute mauuaise voye, affin de garder la Loy de Dieu. Seigneur dressez mes pas en vos sentiers, de peur que ie ne me fouruoye.

29.   *Monstrez sa distinction.*

Le bien est d'vne cause entiere, & bat à l'vnité, mais le mal de coulpe prouient de chaque deffaut, & va dans la diuision & multiplicité.

Le bien

De la Iustice Chreſtienne.

Le Bien eſt l'vn neceſſaire & la tres bonne part, mais le mal ſe trouble de beaucoup de choſes, il diſſipe les penſées & tourmente le cœur. Ce qui fait qu'il y a pluſieurs diſtinctiós de peché.

Demandons à Dieu le filet de ſa grace, & de ſa lumiere pour nous tirer de ce labyrinthe.

20. *La Premiere diſtinction.*

Elle eſt en peché d'origine commune, & en celuy de propre Action. Ce n'eſt pas que celuy là n'ait eſté de propre Action en Adam, & que nous n'ayons tous peché en luy, comme eſtant dans ſes reins & dans la maſſe, mais c'eſt parce qu'il nous vient de luy, par ſa race qu'il a toute infectée.

Deplorez la miſere du peché originel, qui nous rend damnez premier que nez, & remerciez Dieu qui vous en a purgé par le lauoir des oüailles qui eſt celuy du Bapteſme, qui eſt la porte de la grande Bergerie de l'Egliſe, qui ne cognoiſt qu'vn Paſteur.

31. *Que dittes vous de celuy de propre Action?*

C'eſt celuy qui part de la propre volonté de celuy qui a l'vſage de raiſon, car il n'y a point de peché qui ne ſoit volontaire.

Deteſtez la propre volonté qui eſt la racine de tout peché, ſans elle, dit S. Benard, il n'y auroit point d'enfer. O Dieu couronnez nous de voſtre bonne volonté comme d'vn bouclier.

32. *Comme s'accomplit il?*

Il commence par la suggestion, il s'auance par la delectation, mais il s'acheue par le consentement. Voyla dit Dauid, il a conceu l'iniustice, engendré la douleur, & enfanté l'iniquité.

Fuyez ceste engeace de vipere, qui tuë celuy qui la produit, la bouche qui ment tuë l'ame: par l'enuie du diable le peche est entré au monde, & par le peché la mort. Euitez le peché comme la face de la couleuure, & la veuë du basilic.

33. *Quelle difference mettez-vous entre sentir la tentation & y consentir?*

Le sentir pourroit durer toute nostre vie sans nous rendre coulpables: Car, comme dit S. Cyprian, la tentation ne nuist pas quand elle déplaist, au contraire le merite naist de la resistance: mais en vn moment le consentir nous rend criminels.

Gardez donc d'ouurir la porte de vostre cœur à aucun consentement, quoy que la tentation y frappe, car de-là procederoit ou vostre vie, ou vostre mort spirituelle.

34. *Quel moyen de sçauoir si l'on a consenti?*

Lisez ce qu'escrit à ce propos le B. François de Sales en sa Philothee (*part. 4. c. 3.*) à quoy j'oseray adjouster qu'entre tous les moyens de discerner cela, celui-cy me semble fort considerable, de voir si nous doutons auoir consenti, car si cela est, il est plus seur de tenir la negatiue, puis que le plein consentement requis pour la coulpe, ne laisse point de doute aprés soy.

Pesez bien ceste maxime, c'est vne hache pour trancher beaucoup de scrupules.

35. *C'est chercher la fermeté dans le branse.*

Ainsi font les nautonniers qui mouillent l'anchre parmy les tempestes, pour estre arrestez au milieu des vents & des flots, ceux qui voguent à tout vent de doctrine, d'incertitude, & de doute pour ce regard, sont comparez à ces escumes de la mer, qui sont le jouët des vagues.

O Dieu il m'est bon d'adherer à vous & d'y mettre l'anchre de mon esperance. Seigneur Dieu des vertus que bien-heureux est l'homme qui espere en vous auec amour.

36. *En combien de sortes se commet le peché de propre action?*

Par tout attachement proprietaire à la Creature, contre la volonté de Dieu, car le peché n'est autre chose qu'vne auersiõ du Createur, & vne injuste conuersion vers la Creature en laquelle on establit la derniere fin, au prejudice de l'honneur de Dieu.

Gardez vous d'vn desreglement si desraisonnable, qui vous rendroit enfant d'ire & de gesne.

37. *Qu'appelez vous attachement propriétaire?*

C'est lors que volontairement & deliberément on tombe dans le desordre dont parle S. Augustin, & qui est la racine de tout peché, c'est lors que nous joüissons des choses dont il ne faut qu'vser, & que nous vsons de la chose vnique dont il nous faut joüir, ce qui auient lors que nous renuersons l'ordre des fins, mettans la prochaine au Createur, & la derniere en la Creature.

Detestez ce renuersement de Iustice & de raison qui se trouue en tout peché.

38. *Ouurez vous dauantage.*

Ioüir c'est s'vnir à quelque chose pour le bien de la chose à laquelle nous nous vnissons, mettant la fin derniere en ce bien, or de ceste sorte nous ne deuons joüir que de Dieu, dont la Gloire est la fin derniere de toutes les choses creées.

Celuy qui adhere à Dieu de ceste sorte est fait vn mesme esprit auec luy, & ainsi il joüit de Dieu, s'vnissant à luy pour sa gloire.

39. *Et Vser qu'est-ce.*

C'est se seruir legitimement de quelque creature que ce soit en fin prochaine seulemét, & auec rapport à la derniere qui est Dieu, soit habituellement par l'habitude de la Charité, soit Virtuellement, soit Actuellement.

mais y mettre la fin derniere au prejudice de Dieu, c'est plustost abuser qu'vser de la Creature, & c'est en cét abus que consiste le peché, estant vn arrest volontaire en la Creature, en derniere fin ce que l'on appelle propre volonté, ou jouïssance proprietaire racine de tout vice.

Euitez ceste Proprieté comme vn écueil tout noirci de naufrages.

40. *Comme peut on vser de Dieu & joüir de la Creature?*

C'est lors que l'on aime & sert Dieu pour ses biens temporels ou eternels, establissans la fin derniere en l'vtilité qui nous reuient de ces prosperitez, & la prochaine en l'amour & au seruice de Dieu, comme estant le moyen pour paruenir à cette derniere fin que nous mettons en nostre propre interest.

Ce desordre est si effrayable que les Cieux en sont saisis d'estonnement, & les portes en sont desolées.

41. *Comment effrayable?*

Car c'est comme qui diroit, J'aime Dieu pour l'amour de moy mesme, d'autant que l'amour que ie me porte est la fin derniere pour laquelle j'ayme Dieu; en sorte que l'amour de Dieu soit dependant, subalterne & inferieur à l'amour propre que j'ay pour moy, ce qui est vne impieté nompareille, dit le Bien-heureux

Y iij

François de Sales en son Traicté de l'Amour de Dieu. (*l. 2. c. 18*)

Gardez vous bien de donner contre ce brisant.

42. *Mais n'est-il pas permis de souhaitter les recompenses eternelles?*

Non seulement permis, mais commandé de les desirer, vouloir, poursuiure, & rechercher: mais non pas de mettre nostre fin derniere en cette recherche, entant que ceste felicité nous est auantageuse seulement, mais entant qu'elle se rapporte en derniere instance à la gloire de Dieu.

O Seigneur, disoit Dauid, ie chanteray à iamais vos eternelles misericordes. Vostre loüange resonnera à toute eternité en l'Eglise des Saincts.

43. *Vous n'auez point marqué en combien de façons se commet le peché de propre Action.*

En quatre manieres. 1. Par pensée. 2. Par parole. 3. Par œuure. 4. Par omission. Ce sont les quatre roües infortunées du funeste Chariot, sur lequel le peché triomphe des ames, dans lesquelles il regne, ou plustost sur lesquelles il exerce son empire tyrannique.

Secoüez ce ioug infame & cruel, car qui fait le peché en est esclaue.

44. *L'omission n'est pas une action.*

De la Iustice Chrestienne. 343

Il est vray que c'en est vne cessation, mais cessation qui prouient du peché de Paresse, qui se commet lors que nous obmettons de faire, ce que nous sommes obligez de faire, sous peine de peché.

Ne faire pas ce que Dieu commande, & faire ce qu'il deffend, c'est tousjours s'escarter de ses volontez & de ses voyes. O Dieu, j'ay destourné mes pieds, c'est à dire mes affections de toute mauuaise route, affin de garder vos commandemens.

44. *D'où procede le peché de propre action?*

De trois racines principales, La 1. de l'Ignorance, La 2. de l'infirmité. La 3. de la malice.

Conceuez vne grande horreur de ces trois abismes de perdition: Loüez Dieu s'il vous en a tiré: ou priez-le qu'il vous en deliure.

45. *L'Ignorance n'excuse t'elle pas?*

Il y a vne ignorance grossiere qui égale la malice, & qui est inexcusable, c'est celle des voyes de salut, car en cela l'ignorãt sera ignoré & ne sçauoir pas ceste science, c'est le chemin de la captiuité du peché, d'où ceste sentence que tout pecheur est ignorant.

O Pecheur sans conseil & sans prudence à ma volonté que tu sçeusses, que tu entendisses, & que tu preuisses les extremitez malheureuses où le vice te conduit.

46. *Et l'infirmité n'est-elle pas digne de pitié?*

En certains cas elle rend les fautes moins lourdes, & plus dignes de pardon, mais il en est comme de l'ignorance crasse, car l'infirmité lasche ou affectée nous rend coupables deuant Dieu.

Ayez pitié de moy Seigneur, dit Dauid, parce que ie suis infirme, guerissez moy, car tous mes os sont troublez.

47. *Toute malice n'est pas peché mortel.*

Non, mais elle est au moins peché veniel ou imperfection. Ce mot de malice vient de celuy de mal, & signifie vn mal qui sort de la volonté, qui fait que nostre perte vient de nous, comme dit le Prophete.

Malheur sur malheur à celuy qui ne void pas que son malheur prouient de sa malice. O Dieu ne permettez pas que ma bouche se porte à des paroles de malice, en cherchant des excuses à mon peché. Si ie vous confesse mon injustice contre moy mesme, vous me remettrez mon offense.

48. *Quelle malice fait le peché mortel ou veniel?*

C'est icy où les plus habiles sont bien empeschez, le Psalmiste mesme disant, qui est-ce qui entend les fautes? O Dieu nettoyez moy de mes offenses cachées, & des pechez de participation.

Seigneur ouurez mes yeux, & ie considere

De la Iustice Chrestienne 345

say les merueilles de vostre Loy.

49.   *Respondez à la demande.*

Pesez le feu si vous pouuez, ou mesurez l'air, c'est la mesme chose de vouloir peser ou mesurer la grande ou petite malice. C'est au iugement & à la bonne foy, qui est la foy non feinte de discerner ce qui est de la conscience. Ce qui viole la Loy de Dieu est peché mortel, le veniel ne la heurte qu'imparfaittement & legerement. En somme le mortel nous fait perdre la grace de Dieu, non le veniel qui ne fait que r'allentir la ferueur de l'acte de la Charité.

Detestez l'vn & l'autre de tout vostre cœur, car l'vn esteint & estouffe l'esprit de Dieu, en nous l'autre le contriste.

50.   *Comme peut on sçauoir si en pechant on a perdu la grace ou non?*

En cela consiste la parfaite distinction, & claire cognoissance du peché mortel & du veniel; or nul ne sçait de certitude de foy, si ce n'est par vne speciale reuelation, s'il est digne d'amour ou de haine. C'est ce qui nous rend ce discernement difficile & obscur, à raison dequoy nous sommes exhortez.

A operer nostre salut auec crainte & tremblement.

51.   *N'en auons nous nulle certitude?*

Ouï : mais de morales seulement & conjecturales, entre lesquelles celle-cy tient vn rang la gloire du tesmoignage de nostre conscience, car si nostre cœur ne nous reprend point de crime capital, que nous n'ayons purgé par vne vraye penitence, nous deuons auoir confiance, & approcher auec courage du trosne de la misericorde de Dieu,

Lequel ne mesprise ny rejette iamais vn cœur contrit & humilié.

52. *Quels sont les pechez que l'on appelle mortels?*

Ce sont toutes les preuarications & transgressions volontaires de la Loy de Dieu, appelées ainsi, parce qu'elles apportent la mort à l'ame (*Ezech.* 8. 1. *Iean* 5.)

Ayez en horreur la cause d'vn effect si funeste.

53. *Mais l'ame est immortelle.*

Nous ne parlons pas d'vne mort naturelle qui porte aneantissement ou destruction d'estre, mais d'vne mystique. C'est que le peché à mort priue l'ame de la grace de Dieu, qui est plus la vie de l'ame, que l'ame n'est la vie du corps qu'elle anime. Ce qui a fait dire au Sage, que,

Si le Iuste est preoccupé de la mort, (il entend celle du corps) il viura d'vne plus excellente vie, qui est celle de grace & de gloire.

54. *Quels sont les plus notables pechez capitaux?*

Le peché est vne hydre, ou pour parler plus

De la Iustice Chrestienne. 347

Chrestiennement, ce monstre de l'Apocalypse qui auoit plusieurs testes. Mais presque tous se peuuent reduire à ces trois chefs marquez par S. Iean (1. 4.) la conuoitise des yeux, la conuoitise de la chair, & la superbe de vie.

Heureux ceux qui crucifient leur chair auec toutes ses conuoitises.

55. *Comment cela?*

Parce que tous les Biens creez dont l'abus est la matiere de tous les vices, se peuuent distribuer en trois classes. En ceux que l'on appelle de fortune, ce sont les richesses, en ceux du corps, ce sont les plaisirs, & en ceux de l'esprit, qui sont les honneurs & les vanitez.

Qui nous donnera la force d'estouffer ce Cerbere, ce sera la grace de Dieu, par Iesus Christ Nostre Seigneur.

56. *Donnez quelque distinction plus particuliere.*

On les reduit communément, 1. aux sept appelez Capitaux. 2. aux six qui se commettent contre le S. Esprit. 3. aux quatre que l'on dit crier vengeance vers le Ciel. 4. en ceux que l'on nomme de participation. Voila les quatre cauernes d'où sortent ces vents furieux, qui causent tant de tempestes & tant de naufrages.

Armez vous des armes de lumiere, & principalement de la Croix de I. C. pour vous opposer à tous ces Philistins, ennemis de nostre salut eternel.

57. *Quels sont les sept capitaux?*
Le 1. l'Orgueil. 2. l'Auarice. 3. l'Enuie. 4. la Colere. 5. la Gourmandise. 6. la Luxure. 7. la Paresse. Ce sont les sept cornes de la beste de l'Apocalypse, auec quoy elle fait tomber tant de peuples.

Conceuez vne grande horreur de ces sept gouffres de perdition.

58. *Et les six contre le S. Esprit.*
Ce sont ceux cy. 1. la presomption de la misericorde de Dieu, ou de l'impunité du peché. 2. le desespoir qui est opposé au vice precedet. 3. le rebut de la verité manifestement cognuë. 4. l'enuie du bien spirituel ou de la grace du prochain. 5. l'obstination au mal. 6. l'impenitence finale.

Ce sont là des monstres de peché d'autant qu'ils procedent d'vne malice diabolique, & tout à fait opposée à l'attribut de la bonté de Dieu que l'on donne communément au Saint Esprit.

59. *Pourquoy ces pechez sont ils appelez irremissibles?*
1. Parce qu'ils semblent secher les sources de la misericorde diuine en mesprisant la grace, en foulant aux pieds le sang du testament, le tenant pour pollué. 2. parce qu'ils se remettent difficilement, & rarement. 3. parce que sa

De la Iuſtice Chreſtienne. 349

malice noire meriteroit qu'on ne luy pardonnaſt point. 4. Bien qu'à proprement parler il n'y ait que le dernier qui ne ſe remette point en l'autre vie, pour auoir meſpriſé la grace au dernier inſtãt de celle cy. 5. toutesfois rien'eſt irremiſſible à Dieu à qui tout eſt poſſible. (*v.* S. Tho. 2. 2. q. 14. a. 1. & 3.)

Gardez de tomber dans ces foſſes d'où il eſt ſi difficile de ſe releuer: que celuy qui eſt debout auiſe de ne cheoir pas.

 60. *Quels ſont les Pechez qui crient vers le Ciel, & qui y demandent vengeance?*

Quatre principalement. 1. L'homicide volontaire que l'on appelle de ſang froid, ſoit qu'il ſe faſſe par fer, par poiſon ou de quelque autre maniere. 2. Le peché deshonneſte contre l'ordre de la nature. 3. L'oppreſſion des pauures, des veſues, & des orphelins. 4. La retention du loyer des mercenaires.

Ceux qui commettent ces crimes execrables ſe theſauriſent des treſors de courroux au iour de la vengeance & du iuſte iugement de Dieu.

 61. *Quels ſont les pechez de participation?*

Ce ſont ceux qui ſe commettent par autruy, & auſquels nous cooperons en neuf manieres. 1. par conſeil. 2. par commandement. 3. par conſentement. 4. par prouocation ou inuitation. 5. par loüange, flatterie, ou complaiſance. 6. par le silence, lors qu'il y a obligation de descouurir la faute d'autruy. 7. par conniuence ou indulgence trop lasche. 8 estant complice du mesme fait. 9. par approbatiõ ou appuy. En toutes ces façons nous nous rendons coulpables, auec les coulpables, & nous attachons à leurs chaisnes.

S. Paul (1. *Tim*. 5.) gardez de prendre part aux pechez d'autruy par communication. Et encore (*Ephes*. 5.) ne communiquez point aux œuures infructueuses des tenebres. Le Sage qui touche la poix s'en salit. Sainct Paul (2. *Thessal*. 3.) écartez vous de celuy qui chemine en desordre.

62. *En quoy s'exerce la Iustice Chrestienne au regard de tous ces pechez?*

En les combattant de droit front, ou, à la façon des Parthes, en fuyant, mais il faut que ce combat ou ceste fuitte ait pour fin derniere, l'Amour & la gloire de Dieu, si elle a vne autre fin ce ne sera point vne Iustice Chrestienne, mais morale, humaine, & acquise, qui nous fera éuiter le peché, non pour le respect du Createur, mais pour celuy de la Creature.

La Iustice morale est bonne de sa nature, mais incapable de nous conduire au salut, si elle n'est accompagnée & animée de Charité.

63. *A quoy peut on cognoistre si elle est animée de Charité?*

De la Iustice Chrestienne. 351

Comme on discerne le bon ou faux or, le bas ou franc alloy par la pierre de touche, par la fin derniere, la Iustice chrestienne se distingue de sa morale. Car celle-là seule par la Charité atteint la derniere fin, mais celle-cy ne peut arriuer qu'à la prochaine.

O Seigneur faites moy cognoistre ceste fin Souueraine, affin que par elle ie remarque mes manquemens.

64. *Expliquez vous plus ouuertement.*

L'Amour d'amitié ne regarde que le bien de l'object aimé, non de celuy qui aime, la Charité est à vers Dieu vne vray amitié, elle ne doit regarder que le Bien de Dieu, non le nostre propre, & s'arrester au Bien de Dieu, non reuenir à nous, car le pur Amour n'est point mercenaire, & la vraye Charité ne recherche point ses interests.

Souspirez sur ce que Dieu est aimé de peu de gens, comme il le doit estre. Le Seigneur a regardé du haut des Cieux, dit le Psalmiste, sur les enfans des hommes, pour voir si quelqu'vn entend comme il le faut rechercher, tous se destournent de la droite Charité & se rendent inutiles à faire le bien, bien, c'est à dire pour luy.

65. *Quel besoin Dieu a t'il de nos biens?*

Il a deux sortes de Bien, l'vn Interieur, Eternel, Infiny, & Increé qui est luy mesme, estant le bien & la Bonté mesme par Essence : l'autre Exterieur, finy, & creé, c'est l'honneur & la gloire qu'il s'est reseruée pour tribut de toutes les choses qu'il a creées. Nos bonnes œuures faites en son Amour, & pour son Amour ne peuuent augmenter son Bien interieur, puis qu'estant infiny rien ne le peut accroistre, mais elles seruent à accroistre sa gloire exterieure qui est son Bien exterieur, lequel estant creé & finy peut estre accreu par la moindre bonne œuure faite en sō Amour, & pour son Amour.

Ayez vn grand desir de contribuer ce que vous pourrez à la dilatation de ce Bien exterieur de Dieu.

66. *Pourquoy donc Dauid dit-il que Dieu n'a que faire de nos biens?*

Cela se doit entendre pour le regard de sa gloire interieure, laquelle estant comblée de son infinité ne peut receuoir aucun accroissement, non pas de l'exterieure qui peut estre agrandie, mesme d'vn verre d'eau froide donné au nom de Dieu en estat de grace.

Escoutez S. Paul. Celuy qui se nettoye des pechez, se rend vaisseau d'honneur sanctifié & Vtile au Seigneur, preparé à toute bonne œuure (2. *Timoth.*2.) peut on rien dire de plus exprés sur ce sujet icy?

67. *En quoy differe proprement la Iustice Chrestienne de la Morale & Acquise?*

En ce

De la Iustice Chrestienne. 353

En ce que celle-là estant animée de Charité n'a point d'autre fin ny motif en la fuitte du vice, & en la suite de la vertu; que le Bien de Dieu qui est sa gloire: & celle-cy ne regarde en ceste fuitte & en ceste suitte que le Bien de la Creature, soit en l'exemption de la peine, soit en l'acquisition de la recompense, l'esprit seruile ou le mercenaire, predominant & preualant sur le filial, & de pur Amour.

Que veux-je au Ciel & en la terre, ô le Dieu de mon cœur, sinon le seruice de vostre gloire.

68. *Quel Bien exterieur apporte à Dieu nostre fuitte du peché?*

1. En fuyant le peché nous obeïssons à sa volonté qui nous le deffend ; & qui doute que l'obeïssance animée de Charité n'augmente la gloire exterieure de Dieu? 2. puis que le peché diminuë ceste gloire, qui peut douter que Dieu n'ait agreable que nous nous en abstenions pour son amour? Cessez, dit-il, par vn Prophete, de faire le mal, & apprenez à bien faire.

Bien-heureux l'homme qui à peu transgresser la Loy, & ne l'a pas fait, operer le mal & ne l'a pas operé, car ses biens sont establis au Seigneur.

69. *Venez à l'autre partie de la iustice Chrestienne.*

Elle consiste à faire le Bien, c'est à dire en

Z

l'Exercice des Vertus, où en la pratique des bonnes œuures faites en Charité, & par le motif de la Charité, c'est à dire en l'Amour & pour l'Amour de Dieu.

C'est de cette façon que l'on opere la viande qui ne perit point, mais qui demeure à la vie eternelle.

70. *Qu'est-ce que Vertu?*

Nous en auons dit quelque chose, mais pour faciliter l'entrée en la distinction, nous adjoustons, que c'est vne bonne qualité de l'ame qui nous fait bien viure, de laquelle nul ne peut vser en mal. (*v. S. Tho. 1. 2. q. 55. a. 4.*)

Demandez au Dieu des Vertus qu'il vous gratifie de ce don precieux.

71. *Premiere distinction.*

Elle se distingue en Acquise, Humaine & Naturelle, & en Infuse, Diuine, & Surnaturelle: Celle-là vient en nous par nostre trauail, & nostre industrie, & se forme par des actes reïterez. Celle-cy est respanduë de Dieu en nous par vne faueur surnaturelle. C'est pourquoy S. Augustin adjouste ces mots à la deffinition apportée en l'article precedent, que Dieu opere en nous sans nous.

Autant que le Ciel est esleué par dessus la terre, autant les infuses sont elles releuées dessus les Acquises.

72. *Seconde Distinction.*

La vertu Acquise de la part du sujet est diuisée en intellectuelle & morale. Celle-là residante en l'entendement, celle-cy en la volonté.

O Dieu donnez moy de l'entendement pour comprendre vostre Loy, & ie la garderay de tout mon cœur.

73. Troisiesme Distinction.

La vertu infuse de la part de l'object, se partage en Theologale, qui regarde Dieu immediatement, & en Morale infuse qui regarde les moyens par lesquels on arriue à Dieu.

Ceux qui ont celle-cy sont participans de la grace du Dieu des Vertus.

74. Quatriesme Distinction.

La vertu Morale infuse est tousjours viue, c'est à dire accompagnée de Charité, & quand la Charité se retire d'vne ame, (ce qui arriue par le peché à mort,) les vertus Morales cessent d'y estre infuses, quoy que les Acquises y demeurent. Il n'en est pas ainsi de la Foy & de l'Esperance, vertus Theologales, qui sont tousjours infuses, mais non pas tousjours viues, car il y a vne Esperance morte aussi bien qu'vne Foy morte, c'est lorsqu'elles sont en vne ame qui a perdu la Charité.

S. Paul (1. Cor. 13.) nous asseure que ny la Foy qui transporte les montagnes, ny l'aumosne de tous ses biens, ny le martyre du feu, ne seruent de rien pour la vie eternelle sans la Charité.

75. *Mais vne vertu morte est elle vertu?*

S. Thomas (1. 2. q. 23. a. 7. nie que sans la Charité il y ait aucune vertu veritablement Chrestienne, pource que nulle sans la Charité ne peut arriuer à la derniere fin, quoy que l'on puisse appeler vertu, mais imparfaite, celle qui se termine en quelque fin prochaine qui soit honneste, comme sont les vertus Morales acquises qui sont sans la Charité.

Que toute vertu est peu de chose sans la Charité : S. Paul (*l. c.*) l'appelle vn vray rien.

76. *Si est-ce qu'vn corps sans ame, ne laisse d'estre vn vray corps.*

Aussi la vertu Morale acquise, ou la Theologale infuse qui est sans la Charité ne laisse pas d'estre vne vertu, mais vertu morte, vertu imparfaite, vertu qui n'a point d'accés au Ciel, parce qu'elle n'a pas la grace, qui est le principe de vie.

Voyez la grandeur de la Charité qui est l'ame, la forme, & la vie de toutes les vertus, & le principe & fondement de tout merite.

77. *La Foy morte n'est elle pas vne vraye Foy?*

Vraye Foy : mais inutile pourtant pour la vie eternelle, les actes qu'elle produit sans la Charité n'ayans aucun principe vital. Le mesme se doit dire de l'Esperance.

De la Iustice Chrestienne. 357

Que sera-ce des autres moindres vertus, si celles-cy qui sont infuses, & qui regardent Dieu immediatement, sont si peu de chose sans la Charité?

78. *Mais la Foy ny l'Esperance ne seront point dans le Ciel.*

Elles seront comme Moyse & Aaron, qui n'entrerent point à la terre promise, quoy que leur posterité, c'est à dire leurs enfans y entrassent, car les actes de la Foy & de l'Esperance qui auront esté produits en Charité, & par le motif de la Charité, y seront couronnez de gloire & d'honneur.

Exercez vous aux actes de ces deux vertus animées de Charité, car Dieu en est beaucoup glorifié.

79. *Pourquoy n'y aura t'il ny Foy, ny Esperance dans le Ciel?*

Parce que la Foy estant des choses inuisibles & qui n'apparoissent, son voile sera rompu, son enigme expliqué, son miroir cassé, lors que nous verrons Dieu face à face, & comme il est. Et l'Esperance estant des choses futures, on possedera en presence ce que l'on aura esperé.

Maintenant, dit S. Paul, (1. *Cor.* 13.) nous cognoissôs en partie, mais quâd ce qui est parfait sera arriué, ce qui est en partie s'esuanouïra.

80. *Quelles sont les vertus Theologales?*

Il y en a trois, la Foy, l'Esperance, & la Cha-

Z iij

rité, mais la plus grande, dit S. Paul, c'est là
Charité, puis que les autres ne seruent de rien
pour l'eternité, si elle ne les anime & accompagne

O Charité veritable que tu es vn grand bien, mais que tu es peu cognu.

81 *Qu'appelez vous vertus Intellectuelles?*

Il y en a trois, la Science, l'Intelligence, & la Sagesse, desquelles on parle peu, parce qu'elles se reduisent communément sous la Prudence Morale. (*v. S. Tho.* 1. 2. *q.* 57. & 58.)

O Dieu enseignez moy la Bonté, la Discipline, & la Science de vos voyes, donnez m'en l'intelligence, & que ie viue pour vous glorifier à iamais.

82. *Et les Vertus Morales?*

Il y en a quatre appelées Cardinales ou principales, ausquelles comme à leurs souches toutes les autres se rapportent ainsi que des branches. La 1 est la Prudence. 3. la Iustice. 2. la Force. 4. la Temperance.

La Prudence éclaire l'entendement, la Iustice dirige la volonté, la Force gouuerne l'appetit Irascible, & la Temperance le Concupiscible, que d'ornemens elles apportent au petit monde qui est l'homme.

83. *Quelles sont les vertus opposées aux sept pechez capitaux?*

L'Humilité cōtraire à l'Orgueil, la Liberalité

à l'Auarice, l'Amour du prochain à l'Enuie, la Chasteté à la Luxure, la Douceur à la Colere, la Sobrieté à la Gourmandise, & la Diligence à la Paresse.

Celuy qui sçait separer la chose precieuse de la vile, sera comme la bouche du Seigneur (*Ierem.* 15.)

83. *Quels sont les conseils Euangeliques?*

Ce sont des choses qui sont recommandées & non commãdées en l'Euangile: l'en remarque plusieurs. 1. celuy de continence, en Sainct Mathieu (19.) & en l'Epistre à ceux de Corinthe (1. 7.) 2. celuy de pauureté ou de distribution de tous ses biens aux necessiteux, (*Math.* 19.) en la dilection des ennemis, laquelle est de conseil quant à l'effect de leur faire du bien, mais de commandement quant à l'affection (*Matth.* 5.) 4. de mansuetude eminente, quand N. S. dit que l'on tende l'autre jouë à celuy qui nous aura baillé vn soufflet sur l'vne. (*Math.* 5.) le 5. de misericorde singuliere: donne à quiconque te demandera (*Luc* 6.)

Honorez ces conseils pour l'amour de celuy qui est appelé le Conseiller, & l'Ange du grand Conseil.

84. *Les autres.*

Le 6. de simplicité au langage. Il a esté dit aux Anciens tu ne te parjureras point: mais ie vous di moy, ne iurez point du tout. Le 7. de

Patience Exemplaire : A qui t'oste ton sayé lasche encore le manteau : & va encore deux lieuës, auec quiconque te contraindra d'en faire vne auec luy. (*Math.* 3.) Le 8. d'euiter l'occasion du peché. Si ton œil te scandalize arrache le. &c. Le 9. de faire & dire : Qui fera & enseignera sera grand au Royaume des Cieux. Le 10. de fuir tout soucy remply d'inquietude. N'ayez point soucy pour vostre vie de ce que vous boirez ou mangerez, ou dequoy vous serez vestus. &c. (*Math.* 6.) Ne soyez point en soucy pour le lendemain, à chaque iour suffit sa malice, c'est à dire sa peine. (*Math.* 5.)

O Dieu vos tesmoignages sont le sujet de ma Meditation, & vos iustifications sont mon sacré conseil.

85. *Quels sont les dons du S. Esprit?*

Ce sont des habitudes diuinement infusées en ceux qui ont la Charité, par lesquelles ils sont disposez à se porter auec promptitude, facilité & allegresse aux mouuemens & inspirations de Dieu pour l'amour de luy.

L'Esprit de Dieu soufle où il veut, priez le qu'il répande ses saintes halenées sur le jardin de vostre ame, affin que vos parfuns respandent leur odeur.

86. *Combien y en a t'il?*

Isaye (11.) en nombre sept. 1. la Sagesse. 2. l'Intelligence. 3. le Conseil. 4. la Force. 5. la

De la Iustice Chrestienne. 361

Science. 6. la Pieté. 7. la Crainte de Dieu.

Demandez à Dieu auec instance ces sacrez instrumens auec lesquels on peut faire vn grād progrés pour sa gloire dans la Iustice Chrestienne.

87. *Ne les peut on auoir sans la Charité?*

Non : ils luy sont connexes, & tellement inseparables qu'ils viennent en l'ame auec la Charité, & s'en departent quand la Charité s'en separe : Tout ainsi qu'Assuere osta tous les joyaux à Vasthi quand il la repudia.

Conseruez soigneusement le precieux don de la Charité, puis que tous ceux du S. Esprit, & toutes les vertus nous viennent auec elle & par elle.

88. *Qu'appelez vous les fruits du S. Esprit?*

Le grand fruit du S. Esprit c'est la Charité qu'il respand dans nos cœurs, or ce fruit est comme vne manne cachée & celeste, qui comprend en soy le goust de tous les autres fruits, de sorte que les douze fruits nommez par S. Paul aux Galates (5.) ne sont à proprement parler que des proprietez, excellences & qualitez de la Charité, qui a celle-cy a aussi tous les autres.

De sorte que nous pouuons dire de la Charité ce que le Sage de la Sagesse (aussi est elle la vraye Sagesse Chrestienne) que toutes sortes de biens nous viennēt auec elle & par elle.

89. *Quels sont ces douze fruits?*
1. C'est la Dilection. 2. la Ioye. 3. la Paix. 4. la Patience. 5. la Longanimité. 6. la Bonté. 7. la Benignité. 8. la Mansuetude. 9. la Foy. 10. la Modestie. 11. la Continence. 12. la Chasteté.

Priez Dieu qu'il vous fasse monter sur la palme de la Charité, affin que vous puissiez prendre & gouster de ses fruits.

90. *Qu'est-ce que Beatitude Euangelique?*

Tous les fruits du S. Esprit ne sont pas des Beatitudes, mais les Beatitudes sont des fruits de la Charité & du S. Esprit, elles ne different des fruits que comme le plus du moins, car ce sont des fruits si excellens, qu'ils ne se peuuent exprimer que par le mot de Beatitude, d'autāt que ceux qui les possedent, ou goustent dés ce monde quelque rayon de la felicité des bien-heureux, ou voyent ceste felicité au bout de leur carriere.

Ce sont ces droittes voyes par lesquelles Dieu conduit les Iustes, & ceux qui ont la Charité, en leur monstrant la Beatitude de loing, cōme la terre de promesse à Moyse & Aaron.

91. *Les Beatitudes sont elles differentes des vertus Infuses, & des dons du S. Esprit?*

S. Thomas respond (*1.2.q.69.a.1.*) qu'il y a la mesme difference qu'entre les habitudes & leurs actes, car les Beatitudes sont des actes éminens qui sortent des habitudes infuses, &

De la Iustice Chrestienne. 363
des dons du S. Esprit.

Demandez à Dieu ces habitudes sacrées, affin que vous puissiez pour sa plus grãde gloire, produire les actes heroïques de ces Beatitudes.

92. *Mais la Beatitude n'est pas de cette vie.*

Non pas la parfaite, accomplie & consommée qui n'est qu'au Ciel, mais la commencée & moins parfaite peut estre du ressort de cette vie, (*S. Tho a. 2.*) puis que selon la maxime des Theologiens la grace est la semence de la gloire, ou autrement, la grace est vne gloire commencée, & la gloire vne grace cõsommée.

Bien-heureux ceux qui craignent le Seigneur & qui marchent en toutes ses voyes, bienheureux ceux qui sont sans tache, & qui cheminent en la Loy du Seigneur.

93. *Quelles sont ces Beatitudes?*

S. Mathieu en nomme huict (5.) 1. la Pauureté d'esprit. 2. la Douceur. 3. les Larmes. 4. la Faim de Iustice. 5. la Misericorde. 6. la Pureté de cœur. 7. la Paix. 8. la Souffrance pour la Iustice. A tout cela le Royaume des Cieux est promis à l'auenir, & en est dõné vn auantgoust present par la grace, à raison de laquelle il est escrit:

Le Royaume des Cieux est dans vous : & l'ame du Iuste est le Siege de la Sagesse diuine.

94. *Quelles sont les principales entre les bonnes œuures?*

Comme S. Iean reduit tous les maux de coulpe sous trois chefs, la conuoitise des yeux, celle de la chair, & l'orgueil de la vie: il semble aussi que toutes les bonnes œuures se peuuent reduire en trois classes. 1. L'Oraison. 2. le Ieusne. 3. & l'Aumosne. Car sous l'Oraison l'on peut ranger celles qui se font par l'esprit, par le jeusne celles qui procedent du corps, & par l'aumosne celles qui prouiennent des biens exterieurs appelez de fortune.

L'Ange Raphaël chez Tobie (12.) l'Oraison jointe au jeusne & à l'aumosne, vaut mieux que l'amas de plusieurs tresors.

95. *Combien y a t'il de sortes d'Oraison?*

De deux sortes, la Mentale seule qui se fait en l'esprit, sans voix & sans parole, & la Vocale & Mentale jointes. Car la Vocale seule sans aucune attention est plustost vn peché qu'vne vertu, de laquelle il est dit, ce peuple m'honore des lévres, mais son cœur est esloigné de moy: desorte que sa priere se tourne en peché.

Deuant que prier prepare ton ame (par l'attention, le respect, & l'humilité) de peur que tu ne sois fait cõme vn homme qui tente Dieu.

96. *Et le Ieusne combien a t'il d'especes?*

Il en a de mauuaises & de bonnes, les mauuaises sont le jeusne hypocrite, auaricieux, &

De la Iustice Chrestienne. 365

semblables. Les bonnes sont le Ieusne naturel, le Philosophic ou Moral, le Spirituel, & le Chrestien.

Rejettez les mauuaises, & embrassez l'exercice des bonnes.

97.   *Quel est le naturel?*
C'est vne sobrieté & abstinence qui a la santé, ou l'estude, ou quelqu'autre motif naturel pour object.

Estimez le côme vne bône qualité naturelle.

98.   *Et le Philosophic ou Moral?*
C'est vne vertu Morale qui a pour object vn bien honneste comme la Temperance, & la victoire des sensualitez.

Il est plus estimable que le precedent, parce qu'il est plus raisonnable, & honneste.

99.   *Le Spirituel.*
C'est l'abstinence generale de tous les vices, selon S. Augustin (*tract.* 17. *in Ioan.*)

Abstenez vous, dit l'Apostre, de toute espece mauuaise, c'est à dire de toute sorte de peché, & principalement des desirs de la chair qui combatent contre l'esprit.

100,   *Le Ieusne Chrestien.*
C'est celuy qui est ou ordonné ou conseillé par l'Eglise, & qui consiste en l'abstinence de viande, tant en la qualité qu'en la quantité.

Estant fait, comme toute autre bonne œuure, en Charité, & par le motif de la Charité, il est meritoire de la vie eternelle.

101. *Combien y a t'il de sortes d'aumosnes?*

On diuise communément les œuures de miséricorde en corporelles & spirituelles, & chaqu'vne en sept branches. Ce sont deux chandeliers mystiques, lesquels estans allumez du feu de la Charité, rendent la personne en qui ils se trouuent fort esclattante.

Il a dispersé & donné aux pauures, dit le Psalmiste, sa Iustice demeure au siecle des siecles, & sa corne, c'est à dire sa renommée, est releuée en gloire. Isaye, Qui fait misericorde au necessiteux, fait esclatter sa lumiere comme vn Orient, & sa Iustice comme vn midy.

102. *Dittes les sept corporelles.*

1. Repaistre les affamez. 2. abbreuuer les alterez. 3. reuestir les nuds. 4. racheter les prisonniers. 5. visiter les malades. 6. faire l'hospitalité. 7. enseuelir les morts.

Pensez à la derniere Sentence, venez les benits de mon Pere, j'ay eu faim. &c.

103. *Les sept spirituelles.*

1. Corriger ceux qui pechent. 2. enseigner les ignorans. 3. conseiller les douteux. 4. prier pour le prochain. 5. consoler les affligez. 6. supporter les deffauts d'autruy. 7. pardonner les injures (*v. S. Tho. 2. 2. q. 32. a. 2.*)

Taschez de vous exercer en ces saintes œuures selon les occasions qui vous en seront offertes par la prouidence. Vous souuenant de ceste parole, Iugement sans misericorde à celuy qui ne l'aura pas faite, d'où l'on peut tirer ceste illation par la regle des côtraires, misericorde sans iugemét à qui aura fait misericorde.

104. *Vous ne dittes rien de l'Humilité, de la Patience, Obeissance, Chasteté, & autres semblables vertus.*

Non, parce qu'elles sont comprises sous les quatre Cardinales ou Morales : comme branches de ces principales souches. Qui a celles-là est possesseur de celles-cy.

Estudiez vous à acquerir la Prudence, la Iustice, la Force, & la Temperance, car toutes les vertus qui leur sont subordonnées, ne manquét point à venir à leur suite.

105. *Quelles sont les vertus subordonnées à la Prudence?*

1. Ce sont les trois Intellectuelles, la Sagesse, l'Intelligence, la Science. 2. l'Eubulie qui est la Vertu, qui donne ou qui reçoit vn bon conseil.

Puis que l'honneur de Dieu demande le iugemét, lequel est formé par la Prudence, exercez vous en cette vertu, puis qu'elle porte le flambeau deuant le seruice de Dieu.

106. *Et à la Iustice,*

1. La Religion & ses vnze actes. 1. l'Oraison. 2. la Deuotion. 3. l'Adoration. 4. le Sacrifice.

5. les Decimes. 6. les Oblations. 7. les Prea‑
mices. 8. le Vœu 9. le Serment 10. l'Adjura‑
tion. 11. la Loüange de Dieu. 2. la Sainteté. 3.
la Pieté. 4. l'Obseruance. 5. la Dulie. 6. l'O‑
beïssance. 7. la Gratitude. 8. la Correction. 9.
la Verité. 10. l'Amitié. 11. l'Affabilité. 12. la
Liberalité. 13. l'Aumosne. 14. la Beneficence.
15. la Penitence. 16. la Crainte de Dieu. 17. le
Zele. 18. la droiture d'Intention.

C'est vne heureuse faim & soif de Iustice, que
d'estre ardant à la pratique de toutes ces ver‑
tus.

107.   *Et à la force.*

1. Le Martyre. 2. la Magnanimité. 3. la Pa‑
tience. 4. la Longanimité. 5. la Perseuerance.
6. la Constance. 7. la Magnificence.

Animez vostre courage à la poursuite de tou‑
tes ces genereuses vertus

108.   *Et à la Temperance.*

1. L'Abstinence. 2. le Iesune. 3. la Sobrieté.
4. la Chasteté. 5. la Continence. 6. la Pudi‑
cité. 7. la Simplicité. 8. la Douceur. 9. la
Clemēce. 10. la Modestie. 11. l'Humilité. 12.
la Studiosité. 13. la Diligence. 14. la Vigilance.

Il ne faut que nommer ces vertus pour les
faire desirer, tant elles sont amiables & aima‑
bles.

109. *La Iustice Chrestienne s'estend elle*
    à tout cela?

Ouï

Oui : parce que nous supposons qu'elle n'est autre chose que la Charité actuelle, ou pour mieux dire agissante, œuurante, & commandante en toutes vertus, soit Intellectuelles, soit Morales, soit Theologales, dont elle est l'ame & la vie, puis que sans elle, elles sont toutes mortes & inutiles à la vie eternelle.

La Charité, dit S. Augustin, (*l. de nat. & grat. c. 22.*) est la tres vraye, tres pleine, & tres parfaite Iustice.

110. *Comme l'entendez vous?*

Entant que c'est par elle (ne la distinguāt point de la grace sanctifiāte) que nous entrons dans la premiere justification, & par elle que nous faisons progrés en la seconde : car c'est elle qui rend meritoires nos bonnes œuures, quand elles sont faites par son ordonnance.

Elle est belle comme vne armée rangée en belle ordonnance, & qui terrasse tous les vices.

111. *Figure.*

Elle est comme cette Aod ambidextre qui se seruoit de ses deux mains auec égale force. Car soit pour la fuite du vice, soit pour la suite de la vertu, soit pour combatre l'vn, soit pour exercer l'autre, soit pour terrasser le vice, soit pour pratiquer la vertu, elle n'a point d'autre but que l'Amour de Dieu, ny d'autre fin derniere que sa gloire, & c'est ce qui la rend vraye Iustice Chrestienne, c'est à dire viue & parfaite de ce qu'elle est animée de Charité, & qu'elle agit par son motif.

Que chaqu'vn se serue de la grace que Dieu luy donne cōme bon & fidele administrateur; si quelqu'vn parle que ce soit de la part de Dieu : si quelqu'vn agit, que ce soit en grace, & par le mouuemēt de la grace : affin que Dieu soit honoré en toutes choses par I. C. auquel soit gloire, & empire par tous les siecles, Amen. (1. Petr. 4.)

112. En quoy consiste proprement l'essence de la Iustice Chrestienne?

En la Charité, sans laquelle il ne faut point parler ny de Iustification, ny de Sanctification, ny de Iustice, ny de quelconque autre vertu qui soit, ny vraye, ny parfaite. Oyez S. Augustin (*l. de nat. & grat. c. vlt.*) la Charité commencée est la Iustice commencée, la Charité auancée est la Iustice auancée, la grande Charité est vne grande Iustice, la Charité parfaite est vne parfaite Iustice.

Sur toutes choses ayez la Charité, car elle est le lien de perfection, entant qu'elle nous lie & vnit à Dieu, en quoy consiste toute nostre perfection, qu'elle lie toutes les vertus ensemble, les embrassant toutes, & les logeant toutes auec soy en l'ame où elle fait sa demeure, qu'elle est la perfection de la Iustice, & de toute autre vertu, à qui elle donne la forme & la vie.

De la Iustice Chrestienne.

113. *Comment anime t'elle toutes les vertus que vous auez specifiées?*

C'est en esleuant leurs motifs moraux & imparfaits, iusques à la fin derniere qui est la Bonté & la gloire de Dieu, les faisãt pratiquer ou pour ceste seule fin, ou au moins y rapportant les fins naturelles, & particulieres des autres vertus comme subalternes.

Agir ainsi dans l'exercice des Vertus, c'est les pratiquer en vray Chrestien, & selon la Iustice du Chrestiẽ, c'est à dire en grace & par le commandement de la Charité. Sans cela toute action de Iustice & de quelconque vertu est morte & inutile à salut.

114. *Belle sentence de S. Bernard.*

La Grandeur, dit-il, l'excellence & la perfection d'vne ame Chrestienne se doit prendre de la mesure (notez) de la Charité qui est en elle: de maniere que si elle a beaucoup de Charité elle soit estimée grande : si peu, petite : si point elle soit tenuë pour rien : S. Paul disant, si je n'ay la Charité ie ne suis rien.

Pesez bien ceste Doctrine, principalement le mot de l'Apostre qui luy sert de couronne: il ne se contente pas de dire que sans la Charité il ne fait rien, mais il dit tout net que luy mesme n'est rien. O Dieu, dit le Psalmiste, ma substance est comme vn neant deuant vous, si ie suis en peché, si ie n'ay la Charité.

A a ij

115. *Comme se pratiquent les Vertus par la Charité, pour accomplir la Iustice Chrestienne?*

C'est vn sujet si estendu qu'il merite bien vne Catechese à part, c'est à dire vne Instruction aux Vertus Parfaittes, & vne autre encor de la destruction des Vices, par le glaiue flamboyant de la Iustice Chrestienne animée de Charité. Apprenez seulement que nul n'entrera au Paradis celeste, s'il n'est transpercé de ce glaiue de feu, & ne sera admis aux nopces eternelles sans cette robe nuptiale.

O Dieu de Iustice & d'Amour donnez nous la Charité, qui est l'accomplissemēt de la Loy, & toute la plenitude & perfection de la vraye Iustice Chrestienne.

116. *Puis que l'autre partie de la Iustice Chrestienne consiste en la destruction des Vices, representez nous cette armée de Philistins qu'elle a à combattre.*

Nous le ferons en les opposant à la monstre que nous auōs faite des escadrons des Vertus. Car comme elle doit pratiquer celles cy en l'Amour & pour l'Amour de Dieu, en ce mesme Amour, & par ce mesme Amour, elle doit vacquer à repousser le vice ennemy mortel de la Charité qui est la vie de l'ame.

Que verrez vous en la Sulamite, l'ame iuste, sinon des chœurs ou escadrons de combatans, elle est terrible comme vne armée rangée en

De la Iustice Chrestienne. 373

belle ordonnance.

117. *Dressez donc ces bataillons.*

Le 1. sera des Vices opposez à la vertu de la Foy : qui sont. 1. l'Infidelité. 2. l'Heresie. 3. l'Apostasie. 4. le Blaspheme.

Il ne faut qu'envisager ces Monstres pour les auoir en horreur : produisez des actes qui les égorgent : mais produisez les pour la gloire de Dieu.

118. *Le Second.*

Il sera des vices contraires à la vertu d'Esperance. 1. le Desespoir. 2. la Presomption.

Ces deux extremitez, ou plustost ces deux gouffres engloutissent beaucoup d'ames inconsiderées : gardez de donner dans ces abismes.

119. *Le Troisiesme.*

Sera des vices qui heurtent directement la Reine des Vertus, la saincte Charité. 1. la Haine. 2. la Paresse. 3. l'Enuie. 4. la Discorde. 5. la Contention. 6. le Schisme. 7. la Guerre Injuste. 8. la Noise. 9. la Sedition. 10. le Scandale. 11. l'Amour propre.

Ce sont là autant de poisons, qui esteignent en l'ame la vitale chaleur du diuin amour. Fuyez les comme la mort.

120. *Le Quatriesme.*

Les vices opposez à la Vertu de Prudence, sont. 1. l'Imprudence. 2. la Negligence. 3. la

Aa iij

Prudence de la chair. 4. la Flatterie. 5. la Fraude, la Tromperie, la Finesse. 6. le Soucy immoderé ou Empressement. 7. le Propre Iugement. 8. l'Obstination. 9. la Volonté propre.

Souuenez vous de ceste belle sentence de l'Apostre, que la Prudence de la chair est vne mort, & que la confusion est la fin ordinaire de la Prudence Humaine.

121.   *Le Cinquiesme.*

Est des vices, qui contrepointent la Vertu de Iustice. Et sont. 1. l'Homicide soit par fer, par poison. 2. les Battures injustes. 3. le Larcin. 4. la Contumelie. 5. l'Abus de la langue. 6. l'Vsure. 7. la Vengeance. 8. le Violement des vœux. 9. la Superstition. 10. l'Irreligion. 11. l'Idolatrie. 12. la Diuination. 13. la Magie. 14. Tenter Dieu. 15. le Parjure. 16. le Sacrilege. 17. la Simonie. 18. la Desobeïssance. 19. l'Ingratitude. 20. le Mensonge. 21. l'Hypocrisie. 22. la Mocquerie. 23. la Vanterie. 24. l'Auarice. 25. la Prodigalité. 26. l'Impieté. 27. l'Inobseruance.

Sans la Charité il est mal-aisé que la Iustice Morale & Acquise, vienne à bout de tant de Monstres. Mais appliquant le feu du diuin Amour aux testes de cette Hydre, elles ne peuuent renaistre.

122.   *Le Sixiesme.*

Se forme des Vices contrarians la Vertu de

De la Iustice Chrestienne.

force, qui sont. 1. la Crainte excessiue, ou l'imidité. 2. l'Audace ou Temerité. 3. l'Ambition. 4. la Langueur & Lascheté. 5. la Pusillanimité. 6. l'Impatience. 7. l'Inconstance.

Il faut releuer son courage, & dire à Dieu qu'il est nostre force & nostre salut, auec lequel nous ne pouuons, ny ne deuons rien craindre.

123.   *Le Septiesme.*

Il est composé des vices qui combattent la vertu de Temperance, & sont. 1. la Gourmandise. 2. l'Yurognerie. 3. la Luxure. 4. la Colere. 5. la Cruauté. 6. l'Orgueil & vaine Gloire. 7. la Curiosité. 8. l'Immodestie. 9. l'Impudence. 10. le Chagrin. 11. l'Ignorance coulpable. 12. l'Immortification.

Representer la laideur de ces vices c'est les faire haïr & fuir. Haïssez les d'vne haine parfaite, parce qu'ils déplaisent infinimēt à Dieu, qui a toute iniquité en abomination.

124. *Comme se comporte la Iustice Chrestienne contre ces Monstres?*

Tantost elle les combat comme les Parthes en les fuyant, tantost elle les abbat en s'opposant à eux de pied ferme. Mais c'est tousjours à l'aide de la Charité qui l'anime à ceste guerre, & qui tantost luy preste des aisles d'Aigle ou de Colombe, pour s'esleuer & s'escarter, tantost luy fournit des forces surnaturelles comme à Sanson pour terrasser tous ces

Aa iiij

Philistins. Et de toutes ces victoires elle en rapporte les dépouilles au S. Amour de Dieu.

Non à nous, Seigneur, non à nous, mais à vostre Nom soit honneur & gloire.

115. *Conclusion.*

Enfin, le comble, le faiste, la sommité de la Iustice Chrestienne est en la Charité, sans laquelle elle ne peut estre que morte & imparfaite, & plutost Philosophique, Morale & Acquise, que Chrestienne, Surnaturelle, & Infuse. Par la Charité elle attaint la fin derniere & Souueraine qui est la gloire de Dieu, y rapportant les actes de toutes les Vertus & les combats qu'elle rend contre tous les vices.

Le cœur du Iuste, dit le Sage, veille de bonne heure au Seigneur, qui l'a fait, & creé, & il prie en la presence du Tres-haut. Ce qu'il dit de la Priere, se doit entendre de toute autre bonne œuure faite en Charité, & par le motif de la Charité, & se doit estendre à la suitte de toutes les Vertus Viues & Parfaites, & à la suite de tous les vices: tel est l'exercice de la vraye Iustice Chrestienne.

CATECHESE VII. SVR LA DE-STRVCTION DV VICE.

I. ARTICLE.

Quelles sont les parties de la Iustice Chrestienne?

Nous auons dit en la Catechese qui precede qu'il y en a deux, la 1. la fuite du Vice, la 2. la suite de la Vertu selon cét enseignement du Psalmiste.

Quel est l'homme qui veut la vie, (& la vraye vie, c'est l'eternelle qui n'est point tributaire de la mort) & couler ses iours heureusement, qu'il fuye le mal, & qu'il face le bien, ainsi il attaindra à la vraye paix: paix de Dieu, dit l'Apostre, qui surpasse tout sentiment & toute intelligence.

2. *Figures.*

Ces deux parties, sont les deux yeux, les deux bras, & les deux pieds de l'ame Iuste, tant recommandez en l'Escriture, auec quoy elle regarde, elle embrasse, elle suit Dieu.

Tes yeux sont de Colombe, dit le S. Amant à son Espouse, ta gauche est sous ma teste, & ta droitte m'embrasse, que tes pieds sont beaux en tes chaussures, ô la Fille du Prince, ô que les pieds sont beaux de ceux qui Euangelizent la paix, qui annonçent le bien.

3. *Quel est ce mal que la Iustice nous fait fuir?*
C'est celuy de coulpe, à comparaison duquel celuy de peine ne doit estre appelé mal : puis que par les peines bien souffertes & pour l'amour de Dieu en estat de grace, on peut arriuer aux biens eternels ; selon ce qui est escrit.

Ce leger moment de tribulation, qui nous essaye en cette vie, opere en nous le poids eternel de la gloire.

4. *Pourquoy la Coulpe est elle appelée mal?*
Parce qu'elle est directement opposée au Souuerain bien qui est Dieu, c'est ce Neant, ce Rien, qui a esté fait sans Dieu, dit S. Iean. Ce neant auquel Dauid se disoit reduit par sa faute.

Detestez ce Neant, car c'est vn Geant armé, qui comme cet orgueilleux Philistin, braue non seulement l'armée des vrays Israëlites, mais le Dieu mesme d'Israël, qui est si bon à ceux qui sont droits de cœur.

5. *Qu'est-ce que le peché?*
C'est vne chose pensée, ditte, ou faite con-

tre la Loy de Dieu eternelle.

Ayez en horreur vne telle reuolte, & dittes auec Dauid, ô Seigneur à la teste de vostre liure il est escrit de moy, que ie fasse vostre volonté, ie le veux ô mon Dieu, & que vostre Loy soit à iamais grauée au milieu de mon cœur.

6. *Combien y a t'il de sortes de peché?*

C'est vne Hydre qui a vne infinité de testes. Nous auons tasché en la Catechese precedente de les reduire à certaines branches, toutes branches d'vn mauuais tronc qui est le vicieux Amour de nous mesmes, se terminant en la haine & au mespris de Dieu.

Rejettez de tout vostre cœur le mauuais fruit de ce mauuais arbre, fruit veneneux & qui donne la mort eternelle.

7. *Comme le peut on fuir?*

Ce n'est pas auec les pieds du corps, mais auec les affections, qui sont les pieds de l'ame raisonnable, desquels il est escrit, leurs pieds courent au mal : & encores, leur ordure est en leurs pieds, à raison dequoy ils sont soüillez en leurs voyes.

O Dieu dressez mes pas en vos voyes, affin que ie ne sois point esbranslé dans le bon sentier.

8. *Quels sont ces pieds?*

Il y en a deux, l'entendement & la volonté, la cognoissance & l'Amour. La cognoissance du vice imprime vne sainte horreur de sa laideur dans nostre volonté, qui fait que nous l'éuitons.

Fuyez deuant le peché, comme deuant la face du basilic qui nous empoisonne de sa veuë.

7. *Quel est leur vsage?*

Nous l'enseignerons icy, donnans 1. la cognoissance de chaque peché, & puis 2. aprés l'acte de l'entendement nous ferons suiure celuy de la volonté, le detestant, haïssant, & rejettant, parce que le salut est esloigné des pecheurs, qui ne recherchét pas les iustifications de Dieu.

10. *Quel ordre garderez vous?*

Nous suiurons celuy de S. Thomas en sa somme (2. 2.) monstrant tous les pechez comme opposez aux sept vertus principales, fondamentales, radicales, les 3. Theologiques & les 4. Cardinales.

Demandez à Dieu la grace necessaire pour en purger vostre ame, oyez la voix de la Tourterelle qui vous dit que le temps de retrancher & d'emonder est arriué, cessez de faire le mal, apprenez à faire le bien, ostez la malice de vos pensées, lauez vostre cœur de toute malignité.

11. *Quelle sera la fin de cette destruction du Vice?*

Si vous voulez qu'elle serue à la gloire de Dieu, à vostre salut, & à l'acquisition de la vie eternelle, il faut qu'elle se fasse pour l'Amour de Dieu, & le plus pur sera le plus parfait, ne haïssant pas tant le vice pour vostre interest (quoy que ce ne soit pas mal fait de le haïr pour cela) que pour celuy de Dieu qui en est offensé, & qui l'a en abomination.

Les pechez sont les vrais ennemis de Dieu, auec lesquels nous ne deuons iamais auoir ny paix, ny tréue. Mais dire auec Dauid, ô Seigneur ie seche de zele contre vos ennemis, ils sont les miens, & ie les haïs d'vne haine parfaite.

12. *Ne pouuons nous pas les detester pour nostre interest?*

Ouï: mais ce n'est qu'vne haine imparfaitte que l'on appelle attrition, laquelle sans le Sacrement, qui met la contrition en sa place, est incapable de nous mettre dans la iustification. Ioint que haïr le peché pour nostre interest, est plutost fuir la peine que la coulpe, mais le haïr pour celuy de Dieu c'est le detester plus pour la coulpe, par laquelle Dieu est deshonoré, que pour la peine.

O Dieu, disoit le Roy des Penitens, ie hay l'iniquité & l'ay en abomination, & j'ayme vostre Loy, que ie veux pour l'amour de vous obseruer de tout mon cœur.

13. *Quel est le vray effect de la Iustice Chrestienne?*

C'est de nous faire fuir le peché, & suiure la vertu par le pur Amour de Dieu, & l'interest de sa gloire, car estant animée de Charité (autrement elle ne seroit ny infuse, ny viue, ny vrayment Chrestienne) elle ne peut auoir pour fin derniere que celle de l'interest de Dieu.

O Dieu vostre Iustice est vne Iustice eternelle, & vostre Loy est la mesme verité.

14. *Entrez en particulier dans l'examen des vices, & dans les moyens de les destruire.*

Pour nous retrancher dans la briefueté en ce suiet qui est infiny, nous nous contenterons de deux points que nous auons marquez, le 1. la cognoissance de chaque vice par sa deffinition, le 2. la sainte haine que nous en deuons conceuoir pour la gloire de Dieu.

Prions Dieu auec la saincte Dame Iudith, qu'il fortifie nostre courage pour trancher la teste à cet Holopherne.

15. *De l'Infidelité.*

Le 1. vice qui combat la vertu de la Foy c'est l'Infidelité. C'est vn aueuglement volontaire qui nous empesche d'acquiescer aux veritez diuinement reuelées.

O Dieu, dit Dauid, reuelez, c'est à dire ouurez mes yeux, affin que ie considere les merueilles de vostre Loy.

16. *Combien a t'elle d'especes?*

Il y en a de trois sortes. 1. la Payenne. 2. la

Iuifue. 3. l'Heretique. La pire selon S. Thomas (2. 2. q. 10.) est l'Heretique, la moindre la Payenne, la moyenne la Iuifue.

Detestez ces trois monstres comme directement opposez au fondement du salut qui est la Foy.

17. *Antidote.*

Puis que sans la Foy il est impossible de plaire à Dieu, auquel celuy qui veut arriuer doit premierement croire: Cultiuons soigneusemēt & fidellement ce don precieux, en captiuant nostre entendement sous l'obeissance de la Foy, & éuitant comme des escueils les curiositez qui luy sont contraires.

Demandez à Dieu qu'il vous garde du naufrage de la Foy, car celuy qui ne croid pas est desia condamné.

18. *De l'Heresie.*

C'est le 2. vice opposé à la Foy. C'est vne erreur contraire à la verité de la Foy Catholique, soustenuë auec opiniastreté, & sans soumission au jugement de l'Eglise & de ses Pasteurs.

Gardons nous de ceux qui font des sectes à part, & qui preferent leur opinion particuliere à la decision de l'Eglise vniuerselle.

19. *Remede.*

La Foy pour estre vraye doit estre Catholique, c'est à dire vniuerselle, qui peche en vn

article peche en tout, c'est vn ouurage de re-
fueil, vne maille rompuë tout est dissipé. Tenons nous au mast du nauire, au gros de l'arbre, à l'Eglise Catholique Colomne & fermeté de la verité, hors de cét arche tout perit dans
le deluge de l'erreur.

Repensez à cette belle Sentence, nul n'aura
Dieu pour Pere, qui n'aura eu l'Eglise pour
Mere.

20.   *De l'Apostasie.*

C'est le 3. vice contraire a la Foy: Il y en a de
trois sortes, la 1. est celle par laquelle on re-
nonce à la Foy Catholique, en laquelle on a receu le Baptesme, la 2. est l'Apostasie par laquelle on se reuolte contre les commandemés
de Dieu, ce qui se fait par chaque peché mortel, la 3. par laquelle on quitte l'ordre Cleri-
cal ou Conuentuel sans desir de le reprendre.
La 1. espece est proprement Apostasie; les
deux autres improprement.

Ce vice est si infame deuant Dieu & deuant
les hommes, que le nommer c'est l'exposer à
toute haine.

21.   *Remede.*

Ceux qui le commettent portent leur tesmoin, leur Iuge, & leur bourreau dans leur
sein. Ils sont comme des Cains fugitifs sur la
terre, & tousjours tremblans.

La cognoissance de leur mal c'est leur guerison, cette

Sur la Destruction du Vice. 385
son, cette vipere porte auec soy son antidote: Nous les exhortons, comme dit S. Paul, de se reconcilier auec Dieu, & d'auoir pitié de leur pauure ame.

22.   *Du Blaspheme.*

C'est le 4. peché contraire à la Foy. La Foy nous donne de hauts & bons sentimens de la Diuinité, & l'esprit de Blaspheme nous fait attribuer auec impieté à Dieu, des deffauts qu'il n'a pas, & nous luy fait arracher des perfectiós qu'il possede en eminence. Abomination digne de mille foudres.

O Dieu ie vous beniray en tout temps, vostre loüange sera tousjours en ma bouche.

23.   *Antidote.*

Considerez ces mots, donnez parmy les foudres, les éclairs, & les tonnerres: Tu ne prendras point en vain le nom du Seigneur ton Dieu. Et ceux-cy de N. S. l'esprit de blaspheme n'aura point de remission (*Matth. 12. Marc. 3.*) que durant la Loy de Moyse le blasphemateur estoit lapidé (*Leuit. 24.*)

Et sur tout pesez ce precepte Apostolique. Que vostre parole soit, ouy ouy, non non. (*Iac. 5.*) & cet autre. Deposez toute colere, indignation, malice, blaspheme. (*Coloss. 3.*)

24.   *Du Desespoir.*

C'est le 1. peché opposé à la vertu d'Esperance. C'est vne deffiance entiere de la misericor-

Bb

de de Dieu à pardonner les pechez, & de sa benignité à donner des graces suffisantes pour conuertir. D'autres disent que c'est vn regard desdaigneux de la Beatitude eternelle, comme d'vn Bien impossible à conquerir.

C'est le plus lasche de tous les vices & le plus desraisonnable, qui arrache à Dieu autant qu'il peut sa bonté & sa misericorde. O qu'il est detestable! C'est le peché de Cain, de Saül, de Iudas, trois tisons d'enfer.

25.　　　　　*Remede*.

Releuer son courage en Dieu, qui bastit le trosne de sa misericorde sur nos plus grandes miseres: quelle folie de penser qu'vn ver de terre puisse faire ce que Dieu ne puisse deffaire & pardonner.

O Dieu vos miserations sont par dessus toutes vos œuures. Vostre misericorde surnage tousjours vos iugemens, vous faites misericorde à milliers. A vous est la misericorde, & vostre redemption est copieuse & abondante, quand vous me tueriez ie ne laisserois pourtant d'esperer en vous.

26.　　　　*De la Presomption.*

C'est le 2. peché contraire à l'Espoir, & qui va à l'autre extremité du desespoir. Il bat la misericorde de Dieu de ses propres armes, & il offense Dieu, parce qu'il le croit infiniment bon : malice prodigieuse, & digne d'vn grand chastiment.

O mauuais seruiteur, dit N. S. en l'Euangile, pourquoy es tu mauuais, parce que ie suis bon. C'est vn voleur qui fait de meschás coups d'vne bonne espée.

27. *Antidote.*

Estimer obtenir pardon sans penitence, & le Ciel sans bien faire, & sans obseruer la Loy de Dieu, c'est penser Dieu injuste & non veritable, car il a dit, si vous ne faites penitence vous perirez tous : & parlant de sa Loy, faites cela & vous viurez.

Escoutez ce foudre Apostolique (*Rom.* 2.) O pecheur, méprises tu les richesses de la bonté, patience, & longanimité de Dieu, ignores tu que sa misericorde t'ameine à penitence: mais toy selon ta malice & ton cœur impenitent, tu te ramasses vn tresor de courroux pour le iour de la vengeance.

28. *La Haine.*

C'est le 1. peché contraire à la Charité. La Charité nous fait aimer Dieu & le prochain comme nous mesmes & ce vice execrable nous fait haïr Dieu (haine qui se trouue implicitement en tout peché capital) & porter enuie au bien de nostre prochain, soit temporel, soit spirituel, par vne haine infame.

Ce vice de Démon est le propre caractere des ames reprouuées, qui n'aime point Dieu & son prochain demeure en la mort.

29.   Remede.

Sans la Charité il ne faut point esperer de salut, & la haine est le venin, qui esteint en nous ceste diuine ardeur qui est la vie de nostre ame.

Si quelqu'vn m'aime, dit N. S. il gardera mes commandemens, il sera aimé de mon Pere, & nous viendrons en luy, & y ferons nostre demeure. Celuy qui n'aime pas son frere, & se dit aimer Dieu, est vn menteur, & la verité n'est point en luy, dit S. Iean.

30.   La Paresse.

C'est le 2. vice opposé à la Charité, par lequel nous obmettons de faire ce qui nous est commandé sous peine de peché. C'est vn engourdissement aux choses qui regardent necessairement le seruice de Dieu.

O Dieu i'ay couru en la voye de vos commandemens, lors que vous auez dilaté mon cœur (*Pseau.* 118.)

31.   Remede.

Picquer son cœur par ces menaces diuines, qui neglige sa voye sera tué: qui mesprise les petites choses tombera peu à peu dans l'abisme: qui dissipe la haye (des preceptes) sera mordu par le serpent: i'ay passé par le jardin du faineant, il n'y auoit que des orties.

Maudit celuy qui fait l'œuure de Dieu negligemment. Considerez la lascheté de ce vice

Sur la destruction du Vice.

infame, & dittes à vous mesme, paresseux iusques à quand dormiras-tu?

32. L'Enuie.

C'est le 3. vice contraire à la Charité du prochain, car c'est vne tristesse du bien d'autruy, comme s'il prejudicioit au nostre. Vice tres injuste & tres iuste, tres injuste en ce qu'il fait sa maigreur de la graisse & felicité des autres: tres iuste, d'autant qu'il sert de bourreau & de supplice à celuy qu'il possede.

Ce vice est si lasche & indigne que Iob (5.) a dit que c'est le vice des enfans, c'est a dire des petits esprits, qu'ils en sont tuez, & rongez comme des vers.

33. Antidote.

Ruminez les exemples de Cain, des freres de Ioseph, de Saul, d'Amon, des Pharisiens & Scribes, voyez leur mauuaise issuë, & faites vous sage à leurs despens.

Vice diabolique, car c'est par l'enuie du Diable que le peché est venu au monde, & par le peché la mort.

34. La Discorde.

4. Vice opposé à la Charité: c'est vne dissention & diuision de nostre volonté d'auec celle d'autruy, aux choses qui regardēt le bien de Dieu & du prochain, que nous sommes obligez de vouloir.

Si la Charité fait vn mesme vouloir & non

Bb iij

vouloir aux choses bonnes, voyez comme ce traict mortel donne droit dans le cœur de nostre ame, qui est le diuin Amour & la dilection du prochain.

35.   *Remede.*

Pensez à ce que dit le Sage (*Prou. 6.*) que Dieu deteste celuy qui seme des discordes entre les freres. Et S. Paul. Dieu n'est point Dieu de dissension, mais de paix (*1. Cor. 14.*)

Et à ce grand mot du Sauueur (*Math. 12.*) Tout Royaume diuisé sera desolé. Et encores, sois d'accord auec ta partie tandis que tu es en la voye, de peur que le Iuge ne te traicte en criminel.

36.   *La Contention.*

5. Vice contraire à la Charité : C'est lorsque nous contestons contre vne verité qui nous est cognuë. Peché contre le S. Esprit qui se pardonne difficilement.

Voir ce serpent & l'auoir en horreur est vne mesme chose.

37.   *Remede.*

Pensez que les amis de la verité sont enfans de Dieu, qui est Dieu de verité: & que ceux qui soustiennent le mensonge, sont enfans de celuy qui en est appelé le Pere.

Effrayez-vous par l'exemple du chastiment d'Ananie & de Saphira, qui mentirent au S. Esprit (*Act. 5.*)

38.   Le Schifme.

6. Peché contre la Charité : comme l'Heresie est contre la Foy. C'est lors que quelqu'vn se separe de l'vnité de l'Eglise : faisant bande à part.

C'est diuiser la robe sans couture du fils de Dieu, peché plus enorme que celuy des Iuifs, qui la laissent entiere.

39.   Remede.

Considerez que le rayon separé de son Soleil perd sa lumiere, la branche seche diuisée de son tronc, & le membre pourrit destaché de son corps.

Courez sous les aisles de l'Eglise sainte, comme vn petit poussin sous celles de sa Mere, de peur que l'oyseau de proye ne vous deuore. Dittes auec Dauid, I'ay esté fait comme vne brebis errante, mais vous m'auez, ô Seigneur qui estes le bon Pasteur, retiré de ma perte.

40.   La Guerre Injuste.

7. Vice contraire à la Paix qui est vn effect de la Charité. Ce n'est pas vn simple peché, mais c'est la source de tous les maux de coulpe & de peine. Les Latins l'appellent *Bellum*. còme qui diroit *Belluinum*. vne chose brutale & bestiale, on auroit plustost fait de dire diabolique & infernale.

Que bien-heureux sont les Pacifiques, car ils seront appelez enfans de Dieu.

41. *Remede.*

Nous auons dit Guerre injuste, car il y a des Guerres iustes, & auctorisées de Dieu, qu s'apelle Dieu des armées & des batailles, aussi bien que Dieu de Paix. Mais quelque iuste que soit la guerre, la meilleure n'est pas si bonne que la pire paix.

La Paix est l'œuure de la Iustice, la Iustice & la Paix s'entrebaisent, & sont tousjours de bon accord. La Guerre, fleau des fleaux de Dieu est vn abisme de malheurs.

42. *La Noise ou Querelle.*

8. Peché contre la Charité du prochain. Elle peut estre de parole ou d'effect, celle-là va dans les injures, celle-cy dans les batteries, & combats singuliers que l'on appelle duels.

Ce vice est plus que brutal, les animaux se battans rarement auec ceux de leur espece.

43. *Remede.*

Chaqu'vn estant aueugle en son propre fait, il n'est pas permis de se faire iustice à soy mesme. C'est mettre la main au plat de Dieu qui s'appelle le Dieu des vengeances, & du Magistrat qui est l'Image de sa puissance, & qui ne porte pas le glaiue sans cause, pour la vengeâce & la punition des meschans & des outrageux, & la deffense des outragez.

Le duel est vne chose si injuste & execrable que le nommer c'est le detester. Pesez ce mot de l'Eternel, A moy la vengeance.

44.   La Sedition.

9. Vice contre la Charité. D'autant plus grand que c'est vne noise, querelle, dissention, diuision, injuste semée parmy les Citoyens, d'où naissent les guerres, reuoltes, rebellions, meurtres, saccagemens, & vn nombre infiny de confusions, de desordres, & de miseres.

Image de l'enfer, où il n'y a point d'ordre, mais vne horreur vniuerselle.

45.   Remede.

Pesez ces paroles Apostoliques (2. Cor. 13.) Ie crains qu'arriué vers vous (il parle aux Corithiens) ie ne vous trouue pas tels que ie desire, mais dans les contentions, jalousies, animositez, dissentions, detractions, murmures, sousleuemens, seditions.

O de combien de maux se rendent coupables les boutefeux, & autheurs des seditions, & émotions populaires!

46.   Le Scandale.

10. Vice opposé à la Charité du prochain: C'est vne parole ou action mauuaise ou inconsiderée qui donne occasion à quelqu'vn de tomber en faute.

Malheur à celuy, dit N. S. par qui le scandale arriue (*Matth.* 18.)

47.   Remede.

Quelle malice de faire trebuscher vn pauure

aueugle. Ceux qui pechent contre leurs freres, & bleſſent leur conſcience infirme, dit S. Paul. (*Rom.* 14.) pechent contre I. C.

Quiconque ſcandalizera le moindre de ces petits qui croyent en moy, dit le Sauueur, (*Matth.* 18.) il ſeroit expedient de le jetter en la mer, auec vne meule de moulin attachée au col; iugez par ceſte ſentence de la grauité de la coulpe.

48. *De l'Imprudence.*

C'eſt le 1. Vice oppoſé à la Vertu de Prudence. C'eſt vne indiſcretion aueugle qui nous empeſche de diſcerner la bonne de la mauuaiſe fin, & de faire le choix des moyens conuenables pour arriuer à l'vne, & éuiter l'autre.

O Dieu donnez moy de l'entendement, & ie rechercheray voſtre Loy, pour l'obſeruer de tout mon cœur.

49. *Antidote.*

Agir ſans diſcretion & diſcernement eſt pluſtoſt l'action d'vne beſte que d'vn animal raiſonnable.

L'homme eſtant en honneur n'a pas recognu ſa dignité, à raiſon dequoy il a eſté comparé aux animaux ſans iugement, & à eſté fait comme vn cheual & vn mulet, qui n'ont point d'entendement.

50. *La Precipitation.*

2. Vice contraire à la Prudence: qui conſi-

Sur la destruction du Vice.

ste en vne hastiueté excessiue qui procede de passion.

Ce mot de precipitation qui vient de precipice, nous auertit de regarder à nos pieds, c'est à dire à veiller sur les pieds spirituels, qui sont les passions & affections de nos ames.

51. *Remede.*

Pesez ces belles sentences : cela se fait assez tost, qui se fait assez bien : il se faut haster tout doucement.

Quoy que la temerité soit legere, elle ne laisse de porter le repentir en croupe. Les fruits hastifs ne sont pas de bonne nourriture.

52. *L'Inconsideration.*

3. Vice contre la Prudence. C'est vn manquement d'attention, de reflexion, & de preuoyance dans les actions, les faisant sans iugement & à la volée.

Gens sans conseil & sans prudence, à ma volonté qu'ils fussent sages, entendus, & preuoyans la fin.

53. *Antidote.*

Quand on est tombé dans les pieges, il n'est pas temps de dire ie n'y pensois pas. La femme forte & sage considere le train de sa maison.

O Dieu i'ay pensé à mes voyes, & i'ay mis mes pas dans vos témoignages.

54. *L'Inconstance.*

4. Vice bandé contre la Prudence. C'est lors

que l'on se relasche ou retracte de ses bons propos, & que l'on deffaut en la voye du bien, estoiles errantes, dit S. Iude, à qui le tourbillon des tenebres est reserué pour iamais.

Au contraire les Iustes demeurent en vne grande constance : & sont comme la montagne de Sion qui ne s'esbransle point.

55. *Remede.*

Ruminez ces diuines sentences qui sont autant d'oracles sacrez. Le cœur de l'Impie est comme vne mer escumeuse & agitée, qui n'a point de repos. (*Isa.* 17) l'hôme double d'esprit est inconstant en ses voyes (*Iacq.* 1.) celuy qui met la main à la charrue & regarde en arriere est indigne du Royaume de Dieu (*Luc* 9.)

Mes freres bien aimez, dit S. Paul, (1. *Cor.* 15.) soyons stables & immobiles dans le bien. Qui perseuerera iusques à la fin sera sauué. (*Matth.* 10.)

56. *La Negligence.*

5. Vice opposé à la Prudence : c'est vne lascheté à executer promptement ce qui a esté meurement deliberé.

Celuy qui est mol & tardif en son œuure est semblable à celuy qui dissipe sō bien (*Prou.* 18.)

57. *Remede.*

Oyez ceste estrange menace. A ma volonté que tu fusses froid ou chaud, mais parce que tu es tiede ie te vomiray. (*Apoc.* 3.)

Sur la destruction du Vice. 397

Iettez aux tenebres exterieures le seruiteur inutile. Taillez l'arbre qui ne porte point de fruit, & le iettez au feu. (*Matth.* 25.)

58.   *La Prudence de la chair.*

7. Vice contraire à la vraye Prudence de l'esprit : C'est vne vicieuse industrie qui trouue les moyens pour arriuer à vne mauuaise fin.

L'Apostre l'appelle mort, d'autant qu'elle apporte à l'ame qui la pratique la mort du peché.

59.   *Remede.*

Escoutez N. S. qui blasme la Prudence des enfans du siecle & des tenebres. Ils sont prudens mais pour faire mal.

Et l'Apostre (*Rom.* 8.) la Prudence de la chair est ennemie de Dieu, d'autant qu'elle est contraire à sa Loy, & non sujette à sa volonté.

60.   *L'Astuce ou finesse.*

8. Vice opposé à la sincere Prudence. C'est quand on cherche de fausses & malignes voyes & des moyens illegitimes pour arriuer à vne fin, soit bonne, soit mauuaise.

Dieu surprendra les Prudens en leur Prudence, & les fins en leurs finesses : car il a en abomination le trompeur.

61.   *Remede.*

Soyez prudens comme des serpens, mais simples comme des Colombes, la Colombe sans serpent est niaiserie & fatuité, le serpent sans Colombe est ruse & finesse.

Le Seigneur meine le iuste par de droittes voyes, il luy monstre son Royaume, il rend ses trauaux honorables & accomplis, malheur à ceux qui ont le cœur double.

62. La Fraude.

9. C'est l'execution du vice precedent, c'est vn vice de voleur & de filou, indigne d'vn homme qui fait profession d'honneur, le fourbe est vn infame.

Les sanguinaires & les trompeurs ne feront que la moitié de leurs iours. Dieu les retranche de la societé des viuans comme les pestes du genre humain.

63. Antidote.

L'Escriture deteste par tout ceste perfidie, les langues trompeuses (*Psal.* 5.) les trōpeurs (*Psal.* 105. ceux qui ne pensent qu'à malice & à faire des fourbes (*Psal.* 37.)

Le Sage descriuant vn scelerat (*Ecclef.* 19.) dit que son interieur est tout remply de fraude & de tromperie, c'est vne chaussetrape animée.

64. Le Souci.

10. Vice contraire à la Prudence. C'est vne solicitude immoderée des choses temporelles: la moderée s'appelle soin & diligence qui est auec tranquilité, mais le souci est tousjours accompagné de trouble.

O Marthe Marthe, tu te soucies & te troubles de beaucoup de choses.

Sur la destruction du Vice. 399

65.   Remede.

Iettez vostre pensée au Seigneur & il vous nourrira: n'ayez point de soucy du lendemain, (*Matth. 6.*) Dieu sçait ce qu'il faut pour vostre entretien, à chaque iour suffit sa malice.

O Seigneur les yeux de tous esperent en vostre prouidence, qui leur donne leur nourriture en temps opportun, vous ouurez vostre main, & remplissez tout animal de benediction.

66.   *De l'Acception des Personnes.*

C'est le 1. Peché contraire à la Iustice: laquelle doit estre sans yeux, aussi bien que sans mains pour receuoir des presens. C'est lors que l'on fauorise le Grand ou le Puissant contre l'equité.   Peché que Dieu en sa parole deteste souuerainement.

Tu n'auras acception d'aucune personne en iugement (*Deuteron. 1. & 16. Exod. 23. Leuitic. 19. Prouerb. 18.*)

67.   Remede.

C'est d'écouter Dieu parlant, ou plustost foudroyant là dessus, car qui craint Dieu ne redoute pas les puissans de la terre (*Psal.* 118.) N. S. dit, Ne iugez pas selon l'apparence, mais soyez iustes en vos iugemens (*Iean* 7.)

S. Iacques (2.) Mes freres si vous croyez en la gloire de N. S. I. C. n'ayez aucune acception des personnes: si vous l'auez vous pechez, & estes transgresseurs de la Loy.

68. L'Homicide.

C'est le 2. Peché contraire à la Iustice. Le nommer, le deffinir, le cognoistre, & l'auoir en execration, sont vne mesme chose en vne bonne ame.

O Dieu, le Dieu de mon salut, deliurez moy du sang, & ma langue exaltera vostre iustice.

69. Remede.

On parle icy de l'homicide injuste, soit qu'il se face par force ouuerte, ou par voye couuerte, comme par magie ou empoisonnement, car il y a des homicides justes, comme en guerre, en se deffendant, ou par execution de Iustice publique. Hors delà, la Loy de Dieu dit net, tu ne tueras point.

Quiconque répandra le sang humain, le sien sera répandu, car l'homme est fait à l'Image de Dieu (*Genes* 9.) Sçauez vous que tout homicide n'a point en soy la vie eternelle (*1. Iean* 3.) c'est à dire la grace, qui est appelée le Royaume de Dieu.

70. La vexation du corps du Prochain.

3. Peché contre la Iustice. Outre l'homicide, il y a trois autres vexatiōs corporelles qui sont des pechez quand elles sont injustes, quoy que d'ailleurs & par iugement elles puissent estre justes. La 1. est l'emprisonnement. La 2. la batteure. La 3. l'estropiement ou mutilation de membres.

membres.

En toutes ces manieres offenser le prochain injustement est vn grand peché: mais non quand elle se fait par auctorité publique.

71. *Remede.*

Pensez à ce qui escrit en l'Exode (21.) œil pour œil, dent pour dent, main pour main, pied pour pied.

Et à ce mot de la Loy de nature, ne fais à autruy ce que tu ne voudrois t'estre fait.

72. Le *Larcin ou Rapine.*

4. Vice contre la Iustice: c'est quand à cachette ou à force ouuerte on rauit le bien d'autruy.

Ce peché porte vne telle infamie sur le front, que le nommer c'est le faire haïr.

73. *Remede.*

Oyez Dieu tonnant au milieu des feux & des tremblemens de terre, & disant, tu ne desroberas point.

Et l'Apostre nous asseurant que les larrons n'auront point de part à l'heritage celeste.

74. La *Contumelie.*

5. Espece d'Injustice, c'est rauir l'honneur d'autruy, de fait ou de parole.

Dauid souffroit auec tant de patience qu'il se disoit semblable à vn sourd, & à vn muet qui n'a point de reparties.

75. *Antidote.*

Cc

Les Apostres sortoient tous joyeux des grandes assemblées, s'estimans trop heureux d'auoir esté trouuez dignes de souffrir des contumelies pour le nom de Iesvs, picquez vous de ce grand exemple.

Vous estes bien-heureux quand les hommes vous chargeront d'opprobres pour mon nom, dit N. S. resjoüissez-vous, car vostre loyer est grand dans les Cieux.

76.   *La Detraction, ou Mesdisance.*

6. Peché contre la Iustice : par lequel on diminue en particulier la reputation d'autruy.

Ie poursuiuois à outrance dit le Psalmiste, (*Psc.* 100.) celuy qui detractoit en secret de son prochain.

77.   *Antidote.*

Le fer chaud de la parole de Dieu qui est toute de feu vehement. Les Detracteurs sont haïs de Dieu (*Rom. 1.*) Mes freres, dit Sainct Iacques, ne detractez point les vns des autres, car le mesdisant est preuaricateur de la Loy de Dieu (*Iac. 4.*)

S. Paul (*1. Cor. 6.*) Ne vous y abusez pas mes freres, car ie vous asseure, que ny les fornicateurs, ny les idolatres, ny les adulteres, ny les larrons, ny les mesdisans, ne possederõt point le Royaume de Dieu. Voyez en quelle compagnie il met les detracteurs.

78.   *Le Murmure.*

Sur la destruction du Vice. 403

7. Sorte d'Injustice : par laquelle on tasche sous main, & par des malices artificieuses de semer des discordes, & des noises entre des amis.

Donnez vous de garde du murmure qui ne sert de rien (Sap. 1.)

79. *Antidote.*

Iettez les yeux sur le chastiment effroyable de Coré, Dathan, & Abiron engloutis par la terre, & roulez tous viuans en enfer pour auoir murmuré contre Moyse.

Grauez ces sentences sur vostre cœur, Ne murmurez point les vns contre les autres: elle est de N. S. en S. Iean (6.) aimez l'hospitalité sans murmure (1. Pierre 4) faites toutes choses sans murmurer, & auec simplicité, comme vrais enfans de Dieu (Philipp. 2.)

80. *La Mocquerie.*

8. Espece d'Injustice : par laquelle nous reprochons au prochain quelque deffaut de corps ou d'esprit pour luy faire honte. Et ce Vice est d'autant pire qu'il est plus assaisonné d'esprit & de gentillesse.

Car c'est comme vn trait de lancette trempée dans l'huile, qui en penetre plus auant.

81. *Antidote.*

Seruez vous de ces cantiques diuins, comme des charbons du Seraphin d'Isaye, pour purger vos lévres de ce deffaut, plus grand &

Cc ij

dãgereux que l'on ne pense. Tu ne seras point accusateur ny mocqueur parmy les hommes. (*Leuitic.* 19.)

Malheur à toy qui mesprise autruy, car tu seras méprisé à ton tour.

82.   *La Malediction.*

9. Sorte d'Injustice : qui consiste à souhaiter du mal de peine à quelqu'vn auec imprecation.

Pour l'ordinaire la douleur de celuy qui maudit retourne sur sa teste, & son iniquité retombe sur son visage.

83.   *Remede.*

Ce vice ne procede que d'vne impuissance si lasche qu'il suffit de la recognoistre pour en conceuoir de la confusion. Adjoustez y la diuine volonté qui nous dit que nous ne maudissions iamais, & plutost que nous benissions ceux qui nous persecutent (*Rom.* 12.)

Celuy qui aime la malediction l'attirera sur soy, dit Dauid, (*Pseau.* 108.) & il en sera reuestu comme d'vn vestement.

84.   *La Tromperie.*

10. Espece d'Injustice : qui se pratique dans les ventes & achats, où la loyauté est si rare que c'est à qui trompera son compagnon.

C'est icy vne estable d'Augie qui meriteroit le trauail d'vn Hercule Chrestien.

85.   *Remede.*

Sur la destruction du Vice. 405

Celuy qui veut marcher droit, & terrasser ce monstre, se doit rendre vendeur en achetant, & achepteur en vendant, c'est à dire se mettre en la place de l'vn ou de l'autre: & pratiquer ceste regle de nature, & de la droitte raison.

Fay à autruy ce que tu voudrois que l'on te fist.

85.   L'Vsure.

11. Sorte d'Injustice, par laquelle nous tirons vn injuste profit de l'argent presté. Contre l'expresse parole de Dieu qui commande.

De prester sans espoir d'aucune commodité.

86.   Remede.

Outre les punitions des Loix ciuiles, & l'infamie d'vn si honteux trafic, considerez la menace que Dieu fait par Ezéchiel (18.) de faire perir l'vsurier d'vne mauuaise mort.

Et la promesse du Paradis qu'il fait par Dauid, à celuy qui prestera au necessiteux sans vsure. (Pse. 24.)

87.   La Superstition.

La Religion estant vne vertu subordonnée à la Iustice, les vices qui luy sont opposez sont autant d'especes d'injustices. La Superstition est le 1. & la 12. sorte d'injustice, par laquelle nous seruons le vray Dieu autrement qu'il ne faut, où nous attribuons à la creature l'honneur Souuerain & incommunicable qui n'est deu qu'au Createur.

Cc iij

Comme la vraye Foy, aussi la vraye Religion, & le vray culte de Dieu, se trouue en la seule Eglise Catholique. C'est en ceste Iudée qu'est cognu & recognu comme il faut le Dieu d'Israël.

89 — Remede.

Croire la saincte Eglise Catholique, c'est trancher d'vn reuers toutes les especes de Superstition : car c'est elle qui bannit toute Idolatrie.

Et qui nous apprend à adorer Dieu en verité : hors de ce Temple on ne peut faire à Dieu de sacrifices qui luy soient agreables.

90. — L'Idolatrie.

C'est le 2. Vice opposé à la Vertu de Religion, & la 13 sorte d'Injustice. Le nom designe la chose, c'est le culte de latrie & souuerain deferé à la creature, & à tout ce qui n'est pas Dieu.

O Israël, le Seigneur ton Dieu est vn, & tu n'auras point d'autres Dieux deuant luy.

91. — Remede.

Toute l'Escriture foudroye là dessus, & l'Eglise Catholique deteste & extermine assez ce vice ; mais on ne s'auise pas que tout pecheur est vn Idolatre secret, car qu'est-ce que le peché à mort sinon preferer l'amour de la creature à celuy du Createur.

D'où vient que l'Apostre appelle l'auarice

vne seruitude d'Idoles, ce qui se doit entendre de tous les autres pechez.

92. La Diuination, ou Magie.

3. Vice opposé à la Religion, & la 14. espece d'Injustice, par laquelle on tasche de cognoistre l'auenir (chose que Dieu se reserue) soit par diuers arts, soit par l'inuocation expresse ou tacite des malings esprits.

Cela, c'est estendre la main au fruict deffendu, & comme parle S. Paul, se rendre compagnon des Démons (1. Cor. 10.)

93. Remede.

Escouter Dieu tonnant là contre en sa parole. Il n'y aura entre vous, ny deuin, ny magicien, ny obseruateur de songes, & faiseur d'augures, nul ne consultera de telles gens (Deuter. 18.) Qu'il n'y ait point d'augures en Iacob, ny de deuins en Israël (Nombr. 23.)

Le Sage (Eccles. 24.) les diuinations, l'obseruation des songes, les augures, tout cela n'est qu'erreur, mensonge, vanité.

94. Le Parjure.

4. Vice contraire à la Religion, & 15. sorte d'Injustice, par laquelle nous prenons Dieu à tesmoin d'vne fausseté, luy qui est la verité mesme.

Ce crime estant puny d'infamie par les Loix humaines, & de mort, s'il est joint au faux tesmoignage en matiere importante, monstre assez sa laideur.

95.   *Antidote.*

Outre l'honneur du monde, que la conscience escoute la deffese de l'Eternel (*Leuitic.* 19.) Tu ne te parjureras point estant adjuré en mon nom.

En l'ancienne Loy, le parjure estoit puny de mort. (*Leuit.* 5.)

96.   *Le Sacrilege.*

Peché opposé à la vertu de Religion, & 16. espece d'Injustice, par laquelle on viole la reuerence qui est deuë à vne chose sacrée, soit personne, soit lieu, soit quelqu'autre chose de sacré : comme les Sacremens & les vaisseaux consacrez aux diuins mysteres.

Le nom seul de ce crime porte vne horreur sacrée dans vn esprit qui n'est point tout à fait irreligieux. Neantmoins, ô malheur, il n'est que trop vray, qu'il n'y a rien de si sacré, qui ne trouue son sacrilege.

97.   *Remede.*

Pensez aux punitions estranges qui suiuent ce crime. Ne touchez point mes oingts, dit le Seigneur, qui les touche me frape en la prunelle de l'œil : abuser des sacremens c'est polluer le sang du testamēt & le fouler aux pieds. Quant aux lieux sacrez l'exemple d'Heliodore, & celuy du Sauueur en chassant les trafficqueurs, sont notables.

Sur la destruction du Vice. 409

Le Seigneur n'aura point pour innocent celuy qui violera son Temple.

98.   *La Simonie.*

6. Peché contre la vertu de Religion, & 17. sorte d'Injustice. C'est l'achat d'vne chose spirituelle ou annexée à quelque fonction spirituelle ou sacrée, c'est vne espece de Sacrilege.

La punition de son premier Autheur Simon le Magicien (*Act.* 8.) deuroit donner bien de la terreur à ses sectateurs.

99.   *Remede.*

Outre l'Infamie, l'excommunication, & les autres peines decernées de droit contre les Simoniaques, qu'ils considerent les exemples funestes d'Esaü vendant sa progeniture, à laquelle la sacrificature estoit annexée, de Giezi couuert de Lepre, & du traistre Iudas qui se pendit par desespoir.

Semblables couteaux pendent sur les testes des Simoniaques.

100.   *L'Impieté.*

C'est la 18. espece d'Injustice. Par laquelle nous dénions à Dieu premier principe de nostre estre & de nostre entendement, la reuerence & l'obeïssance que nous luy deuons, & en suitte le respect & le seruice que nous deuons à nos Parens & à nostre Pere, comme estant apres Dieu principe de nostre estre corporel, &

Catechese VII.

de nostre gouuernement ciuil.

Si ie suis vostre Pere où est l'honneur que vous me deuez, dit celuy d'où deriue toute Paternité au Ciel & en la terre (*Malach.* 1.)

101.   *Antidote.*

C'est estre dénaturé & renoncer à toute humanité, que de mécognoistre ceux qui nous ont mis au monde.

C'est pour cela que Dieu menace d'oster la vie à ceux qui en recognoissēt mal les autheurs. Les impies, dit Dauid, seront enseuelis dans les tenebres : Dieu hait l'impie & son impieté, la route des impies perira.

102. *L'inobseruance ou* Desobeissance.

19. Vice opposé à la Iustice. Par lequel nous mesprisons & violons l'auctorité, & le commandement de nos legitimes Superieurs.

Par la desobeïssance d'vn homme, nous sommes tous nez pecheurs. (*Rom.* 5.)

103.   Remede.

Oyez le Seigneur qui dit, que la Desobeïssance est vn crime pareil à la Magie & à l'Idolatrie (*1. Roys 15.*) toute preuarication & desobeïssance sera bien chastiée (*Hebr.* 2.)

Qui resiste à la puissance, viole l'ordre estably de Dieu (*Rom.* 13.) ils ne t'ont pas rejetté, mais moy, dit Dieu à Samuel (1. *Rois.* 15.)

104.   L'*Ingratitude.*

20. Sorte d'Injustice. Ce vice a trois degrez,

le 1. de ne rendre pas le réciproque du bienfait quand on le peut, le 2. de le mespriser, le 3. de l'oublier.

Ce deffaut est si noir, qu'appeler vn homme ingrat, c'est luy dire toutes sortes d'injures.

105. Remede.

Rendez graces de tout, dit l'Apostre, (1. *Thessal.* 5) Soyez recognoissans (*Coloss.* 3.) N. S. se plaint en l'Euangile, des neuf Lepreux qu'il auoit gueris, & qui en estoient mescognoissans (*Luc* 17.) & Dieu en Isaye (1) I'ay nourry des enfans, dit-il, & voila qu'ils me méprisent.

Rendons graces de toutes choses au nom de N. S. I. C. (*Ephes.* 5.) Mon ame beny le Seigneur, & garde toy d'oublier aucun de ses bienfaits.

106. Le Mensonge.

21. Espece d'Injustice. Par laquelle nous trahissons la verité par nostre parole, disans le contraire de ce que nous sçauons.

Ce vice est extremement messeant à vn homme qui fait profession d'honneur. Le juste deteste la parole mensongere (*Prou.* 13.)

107. Remede.

Oyez le Dieu de verité. Le Seigneur perdra tous ceux qui diront des menteries (*Psc.* 5) les lévres menteuses luy sont en abomination. (*Prou.* 12)

La bouche qui ment tue l'ame (*Sap.* 1.) le menteur perira mauuaisement (*Prou.* 19.)

108. L'*Hyppocrisie ou Dissimulation*.

22. sorte d'Injustice. C'est quand nous tesmoignons à l'exterieur, soit par parole, soit par action, le contraire de ce que nous auons dans l'Interieur.

Il est aizé de tromper les hommes, mais non les yeux de Dieu, à qui tout est ouuert & descouuert.

109. *Remede*.

Oyez les diuins tonnerres: tout hypocrite ne vaut rien (*Isa.* 9.) gardez vous du leuain des Pharisiens qui est l'hypocrisie (*Luc* 12.) rien ne prouoque tant le courroux de Dieu que ce vice (*Iob* 36.) il l'a en abomination. (*Prou.* 3.)

Nul hypocrite ne paroistra deuant les yeux de Dieu (*Iob* 13.) la part des hypocrites seront les larmes & le grincement des dents (*Matth.* 24.) c'est à dire la damnation.

110. *La Vanterie*.

23. Espece d'Injustice. Vice ridicule par lequel on se plaist par vanité à releuer par estime les bonnes qualitez que l'on a, ou que l'on pense auoir.

Ce deffaut de fanfaron est vn balon plein de vent dont chaqu'vn se joue.

111. *Remede*.

Sur la destruction du Vice.

C'est de picquer son cœur par des reproches salutaires, pour luy oster ceste enfleure & ventosité : dequoy t'en orgueillis tu, poudre & cendre, victime des vers & de la pourriture.

Qu'as tu, que tu n'ayes receu, & si tu l'as receu, dequoy te vantes tu?

112.   *La Flatterie.*

24. Sorte d'Injustice : par laquelle à mauuais dessein on louë par trop en sa presence les bonnes qualitez de quelqu'vn, ou l'on excuse ses mauuaises, ou qui est le pire, on les prise.

C'est faire comme les singes, qui estouffent leurs petits en les embrassant, & comme Iudas qui trahit en baisant.

113.   *Antidote.*

Recours à la diuine parole, car c'est le remede à tous maux.   Malheur à celuy qui appelle iuste l'impie (*Isa.* 5.) iustifier l'impie & condamner le iuste sont deux abominations deuant Dieu (*Prou.* 17.) louër le pecheur aux desirs de son ame, & benir l'injuste, c'est pour aigrir Dieu, & attirer sa colere sur sa teste (*Pse.* 10.)

Les blesseures de l'amy valent mieux que les trompeurs baisers du flatteur (*Prou.* 27.)

114.   *L'Auarice.*

25. Espece d'Injustice: C'est vn peché qui consiste en vne excessiue & desordonnée affection d'acquerir ou de retenir du bien.   C'est

en cét exces que consiste le vice, car là juste acquisition & possession n'est pas mauuaise.

Si vous abondez en richesse n'y appliquez, ny attachez pas vostre cœur, dit le Psalmiste.

115.   *Antidote.*

Pensez à ce que dit l'Apostre que ce peché est vne seruitude d'Idoles, c'est à dire vne vraye idolatrie, pareille à celle des Ethniques, qui adorent des simulacres d'or & d'argent, l'ouurage des mains des hommes. Il n'y a rien de plus injuste que celuy qui ayme l'argent, car il a l'ame venale. (*Ecclef* 10.) Rien de plus scelerat que l'auare (*Eccl* 31.)

Malheur aux riches qui ont icy leur consolation, & leur paix en leurs richesses, il est autant difficile qu'ils entrent au Ciel, que de faire passer vn chameau par le pertuis d'vne aiguille.

116.   *La Prodigalité.*

26. Espece d'Injustice: c'est l'opposé de l'auarice, & vne profusion excessiue du bien, en des despenses inutiles & superfluës.

Les biens dans les mains d'vn prodigue c'est de l'eau dans vn crible, de l'argent dans vn sac percé, vn glaiue en la main d'vn furieux.

117.   *Antidote.*

Pensez que vous n'estes que procureur de Dieu dans le maniemét de vos biens, & qu'vn iour vous luy en rendrez vn compte exact.

Beaucoup sera demandé à qui aura beaucoup receu, & manié beaucoup; tremblez pensant à la parabole des talens.

118. La Timidité.

C'est le 1. Vice opposé à la vertu de Force, & est vne lascheté de cœur qui fait redouter excessiuement le mal de peine, & plus que ne porte l'ordre de la droitte raison. La crainte mondaine qui prefere la peine à la coulpe est tousiours mauuaise, & la seruile & mercenaire aussi quand elles sont accompagnées de seruilité & mercenaireté qui prefere la peine à la coulpe, autrement non.

Celuy qui craint l'homme est proche de sa ruine. (*Prou.* 29.)

119. Remede.

Que dit Dieu. Ne craignez point ceux qui n'ont pouuoir que sur le corps, mais celuy qui peut enuoyer le corps & l'ame en la gesne. (*Luc* 12.) S. Iean. (*1.* 4.). La crainte n'est point en la Charité, la parfaitte Charité met la crainte dehors, car la crainte est penible. Il parle de la crainte qui prefere la peine à la coulpe laquelle est incompatible auec la Charité.

Aux lasches & timides, incredules, & autres scelerats, leur part sera dans l'estang de feu ardent & de souffre.

120. L'Audace.

2. Peché contraire à la vertu de force. C'est vne temerité aueugle, qui fait que l'on se precipite sans iugement dans le peril.

Ce vice est si brutal que le monstrer c'est le décrier.

121.   *Remede.*

En l'Ecclesiastique (8.) ne vous rendez point compagnon de l'audacieux & temeraire, de peur qu'il n'attire ses maux sur vostre teste.

Celuy là est blasmé en l'Euangile (*Luc* 18.) qui ne craint pas Dieu, & ne respecte point les hommes. C'est vne beste farouche qu'il faut fuir, comme ennemie de societé.

122.   *L'Ambition.*

3. Vice contraire à la vertu de force : c'est vn desir excessif de l'honneur, soit qu'il nous conuienne ou ne nous conuienne pas.

Ce peché est vne fumée qui se dissipe plus elle s'esleue.

123.   *Remede.*

Dieu regarde les humbles, & desdaigne les hautains, il escarte les superbes de l'esprit de son cœur, il depose les ambitieux de leurs sieges, & releue les abbaissez. N. S. foüette comme il faut l'ambition des Pharisiens qui estoiét desireux des premieres chaires, & des honneurs mondains (*Matth.* 23.)

Que le plus grand d'entre vous, dit-il à ses Apostres, soit comme le seruiteur, & le premier

Sur la destruction du Vice.

mier soit comme le moindre. (*Matth.* 20.)

124. L'Impatience.

4. Vice opposé à la force par lequel nous nous laissons emporter à vne tristesse excessiue dans les aduersitez contre l'ordre de la droitte raison.

Sur tout, dit l'Apostre, la patience vous est necessaire, si vous voulez remporter l'effect des diuines promesses.

125. Antidote.

Ie me glorifieray, dit l'Apostre, en mes infirmitez, afin que la vertu de I. C. demeure en moy. C'est en la patience que nous possedons nos ames. Le patient est meilleur que le vaillant.

Celuy qui est patient se gouuerne auec beaucoup de prudence: mais l'impatient monstre la hautesse de sa folie. (*Prou.* 14.) la Charité est patiente, (1. *Cor.* 13.)

126. L'Obstination, ou opiniastreté.

5. Peché contraire à la vertu de Force. C'est vne fausse fermeté d'esprit, qui rend vn homme attaché à ses opinions.

De ceux là on peut dire ce mot de Iob qu'ils ont fait confederation auec la mort, & paction auec l'enfer, car il n'y va que des obstinez & des opiniastres.

127. Remede.

Le cœur dur fera mauuaise fin. (*Ecclef.* 3.)

Celuy là perira inopinement, & ne guerira point, qui s'obstine contre vne iuste correction. (*Prou.* 29.)

Ceux qui sont de dure ceruelle, & de cœurs incirconcis, resistent ordinairement au S. Esprit. (*Act.* 7.)

128.   *Le Decouragement.*

6 Vice contraire à la vertu de Force: autremēt il se peut appeler Pusillanimité. C'est lors que l'on abandonne le train de la vertu, pour quelques difficultez que l'on y rencontre.

Ceste lascheté porte son blasme sur le front; ceux là mesme qui en sont attaints la desauoüent.

129.   *Remede.*

Isaye (35.) dittes aux pusillanimes qu'ils prennent courage, & qu'ils bannissent la peur, car le Seigneur viendra bien tost à leur secours & ne tardera point. Freres, dit S. Paul (*Ephes.* 6.) affermissez vous au Seigneur, & en la puissance de sa vertu.

Dauid: *Psal.* 30. comportez vous virilement, que vostre cœur s'affermisse, vous tous qui esperez en Dieu. Attendez Dieu, supportez Dieu.

130.   *La Gourmandise.*

C'est le 1. Vice opposé à la vertu de Temperance: on le descrit, vn exces intemperant & immoderé en la qualité & quantité des viādes,

La viande est faitte pour le ventre, & le ventre pour les viandes, mais Dieu destruira l'vn & l'autre.

131. Remede.

L'homme ne vit pas seulement de viande, mais aussi de la parole de Dieu. C'est la manne qui fait auoir à desgoust les marmites d'Egypte.

Les gourmands, dit S. Paul, ne seruent pas à I. C. mais à leur ventre (*Rom.* 16.) le ventre est leur Dieu, & ils font gloire de leur confusion (*Philip.* 3.)

132. L'Yurongnerie.

2. Peché contre la Temperance : Il regarde le boire, pris auec tel exces qu'il oste l'vsage de la raison.

Ce vice plus que brutal porte sa condamnation sur son front.

133. Remede.

Prenez garde que vos corps ne soient appesantis par l'excés du boire (*Luc* 21.) Malheur à vo' qui vous leuez du matin pour yurogner, qui faites vaillance de boire, & gloire de vous ennyurer (*Isa.* 5.) Salomon annonce malheur sur malheur à ceux qui sont addonnez à ce vilain vice (*Prou.* 23.)

L'yurognerie en tuë plusieurs, le sobre viura beaucoup (*Eccles.* 37.) l'Apostre condamne, & damne les yurognes (*Gal.* 5. 1. *Cor.* 6.)

134.   *La Luxure.*

3. Peché contre la Temperance. Il est si honteux, qu'on n'oseroit le descrire sans confusion & vergogne. S. Paul ne veut pas mesme que le nom de la moindre espece passe par la bouche d'vn Chrestien qui doit estre saint de corps & d'esprit.

Si par l'esprit vous ne mortifiez les œuures desreglées de la chair, vous mourrez.

135.   *Remede.*

1. L'Oraison, car qui peut estre continent si Dieu ne le donne. 2. la Mortification, car ce Lis se conserue parmy les espines. 3. la lecture des saints Liures, car la parole de Dieu est chaste. 4. veiller sur les sens, car par ces fenestres entrent les larrons qui dérobent le cœur. 5. la fuitte, arme des Parthes souueraine contre cét ennemy.

Le vin & les femmes font apostasier les plus Sages.

136.   *La Colere.*

4. Peché contre la Temperance : c'est vn injuste & dereglé appetit de vengeance, accompagné de haine.

C'est vne engeance de vipere qui ronge le sein de celuy qui la reçoit. C'est vn tourment & vn supplice plutost qu'vne passion.

137.   *Remede.*

Quiconque se courroucera contre son frere

sera coupable de Iugement (*Matth.* 5.) la colere de l'homme n'opere rien de iuste (*Iacq. 1.*) la colere accompagnée de fureur est vne chose execrable (*Eccles. 27.*)

Que le Soleil ne se couche point sur vostre colere, de peur que vous ne donniez en vostre cœur place au diable. (*Ephes. 4.*)

138. La Cruauté.

4. Espece d'intemperance: par laquelle on excede en la vengeance d'vn outrage receu.

Ce vice inhumain rend vn homme indigne de ce nom, puis qu'il a le cœur d'vne beste farouche sous vn visage d'homme.

139. Antidote.

Penser que le prochain est nostre frere, l'os de nos os, la chair de nostre chair, ceste pensée adoucit la cruauté des freres de Ioseph qui le vouloient tuer.

Bien-heureux les misericordieux, car Dieu leur fera misericorde, mais iugement sans misericorde à qui n'aura point eu de pitié, le cruel est vn monstre en la nature.

140. La Curiosité.

5. Sorte d'intemperance: qui consiste en vn desordonné appetit de sçauoir: lequel estant bien reglé est loüable: or il est bien reglé quād il regarde moderément les choses necessaires & vtiles, dereglé quand il a pour object les choses friuoles ou mauuaises.

Le curieux est comme le papillon qui se brusle les aisles à vn flambeau.

141.   *Remede.*

Occupez vous aux choses qui regardent vostre salut, & pensez que c'est la Charité qui edifie, & que la science sans elle ne fait qu'enfler.

Cherchez premierement le Royaume de Dieu & sa Iustice, & tout le reste vous viendra en suitte, sçauoir Iesvs crucifié, c'est la vraye doctrine du Chrestien.

142.   *L'Orgueil.*

6. Espece d'intemperance : c'est vn appetit desordonné de sa propre excellence & eleuation.

Peché qui a precipité Lucifer du Ciel dans les Abismes, & qui a chassé nos premiers parens du Paradis terrestre.

143.   *Remede.*

Pensez 1. que c'est la racine de tous les pechez. 2. que Dieu le deteste & l'a sur tous en abomination. (*Prou.* 6. 8. 16. *Eccles.* 10 7. 15.)

Plus vous aurez de grandes qualitez interieures ou exterieures, plus vous deuez vous humilier. (*Eccles.* 3.) Apprenez de moy dit I. C. que ie suis doux & humble de cœur.

144. *Sont-ce là tous les pechez que doit combatre & destruire la Iustice chrestienne?*

Le peché est vne Hydre si foisonnante en

Sur la destruction du Vice.

testes, que plus on en abbat, & plus il en reuiët, ie me suis contenté de representer ceux que le Docteur Angelique descrit en sa Somme, n'ignorant pas que les Sommistes ou Casuistes n'en proposent bien d'autres dans leurs grãds & enormes volumes : qui sera fidelle à desraciner ceux-cy de son cœur, viendra aisément à bout des autres.

Priez Dieu qu'il vous donne force pour vaincre auec sa grace tous ces ennemis de vostre salut, affin que vous luy puissiez sacrifier vne hostie de gloire & de loüange.

145. *Qu'appelle t'on les branches & feuilles des pechez capitaux ?*

Ce sont certains surjons qui naissent de ces mauuais troncs, mais la cognée mise à leur racine, toutes ces branches & circonstances vont par terre.

Mettez donc la cognée auec le feu du saint amour à ces mauuaises racines, & elles ne pousseront plus.

146. *Et des pechez contre le Sainct Esprit qu'en dites vous ?*

Qu'ils sont icy expliquez comme 1. la Presomption. 2. le Desespoir. 3. le rebut de la verité cognuë. 4. l'Enuie. 5. l'Obstination. 6. l'Endurcissement final.

Renouuelez icy la detestation de ces prodiges d'abomination.

Dd iiij

Catechese VII.

147. *Et de ceux qui crient vengeance vers le Ciel?*

De mesme, nous les auons exposez comme 1. l'homicide volontaire. 2. la deshonnesteté desnaturée sous l'article de la Luxure. 3. & sous ceux de l'Auarice & du Larcin, l'oppression des pauures, & la retention du loyer des mercenaires.

Que tous ces monstres excitent en vous vne nouuelle horreur.

148. *Quel est l'office de la Iustice Chrestienne en tout cela?*

C'est de ne cesser de combatre toute ceste engeance d'enfer, iusques au dernier souspir.

Car la vie de l'homme est vne bataille continuelle sur la terre.

149. *Quelle sera la fin de ce combat?*

Sa fin derniere & principale doit estre la gloire de Dieu, car comme c'est de sa grace & de son assistance que nous deuons attendre la Victoire, c'est à luy que nous en deuons rapporter tout l'honneur.

O Dieu, c'est vous qui nous faites tirer nostre salut du combat de nos ennemis, & de la main de ceux qui nous haïssent.

150. *Conclusion.*

Apres tout nous deuons detester le peché d'vne haine parfaitte, c'est à dire pour l'interest de Dieu, parce qu'il luy déplaist, & qu'il le hait souuerainement, parce qu'il luy rauit sa gloire exterieure, & diminuë son honneur, & l'auoir en plus grande horreur pour cela que pour nostre interest, & pour les dommages corporels & spirituels, temporels & eternels qui nous viennent du peché.

Si nous haïssons & combatons le peché dans ceste veuë, nous en viendrons aisément à bout, mille tomberont à gauche & dix mille à droite, voila le vray exercice de la Iustice Chrestienne armée du glaiue flamboyant du diuin Amour. Ainsi le vice sera exterminé, & la Iustice eternelle mise sur le trosne. Alors nous pourrons dire auec le diuin Apostre, i'ay combatu vn bon combat, i'ay acheué ma course, i'ay gardé ma foy, que me reste t'il sinon de receuoir des mains du iuste iuge la Couronne de Iustice?

CATECHESE VIII. OV INSTRVCTION AVX VERTVS PARFAICTES.

I. ARTICLE.

D'où vient le Nom de Vertu?

LE Pere de l'Eloquence Romaine le tire de celuy de (*Vir*) qui signifie Homme, comme la chose qui luy est la plus conuenable, & la plus conforme à la droitte raison. L'Escriture semble approuuer cette ethymologie, quãd elle compare le vicieux & qui a perdu l'honneur de la Vertu, aux animaux irraisonnables.

Vn homme sans vertu ne merite pas le nom d'homme : vous l'auez perdu autant de fois que vous auez peché, confondez vous de cela.

2. *Vne autre ethymologie.*

D'autres disent que ce mot de Vertu signifie vne force interieure (*vis intus*) ce qui exprime assez bien l'essence de la vertu, qui est vne habitude interieure qui nous donne habileté, disposition, & vigueur, pour exercer de bonnes actions.

O Dieu des vertus, ie vous veux garder ma force, & interieure, & exterieure, & n'agir que pour vostre gloire: ainsi mon cœur & ma chair se resjouïront au Dieu viuant.

3. *Troisiesme.*

Quelques vns tirent ce nom de la verdeur (*a viriditate*) d'autant que par la vertu l'ame deuient vn bon arbre portant fruit, & sa ieunesse est renouuelée comme celle de l'aigle.

Le Iuste fleurira comme la palme, & se multipliera comme le Cedre du Liban, planté dãs la maison du Seigneur, il fleurira dans les paruis de nostre Dieu.

4. *Qu'est-ce que Vertu quant à la chose?*

Ce mot dans l'Escriture est quelquefois pris pour des signes & miracles. (*Isa.* 42. *v* 8. 2. *Petr.* 1. *v.* 5. *Phil.* 4. *v.* 8. *Sap.* 1. *v.* 4.) quelquefois pour les Anges, les vertus des Cieux seront esmeuës, c'est à dire les intelligences motrices, joint qu'il y a vn ordre d'Anges qui porte le nom de vertus. Nous le prenons icy pour vne Perfection de l'esprit, ou vne bonne habitude de l'ame, par laquelle on est porté à bien viure, & de laquelle on ne peut vser en mal.

O Dieu des vertus conuertissez nous, & faites que nous preparions des montées en nos cœurs, pour aller de vertu en vertu vous voir en voſtre Sainɟte Syon.

5. *Y a t'il pluſieurs ſortes de Vertus?*

Oui, car les vnes ſont Acquiſes, Naturelles, & Humaines : les autres ſont Infuſes, Surnaturelles, & Diuines : celles-là dépendent de la force & de l'induſtrie humaine : celles-cy procedent de la grace & infuſion de Dieu, dont l'eſprit ſouffle où il veut, & qui fait miſericorde à qui il luy plaiſt.

Exercez vous aux vnes, & demandez les autres à Dieu auec inſtance, car ce n'eſt ny celuy qui veut, ny celuy qui court, mais Dieu qui les diſtribuë par miſericorde.

6. *En eſt il de quelque autre maniere?*

Il y en a de viues & de mortes : les premieres ſont celles qui ont la Charité pour ame, les secondes celles qui en ſont priuées. Car la Charité eſtant la forme & la vie des vertus, comme l'ame eſt la vie du corps, ſans elle toutes les autres ſont mortes.

C'eſt ce que dit S. Iacques (2.) comme le corps qui eſt ſans ame eſt mort, ainſi la Foy (ce qui ſe doit eſtendre à toute autre Vertu) eſt morte ſans les œuures : & par ces œuures la Charité eſt entenduë. L'Apoſtre appelant viue la Foy qui eſt œuurante par Charité.

7. *Les Mortes ſont elles inutiles?*

Non pas tout a fait, car Dieu autheur de la nature aussi bien que de la grace, aime les vertueuses productiós de la nature, & a pour elles des salaires temporels. Mais comme elles ne sont pas fondées en la grace qui est la semence de la gloire, elles n'ont point de rapport à l'eternité.

Et que sert à l'homme de gaigner tout le monde, s'il fait perte de son ame?

8. *Les Vertus infuses peuuent elles estre mortes?*

Oui, la Foy & l'Espérance qui sont vertus Theologales, & peuuent estre en vne ame despourueuë de Charité, comme l'Apostre l'enseigne expressément, (1. *Cor.* 13.) mais les vertus morales ne peuuent deuenir infuses que par la Charité, sans laquelle elles cessent d'estre infuses, & par consequent sont mortes.

Conseruez soigneusement le feu sacré du diuin Amour, que Dieu veut estre tousjours allumé sur l'autel de vostre cœur, car c'est de là que procede vostre vie interieure.

9. *La Vertu Morte, c'est à dire sans Charité, est elle vraye Vertu?*

S. Thomas dit tout clairement que non (2.2. *q.* 23. *a.* 7.) parlant simplemét, d'autant qu'elle ne peut attaindre à la fin derniere sans l'amour de Dieu. Neantmoins que si elle se termine en quelque fin honneste, elle peut estre tenuë en quelque façon pour vraye vertu, mais imparfaitte.

Souuenez vous de l'auis de l'Apoſtre, de deſirer, de ſuiure, & de pourſuiure tousjours les meilleures graces.

10. *Il y a donc des Vertus Parfaites & Imparfaites.*

Il eſt vray, & les Parfaites ſont celles qui ont la Charité pour ame, laquelle eſt appelée pour cela lien de perfection, la plenitude ou accompliſſement de la Loy : les imparfaites toutes celles qui ſe font ſans Charité.

Quand ce qui eſt parfait ſera arriué, on vuidera ce qui eſt en partie, c'eſt à dire ce qui eſt imparfait.

11. *Eſt-ce des Vertus Parfaites que vous voulez parler icy?*

Ouï : car dequoy ſert la cognoiſſance des Imparfaites, puis que leur memoire doit perir auec le ſon, S. Paul ne ſe contentant pas de les appeler inutiles, mais les nômant vn neant :

Dequoy ſeruent les oignons de l'Egypte, à qui a trouué & gouſté la Manne de la vraye Perfection, qui ne peut eſtre ſans la Charité, & qui eſt la Charité meſme

12. *Comme les faut il ſeparer des Imparfaites?*

Auec le van de l'attention & circonſpection, on ſepare le bon grain de la paille. Et ainſi par l'adjonction de la Charité à quelque vertu que ce soit, on distingue la viue de la morte, la vraye de la fausse, & la parfaite de l'imparfaite.

Si tu separes le precieux du vil, dit Ieremie (15.) tu seras comme la bouche du Seigneur, de qui les paroles sont esprit & vie.

13. *Quel ordre voulez vous garder en cette Instruction aux Vertus Parfaites?*

Les Vertus viues & parfaites se reduisent en deux classes, la 1. de celles qui regardent Dieu immediatement, ce sont les trois Theologales, Foy, Esperance, & Charité : la 2. de celles qui concernent les moyens pour arriuer à Dieu, ce sont les 4. appelées Cardinales, Iustice, Prudence, Force, Temperance. Toutes les autres Vertus sont subordonnées à ces sept principales : comme l'Ange de l'Escole le monstre clairement.

Demandez à Dieu qu'il mette ce grand chandelier à sept lampes dans le sanctuaire de vostre interieur, affin que vostre lumiere luyse pour sa gloire dans vos operations.

14. *Que pretendez-vous dire sur chaque Vertu?*

Il ne faut que la donner à cognoistre pour la faire aimer, car ses beautez ont des charmes ineuitables à qui les considere. 1. donc nous la definirons. 2. nous distinguerons la viue & parfaite, de la morte & imparfaitte. 3. nous exciterons à l'exercice de celle-là. Remettans à vn plus ample trauail la deduction des Actes des Viues & parfaittes.

O Dieu, enseignez moy la Bonté, la Discipline, & la Science, car ie desire accomplir vos commandemens. Vostre Loy est toute ma meditation, & toute mon occupation interieure.

15.   *La Foy qu'est-ce?*

C'est vne lumiere surnaturelle respanduë d'enhaut en nostre entendemēt, laquelle nous fait acquiescer à toutes les veritez qui nous sont reuelées, par la premiere verité reuelante qui est Dieu.

Tenez tousjours vostre entendement captif sous l'heureuse obeïssance de la Foy, sans laquelle il est impossible de plaire à Dieu.

16.   *N'y a t'il pas vne Foy Acquise & Humaine?*

Ouï: telle est celle des Payens & des Heretiques, qui par l'accoustumance de donner creance à leurs erreurs se forment vne espece de Foy, qui n'est pas proprement Foy, mais vne Image ou ressemblance de Foy. De plus il y a vne Foy Humaine & Historique, par laquelle nous croyons ce qui nous est rapporté par plusieurs personnes dignes de creance, ou ce qui nous est raconté par les Historiens.

Rejettez la premiere, & estimez l'autre pour son honnesteté Morale (*voyez Grenade en son*

aux Vertus Parfaites.
en son Catechisme Part. 2. cha. 1.)
17. *Qu'appelez-vous Foy feinte?*
C'est celle dont parle S. Paul à Timothée (1.1.) quand il dit que la fin du precepte c'est la Charité, qui procede d'vn cœur pur, d'vne bonne conscience, & d'vne foy non feinte, elle peut estre feinte doublemét. 1. dans les hypocrites qui font semblant de croire, & en donnét des tesmoignages exterieurs. 2. ceux dont il est parlé en l'Euangile (*Matth.13.*) qui croyent pour vn temps, mais qui perdent la Foy au besoin.

Pesez ceste belle sentence ou plutost ce diuin Oracle: On croid de cœur à Iustice, mais la confession de bouche est à salut.

18. *Que dittes-vous de la Foy qui opere les Miracles?*
S. Paul en parle (1. *Cor.* 13.) & ce don est vne de ces graces gratuitement données dont le mesme Apostre fait mention (1. *Cor.* 12.) lesquelles peuuent estre sans la Charité.

Combien de gens seront reprouuez au dernier iour qui auront fait des miracles au nom de IESVS CHRIST.

19. *Qu'est-ce que Foy formée & informe?*
C'est le mesme que Foy viue & morte: la viue & formée est celle qui est animée de Charité, l'informe & morte celle qui en est priuée, & de ceux qui sont dans le peché à mort: de celle

E e

cy parle S. Iacques (2.) & S. Iean (12. v. 42.) de la viue S. Paul (*Gal.* 5. v. 6.) selon l'exposition de S. Augustin (*de Trinit. l.* 15 c. 18.)

Pesez cette belle sentence de S. Augustin, au lieu marqué : la Foy n'est renduë vtile que par la Charité. Sans la Charité la Foy peut estre, mais non pas profiter à salut (*esse non prodesse*)

20.   *Les Démons ont ils la Foy ?*

S. Iacques (2.) le semble insinuër quand il dit que les Démons croyent & tremblent : mais l'Ange de l'Escole (2.2.q.5.a.2.) ne tient pas qu'ils ayent la Foy infuse & surnaturelle, ouy vne Foy acquise, & forcée par l'euidence des signes. Et quand ils l'auroient elle ne peut estre que morte, puis qu'ils sont tout à fait priuez de Charité.

Detestez ceste horrible & execrable auersion que les Démons ont de Dieu, qui les rend incapables de l'aimer, estans tombez en sens reprouué.

21.   *Les Bien-heureux ont ils la Foy ?*

Non : car ils voyent au Ciel face à face celuy auquel ils ont creu icy bas par enigme & par miroir : & la Foy estant des choses inuisibles, & non apparentes ; Quand le parfait est arriué, ce qui est en partie, c'est à dire imparfait, s'esuanoüit. (1. *Cor.* 13.)

S. Augustin ; il n'y a plus de Foy dans le Ciel, où l'on void clairement les choses que l'on a creuës en obscurité. (*de Trinit. l. 14. c. 2.*)

22. *La Foy n'appartient donc qu'aux Voyageurs.*

C'est leur Colomne de nuée parmy les tenebres de ce siecle : c'est cette claire brune du Cantique, laquelle quoy que noire, ne laisse d'estre belle aux yeux du celeste espoux, pourueu que ce soit le Soleil de la Charité qui la rende decolorée.

Rejettez les œuures des tenebres, & vous reuestez de ces armes de lumiere, pour cheminer honnestement au iour de la grace.

23. *La Foy iustifiante qu'est ce ?*

C'est celle qui est viue & animée de Charité, car sans la Charité il ne faut point parler de iustification : la Foy est bien l'entrée à la iustification (car sans elle on ne peut estre agreable à Dieu) mais la iustification accomplie n'est qu'en la Charité.

Aspirez à ceste Foy Charitable, de laquelle l'escriture tesmoigne que le Iuste vit.

24. *Qu'est-ce proprement que Foy viue, & operante par Charité ?*

C'est acquiescer à toutes les Veritez que Dieu nous propose par son Eglise, & embrasser de bon cœur toutes les volontez qui nous sont signifiées par ces veritez.

Celuy qui croit & fait de ceste sorte, est conduit de Dieu dans les vrays sentiers de Iustice, pour la gloire du nom diuin.

25. *Voila donc la Foy viue & Parfaite.*

Il est ainsi: & c'est en ceste Foy dont les actes sont meritoires de la vie eternelle, qu'il se faut continuellement exercer pour luy plaire, & pour attaindre à la perfection qu'il desire que nous pratiquions au seruice de sa gloire.

Qui croira & fera de ceste sorte aura sur soy la paix & misericorde de Dieu.

26. *Esperance qu'est-ce?*

Nous ne la prenons pas icy pour ceste passion de l'appetit Irascible que l'on appelle de ce nom, mais pour vne vertu infuse & surnaturelle, par laquelle nous attendons auec certitude, la felicité celeste, par la misericorde de Dieu.

O Seigneur Dieu des Vertus, que bien-heureux est l'homme qui espere en vous.

27. *Quelle est cette certitude?*

Ce n'est pas vne certitude de Foy, qui est tellement asseurée que le faux n'y peut auoir d'accés, mais c'est vne certitude de confiance en la grace & misericorde de Dieu, laquelle ne nous peut iamais manquer, (Dieu estant infaillible & veritable en ses promesses) pourueu que de nostre part nous ne deffaillions pas à la grace, & ne la rendions par nostre mauuais vsage inutile en nous.

Esperez en Dieu, dit le Psalmiste, & faites le

bien (*Psal.* 36.) le Seigneur, dit Ieremie, (*Tren.* 3.) est bon à ceux qui esperent en luy, & a l'ame qui le recherche.

28. *Cette certitude exclut elle la crainte?*

Nullement : au contraire elle porte à craindre d'offenser Dieu, & de deschoir de sa grace.

Dauid (*Pse.* 146.) le Seigneur se complaist en ceux qui le craignent, & en ceux qui esperent en sa misericorde.

29. *Y at'il vne Esperance informe ou morte?*

Oüi : c'est celle qui n'est point animée de Charité : si on n'y prend garde, elle degenere bien tost en presomption, qui est vn vice tout à fait opposé à l'esperance infuse.

Prenez garde à n'eschouër à cét escueil.

30. *Vn pecheur ne peut il pas esperer en Dieu?*

Oüi : pourueu qu'il ait vn vray desir de quitter son peché : mais s'il est affermy en son mauuais propos, & s'il s'imagine que sans laisser son vice il luy fera misericorde, c'est vne vraye presomption, & vne offense contre le S. Esprit.

Il faut auoir de Dieu des sentimens de bonté, mais qui ne soient point contraires & outrageux à sa iustice.

31. *Qu'appelez vous proprement Esperance morte, mais bonne?*

C'est la vertu Theologale qui n'est encor animée de Charité, par laquelle celuy qui est dans le peché, espere que Dieu luy fera la grace

Ee iij

d'en sortir, & de l'acheminer à la patrie celeste.

O Dieu i'ay esperé en vous, que ie ne sois pas confondu eternellement.

32.   *Et la Viue?*

C'est celle qui est accompagnée de Charité, & qui nous fait esperer en Dieu pour Dieu, c'est à dire qui nous fait attendre la celeste beatitude de la misericorde de Dieu, non tant pour le bien qui nous en reuiendra, que pour y seruir Dieu à iamais en saincteté & en Iustice.

C'est là ceste Esperance parfaitte, que l'Apostre appelle bien heureuse, par laquelle nous attendons l'aduenement de la gloire du grand Dieu, & qui nous fait dire auec le bien aimé Disciple. Ouï, Seigneur IESVS venez.

33. *Quelle difference faites vous entre l'Esperance morte & la Viue?*

Extreme : 1. la morte ne nous met pas dans la grace, & n'a point de part en la gloire, oui la viue. 2. celle-là est interessée & imparfaite, celle-cy desinteressée, & qui ne regarde que le bien de Dieu en derniere fin.

Celle-là est vne Colombe seduite qui n'a point de cœur : cellecy a des aîsles de Colombe viues & vistes, qui nous portent dans le repos veritable, qui ne se trouue que dans le sein du diuin Amour.

34. *Peut on esperer la Beatitude celeste sans rechercher son interest?*

Il y a bien de la difference. 1. entre regarder son interest & le rechercher. 2. entre rechercher son interest, & ne rechercher que son interest. 3. entre rechercher son interest premierement & principalement, ou le rechercher secondement & moins principalement. 4. entre interest propre & interest nostre.

Demandons lumiere à Dieu pour desmesler ces fusées.

35   *Expliquez la 1. difference.*

Le regarder en passant, ou bien comme joint par subordination & sousmission à celuy de Dieu qui est sa gloire, ne prejudicie point à l'esperance viue, car dans le Ciel il est certain que nul ne glorifie Dieu, que celuy que Dieu y glorifie.

Mon ame, dit Dauid, sera loüée au Seigneur, les doux l'entendront & en seront resjoüis. Alors, dit l'Escriture, chaqu'vn aura sa loüange de la part de Dieu. Et aussi tout esprit loüera le Seigneur, loüez mon ame le Seigneur, ie le loüeray durant ma vie, ie chanteray sa gloire tant que ie seray, c'est à dire à iamais.

36.   *La seconde.*

Chercher son interest dans le salut, en consequence de celuy de Dieu qui est sa gloire, n'est point incompatible auec l'Esperance viue, mais ne rechercher dans le salut que son interest en excluant celuy de Dieu, & ne pretendre à la Beatitude que pour le bien que l'on y aura, non pour la gloire qu'on y rendra à Dieu, c'est le propre de l'Esperance morte non de la viue.

Auisez à cét écueil, & destournez-vous en.

37. *La Troisiesme.*

Rechercher son interest dans le salut, auec rapport à celuy de Dieu, n'est point contraire à l'Esperance viue. Mais ceste recherche procede tousjours de quelque Amour moins pur, car la parfaite Charité ne regarde point son interest.

Taschez de purifier vostre intention dans le regard de la beatitude.

38. *La Quatriesme.*

L'Interest propre a vne malice noire qui exclut expressément l'interest de Dieu, ce qui se trouue en tout peché contraire à la Charité, & partât il est incompatible auec l'Esperance viue: non pas l'interest nostre, lequel quoy que non tousjours rapporté, est neantmoins rapportable à celuy de Dieu, auquel il n'a aucune opposition.

Notez bien ceste distinction & en faites vn iuste vsage.

39. *Quelle est donc la pure Esperance viue & Parfaite?*

C'est celle qui est espurée de tout propre interest, de tout regard de nous mesmes & de ce qui nous touche, car plus la Charité qui l'accompagne est parfaite, plus cōmunique t'elle de perfection à l'espoir qu'elle anime.

Ceux qui esperent en Dieu, chante le Psalmiste, changent de force, ils prennent des aisles d'aigle, & font essor dans l'interest de Dieu, sans se rabatre dans le leur.

40. *Qu'appelez-vous confiance en Dieu?*

C'est plutost vn effect de l'Esperance viue qu'vne Vertu speciale, car quiconque a celle cy, possede aussi celle là C'est vne attente ferme du secours & de l'assistance de Dieu, en toutes necessitez, temporelles, ou spirituelles, toute l'escriture est pleine de traicts qui nous y inuitent.

Le Seigneur est ma lumiere & mon salut, qui craindrai-je? il est le protecteur de ma vie, de qui aurai-je peur? Quand vne armée seroit campée contre moy seul, mon cœur n'apprehendera point, si vn combat s'esleue contre moy ie ne trembleray point, ceux qui se confient au Seigneur ne branslent non plus que le mont de Syon: heureux tous ceux qui se confient en luy. Confiez-vous, dit le Sauueur à ses Disciples, c'est moy qui ay vaincu le mōde.

41. *Que dites-vous de la Crainte de Dieu?*

Que S. Thomas (2.2.q.19.) la range sous l'Esperance; mais considerée comme don du S. Esprit, elle est vne des branches inseparables de la Charité. Il est vray que regardée comme seruile ou mercenaire, qui peut estre morte & sans Charité, elle peut estre reduitte sous l'Esperance.

Seruez Dieu auec crainte, & vous resjoüissez en luy auec tremblement.

42. *Quelle est la crainte viue & parfaite?*
C'est la filiale & amoureuse, qui redoute plus la coulpe qui est l'interest du Createur, lequel en est offensé ou deshonoré, que la peine qui n'est que l'interest de la Creature. Ceste crainte procede de la vraye & sincere Charité.

Dauid l'appelle crainte sainte & chaste, qui demeure au siecle des siecles. Craignez le Seigneur vous tous, ô! ses Saincts.

43. *Pourquoy donc est il escrit que la parfaite Charité met la crainte dehors?*
Oui : la seruile & sa seruilité, la mercenaire & sa mercenaireté, mais non pas la filiale, amoureuse, & respectueuse.

Heureux l'homme qui craint Dieu de la sorte, il ne voudra que trop faire la Loy de Dieu, l'amour ayant dilaté son cœur, il ne trouuerra les commandemens que trop larges.

44. *Et la Charité?*
C'est la Reine, l'Ame, la Forme, la Vie, le Fondement, la Racine, le Faiste, & pour le dire en vn mot, le Tout des Vertus. C'est d'elle que nous pouuons iustement vsurper ce

mot du Cantique.

Soixante Reines, huittante associées, vn grand nombre de ieunes filles: mais il n'y a qu'vne Colombe, vne Parfaite, vne Bien-aimée vniquement.

45.   *Pourquoy cela?*

L'Ange de l'Escole (2.2.q.23.a.7.) nous apprend que sans elle il n'y a aucune vraye ny parfaite vertu. Et l'Apostre met toute la perfection Chrestienne en elle, quand il l'appelle lien de perfection.

Faites en sorte, dit le mesme, que toutes vos actions soient assaisonnées de Charité.

46.   *Quelle est elle?*

C'est vne vertu infuse & surnaturelle, respanduë en nos cœurs par le S. Esprit, par laquelle nous aimons Dieu, non pour la crainte de la peine, ou pour l'espoir de la recompense, mais pour l'amour de luy mesme, parce qu'il est souuerainement bon & aimable, & le prochain pour l'amour de Dieu.

La Charité, dit S. Thomas (2.2.q.23.a.6.) va à Dieu, pour s'arrester à luy, non pour en tirer aucun auantage pour soy.

47.   *Il y a peu de cette Charité en la terre?*

Dieu, dit le Psalmiste, a regardé du haut des Cieux sur les enfans des hommes, pour voir s'il y en a quelqu'vn qui s'applique à le rechercher comme il faut: mais il a recognu que tous declinent de la droite voye, & sont inutiles à son seruice, nul ne faisant le bien de bonne façon, ce qui prouient du manquement de Charité qui est non seulement refroidie, mais éteinte, Et comme voit on qu'elle est amortie?

C'est que tous, mesmes dans les choses les plus saintes, cherchent leur interest propre, non celuy de Dieu. Or le caractere special de la Charité, c'est de ne chercher point son interest.

48. *Comme entendez-vous ce caractere special?*
A la façon de l'Ange de l'Escole (*l. c.*) qui nous apprend que la Charité seule entre toutes les vertus ne cherche point ses auantages, ce qui me fait dire que c'est comme le traict qui distingue son visage de tous les autres, car il n'y a aucune Vertu, non pas mesme les deux autres Theologales, qui n'ait égard à nous, & qui regarde Dieu purement: si elle n'est purifiée par la Charité.

Que S. Paul appelle pour ce sujet, plus grande, plus noble, plus excellente, que la Foy, ny l'Esperance, & par consequent que toute autre vertu morale.

49. *Expliquez cela plus ouuertement?*
Ce sera par les termes du Docteur Angelique. La Foy & l'Esperance, dit-il, (*d. l.*) regardent Dieu, mais celle là, entant que de luy nous prouient la cognoissance du vray, celle-cy entant qu'il nous fait du bien. Mais la Charité

va à Dieu pour s'y arrester, non pour en tirer aucun auantage.

Elle ne veut rien ny au Ciel ny en la terre, que la gloire du Dieu de son cœur, voyla son seul heritage, & sa portion pour iamais.

50. *Si est-ce que par elle tous biens nous arriuent.*

Le pur Amour, dit S. Chrysostome, n'est point mercenaire, & moins il pense à la recompense plus il en merite, & plus largement est il recompensé.

O Dieu vous aimer & vous seruir, c'est vn salaire trop plus grand.

51. *Y a t'il vne Charité viue & vne morte?*

La Charité n'est point du tout, ou elle est viue, & non seulement viue, mais elle est la vie mesme, & celle qui viuifie les autres vertus, qui rend les Theologales viues, & les Morales infuses & viues.

Celuy qui n'aime pas est en la mort: & par la dilection il est transferé de la mort à la vie.

52. *Elle est donc toute parfaite?*

Ouï, & la perfection mesme: & c'est pour cela que S. Paul appelle Saints & Parfaits les fidelles, qu'il croit estre en grace & en Charité.

C'est par elle que nous sommes rendus parfaits comme nostre Pere celeste est parfait, & Saints comme le Seigneur est Saint.

53. *Quelles Vertus luy sont subordonnées?*

Toutes : car comme le Roy des abeilles ne bat iamais aux champs, qu'enuironné de son petit essain, aussi la Charité n'entre point en vne ame, qu'elle n'y tire à sa suitte toute l'armée des Vertus, qu'elle rend par sa presence, infuses, viues, & diuines.

Ce qui a fait dire à S. Paul (1. *Cor.* 13) Que la Charité est patiente, benigne, douce, *&c.* c'est à dire qui meine auec soy la patience, la benignité, la douceur, & toutes les autres vertus.

54. *Quels sont ses principaux actes?*

Quelquefois elle produit elle mesme les actes des autres vertus, comme quand elle fait jeusner & prier, par le seul motif de l'amour de Dieu, c'est par la seule Charité que l'on jeusne & prie. Quelquefois elle se contente de commander aux autres vertus qu'elles produisent leurs actes, joignant son motif à celuy des autus : en sorte que son motif soit le premier & principal. Les vns & les autres actes sont parfaits & meritoires de l'eternité.

Ajustez vos actes de vertu à l'vn ou l'autre de ces niueaux, autant qu'il vous sera possible, si vous voulez auancer la gloire exterieure de Dieu.

55. *Mais quels sont ses plus propres actes?*

Outre celuy de l'Amour de Dieu, qui est le plus haut & considerable, celuy de l'amour du *aux Vertus Parfaictes.* 447

prochain en Dieu & selon Dieu vient aprés, c'est le second commandement, semblable au premier & tres grand..

Celuy qui n'aime pas son frere qui luy est visible, dit S. Iean, comme aimera t'il Dieu qu'il ne void pas? Celuy qui n'aime point son frere n'a point la Charité de Dieu en soy.

56. *Quelle est cette Charité du Prochain?*

C'est vne Vertu par laquelle nous aimons nostre Prochain, soit Amy, soit Ennemy, pour l'amour de Dieu. C'est à dire parce que Dieu le veut & le commande.

S. Iean (1. 4.) Nous auons vne parfaite Charité, si nous nous aimons les vns les autres, celuy qui se dit aimer Dieu, & haït son frere, est menteur.

57. *La Charité n'a t'elle point d'autres actes qui luy soient propres?*

Outre les commandez qui s'estendent à toutes les Vertus, elle en a quelques vns d'Heroiques tirez d'elle mesme, qui sont les dons, & les fruits du Sainct Esprit, & les Beatitudes appelées Euangeliques.

Que de richesses viennent en vne ame, en laquelle la Charité est respanduë par le S. Esprit qui luy est donné, & qui luy apporte auec soy tant de precieux dons.

58. *Les Dons du S. Esprit ne sont-ce pas des Vertus speciales?*

Toute Vertu est vn don de Dieu, & vne faueur de son Esprit. Neantmoins parlant precisément des sept dons du S. Esprit, rapportez par Isaye (11.) S. Thomas dit (1.2.q.68.) que ces dons là sont des habitudes infuses (& par consequent des Vertus) par lesquelles l'ame est disposée à suiure promptement les mouuemens du S. Esprit, comme les Vertus Morales sont des habitudes, par lesquelles l'homme est disposé à suiure auec facilité & allegresse, l'empire de la droitte raison.

O S. Esprit, Amour & don de Dieu, fauorisez nous de ces dons sacrez, affin que par eux nous fassions progrés en vostre diuin Amour.

59. *Ces Habitudes sont elles distinctes de la Charité?*

Elles en sortent comme les rayons du Soleil, les branches de leur tronc, les ruisseaux de leur source, & elles s'y rapportent & reünissent comme les lignes à leur centre : & non seulement elles en sont inseparables, mais tout bien consideré, dit le B. François de Sales, en son Traitté de l'Amour de Dieu (*l. 11. c. 15.*) elles ne sont à proprement parler que les principales qualitez & proprietez de la Charité.

Qui a la Charité se thesaurise tous ces thresors, c'est à dire a vn tresor composé de plusieurs tresors, ou si vous le voulez ainsi, il a le tresor des tresors.

aux Vertus Parfaittes.

61. *Quels sont ces dons?*

Leur nombre est septenaire marque d'vniuersalité, qui monstre qu'ils s'estendent à tout, & que la Charité qui les comprend est vne vertu vniuerselle.

Que l'homme (qui est vn petit monde) est riche, qui a en soy cét vniuers des Vertus.

61. *Nombrez-les.*

1. La Crainte. 2. la Pieté. 3. la Science. 4. la Force 5. le Conseil. 6. l'Intelligence. 7. la Sagesse. Voila le chandelier à sept branches qui luit deuant le Sanctuaire de la Charité.

O S. Esprit allumez nos sens de ceste lumiere, & respandez en nos cœurs la chaleur de vostre saint Amour.

62. *Crainte qu'est-ce?*

Celle qui est don du S. Esprit, & par consequent vn effect de la Charité creée qu'il produit en nos cœurs, est la filiale & amoureuse, qui craint plus incomparablement la coulpe & l'offense de Dieu, qu'aucune peine, soit temporelle, soit eternelle.

Craignez Dieu ô vous tous les Saints, car rien ne deffaut à ceux qui ont ceste crainte parfaite, d'autant qu'ils ont la Charité, laquelle comprend tout bien.

63. *Que dittes-vous de la Crainte Humaine ou Mondaine?*

C'est celle qui fait offenser Dieu, de peur de

F f

déplaire aux hommes, pareille à celle d'Adam, d'Herodes, de Pilate. Elle est tousjours mauuaise, dit S. Thomas (2.2. q.19. a.3.) d'autant qu'elle prefere l'Amour de la creature à celuy du Createur.

David la rejettoit bien loin, quand il disoit, Ie parleray des tesmoignages de Dieu à la face des Rois, & ie ne seray point confondu, les Princes me persecutent gratuitement, mais ie ne les crains pas tant que Dieu.

64. *Et de la Crainte seruile quoy?*

Auec le mesme Docteur Angelique (a. 4.) qu'elle est bonne de sa nature, car c'est vne bône inclination que de fuir le mal, mais que sa seruilité ne vaut rien.

Esprouuez tout, & gardez ce qui est bon.

65. *Qu'appelez-vous seruilité?*

C'est lors que l'on s'abstient du mal, plus pour crainte de la punition, que pour l'amour de Dieu, ceste preference de la peine à la coulpe, est proprement ce que l'on nomme seruilité.

Il faut auoir le iugement bien detraqué, & l'esprit bien démonté, pour en venir à cette preference.

66. *De la Crainte Mercenaire qu'en dittes vous?*

Le mesme que de la seruile, qu'elle est bonne de soy, mais que sa mercenaireté est tousjours mauuaise. (S. Tho. a. 4. ad. 3.

Le pur Amour n'est nullement mercenaire, disent S. Chrysostome & S. Bernard.

67. *Pourquoy mauuaise?*

Parce qu'elle prefere le don au Donateur, le bien-fait au Bienfaicteur, le salaire au Maistre, injustice manifeste.

Vn cœur vrayment amoureux, & d'amour d'amitié, non de conuoitise, ne recherche que le Bien de l'object aimé, non le sien propre.

68. *Qu'appelez-vous Crainte initiale?*

C'est celle qui joint la Crainte de la peine, à celle de la Coulpe, mais auec soumission, subordination, relation, estimant incomparablement moins la peine que la coulpe. C'est la crainte des commençans, qui craignent d'offenser Dieu de peur de luy déplaire, qui est leur premier, principal, & souuerain motif, & aussi de peur d'estre separez de luy par la peine, motif second subalterne, mais principal, & relatif au premier.

A mesure que la Charité croist en vne ame, la crainte seruile y diminuë, mais par l'Introduction de la Charité, la seruilité de la crainte en est tout à fait bannie. (S. Tho. a. 10.)

69. *Mais la Crainte seruile n'est elle pas vn don de Dieu?*

Oüi : comme toute grace excitante soit deuant, soit aprés la premiere iustification, est vn

don de Dieu : mais elle n'est pas ce don du S.
Esprit qui est vn des effects, ou vne des qualitez de la Charité. Quoy que la Charité se puisse vtilement seruir de la Crainte seruile, despoüillée de seruilité, aux occasions pressantes des grandes tentations, en la maniere que les Pilotes & Maistres de Galere se seruent de leurs forçats, quand il faut venir aux mains contre les Pyrates.

Celuy qui craint Dieu fera le bien, & euitera le mal, principalement celuy de coulpe.

70. *Quelle crainte est appelée le commencement de sagesse?*

Tant la seruile que la filiale, quoy que differemment, car la premiere dispose à la premiere iustification, & la seconde donne entrée au progrés de la iustification. A proprement parler la Crainte initiale meslée de nostre interest, & de celuy de Dieu (cettui-cy surnageant) est le vray commencement de Sagesse, & la porte de la perfection.

O Dieu nous auons conceu par vostre Crainte, & elle nous a fait enfanter l'esprit de salut.

71. *Et la Crainte parfaite qu'est-ce?*

C'est la viue & animée du pur Amour, qui n'apprehende que la coulpe, & pour l'interest de Dieu, auquel elle craint, & de déplaire, & de ne plaire pas assez, crainte toute douce, toute amoureuse, toute respectueuse : que Dauid appelle Sainte, parce qu'elle est dans les Saints, & fait les Saints, & chaste, parce qu'elle est espurée de tout interest creé.

Venez, mes enfans, dit ce grand Roy, écoutez moy, & ie vous enseigneray la crainte de Dieu. Sans doute c'est de ceste crainte parfaite & charitable, qu'il entend parler.

72.   Quel est le don de Pieté?

C'est vn acte de Charité, lequel nous fait aimer, honorer, & seruir Dieu, comme nostre Pere, tresbenin, & tres aimable, & elle differe de la Vertu de Pieté subordonnée à la Iustice, dont nous parlerōs cy dessous, qui n'est qu'vne vertu morale (*S. Tho. 2. 2. q. 101. & 121.*)

C'est par ce don sacré que nous receuons l'esprit d'adoption des enfans de Dieu, auquel nous crions Abba Pere. (*Rom. 8.*) il vient en nous en suitte de la crainte filiale & amoureuse. C'est ceste Pieté, dont l'Apostre parle, qui est vtile à tout.

73.   Et le don de Science?

C'est vn effect de la Charité qui nous rend attentifs à la cognoissance de nous-mesmes & des creatures, pour nous esleuer à celle de Dieu, & par ceste cognoissance accompagnée d'Amour, luy rendre honneur & gloire. Il est bien different de la Vertu Intellectuelle, acquise, & humaine qui porte le mesme nom, comme nous dirons en son lieu.

Dans la veuë de ce don, le Psalmiste disoit, ô Seigneur vostre science s'est renduë admirable en moy, pour la cognoissance que vous m'auez donnée de moy mesme, & de vous par moy.

74. *Du don de Force quoy?*

Il est bien different de la Vertu morale de Force qui peut estre sãs la Charité, mais cettui cy est vn effect du diuin Amour, par lequel nous perseuerons constamment au bien commencé qui regarde le seruice de Dieu ; quelques difficultez ou perils qui se presentent pour nous trauerser.

Ceux qui esperent en Dieu changent leur force naturelle en vne surnaturelle, & font vn essor dans le bien qui ne s'abbat point.

75. *Que dittes-vous de celuy de conseil?*

Qu'il est different de ceste partie de la vertu morale de Prudence qui s'appelle Eubulie ou bon Conseil, parce qu'il procede de la Vertu surnaturelle de la Charité, & n'est autre chose que l'Amour diuin qui nous rend soigneux, attentifs, & habiles à bien choisir les moyens propres à seruir Dieu, sainctement & parfaitement.

O Dieu enseignez moy la bonté, la discipline, & la science, monstrez moy le chemin de vos iustifications : & ie m'exerceray en la pratique de vos volontez.

76. *Et de celuy d'Intelligence ou d'Entendement?*

aux Vertus Parfaittes.

Qu'il diffère aussi de la Vertu intellectuelle qui porte le mesme nom, comme nous ferons voir quand nous en parlerons, en ce qu'il est vn acte de Charité, qui nous rend attentifs à considerer, contempler, & penetrer les veritez de la Foy auec vne lumiere & certitude extraordinaires, qui nous portent à les embrasser & à pratiquer ce qu'elles nous enseignent (*v. S. Tho.* 2. 2. *q.* 8.)

O Seigneur, dit le Psalmiste, donnez moy l'intelligence, & i'estudieray vostre Loy, & ie la garderay de tout mon cœur.

77. *Qu'est-ce que celuy de Sagesse?*

C'est encor toute autre chose que la Vertu intellectuelle qui porte ce nom, comme nous le ferons voir quand nous la descrirons. Selon l'ethymologie du mot de Sapience, ce don le plus grand des sept, est vne sauoureuse science des choses diuines : vn iugement clair & droit de la verité de la iustice. En vn mot c'est vn effect de la Foy viue & animée de Charité, par laquelle nous croyons toutes ses veritez, & obeïssons à toutes ses volontez. (*v. S. Tho.* 2. 2. *q.* 45.)

Quel est le Sage, & il entendra & obseruera toutes ces choses, la Loy de Dieu est sans tasche, & côuertissante les ames, son tesmoignage est fidelle, & donnant de la cognoissance aux plus petits. Ie vous louë ô Pere, Seigneur Dieu du Ciel & de la terre, de ce que vous auez caché ces choses aux Sages & Prudens selon la chair, & les auez reuelées aux petits & aux simples.

78. *Expliquez vous plus briefuement.*

Le don de Sagesse n'est autre chose que l'acte de Charité qui nous fait cognoistre, gouster, & voir combien le Seigneur est doux & suaue à ceux qui l'aiment & qui le recherchent de tout leur cœur.

En cela est le faiste de la Sagesse, & Perfectiō du Chrestié de cognoistre, aimer, & seruir à la gloire de Dieu, au temps & en l'eternité.

79. *Quels sont les fruits du S. Esprit?*

S. Paul (*Galat.* 5.) en nombre douze, & neantmoins il n'appelle tout cela qu'vn fruict, car il dit ainsi, le fruict de l'Esprit est (*notez*) 1. la Charité. 2. la Ioye. 3. la Paix. 4. la Patience. 5. la Longanimité. 6. la Bonté. 7. la Benignité. 8. la Mansuetude. 9. la Fidelité. 10. la Modestie. 11. la Continence. 12. la Chasteté. La raison est qu'à proprement parler il n'y a qu'vn fruit du S. Esprit, qui est la Grace créée ou Charité qu'il respand en nos cœurs, Grace qui est comme cét arbre de l'Apocalypse (22.) portant douze fruits, & douze fois l'an.

Priez Dieu qu'il vous esleue sur ce palmier de la grace, & que vous cueilliez de ses fruits.

80. *Quel est le Premier?*

C'est plustost l'arbre & la racine que le fruit, ou c'est vn fruict, qui côme la manne, compréd en soy le goust de tous les autres, car la Charité est ioyeuse, paisible, patiente, longanime, bonasse, benigne, douce, fidelle, modeste, continente, & chaste.

C'est vn vase d'or solide, orné de toute pierre precieuse.

81. *Quelle difference mettez-vous entre les fruicts & les dons du S. Esprit?*

Telle qu'entre les Habitudes & les Actes, car les dons sont des Habitudes particulieres, jointes inseparablement à celle de la Charité, & les fruicts sont proprement des actes qui sortent de l'habitude de la Charité, comme les fruits de leur arbre. (*v. S. Tho. 1. 2. q. 69. a. 1.*)

Iugez de l'excellence de l'arbre de la Charité, par celle de ses fruicts : selon ceste maxime de l'Euangile, vous connoistrez l'arbre par le fruict.

82. *Qu'est-ce que la ioye?*

C'est vn effect de la Charité, par lequel nous nous resjoüissons des biens infinis que Dieu possede en luy mesme, & de ceux que sa bonté respand en nous & en nos prochains, pour sa plus grande gloire. Où vous voyez que le motif de la Charité est le souuerain & vnique terme de ceste ioye, qui est aussi appelée la ioye au Seigneur, dont l'Apostre dit,

Resjoüissez vous au Seigneur, encor vne fois resjoüissez: & Dauid, Que les Iustes se resjoüissent au Seigneur, & que les droits de cœur se glorifient en luy.

83. *Quel est le troisiesme fruict?*

Selon S. Paul c'est la Paix, & ceste Paix Charitable procede de nostre vnion auec Dieu, par la Grace, qui sousmet entierement nostre volonté à la sienne; auec nous mesmes par le parfait empire de la raison ou partie superieure sur l'inferieure appetitiue & sensitiue: & auec le prochain en luy faisant ce que nous voudriõs qu'il nous fist, & ne luy faisant pas ce que nous ne voudrions pas nous estre fait.

Vne grande Paix accompagne ceux qui aiment la Loy de Dieu, & ils ne sont point accueillis de scandale. La Paix de Dieu, dit l'Apostre, qui passe tout sentiment, garde vos cœurs & vos entendemens en I. C. N. S.

84. *Le Quatriesme.*

C'est la Patience, non ceste vertu morale qui peut estre sans la Charité, mais vn effet du diuin Amour, qui nous fait supporter tranquilement toutes les difficultez, aspretez, & trauerses, qui se rencontrent au chemin du seruice de Dieu.

Mon fils, dit l'Ancien Tobie au jeune, arriuant à la discipline de Dieu, prepare ton cœur à la tentation. Et l'Ange Raphaël au vieil To-

aux Vertus Parfaittes. 459

bie, Parce que tu estois à Dieu, il a esté necessaire que la tentation t'esprouuast. La tribulation opere la Patience, la Patience fait l'espreuue, l'espreuue donne l'esperance, & vne esperance qui n'est point confonduë.

86.   *Le Cinquiesme.*

La Longanimité : c'est lors que la Charité nous fait attendre les biens eternels, auec vn courage grand, ferme, & de longue durée.

Si Dieu tarde, dit le Prophete Abacuc (2.) attendez-le, car en fin il viendra, & ne tardera gueres : quoy qu'il ne soit apperçeu que de loin, il apparoistra à la fin, & ne mentira, c'est à dire ne manquera point. Attends le Seigneur, dit le Psalmiste, mais virilement, que ton cœur se fortifie en soustenant Dieu.

86.   *Le Sixiesme.*

C'est la Bonté : fruit de la Charité, par lequel non seulement nous ne faisons mal à personne, mais nous faisons du bien à qui nous pouuons, & le voulons & desirons à tous.

O Seigneur vous estes bon, & par vostre bonté enseignez moy vos iustifications, faites bien Seigneur à ceux qui sont bons, & droits de cœur, car vous estes bon aux bons.

87.   *Le Septiesme.*

La Benignité : c'est vn effect de la Charité qui nous rend affables, familiers, gracieux à tous, & comme dit l'Apostre, qui nous rend tout à tous pour les gaigner tous à I. C.

Où vous voyez que l'interest de Dieu, vnique fin de la Charité, est le souuerain but de ceste benignité ; c'est vn aiman qui attire les cœurs à Dieu. Le Seigneur, dit Dauid, nous fera benignité, & la terre de nostre cœur produira son fruict.

88. Le Huictiesme.

La Mansuetude, ou Douceur : c'est vn acte de la Charité, par lequel nous moderons l'appetit ou passion de colere, pour l'amour de Dieu.

Dieu dirige les mansuets auec iugement, & enseigne ses voyes à ceux qui sont doux.

89. Quelle difference mettez vous entre la Mansuetude Vertu, Fruict, & Beatitude?

La Vertu est vne habitude Morale & Acquise, la Beatitude est vn acte heroïque de Charité, & le fruict est vn goust sauoureux & agreable de cet acte. (v. S. Tho. 1. 2. q. 157. a. 2. ad 3.)

La perfection se multiplie beaucoup en vne ame par ce fruit du froment, du vin, & de l'huile de la douceur, & mansuetude, les autres vertus y accourent, comme les abeilles au rayon de miel. Il n'y a point de qualité vertueuse si attrayante, c'est l'amorce de la Charité.

90. Le Neufuiesme.

La fidelité ou loyauté : cet effect de Charité nous rend fermes à tenir nos promesses, soit à

Dieu, soit aux hommes pour la gloire de Dieu.

Le Sage: (*Prouerb. 12.*) Dieu a en abomination les lévres menteuses: mais ceux qui sont fidelles en leurs paroles luy sont agreables: Rends ton vœu quand tu l'auras faict, car la promesse folle & infidelle déplaist à Dieu.

91.   Le Dixiesme.

La Modestie: c'est vn effect de la Charité, qui oste du corps & de l'ame toutes les actions desreglées qui peuuent sentir la Vanité, l'Impureté, & la legereté ou imprudence.

S. Paul: (*Philipp. 4.*) que vostre modestie soit cognuë de tous les hommes, car le Seigneur est proche.

92.   L'vnziesme.

La Continence: c'est vn des fruicts de la Charité, par lequel nous nous abstenons de toute espece de desordre & desreglement, tant des passions que des sens exterieurs. Il est different de ceste espece de chasteté qui se pratique dans le celibat.

L'Apostre en parle, quand il dit à ceux de Thessalone (5.) abstenez vous de toute espece de mal.

93.   Le Douziesme.

C'est la Chasteté: Effect de la Charité qui conserue la pureté du cœur & du corps, contre les reuoltes de la sensualité, & les desirs illicites de la chair, tranchant les restes de ceste

Catechese VIII. ou Instruction
hydre dont l'Apostre parle (*Galat. 5.*)

Les œuures de la chair sont, la fornication, l'impureté, l'impudicité, la luxure, *&c.* detestez tous ces monstres.

94. *Que sont-ce que les Beatitudes?*
Ce sont des Actes Heroïques de la Charité, par lesquels on prend à singulier honneur, & à vne haute gloire & felicité de souffrir pour Dieu.

A Dieu ne plaise, dit S. Paul, que ie me glorifie sinon en la Croix de I. C. N. S. par qui le monde m'est crucifié, & moy au monde. Ie me glorifieray en mes infirmitez & afflictions, affin que la vertu de I. C. habite en moy.

95. *En quoy different elles des fruicts?*
Comme le plus & le moins, car les Beatitudes sont des fruits & des effects de la Charité, aussi bien que les douze que nous auons representez, mais fruits plus exquis que les precedens.

Ie me suis reposée, dit l'Espouse, sous l'ombre de celuy qui est tout mon desir, & son fruit a semblé fort doux à ma gorge.

96. *Expliquez vous dauantage.*
La Charité s'appelle fruict, entant qu'elle nous delecte, & que nous sauourons sa douceur & suauité.

C'est vne vraye pomme de Paradis, recueillie de l'arbre de vie, qui est le S. Esprit, enté sur nos esprits humains, & respandu en nos cœurs par sa grace.

97. *Suiuez.*

Et quand non seulement nous nous resjoüissons en l'exercice de la Charité, joüissans de ses mammelles meilleures que le vin, & plus odorantes que les parfums, mais lors que nous mettós en cela toute nostre gloire, nostre couronne, nostre felicité, elle n'est pas seulement vn fruict delicieux à nostre palais, mais elle est nostre Beatitude pour diuerses raisons.

Ma portion, & la part de mon heritage pour iamais, i'ay dit, ô Seigneur! que c'est de garder vostre Loy, & de faire vostre volonté.

98. *Pour quelles raisons?*

1. Pource qu'elle nous asseure de la felicité de l'autre vie, la grace estant vne arrhe de la gloire, & comme la semence du Paradis. 2. parce que ces Beatitudes nous font faire la volonté de Dieu en la terre, comme elle est pratiquée au Ciel, espurée de tout interest creé. 3. parce qu'elles nous font gouster dés ce monde vn contentement incomparable, & qui est comme vn eschantillon du Thabor.

O qu'il est bon d'adherer ainsi à Dieu, & de mettre en luy toute son esperance.

99. *Quel est ce contentement?*

Il est tel qu'il surpasse, & le ressentiment du cœur, & le retentissement des paroles. Il fait trouuer des delices inexprimables dans la pauureté, l'abjection, les larmes, la disette, les miseres, les persecutions. En sorte que ceste sorte de Charité ne peut estre esteinte par les terreurs ny les desbordemens des eaux des afflictions, au contraire c'est vn feu que ces eaux embrasent.

Ainsi les Apostres se retiroient ioyeux & contens du milieu des assemblées, où ils auoiẽt souffert des opprobres & ignominies pour le nom de IESVS.

100. *Quelle est la premiere Beatitude ?*

La pauureté d'esprit : Elle est double, car les vns l'ont d'affection, quoy que non d'effect, ce qui suffit pour attaindre à ceste Beatitude ; car plusieurs grands Saincts, tant de l'vne que de l'autre alliance ont esté pauures d'esprit, c'est à dire d'affection parmy de grandes richesses.

Ce sont ceux qui ne se sont point attachez aux tresors, & n'ont point mis leur esperance en l'or, le Sage dit, qu'ils ont fait des merueilles en leur vie.

101. *L'autre Maniere.*

Elle est de ceux qui sont pauures, & en effect & en affection, soit qu'ils ayent esté reduits à la pauureté effectiue par naissance, ou par desastre, ou que volontairement ils s'y soient rangez pour pratiquer le conseil de l'Euangile, va vend tout ce que tu as, *&c.* (*Matth. 19.*) quand cela est cela est fait par le motif de l'amour de Dieu, c'est vn acte heroïque de Charité.

Iettez vostre pensée sur le Seigneur, & il vous nourrira, il ne permettra point que le iuste flotte dans l'incertitude.

102. *Ceste Beatitude ne s'entend elle point d'autre façon?*

Quelques vns l'entendent aussi de l'humilité, qui est vn bas sentiment de soy, iusques à l'aneantissement, & qui nous met au dessous de toute creature pour l'amour de I. C. (S. Tho. 2.2. q. 19. a. 12.)

Il est escrit que Dieu sauuera les humbles de cœur, ce qui ne se peut entendre que de l'humilité animée de Charité.

103. *Ne s'estend elle point encore à quelque autre vertu?*

Selon quelques vns la pauureté d'esprit s'entend de la simplicité, entant qu'elle desnuë l'esprit de la multiplicité des interests creez, pour l'appliquer à l'Vn necessaire, qui est celuy de Dieu, lequel n'est autre que sa gloire.

C'est là vn haut degré de Charité, & comme le faiste de la Beatitude de la Grace, & de la Perfection de ceste vie.

104. *La seconde Beatitude.*

C'est la Mansuetude : & elle est au point d'vne haute felicité, quand la Charité qui l'exerce oste toute amertume du cœur, dans les torts,

Gg

Pagination incorrecte — date incorrecte

NF Z 43-120-12

les injures & les outrages.

Alors auient ce que dit le Psalmiste, la Paix est au milieu d'vne amertume tres amere : & l'homme qui est en ce degré de Charité, est fait comme vn homme qui n'a ny oreilles, ny repliques en la bouche.

105. La Troisiesme.

Les larmes, c'est à dire la penitence amoureuse, ou pour parler plus proprement, lors que l'Amour de Dieu fait trouuer d'extremes delectations dans les plus rudes exercices de la penitence, tant interieurs qu'exterieurs.

Mes larmes m'ont serui de pain iour & nuict, tandis que l'on me dit, où est ton Dieu?

106. La Quatriesme.

La faim & soif de Iustice : cecy signifie deux choses, la premiere lors que l'on endure auec ioye, par vn grand amour de Dieu, des injustices manifestes, qui nous sont faites par les hommes.

Freres, dit S. Paul, vous souffrez volontiers les attaques des mauuais, parce que vo⁹ estes sages (mais de la sagesse d'enhaut) vous endurez ceux qui vous deuorent, & qui pillent vos biens, ceux qui vous foulent aux pieds, & vous frapent au visage.

107. L'autre signification.

Cette faim & soif de Iustice, marque ceux qui sont insatiables au desir d'auancer & d'augmenter par bonnes œuures faites en grace, & par le motif de la grace, la gloire de Dieu.

Que celuy qui est Sainct se sanctifie encore dauantage, & que le iuste se iustifie de plus en plus, qu'il aille de vertu en vertu, pour voir le Dieu des Dieux, & des Vertus en Syon.

108.   *La Cinquiesme.*

La Misericorde : c'est lors que l'Amour de Dieu est si grand, qu'il fait trouuer de la delectation dans le secours des miserables.

Iugement sans misericorde à celuy qui n'aura point fait misericorde, mais à celuy qui l'aura faite en grace, & par le motif de la Charité, sera faite misericorde sans iugement.

109.   *La Sixiesme.*

La Pureté de cœur : La Charité comble celui-là d'vne haute felicité, de qui elle purifie les pensées, les paroles & les œuures, car tout trouble & toute misere naist de l'impureté. Mais celuy est principalement pur de cœur, qui n'a que la gloire de Dieu, pour vnique object de ses actions & intentions.

C'est la Foy qui purifie les cœurs, dit S. Pierre. (*Actes* 15. *v.* 9.) ce qui se doit entendre de la viue & formée, c'est à dire animée de Charité.

110.   *La Septiesme.*

La Paix : Quand la Charité qui est le lien de perfection, nous vnit parfaitement auec Dieu & le prochain, & oste toutes les contradictions

Gg ij

de la Cité de noſtre interieur, pacifiant les tumultes & les reuoltes de la partie inferieure, & la ſouſmettant auec la superieure à la treſſainte volonté de Dieu.

Alors nous pouuons dire, que iuſtifiez par la Foy (viue s'entend) nous auons paix auec Dieu (*Rom.* 5. v. 1.) & encor auec les hommes (*Rom.* 12. v. 18.) & que le Dieu de paix eſt en nous. N'eſt-ce pas là vn crayon & vn rayon de l'eternelle Beatitude?

III. *La Huictieſme.*

La Patience aux perſecutions: l'œuure de ceſte Vertu eſt vrayment parfaite, quand elle procede de la Charité, ou qu'elle en eſt commandée. Quelle perfection, ou pour mieux dire, quelle Beatitude quand on eſt arriué à ce point de dilection, de faire gloire de la Croix, & de l'opprobre de Ieſus Chriſt.

S. Paul, appelle heureux les Philippiens (1.) parce que non ſeulement ils croyoient en I. C. mais auſſi parce qu'ils enduroient pour luy.

112. *Ces Beatitudes ſemblent plutoſt des miſeres, que des felicitez?*

Il eſt vray, ſelon le iugement des enfans du ſiecle, mais l'Amour de Dieu change ces eſpines en roſes, ce plomb en or, & ces aduerſitez en des couronnes de roſe & de gloire qui ne peuuent fleſtrir.

Seigneur, dit le Pſalmiſte, faites moy miſericorde, mais selon le iugement de ceux qui vous aiment, non selon l'opinion des pecheurs qui sont bien éloignez du salut.

113. La Charité sera donc vne Vertu, vn Don, vn Fruict, & vne Beatitude?

Il est ainsi, car elle est la Vertu des Vertus, leur Reine, leur Ame, leur Tout; elle est vn precieux don de Dieu, respandu en nos cœurs par le S. Esprit ; elle est le fondement & la racine du fruict de toutes les bonnes œuures, puis que sans elle nulle n'est meritoire : elle est vne Beatitude, puis que par elle le Royaume des Cieux est en nous, puis qu'elle nous met dans le Paradis de la Grace, l'esprit de Dieu rendant témoignage au nostre, que nous sommes enfans de Dieu ; si enfans, donc heritiers, oui heritiers de Dieu, & coheritiers de I. C.

Demandez à Dieu vn don si desirable & si necessaire, il le donne volontiers & sans reproche, puis que la fin de vraye Charité n'est autre que sa gloire.

114. Il poursuit.

En qualité de Vertu, elle nous rend obeïssans à la pratique des commandemens & conseils de Dieu, qui sont ses inspirations exterieures, & par consequent à la pratique de toutes les vertus. En qualité de don elle nous rend soupples & maniables aux inspirations interieures, qui sont comme les cõmandemens

& conseils secrets de Dieu, à l'execution desquels sont employez les sept dons du S. Esprit.

O Vertu des vertus, ô Don des dons, que bien-heureux est celuy qui aydé de toy dispose des montées en son cœur.

115. Il continuë.

En qualité de fruict, elle nous donne vn goust & plaisir extreme dans les exercices du seruice de Dieu, qui sont aux 12. fruicts du S. Esprit. En qualité de Beatitude elle nous fait prendre à faueur, à grace, à couronne, à felicité les pauuretez, les larmes, les souffrances, les persecutions pour I. C. ce qui se trouue dans les huict Beatitudes Euangeliques.

O fruict des fruicts! ô beatitude des beatitudes, bien-heureux le peuple qui l'a, bien-heureux le peuple duquel le Seigneur est Dieu.

116. Belle Similitude.

Ainsi la parfaite Charité est representée par la Grenade, qui tirant ses proprietez du Grenadier, peut estre appeléé la vertu de cette plante, cóme aussi elle est son don, puis qu'elle le presente à l'homme comme par amour : & encore son fruict, puisqu'elle est mangée pour recréer le goust de l'homme; & en fin elle est par maniere de dire sa gloire & sa beatitude, puisque la nature luy a donné vne espece de couronne & diademe.

aux Vertus Parfaittes.

L'Espoux sacré considerant son Amante l'Ame en grace, & qui a la Charité, compare ses jouës à l'entr'ouuerture d'vne pomme de Grenade, dont les grains bien arrangez monstrent l'assemblage de toutes les vertus en la saincte Charité.

117. *Passez aux autres Vertus.*

L'Ange de l'Escole (1.2.q. 57. & 66. a 3.) parlant de leur distinction met les Theologales & surnaturelles au premier rang, & entre les naturelles, il donne l'auantage aux Intellectuelles sur les Morales, d'autant que celles là perfectionnent la raison, celles cy l'appetit, ou pour mieux dire celles la regardent la faculté Intellectuelle, celles cy l'appetitiue. Celles la semblent plus excellentes, celles cy plus vtiles.

Demandez à Dieu les vnes & les autres pour les appliquer au seruice de sa gloire.

118. *Quelles sont les Intellectuelles?*

Il y en a trois. 1. La Science. 2. l'Intelligence. 3. La Sagesse, lesquelles resident dans l'Intellect speculatif pour le perfectionner. Mais pource qu'on les reduit ordinairement sous la vertu Morale de Prudence qui reside en l'Entendement pratic, & qui les reduit en pratique: nous les considererons conjoinctement auec ceste premiere des vertus Morales, comme luy estant connexes & alliées.

O Dieu donnez moy de l'entendement afin que ie viue pour vous & pour voſtre ſeruice.

119. *Quelle difference mettez-vous entre les Vertus Intellectuelles & les Morales?*

En ce que celles là reſident en l'Entendement dont elles ſont les bonnes habitudes; celles cy en la volonté. Celles là donnent la cognoiſſance du bien, celles-cy le font aimer & pratiquer.

Demandez à Dieu la lumiere des vnes & l'ardeur des autres, pour la ſanctification de ſon nom.

120. *Qu'appellez-vous proprement Vertu Morale?*

C'eſt vne bonne habitude acquiſe par pluſieurs actes, qui nous facilite l'execution du bien, & qui perfectionne noſtre volonté. (S. Tho. 1. 2 q. 63. a. 2.)

O Dieu couronnez nous de voſtre bonne volonté, comme d'vn bouclier.

121. *Il ſuit.*

Elle eſt Acquiſe, Humaine, Naturelle, c'eſt à dire qu'elle ſe peut acquerir par le trauail ou Induſtrie naturelle de l'homme qui s'y veut appliquer; en quoy elles different des Infuſes qui ſont d'vn ordre ſurnaturel & diuin, & au deſſus de l'acquiſition, des forces & de la portée humaine.

Il faut prier Dieu qu'il eſleue vos vertus

Morales à la qualité d'Infuses.

122. *Comment deuiennent elles infuses?*

Par l'adjonction de la Charité, lors que la grace iustifiante est respanduë en vne ame : car de Naturelles & Humaines, elles sont esleuées en vn ordre surnaturel & diuin, par lequel leurs actes animez de la Grace sanctifiante sont rendus meritoires de la vie eternelle. Sans cela elles ne peuuent toucher la derniere fin ny glorifier Dieu parfaitement.

O Grace diuine soyez l'ame & la vie de toutes nos actions.

123. *Sont elles imparfaites sans cela?*

S. Thomas dit nettement que sans la Charité nulle vertu n'est ny vraye ny parfaite. (2. 2. q. 13. a. 7.)

Iugez combien il importe d'auoir la Charité, pour s'exercer aux vrayes & parfaites Vertus.

124. *Quelles sont les Vertus Morales?*

On les reduit à 4. que l'on appelle Cardinales ou principales, ausquelles toutes les autres se rapportent, & se rangent. 1. La Prudence. 2. La Iustice. 3. La Force. 4. La Temperance.

Ce sont les 4. fleuues qui doiuent arroser le Paradis terrestre de nostre interieur, si nous voulons que nostre terre produise vn fruit d'honneur & d'honnesteté.

125. *Pourquoy les appelle-t'on Cardinales ?*

D'autant qu'autour d'elles tournent toutes les autres, comme les portes tournent sur leurs gonds, que les Latins appellent (*Cardines.*)

O Dieu tous mes vœux se retournent vers vous, quelles loüanges vous rendray je ? Ie suis à mon bien-aimé, & il est tout retourné vers moy.

126. *Qu'entendez-vous par les Vertus Politiques, Purgatiues, d'esprit purgé, & Exemplaires ?*

Les mesmes Vertus Morales ou Cardinales, considerées diuersement. Car entant qu'elles se pratiquent par les forces simplement humaines & naturelles, & se terminent en nous ou au prochain, elles s'appellent Politiques, (*v. S. Tho. 1. 2. q. 61. a. 5.*

Honorez Dieu en elles comme Autheur de tout le bien qui est en la Nature, & de la Nature mesme.

127. *Quelles sont les Vertus Exemplaires ?*

Ce sont les mesmes Vertus en Dieu, qui est l'Idée & l'Exemplaire de toute perfection : la prudence en Dieu, c'est la cognoissance qu'il a de soy ; la Iustice l'obseruation de sa Loy eternelle ; la Force son Immutabilité : la Témperance le retour de l'Intention de Dieu sur soy, tout ainsi que la nostre est la conformation de nostre appetit à la droite raison.

Adorez ces Vertus du Dieu des Vertus, car tout ce qui est en Dieu, est luy mesme.

128. *Quelles les Purgatiues?*

Ce sont les Vertus Morales infuses, c'est à dire animées de Charité, entant qu'elles repoussent pour l'Amour de Dieu, les vices qui leur sont opposez.

Pour l'amour des paroles de vos léures, ô Seigneur, dit le Psalmiste, c'est à dire de vostre Loy, ie garde & obserue de dures voyes.

129. *Et celles d'esprit purgé?*

C'est l'exercice des mesmes vertus, pour le seul regard & respect de l'amour & de la gloire de Dieu. Vertus accomplies & propres des parfaits.

Il faut genereusement aspirer à celles-cy affin de rendre à Dieu vne gloire parfaite, hostie qui luy est tres agreable.

130. *Les Vertus Acquises & les Infuses, sont elles differentes d'espece?*

S. Thomas tient l'affirmatiue (*1. 2. q. 63. a. 4.*) celles-là n'ont pour object que les choses humaines & creées, mais celles cy ont Dieu pour fin derniere, & sont pratiquées par les Citoyens des Saincts, & domestiques de Dieu, les personnes qui sont en grace : & ce sont à proprement parler les vrayes Vertus Chrestiennes & parfaites.

Lors que le parfait paroist, ce qui est imparfait & en partie doit disparoistre.

131. *Qu'est-ce que Prudence?*

C'est vne Vertu Morale, par laquelle selon la regle de la droite raison, nous iugeons de ce que nous deuons suiure ou fuir, rejetter ou embrasser.

La femme forte, c'est à dire l'ame prudente, considere les traces de sa maison, & auec Dauid, elle pense à ses voyes.

132. *Comme se rapportent les trois Vertus Intellectuelles à celles-cy?*

En la maniere que ce qui a passé par l'entendement speculatif, arriue dans le pratic, car la Science, Intelligence, & Sagesse, qui, comme Vertus Intellectuelles ne regardent que la cognoissance du vray & du faux, du bien & du mal, par le moyen de la Prudence sont reduittes en action.

Considerez ces trois Vertus comme clairs flambeaux de la Prudence Morale, pour la conduire droitement en ses voyes.

133. *Qu'est-ce que la Science?*

C'est vne simple cognoissance du vray & du faux, du bien & du mal, selon la lumiere de la droitte raison.

Honorez Dieu qui a donné ceste clarté à nostre nature.

134. *Et l'Intelligence.*

C'est vne plus claire cognoissance du vray &

du faux du bien & du mal, c'est comme vn progres de Science.

Respectez encore ce don de Dieu qui en est l'Autheur.

135.   *Et la Sagesse:*
Elle embrasse & la Science & l'Intelligence en vn tel degré de lumiere & de chaleur, que non seulement elle le monstre clairement à la volonté, mais elle la fait pancher & encliner à la suitte de l'vn & à la suitte de l'autre, en quoy elle auoisine de fort pres la Vertu de Prudence, si elle n'est vne mesme chose.

C'est à ce degré qu'aspiroit la Philosophie Ancienne.

136.   *Comme s'en sert la Prudence?*
Comme de lampes à ses pieds, & de lumieres à ses sentiers, c'est à dire à sa conduitte. Car sans Science, sans Intelligence, & sans Sagesse la Prudence Morale degenere bientost en tromperie, & en ceste Prudence de la chair qui est vicieuse, & que S. Paul appelle mort.

Demandez à Dieu ces lumieres & Vertus Intellectuelles afin que vostre Prudence ait de solides fondemens.

137.   *La Prudence de cette sorte est-elle parfaitte?*
Elle peut estre appellée parfaite en quelque maniere, c'est à dire d'vne perfection Morale

& naturelle, non de la Diuine, Infuse, & surnaturelle, qui est l'essentielle & vraye Perfection du Christianisme. Car les vertus Intellectuelles & Morales, & mesmes les deux Theologiques de Foy & d'Esperance, & generallement toutes les Vertus, & toutes les Graces que l'on appelle gratuitemét données, peuuent estre sans la Charité, & par consequét mortes & imparfaites.

Reclamez le Dieu de Charité afin que sa grace viuifie vostre Prudence Morale.

138. *Quelle est la Science Infuse ?*

C'est celle qui est accompagnée de Charité, laquelle n'entre iamais qu'en vne ame qui a la vraye foy, & alors elle deuient Science Diuine, Science de Dieu, Science des voyes de Dieu, Science des Saints, Science qui fait les Saints.

Toute autre Science est sujette à l'enfleure de l'orgueil, si elle n'est animée de la Charité qui edifie, tous ceux la sont vains qui n'ont point ceste Science du Dieu des Sciences, Science viue & viuifiante.

139. *N'y a t'il point d'autre science Infuse ?*

Oui, mais c'est vne de ces graces que l'on appelle gratuitement données, dont l'Apostre parle (1. Cor. 12.) comme sont la Prophetie, le don des langues, ou des miracles, & ceste sorte de science peut estre morte & sans Charité, mais, l'Infuse, dont nous parlõs en l'article qui precede, est vne science acquise & naturelle, qui deuiét infuse & surnaturelle quand elle est fondée sur la Foy viue animée de Charité : & a beaucoup de rapport auec le don du S. Esprit qui porte le nom de science.

Estimez comme il faut ceste science viue & parfaite, qui conduit à la vraye vie de la grace & de la gloire.

140. *Qu'est-ce qu'intelligence Infuse?*
Le mesme que nous venons de dire de la science, celle qui est accompagnée de Foy viue animée de Charité.

I'ay eu, dit Dauid, plus d'intelligence que les vieux, c'est à dire que les experimentez, parce que i'ay recherché l'accomplissement de vostre Loy.

140. *Et la Sagesse Infuse?*
Le mesme que nous auons dit de la science & intelligence.

Demandez à Dieu, à l'imitation de Salomon qu'il vous enuoye ceste sagesse d'enhaut, animée de son sainct Amour, pour vous conduire en toutes vos voyes.

141. *Quelle est donc la vraye & parfaite Prudence?*
C'est celle qui est animée de Charité, elle est, & purgatiue, & d'esprit purgé, rapportant toutes nos pensées, paroles, & actions à la

gloire de Dieu, en fin derniere.

Soyez prudent de ceste sorte, si vous voulez estre agreable à Dieu, comme fidelle & prudent seruiteur.

142. *Quelles sont les Vertus subordonnées à la Prudence?*

Quelques vns luy donnent pour suiuantes 1. la Discretion. 2. la Docilité. 3. le Soin ou la solicitude. 4. la Circonspection. Mais à mon iugement, ce sont plutost ses actes, specialemēt ce dernier, que des Vertus speciales. Ioint que la Discretion me semble inseparable de la modestie, de laquelle nous parlerōs cy dessous en son lieu. La Docilité est vne partie de l'obeissance, & le soin de la diligence, qui sont des vertus particulieres que nous verrons en leur rang.

Demandez à Dieu ces belles qualitez, pour auancer par elles en son seruice.

143. *La Iustice qu'est-ce?*

C'est vne vertu morale, par laquelle nostre volonté est constamment portée à rendre à chaqu'vn ce qui luy appartient.

Pesez ce diuin Oracle, dittes au Iuste que bien luy sera, & qu'il mangera du fruict de ses mains, c'est à dire qu'il jouïra de son trauail.

144. *Est l'Infuse & parfaite?*

C'est celle qui nous rend iustes deuant Dieu, ce qui se fait par la grace sanctifiante, & la Charité respanduë

aux Vertus Parfaites. 483
rité respanduë en nos cœurs par le S. Esprit.

La vraye & parfaite Iustice Chrestienne n'est qu'en la Charité, dit S. Augustin.

145. *Quelle difference mettez vous entre la Iustice Morale, & la Chrestienne ou Infuse?*

Telle qu'entre le Ciel & la terre, le diuin, & l'humain : la fin de l'vne & de l'autre fait paroistre leur distinction. La fin de la Morale & humaine est le bien de la Creature : la fin derniere de l'Infuse est le bien du Createur qui est sa gloire.

Rendre à Dieu, à soy mesme, au prochain ce qui luy appartient, sans autre pretension que de l'amour & de la volonté de Dieu, à qui cela plaist, & qui l'ordonne ainsi, c'est la vraye Iustice Chrestienne & parfaite, c'est proprement chercher le Royaume de Dieu & sa Iustice.

146. *Quelles sont les vertus subordonnées à la Iustice?*

La premiere c'est la Religion, par laquelle nous rendons à Dieu l'honneur, & le culte qui luy est deu, comme Createur & Souuerain Seigneur de toutes choses.

Y a t'il rien de plus iuste & de plus digne, que de rendre à Dieu ce tribut de nostre estre, & ce tesmoignage de nostre sujettion?

147. *Quelle est la vraye Religion?*

Celle qui est fondée sur la vraye Foy, sans

H h

laquelle il est impossible de plaire à Dieu, ny de luy rendre vn seruice agreable, & la parfaite Religion, c'est celle qui a la Foy viue & œu-urante par Charité.

A raison dequoy S. Iacques appeloit Religion nette & sans tasche, d'assister les vefues les orphelins, & les personnes miserables en leurs necessitez: c'est à dire d'honorer Dieu par Foy & bonnes œuures faites en sa grace, & par le motif de son Amour.

148. *Quels sont les Actes de la Vertu de Religion ?*

L'Ange de l'Escole en conte vnze (2. 2. q. 81. & seqq.) le premier, la Deuotion qui est vne ferueur, promptitude, & allegresse aux choses qui regardent le seruice de Dieu.

Dieu aime celuy qui luy donne ioyeusement & promptement.

149. *Cela peut il estre sans Charité?*

Oui: comme toute autre Vertu Morale, car il y a vne Deuotion morte & vne viue, & par consequent vne imparfaite, & vne parfaite, celuy qui sert Dieu pour Dieu, promptement & alaigrement, est vrayment & parfaitement deuot estant en estat de grace. Qui a vn autre moindre motif nō rapporté à l'amour de Dieu, ne peut estre appelé veritablement deuot.

Appliquez à vostre deuotion la marque de la Charité, si vous voulez que cette mon-

aux Vertus Parfaittes.

noye soit de mise au Ciel.

150.   *Le Second Acte.*

C'est l'Oraison : qui n'est autre chose qu'vne eleuation d'esprit à Dieu, ou vne conuersation auec luy, sans la Charité elle n'est ny viue ny parfaite. Car Dieu n'exauce pas volontiers les pecheurs, & sa loüange n'est pas specieuse en leur bouche.

Au contraire les yeux de Dieu sont sur les Iustes, & ses oreilles attentiues à leurs prieres; l'oraison du iuste vaut beaucoup.

151.   *Le Troisiesme.*

L'Adoration : par laquelle nous rendons à Dieu l'honneur de latrie qui luy est deub, honneur souuerain incommunicable à tout autre qu'à Dieu. Adoration qui est en sa perfection quand elle est faite par le motif du diuin Amour.

Venez, dit le Psalmiste, adorons Dieu, & pleurons deuant Dieu qui nous a faits, car il est le Seigneur nostre Dieu, & nous sommes son peuple, & les oüailles de son pasturage.

152.   *Le Quatriesme.*

Le Sacrifice : il n'y en a qu'vn à proprement parler en la nouuelle Loy, qui est celuy de la Tressainte Eucharistie : les autres sacrifices de Iustice, qui sont les bonnes œuures faites en grace sont ainsi appellez improprement.

Quand la Charité les accompagne, combien

Dieu en est il glorifié!

153. Le Cinquiesme.

Les Oblations, qui se font pour l'entretien des Ministres Ecclesiastiques ou des lieux sacrez, sont d'vn grand prix deuant Dieu, quand la Charité accompagne la Religion.

Pensez que sans Amour rien n'est agreable à Dieu, lequel regarde le cœur d'Abel plus que ses presens.

154. Le sixiesme & le septiesme.

Les Premices, & les Dixmes: Ce sont des tributs commandez de Dieu, & il est honoré par l'obeissance qu'on luy rend en les payant.

Soyez fidele en cela, & n'oubliez pas de vous en acquiter pour l'amour de Dieu, plus que pour le respect des hommes, affin que cét acte Religieux soit vrayment parfait.

155. Le Huittiesme.

Le Vœu: Acte fort agreable à Dieu, quand il est fait par le commandement de la Charité: car s'il en est despourueu, il est mort, aussi bien que tout autre acte de Vertu Morale qui en est priué.

Taschez d'offrir à Dieu des hosties viues, plaisantes à ses yeux.

156. Le Neufiesme & Dixiesme.

Le serment, & l'Adjuration: quand cela se fait par verité & par Iustice, ce sont des actes de Religion, mais imparfaits & sans merite si la *aux Vertus Parfaites.* 487

Charité ne les rapporte à la gloire de Dieu.

Ayez ce but deuant les yeux, quand vous serez obligé de les produire.

157. *L'vnziesme.*

La loüange de Dieu : C'est tesmoigner l'estime que l'on a de son excellence infinie, mais pour estre accomplie elle doit sortir d'vne Foy viue, c'est à dire d'vne vraye & sincere cognoissance, accompagnée d'vn pur amour.

O Dieu ie vous veux loüer par pure dilection en vne grande assemblée, deuant vn peuple graue, à la face du Ciel & de la terre.

158. *Quelle est la seconde Vertu subordonnée à la Religion?*

La Pieté : c'est vne vertu Morale, par laquelle nous rendons honneur & seruice à nos Perens, & à nostre pays. Elle deuient infuse & parfaite comme les autres quand nous rapportons ces deuoirs à la fin derniere qui est la gloire de Dieu, par la Charité.

De ceste façon, la Pieté, comme dit l'Apostre, est bonne à toutes choses.

159. *L'Obseruance qu'est-ce?*

S. Thomas la met au troisiesme rang des vertus sousmises à celle de Iustice. C'est vne vertu Morale qui nous fait rendre honneur, respect, & seruice aux personnes establies en quelque sorte de Superiorité, soit d'âge, soit de dignité, soit de science, soit de vertu, quand

Hh iij

cela se fait par le commandement de la Charité, alors s'accomplit ce mot diuin.

Preuenez vous en honneur les vns les autres.

160. *La Dulie qu'est-ce?*

C'est vne partie de l'obseruance, par laquelle nous rendons respect & honneur à ceux qui ont quelque degré d'excellence, proportionnément à leur dignité.

A qui tribut tribut, à qui honneur honneur, à qui peage peage : rendez à Cesar ce qui est à Cesar, à Dieu ce qui est à Dieu.

161. *Et l'obeissance?*

C'est la seconde partie de l'obseruance: Vertu Morale, par laquelle nous soumettons nostre volonté à celle des Superieurs que Dieu nous a donnez. Quand elle est animée de Charité, elle est fort propre pour faire vn grand progrés en la perfection.

L'homme obeissant ne parlera que de victoires contre les vices, dit l'Oracle sacré.

162. *La Correction.*

C'est vne partie de la Iustice vindicatiue, que quelques vns appellét vindication : par laquelle sans aucune mauuaise passió, mais par le seul desir de Iustice nous sommes portez à chasser autant que nous pouuons le mal de coulpe, tant de nous que de nostre prochain, aux despens de quelque peine. Quand cela se fait par Charité, c'est ce que l'on appelle zele ; Moyse, Elie,

Dauid, S. Pierre, S. Paul, ont excellé en ceste vertu animée de Charité.

Mon zele, dit le Psalmiste, m'a fait desecher, quand i'ay veu que vos ennemis ô Seigneur, (c'est à dire) les pecheurs transgressent vostre Loy.

163. La Gratitude ou Recognoissance des bien-faits.

C'est vne Vertu Morale qui fait que nous estimons & loüons les bien-faits receus, & taschons de rendre le reciproque lors que nous le pouuons & que l'occasion s'en presente, ou pour le moins le desirons, quand nous manquons de pouuoir. Ceste Vertu deuient infuse & surnaturelle, quand elle est pratiquée en Grace, & a l'Amour de Dieu pour derniere fin.

Mon ame beny le Seigneur, & garde bien d'oublier toutes ses retributions, non Seigneur ie ne les oublieray iamais, car par elles vous m'auez donné la vie.

164. La Verité.

Ou autrement veracité; c'est vne Vertu subordonnée a la Iustice, par laquelle nous declarons, soit par paroles, soit par signes, les choses qu'il faut dire, en la maniere qu'elles sont, quãd cela se pratique pour la seule honnesteté de la verité, c'est vne vertu Morale & naturelle, mais quand elle a pour visée l'amour de la Souueraine verité, qui est Dieu, alors elle est surna-

Hh iiij

turelle & infuse.

C'est en ceste derniere façon que la pratiquent ceux qui sont enfans du Dieu de verité.

165. L'Amitié.

C'est vne Bien-veillance reciproque qui ne recherche en aimant que le bien & l'auantage de l'aimé, autrement ce seroit Amour de conuoitise, & non pas d'amitié. C'est vne vertu Morale quand elle se termine en la creature, mais diuine quand nous aimons le prochain pour l'amour de Dieu.

Qui craint Dieu, aura vne bonne amitié, dit le Sage.

166. L'Affabilité.

C'est vne vertu qui nous rend gratieux en propos & en actions, dans la conuersation auec le prochain, c'est vne des branches de l'amitié, & elle se surnaturalize de la mesme sorte, par le regard de la fin derniere qui est Dieu, elle a beaucoup d'affinité auec la Douceur & Benignité.

Rends toy affable en la compagnie des hommes, dit le Sage (*Ecclef.* 4.) si tu veux acquerir des cœurs. C'est vn vray rayon de miel, autour duquel s'amassent les abeilles.

167. La Liberalité.

C'est vne vertu, qui fait l'vne des principales branches de la Iustice, par laquelle on dispense son bien iudicieusement & franchemét: l'honnesteté de ceste action est le terme de la vertu Morale, mais quand elle a pour but l'amour de Dieu à qui elle est tres agreable, elle deuient infuse & parfaite.

N'oubliez pas la beneficence & l'hospitalité, dit le diuin texte, car Dieu a agreable de telles hosties.

168.   La Penitence.

C'est vne vertu par laquelle nous detestons les fautes cômises contre Dieu ou le prochain, & nous en repentons, tesmoignans nostre déplaisir par paroles ou par signes, & sommes en volonté de les reparer, & d'y satisfaire selon nostre pouuoir, pour faire des fruicts qui en soient dignes, il faut qu'elle soit animée de l'amour de Dieu, autrement elle sera tousjours imparfaite & inutile à salut.

Faisons que nostre penitence regarde la fin derniere, si nous voulons qu'elle nous reconcilie auec Dieu.

169.   La crainte de Dieu.

Elle est morte si elle ne regarde que la peine: viue si elle craint pour la coulpe, & pour l'interest de Dieu qui en est offensé.

Demandez à Dieu la crainte chaste, filiale & amoureuse, car c'est la vraye & parfaite crainte de Dieu, qui procede de la Charité.

170.   La Simplicite.

Comme vertu Morale, elle bannit toute hypocrisie & duplicité, nous faisant paroistre au dehors, tels que nous sommes au dedans, conformant nos actions & nos paroles à nos pensées. Mais comme Infuse & Chrestienne elle nous fait regarder la seule gloire de Dieu en toutes nos actions, sans reflexion sur nostre propre interest, par vne grande pureté d'intention.

C'est cét œil simple tant recommandé en l'Euangile, qui rend tout nostre corps lumineux, c'est à dire toutes nos actions pleines de lumiere & de perfection.

171. *La force qu'est-ce?*

C'est la troisiesme des quatre Vertus Morales ou Cardinales: par laquelle nous soustenós ou entreprenons des choses difficiles ou perilleuses, soit en éuitant le mal, soit en faisant le bien: la fin prochaine qui est le bien de la creature la rend Humaine & Acquise, mais la derniere qui est celle de la Charité, la rend infuse, diuine & parfaite.

O Dieu ie vous garderay ma force, dit le Psalmiste: & encore, Pour les paroles de vos lévres, c'est à dire pour vostre Loy, i'ay marché par de dures voyes, & pratiqué des choses difficiles.

172. *Le Martyre.*

C'est plutost vn acte de la vertu de Force, qu'vne vertu speciale: par lequel on souffre, ou des tourmés, ou des pertes, ou des ignominies, ou la mort, pour la deffense de la verité de la Foy. S'il est sans Charité, comme S. Paul (*1. Cor. 13.*) enseigne qu'il peut estre, il ne sert de rien pour le salut, auec la Charité c'est vn acte des plus heroïques.

Il n'y a point de marque de plus grande Charité, que de dõner sa vie pour ce que l'on aime.

173.   *La Magnanimité.*

C'est vne vertu Morale subordonnée à celle de force, par laquelle nous entreprenons des choses dignes de beaucoup d'honneur, pour le seul respect de la vertu, sans nous soucier de cét honneur là. Mais lors que c'est pour le seul honneur, & la seule gloire de Dieu que nous faisons ces entreprises, elle est lors Infuse, Chrestienne & parfaite.

O Dieu, dit le Psalmiste, pour l'amour de vous nous sommes mortifiez tout le iour, & tenus pour des brebis conduittes à la boucherie. S. Paul, Ie puis tout en celuy qui me fortifie.

174.   *La Confiance.*

C'est vne partie de la Magnanimité, qui s'apelle encor asseurance, ou seureté. C'est vne fermeté d'esprit dans les hautes entreprises, elle se perfectionne comme a Magnanimité.

Dauid, Auec mon Dieu ie trauerseray la muraille de tout obstacle, si des armées estoient campées contre moy, mon cœur n'auroit point de crainte, ayant à mon aide le Dieu des armées & des batailles.

175. La Magnificence.

C'est vne vertu dépendante de la Force, par laquelle on se porte auec generosité dans les grandes despenses. Comme quand Dauid fit de grāds attraits, & plus encore Salomon pour le bastiment du Temple. Belle vertu quand l'amour de Dieu est sa fin.

O! Dieu vostre magnificence & vostre vertu est au dessus des nuées, dit le Psalmiste.

176. La Patience.

Par elle nous supportons les maux de peine de ceste vie, infamies, pertes, douleurs, sans trouble & tristesse quant à l'interieur, & sans desordre en l'exterieur: lors qu'elle est animée de Charité, luy conuient ce mot de S. Iacques,

La patience a son œuure parfaite, par elle S. Paul se glorifioit en ses tribulations & afflictions pour IESVS CHRIST.

177. La Longanimité.

C'est vne longue patience, c'est à dire vne force d'esprit, par laquelle nous supportons long temps les maux & les aduersitez, sa perfection comme celle de la patience, est en la Charité.

Attendez Dieu, fortifiez vostre cœur, comportez vous virilement, & soustenez Dieu (*Psal.* 26.)

aux Vertus Parfaittes. 495
178. La Perseuerance.

Elle adjouste à la longanimité le desir de souffrir le mal, & de cōtinuer à bien faire, iusques à la fin de nostre vie, outre la Charité sās laquelle elle ne peut estre parfaite, il est encore besoin d'vn don special de Dieu qui s'appelle grace finale, lequel don ne tombe point sous le merite, non plus que la premiere grace (S. Tho. 2. 2. q. 137. a. 4. & 1. 2. q. 114. a. 9.)

Demandez à Dieu ce don precieux, qui est la porte du salut eternel: car qui perseuerera iusques à la fin sera sauué.

179. La Constance.

C'est comme vn effect de la perseuerance, qui nous fait demeurer fermes dans l'exercice du bien, en surmontant toutes les difficultez qui s'y opposent. Sa perfection est comme les autres en la Charité.

Les iustes demeureront dans vne grande constance, parmy toutes les angoisses & trauerses.

180. La Temperance qu'est-ce?

C'est la quatriesme des vertus Cardinales, par laquelle nous moderons & rangeons sous la droite raison les mouuemens de l'appetit concupiscible, & les plaisirs des sens, elle n'est que morale quand elle n'a pour but que l'honnesteté humaine, mais elle est parfaite quand par la Charité elle attaint la derniere fin, qui est la gloire de Dieu.

Par laquelle nous sommes enseignez à viure iustement, sobrement, & pieusement en ce siecle, attendans la bien-heureuse esperance de l'aduenement du grand Dieu, & de nostre Sauueur Iesus Christ.

181.   L'*Abstinence*.

C'est vne vertu subordonnée à la Temperance, qui regle l'vsage des viandes & du manger selon la droite raison : iusques là elle est Morale, mais elle deuient infuse quand elle s'exerce en Charité, & par le motif de la Charité.

D'elle parle S. Pierre (2. c. 1. v. 6.) quand il disoit, pratiquez l'abstinence auecque sçauoir, c'est à dire discrettement.

182.   Le *Ieusne*.

C'est vne abstinence reglée selon les Loix de l'Eglise, tant en la qualité que quantité des viandes, que pour le temps & le nombre des repas. (*v. S. Tho.* 2. 2. *q.* 147.) Il est de commandement aux iours ordonnez par l'Eglise à cét exercice, hors delà il n'est que de conseil, & n'est qu'vn acte de la vertu d'abstinence.

I'ay humilié mon ame par le ieusne, dit le Psalmiste, auec l'amour de Dieu c'est vn exercice fort recommandé, & qui coupe la racine à beaucoup de maux.

183.   *La Sobrieté*.

L'Ethymologie qui vient de sans ebrieté,

c'est à dire yureſſe, monſtre que c'eſt vne vertu qui ramene au train de la droite raiſon l'vſage du boire.

La vie de l'homme iuſte, dit le Sage (*Eccleſ.* 31.) prend du vin à ſobrieté, or il n'eſt pas iuſte s'il n'a par la Charité la grace iuſtifiante.

184. *La Chaſteté.*

C'eſt le Lys des vertus Morales qui ſe nourrit & fleurit dans les eſpines des macerations, ſon office eſt de brider les illicites plaiſirs de la ſenſualité. S. Paul l'appelle ſainſteté ſans laquelle nul ne verra Dieu. Sans Charité pourtant elle eſt inutile à ſalut, comme le teſmoigne la parabole des Vierges imprudentes.

O que c'eſt vne belle choſe qu'vne chaſte generation accompagnée de lumiere, & auſſi de la ſainte ardeur du diuin amour!

185. *La Continence.*

C'eſt vn acte de la vertu de Chaſteté, par lequel on s'abſtient du mariage, & des plaiſirs qui y ſont licites & iuſtes.

Auec la Charité, ô! que c'eſt vn acte éclattant de vertu, & plus éclattant encor celuy de la virginité, qui eſleue les hommes par deſſus la condition des Anges.

186. *La Douceur.*

Autrement Manſuetude; c'eſt vne vertu Morale, qui arrache du cœur toute l'amertume que l'on pourroit auoir contre ceux qui nous outragent. Auec la Charité c'est vn vray rayon de miel, cueilly sur le thim, herbe forte & amere.

L'Amertume tres amere des mansuets & doux, ne leur fait point perdre leur paix.

187.   *La Clemence.*

C'est vne vertu morale qui tient la moderation & le party de la douceur, dans la necessité des iustes punitions. Sans la Charité enuers le prochain, il est malaisé de l'exercer comme il faut.

Punir en Pere & en Chirurgien, est vne action de haute vertu, & de difficile pratique.

188.   *De la Mortification.*

C'est vn effect principal de la Temperance, qui dompte la rebellion tant des Passions interieures, que les reuoltes des sens exterieurs: la mortification exterieure s'appelle autrement maceration. Sans Charité c'est se donner beaucoup de peine à ne rien faire pour le salut.

L'exercice du corps (c'est cela) vaut à peu, mais la pieté (il entend la viue & animée de Charité) est bonne à tout.

189.   *L'Humilité.*

C'est vne vertu morale, qui par vne veritable & affectueuse cognoissance de nostre neant, fait que nous nous mettons volontairement au dessous de toutes choses, aimons & cherissons le mespris qui est fait de nous, & ayans en horreur toute heur toute estime que l'on en fait, & tout desir de preeminence. Quand cela est fait pour Dieu, ô que cela luy est agreable!

Dieu regarde les humbles au Ciel & en la terre, il sauuera les humbles, pourueu qu'ils soient iustes, c'est à dire qu'ils ayent sō Amour.

190.   *La Studiosité.*

C'est vne vertu qui tient le milieu entre le mespris de sçauoir, qui est vne rudesse & barbarie, & le trop grand desir qui donne dans la curiosité: nous portant auec vne iuste diligence, à apprendre ce que nous sommes obligez de sçauoir pour estre bons, & pour exercer comme il faut nostre vacation. Par la Charité elle nous conduit à la science des saincts, qui est la doctrine de salut.

Que celuy qui se glorifie en sa science, se glorifie plustost de sçauoir Dieu, & de le seruir selon sa volonté.

191.   *La Taciturnité.*

C'est vne vertu qui preside sur la langue, & la fait parler & taire, quand, & comme il faut, Vertu excellente quand la Charité luy sert de guide, car c'est de ceste Taciturnité ainsi animée, que S. Iacques a dit.

Que celuy qui ne peche point de sa langue est homme parfait: & vn autre, que la vie & la mort sont en la main, c'est à dire au pouuoir de la langue.

192.   *La Diligence.*

D'autres l'appellent Solicitude ou Soin, & la rangent sous la Prudence (S. Tho. 2.2. q. 47. a. 9.) cela importe peu. C'est vne vertu qui nous rend prompts & soigneux aux excercices de nostre deuoir, & qui regardent nostre auancement temporel ou spirituel, par des voyes iustes & legitimes : pour rendre cela infus & surnaturel, il faut implorer l'aide de la Charité.

Qui neglige sa voye sera tué, dit le Sage.

193.   *La Modestie.*

C'est vne vertu qui tempere les actions & mouuemens du corps, & qui modere le vestir selon la qualité & la condition d'vn chaqu'vn. Elle apporte vn grand ornement à la personne qui l'exerce, principalement quand elle est commandée par la Charité. C'est de ceste viue & parfaite Modestie, que S. Paul disoit:

Resjoüissez vous au Seigneur, mais en sorte que vostre modestie paroisse deuant les hommes, car le Seigneur est present & fort proche.

194.   *Y a't'il d'autres vertus?*

Ce sont icy celles que le Docteur Angelique a expliquées en sa Somme, & rangées selō l'ordre que nous auons suiuy. S'il y en a quelques autres elles peuuent estre facilement reduites sous celles cy, & rapportées à quelqu'vne comme acte de vertu, plutost que comme vertus speciales & particulieres.

Aimez toutes ces vertus, plus parce qu'elles plaisent à Dieu, que pour leurs naturelles beautez, & pour l'ornement qu'elles peuuent apporter à voſtre ame, ainſi vous les aimerez & pratiquerez parfaitement.

195. *Vous les auez toutes rapportées à la Charité.*

Ouï : comme les lignes à leur centre, les branches à leur tronc, & les ruiſſeaux à leur ſource, car ſi elles ne ſont entées en ceſte bonne oliue, elles ne peuuent eſtre qu'imparfaites, & preſque indignes du nom de vrayes vertus, ſelon l'opinion du Docteur Angelique.

Eſprouuez toutes choſes, & tenez vous aux bonnes, & entre les bonnes aux meilleures.

196. *A ce conte, il ſeroit inutile de trauailler à l'acquiſition des autres vertus ſans la Charité?*

Ouï ; pour la gloire de Dieu, & la vie eternelle, car ſans ceſte huile & ceſte robe nuptiale, nul ne peut entrer aux nopces de l'Agneau, nulle vertu ſans cela, n'eſtant meritoire du Ciel. C'eſt la doctrine de S. Paul (1. *Cor.* 13.)

Sans la Charité ie ne ſuis rien, rien ne me profite.

197. *Similitude.*

Si toutes les vertus eſtoient enſemble en vn homme, & que la ſeule Charité luy manquaſt, cét aſſemblage de vertus feroit vn corps fort beau, tel que fut celuy d'Adam, quand Dieu le forma du limon de la terre, mais corps sans mouuement, sans vie & sans grace, iusques à ce que Dieu luy inspirast le souffle de vie, c'est à dire la sainte Charité, qui est l'ame, la forme, & la vie de toutes les vertus.

Auisez, dit l'Apostre, que toutes vos actions se fassent en Charité.

198. *Suffiroit-il d'auoir la Charité pour estre parfait ?*

Si par imagination d'vne chose impossible, la Charité estoit en vne ame sans y attirer toutes les vertus auec soy, elle pourroit estre appelée parfaite, d'autant qu'elle auroit le comble de perfection, & la fin du precepte & de toute consommation. La Charité seule pouuant suppléer au deffaut de toutes les vertus, & faire elle mesme tous leurs actes, comme le monstre excellemment le B. François de Sales en son Traicté de l'Amour de Dieu (*l. 11. c. 8.*) ce qui a fait dire à S. Paul (*1. Cor. 13.*) que la Charité est patiente, benigne, qu'elle croit tout, qu'elle espere tout, *&c.* comme s'il disoit qu'elle est ou la patiéce, douceur, *&c.* mesme, ou qu'elle peut seule exercer les actes de toutes les vertus.

Aymez & admirez l'vniuersalité de cette rtu, & pesez ceste sentence de S. Thomas, liquant le lieu allegué de S. Paul, la Charité, dit-il, fait & accomplit les œuures de toutes les vertus.

199. *Belle Doctrine de S. Augustin.*

C'est au liure des Mœurs de l'Eglise (*c. 15.*) Voicy ses paroles. Ce que l'on dit que la vertu est diuisée en quatre (il entend les quatre Cardinales) on le dit, ce me semble, à raison des diuerses affectiõs qui prouiennent de l'amour: de maniere que ie ne feray nulle difficulté de definir ces quatre vertus, en sorte que la Temperance soit l'Amour qui se donne tout entier à Dieu: la Force vn Amour qui supporte volontiers toutes choses pour Dieu: la Iustice, vn Amour seruant à Dieu seul, & pour cela commandant droictement à tout ce qui est sujet à l'homme: la Prudence vn Amour qui choisit ce qui est conuenable pour s'vnir auec Dieu, & rejette ce qui luy est nuisible.

Voyez comme ce sainct rapporte toutes les vertus à la Charité, ou à l'Amour de Dieu.

200. *Figure.*

Celuy donc qui a la Charité, a son esprit reuestu d'vne belle robe nuptiale, laquelle, comme celle de Ioseph, est parsemée de toute la varieté des vertus: ou plutost il a vne perfection qui contient la vertu de toutes les perfections, & la perfection de toutes les vertus.

Vne ame ainsi parée, est comme la Reine de la droitte de Dieu, dont le Psalmiste parle, couuerte de drap d'or, ornée d'vne riche broderie.

201. La Perfection des Vertus est en la Charité.

Dieu a mis sur moy l'estendard de sa Charité, dit l'Espouse du Cantique, parce que l'Amour de Dieu porte l'estendard en l'armée des vertus, sous lequel toutes les autres se doiuent ranger, pour combatre en bon ordre.

Reduisons donc toutes les vertus à l'obeissance, & les rapportons au motif de la Charité, aimons les vertus particulieres, principalement, parce qu'elles sont agreables à Dieu, aimons excellemment les vertus plus excellentes, non parce qu'elles sont excellentes : mais parce que Dieu les aime plus excellemment : Ainsi la Charité viuifiera toutes les vertus, les rendant veritables & parfaites, car elle est non seulement le lien, mais la racine, la mesure, & le comble de leur perfection surnaturelle, & diuine.

202. Pierre de touche pour discerner les vertus parfaites des imparfaites.

Toutes les vertus de leur nature, ne peuuent attaindre qu'à des fins prochaines & particulieres Il n'y a que la Charité qui attaint la derniere & souueraine, qui est l'infinie bonté de Dieu, & sans elle nulle ne peut arriuer à ceste supreme fin.

Ce qui nous fait cognoistre que toute vertu est imparfaite sans la Charité, & n'arriue à la perfection, qu'auec & par la Charité.

203. *Conclusion par vne allegorie.*

La Charité est donc cét or pur, fin, & enflammé, que N. S. en l'Apocalypse conseilloit d'acheter à l'Euesque de Laodicée, lequel contient le prix de toutes les vertus, qui peut tout, qui fait tout. C'est la perle de l'Euangile, c'est le tresor caché dans le champ. Il faut tout vendre pour l'auoir.

S. Augustin; mettez en l'ame la Charité, tout y reüssit en bien, ostez la rien n'y profite. Elle est la fin de toute consommation, la consommation de toute fin, la fin, la consommation & la perfection de toute vertu, la vertu de toute perfection, la seule parfaite entre toutes les vertus, & la seule qui rend toutes les vertus parfaites.

Ii iiij

CATECHESE IX. DE LA CRAINTE DE DIEV.

I. ARTICLE.

Qu'est-ce que Crainte?

C'Est vne des Passions de l'appetit sensitif, par laquelle nous apprehendons le mal futur, difficile à éuiter.

Benissons Dieu, qui a mis en nous ceste sentinelle qui veille sur nostre conseruation.

2. *Si c'est vne Passion sensitiue, elle nous est donc commune auec les animaux?*

Il est vray, entant que Passion, mais dans l'appetit raisonnable, qui est la volonté, elle s'appelle Affection, & l'vne & l'autre est fort vtile, quand la raison bien droite luy sert de guide & de flambeau.

Bien heureux l'homme, dit l'Oracle sacré, qui est tousjours en crainte.

Catechese IX. de la Crainte de Dieu. 507

3. *Comme l'appelez vous bonne, puis qu'elle apporte du trouble ?*

Dieu a veu tout ce qu'il auoit fait, & il estoit tres bon, or entre les Passions & les Affections du sens, & de la volonté de l'homme, il a fait la Crainte : elle est doncques bonne de sa nature, & ne peut estre mauuaise, que quand elle sort de son droit vsage.

Heureux ceux qui craignent le Seigneur, car ils cheminent dans ses voyes.

4. *Mais elle a le mal pour object?*

Ouï, pour le fuir & l'éuiter si elle peut ; car quand il est regardé comme inéuitable, ce n'est plus l'object de la Crainte, mais du desespoir.

Celuy qui craint Dieu fera beaucoup de bien : bien heureux celuy qui a la Crainte de Dieu, il ne voudra que trop faire sa Loy.

5. *Qu'est-ce que le mal?*

C'est vn neant qui ne se peut cognoistre que par l'estre qui luy est opposé, comme nous ne cognoissons les tenebres que par la lumiere, la nuict que par le iour.

Tout a esté fait par Dieu, excepté ce neant du mal, (mais du mal de coulpe) qui a esté fait sans luy.

6. *L'Estre qu'est-ce donc?*

C'est ce qui est vn, vray, & bon, car ces choses sont vne mesme : & le mal est vn non Estre, diuers, faux, & meschant.

Prions Dieu qu'il nous donne ce rayon de miel, & ce coing de beurre du Prophete, qui fait choisir l'vn, & rejetter l'autre.

7. *Dittes plus clairement ce que c'est que le Bien.*

C'est ce qui est conuenable à quelque chose selon sa nature, & ce qu'elle desire par sa propre inclination.

Plusieurs disent, ainsi que le Psalmiste parle, qui nous monstrera le bien. O Seigneur faites rayonner sur nous la lumiere de vostre beau visage, & nos cœurs en seront resjoüis.

8. *Le Mal est-ce l'opposite?*

Oui, car ce n'est que la priuation du bien conuenable à chaque chose selon sa nature, lequel elle éuite selon sa possibilité.

Bien-heureux celuy de qui le mal n'approche point, & qui voit ce fleau écarté de son tabernacle.

9. *Ie n'entends pas assez quelle est la nature du Bien.*

Puis que nous parlons icy de la Crainte des hommes, il faut donc entendre quel est le Bien des hommes; puis que le mal contraire à ce Bien, est le propre objet de la Crainte, comme S. Thomas nous l'enseigne (1. 2. q. 41.)

S. Paul dit que nous ne cognoissons le peché que par la Loy, aussi la priuation ne se cognoist que par l'estre : O Dieu faictes nous voir le vray Bien.

10. *Qu'est-ce donc que ce Bien?*

Il a vne telle alliance auec la Volonté, que l'on ne peut mieux declarer la nature de la Volonté, qu'en disant que c'est vne faculté qui appete le Bien, ny celle du Bien, qu'en disant que c'est ce que la Volonté desire.

Apprenons que la Volonté humaine ne se porte iamais vers le mal que quand elle est trompée, ainsi que le fut Iacob, quand il print Lia pour Rachel. O Dieu faites nous rejetter les œuures des ténebres, cause de ceste tromperie, affin que nous cheminions honnestement au plain iour de la verité.

11. *Esclaircissez vous dauantage.*

Ce que l'aiman est au fer, le Bien l'est à la Volonté, aussi tost qu'elle l'apperçoit, elle en est attirée, comme de son object tres desirable, & pour s'vnir à luy elle recherche les plus conuenables moyens.

O Dieu, disoit le grand S. Augustin, vous auez fait nostre cœur pour vous, à raison dequoy il n'a point de repos qu'en vous qui estes son vray centre : ô qu'il nous est bon de vous adherer, & de jetter en vous toutes ses esperances.

12. *Quel est le vray Bien?*

C'est Dieu, qui est le Bien essentiel, non seulement Bon : mais la mesme Bonté, tout ce qui est bon fort de Dieu, n'est bon que d'vne Bonté participée, comme tout ce qui a Estre, n'est que par participation du premier Estre.

A celuy en qui, par qui, de qui, pour qui sont toutes choses, soit honneur & gloire par tous les siecles, Amen.

13. *Est celuy de l'homme?*

C'est de dépendre totalement de Dieu, en son Estre, & en ses actions, & de luy rendre gloire de tout ce qu'il est, & de tout ce qui procede de luy.

O Seigneur, dit le Psalmiste, ie suis à vous sauuez moy : Ie suis vostre seruiteur & le fils de vostre Seruante.

14. *Mais quels sont ces Biens que les hommes recherchent auec tant d'auidité?*

L'homme estant composé de corps, & d'ame, il y a des biens qui regardent son esprit, d'autres qui concernent son corps, & il y en a encore d'autres que l'on appelle exterieurs & de fortune, qui n'appartiennent qu'indirectement au corps & à l'ame (S. Tho. 1. 2. q. 48. art. 4.)

Ce sont de vrays biens quand l'vsage en est legitime, mais l'abus les change en de vrays maux.

15. *Comment cela?*

C'est lórs que nous en faisons proprieté, & que nous nous en seruons, non seulement sans les rapporter à la gloire de Dieu, mais quand

de la crainte de Dieu. 511

nous nous en seruons comme d'instrumēt pour le deshonorer. Ce qui faisoit dire à S. Iean.

Que tout ce qui est au monde (il entend le monde malin & peruers) n'est que conuoitise des yeux & de la chair, & orgueil de vie.

16. *Ouurez vous vn peu plus.*

Le Docteur Angelique met le bien en trois classes (1.2.q.99.a.5.) & le partage en honorable, delectable, & vtile, le 1. regarde l'ame qui se repaist d'honneur, & le 2. le corps qui aime les delices, le 3. regarde les biens de fortune qui sont les richesses.

Quand l'vsage de ces trois sortes de biens est legitime & selon Dieu, ils sont vrayment biens, mais quand par l'ambition, la volupté & l'auarice on en abuse, ils deuiennent des maux veritables.

Prions Dieu qu'il nous deliure de cét abus, qui change comme les cantharides, les rozes en poison.

17. *Quel est cét abus?*

Les Creatures, dit le Sage, sont comme des pieges aux pieds des imprudens, & il n'y a rien de si sainct, ny de si sacré qui ne trouue son sacrilege. Le peché n'est autre chose que passer les bornes de la Loy & de la mediocrité dans les dignitez & les honneurs: vn homme de bien peut rendre de grands seruices à la gloire de Dieu, en luy sacrifiant des sacrifices de iustice, vn meschant peut abuser de son authorité pour faire beaucoup de maux.

O Seigneur, dressez nos pas en vos voyes, & ne permettez pas que nous nous en fouruoyons.

18. *Que dittes-vous des delices?*

Que quand elles sont legitimes & selon la Loy de Dieu, elles ne peuuent nuire à vne bonne ame, mais si l'on donne dans le desreglemēt & l'intemperance, elles sont nuisibles & vicieuses.

Vsez d'vn peu de vin, dit S. Paul, pour aider l'estomac, donnez de la ceruoise à ceux qui sont tristes : & ailleurs l'Escriture nous admoneste d'éuiter l'excés de ceste liqueur, comme vn seminaire d'impureté, & comme vn venin qui aliene la raisō, tant qu'il possede le cerueau.

19. *Et des Richesses?*

Que plusieurs Saincts personnages en ont fait de vertueux vsages, en Magnificence, Beneficence, Liberalité, Aumosne, comme plusieurs aussi en abusent en Auarice & vanité.

Si les richesses vous arriuent en abondance, dit le Psalmiste, n'y appliquez point vostre cœur : que ceux-là sont vains qui se glorifient en la multitude de leurs richesses, ceux-là bien sages, qui font vn bon vsage de la mammône d'iniquité, dispersans & donnans aux pauures, car leur iustice demeure au siecle des

de la crainte de Dieu.

siecles, & leur nom sera esleué en gloire.

20. *Quels sont les maux contraires à ces Biens?*

Ils sont de trois sortes, & consistent en la priuation, de l'honneur, du plaisir, & des richesses : ou pour mieux dire ils se rapportent à l'infamie, à la douleur, & à la necessité. Ce sont là des maux que la nature abhorre merueilleusement, & de l'apprehension de les encourir naist la crainte.

O Dieu, quand ie cheminerois au milieu de l'ombre de la mort, ie ne craindray point les maux, pourueu que vous soyez auec moy, & que vostre verge & vostre baston me consolent & m'appuyent.

21. *Mais ne peut on pas faire bon vsage de ces maux?*

Ouï, comme l'on peut faire vn mauuais vsage des biens opposez, car on peut supporter auec patience, les opprobres, les douleurs, & la perte de ses biens, comme ont fait les Apostres, les Martyrs, & tant de saincts personnages.

Mes freres, dit S. Paul, estans sages vous supportez volontiers ceux qui ne le sont pas, vous endurez si quelqu'vn vous deuore, vous dérobe vostre bien, vous frape au visage, & vous receuez auec ioye la perte de vos biens. Les Apostres sortoient ioyeux du milieu des assemblées, où ils auoient enduré beaucoup de contumelies pour le nom de IESVS.

22. *Ce sont donc des biens quand on en fait bon vsage.*

Ouï, c'est à dire quand on les endure auec Innocence & Patience, selon ce qui est escrit, bien-heureux ceux qui souffrent persecution pour la Iustice. Vous serez bien-heureux, dit le Sauueur à ses Disciples, quand les hommes vous trauerseront, & diront de vous toutes sortes de maux à cause de moy, resjoüissez vous lors, car vostre salaire est grand dedans les Cieux.

Dieu est fidele, & nous fait tirer profit de nostre dommage, quand nous souffrons pour luy. O Seigneur vos amis sont trop honorez d'endurer pour vous, c'est par là que vous affermissez leur principauté.

23. *Pourquoy donc appelle t'on ces choses des maux?*

Les Biens Honorables, Delectables, Vtiles sont vrays biens de leur nature, & ne deuiennent maux que par accident, c'est à dire par vn mauuais vsage. Aussi l'Infamie, la Douleur, & la Disette sont de vrays maux, comme priuation des trois biens qui precedent, mais par accident ils deuiennent biens, quand on les reçoit comme des corrections de la paternelle main de Dieu.

O Seigneur

O Seigneur vous m'auez chastié, & ie me suis rangé sous vostre joug, quoy que ie fusse auparauant comme vn bouueau indomptable.

24. *Doncques ces Biens & ces Maux sont choses indifferentes.*

Il est vray en quelque sens, puis que des vns & des autres on peut faire vn bon & mauuais vsage. Mais pourtant consideré en eux mesmes hors de ces vsages, ils sont vrayment Biens, & vrayment maux, parlant selon la nature.

O Dieu éclairez mes yeux, & ie considereray les merueilles de vostre Loy.

25. *Figures.*

Ainsi la main de Moyse qui estoit saine dans son sein, au dehors paroissoit lepreuse. Ainsi sa baguette qui estoit en sa main, vne verge de direction, vne gaule miraculeuse, iettée en terre deuenoit vn serpent horrible.

Tant il est vray, que les Biens deuiennent maux par vn vsage corrompu : & au contraire tout coopere en bien à ceux qui sont bons.

26. *Expliquez vous dauantage.*

Il y a deux sortes de Biens, ceux de Nature, & les Moraux, ou de Grace, qui sont les vertus. Il y a aussi deux sortes de maux, ceux de nature opposez aux trois sortes de Biens que nous auons marquez. Et ceux de coulpe, qui sont les Pechez ou les Vices. Or comme la Vertu est vne bonne qualité, de laquelle on ne

K k

peut mal vſer, auſſi la Coulpe eſt vn mal qui ne peut iamais eſtre bien, mais les biens & les maux de nature ſont tels, que ſelon le bon ou mauuais vſage, ils prennent la qualité de Bien, ou Mal. Tel ſera bon dans les Richeſſes, & mauuais dans la Pauureté, & tel bon dans la Pauureté, & mauuais dans les Richeſſes.

Et poſſible que le Sage penſoit à cela quand il prioit Dieu, de ne luy donner, ny pauureté, ny richeſſe, mais ſeulement ce qui ſeroit neceſſaire au ſouſtien de ſa vie.

27. *Quel mal eſt l'objet de la Crainte?*

L'vn & l'autre mal, tant de Coulpe que celuy de Peine, quoy que diuerſement : car celuy cy eſt ſon propre objet, celuy de coulpe ne l'eſt qu'improprement.

Prions Dieu qu'il nous ouure l'eſprit, pour comprendre ceſte difference, qui eſt de grande importance, Seigneur faites que nous la voyons.

28. *La Coulpe, n'eſt-ce pas vn plus grand mal, que celuy de Peine?*

Incomparablement plus grand, car il ne peut iamais deuenir bien, le mal de peine ſe peut changer en bien, quand on en fait vn bon vſage.

O Dieu faites nous ſouffrir tant qu'il vous plaira, pourueu que nous ne vous offencions point nous ſerons trop heureux. Quand le Seigneur tuoit Israël, c'est lors qu'il retournoit vers luy.

29. *Pourquoy donc ce plus grand mal, ne sera t'il pas le plus propre objet de la Crainte ?*

La raison qu'en rend l'Ange de l'Escole (1. 2. q. 42. art. 3.) est que le mal, qui est le propre objet de la crainte, doit venir de dehors, comme l'infamie, la douleur, la perte des biens, & d'vne cause telle, qu'il seroit difficile d'éuiter : mais la Coulpe ne procedant que de la malice interieure de l'homme, qui a son ame en ses mains, & qui est maistre de sa volōté, il se craindroit soy mesme, s'il craignoit la coulpe, en laquelle il ne peut tomber que volontairement.

O Dieu, pourtant gardez nous de nous mesmes, c'est à dire de nostre ennemy domestique, qui est nostre propre interest, source & foyer de tout peché.

30. *De quelle sorte le mal de coulpe, est il donc l'objet de la Crainte ?*

C'est, dit le mesme Docteur (*l. c.*) parce que la volonté humaine, peut estre excitée au mal par les choses exterieures, comme le Diable, le Monde, & la Chair : & c'est cela proprement que l'on redoute quand on craint de faillir, ainsi nous craignons dauantage la tentatiō ou la seduction que la coulpe, à cause de la connoissance que nous auons de nostre fragilité.

Nous sommes des vaisseaux fragiles, & nous portons des tresors en des vases debiles, à raison dequoy nous deuons operer nostre salut, auec crainte & tremblement.

31. *Quelle proportion y a t'il entre ces deux sortes de maux, de coulpe & de peine?*

Il n'y en a presque point, car la coulpe mortelle estant le mal des maux, & vn souuerain mal opposé au souuerain Bien qui est Dieu, ne peut pas iamais reüssir en bien: & Dieu ne le peut, ny vouloir, ny commettre, encor qu'il le permette. Mais le mal de peine est voulu de Dieu, c'est de cettui-cy que le Prophete dit, qu'il n'y a mal en la Cité, que le Seigneur n'ait fait.

Demandons à Dieu qu'il nous preserue de celuy de coulpe, plusque de celuy de peine.

32. *D'où vient donc que la plus-part des hommes craignent plus le mal de peine, que celuy de coulpe?*

Cela procede de leur aueuglement, car tout pecheur est ignorant, & de ce qu'ils s'aiment mieux que Dieu, car le mal de peine regarde l'interest humain, & celuy de coulpe le Diuin, entant que Dieu est deshonoré par le peché à mort.

Si nous aimions Dieu comme nous le deuons aimer, c'est à dire infiniment plus que nous mefmes, nous aurions en bien plus grande horreur le mal de coulpe, que celuy de peine. Car, comme difoit vn Ancien Pere, il vaut beaucoup mieux mourir en aimant Dieu, que viure en l'offençant.

33. *En l'Oraifon Dominicale, ne demandons nous pas à Dieu la deliurance de l'vn & de l'autre mal?*

Ouï, & pour tefmoignage de cela nous le prions de nous appuyer contre les tentations qui induifent au mal de coulpe : & à caufe que nous cognoiffons noftre infirmité à fupporter celuy de peine, nous luy en demandons encore la deliurance.

Mon enfant, dit le Sage, fuyez le peché, comme le ferpent : La coulpe eft la vraye caufe du mal de peine, qui n'eft que fon effect.

34. *Quel intereft a Dieu dans le mal de coulpe?*

Dieu a deux fortes de Bien, l'vn interieur, qui eft luy mefme, & fa propre Bonté qui eft infinie, à laquelle rien ne peut eftre ofté ny adjoufté : En cela il eft fon propre honneur, fa propre vtilité, fon propre plaifir.

O Bien Souuerain, ô Dieu Eternel, fouuerainement bon à vous mefme, ie vous adore, ie vous aime pour l'amour de vous mefme.

35. *Quel eft le Bien exterieur de Dieu?*

Le Bien interieur de Dieu ne peut eftre, ny

augmenté par nos vertus, ny diminué par nos vices. Mais il a vn Bien exterieur qui luy reuient des creatures, qu'il a creées pour soy mesme, c'est à dire pour sa gloire, & ce Bien estant finy & limité, peut estre augmété par nos bonnes œuures faites en grace, & diminué par nos offenses, & c'est cét interest que regarde la coulpe: Laquelle nous deuons craindre à cause de l'interest Diuin.

La Saincte Dame Susanne preferant l'interest de l'honneur de Dieu au sien, choisit plutost la mort & l'ignominie, que l'offense dont elle estoit solicitée. Ame fidele dont Dieu se rendit le protecteur.

36. *On peut donc craindre le mal de coulpe?*

Non seulement on le peut, mais on le doit incomparablement plus craindre que celuy de peine, & en cela consiste proprement la crainte de Dieu, pour Dieu, c'est à dire pour l'interest de Dieu, quand on apprehende de diminuër sa gloire par l'offense.

Demandons à Dieu ceste Crainte parfaite, fille de la tressaincte Charité.

37. *La Crainte de mal de peine, est elle donc imparfaite?*

Non pas de sa nature, mais elle est tousjours moins parfaite, que celle du mal de coulpe, d'autant que nostre interest qu'elle regarde, est incomparablement moins considerable que celuy de Dieu.

Ie vous aimeray mon Dieu, mon Seigneur, qui estes ma force & mon salut, ie vous aimeray plus que moy mesme, & cét amour fera que ie craindray beaucoup plus de blesser vostre interest qui est vostre honneur, que d'encourir toute sorte de peine.

38. *Dieu a bien affaire de nos biens ?*

Il n'en a que faire quant à sa gloire interieure qui est infinie, & a laquelle rien ne peut estre adjousté, mais quant à l'exterieure il conte iusques à vn verre d'eau froide donné pour son amour, d'autant qu'elle est agrandie par ceste action, comme elle est diminuée par la moindre parole oisiue. C'est donc ceste gloire exterieure qu'il nous faut craindre de diminuër par nos offenses.

Si Dieu fait la volonté de ceux qui le craignent, ceux qui ont sa crainte feront aussi sa volonté.

39. *Si Dieu est la mesme Bonté, comme peut-il donner de la crainte ?*

Il est vray que le mal est l'object de la crainte, & que Dieu est le Souuerain Bien, aussi n'est ce pas Dieu que l'on craint comme s'il estoit vn mal, mais on craint le mal, & celuy qui nous peut faire le mal de peine, c'est à dire la punition qui vient de la Iustice de Dieu, c'est la doctrine du Docteur Angelique (1. 2. q. 42. a 1.)

O Dieu mon salut & ma force, qui craindray-je, ô le deffenseur de ma vie, que redouteray-je, sinon de vous irriter par mes iniquitez?

40. Mais Dieu ne nous peut porter au mal de coulpe?

Dieu ne tente point à mal : il ne veut point l'iniquité, il aime la Iustice, & il haït l'injustice, tout puissant qu'il est, il ne peut pecher, car le peché est plutost vn deffaut qu'vn effect, vne impuissance qu'vne puissance. Aussi n'est-ce pas ce mal là que nous craignons de la main de Dieu, mais celuy de la peine, dont, comme Iuste, il chastie nos offenses.

O Seigneur de qui la nature est la bonté, & l'œuure la misericorde, si l'iniquité ne domine point en nous, nulle aduersité ne nous pourra nuire.

41. Et pourquoy craindre le mal de peine, s'il nous vient de la main, & par la volonté de Dieu?

Aussi les grandes ames entierement conformes à la diuine volonté, & qui sont dans vne parfaite indifference, ne craignent aucun mal, ny temporel, ny eternel, que celuy qui les pourroit separer de Dieu & de son Amour. En cét esprit, S. Augustin disoit;

Seigneur brûlez, taillez, tenaillez, tranchez, coupez icy, pourueu que vous pardonniez en l'eternité.

42. *Combien y a t'il de sortes de crainte?*

Il y en a de six especes, la 1. est la Naturelle, la 2. la Mondaine, la 3. la Seruile, la 4. la Mercenaire, la 5. l'Initiale, la 6. la Charitable. Ce sont là les six feüilles du Lis blanc, de la paste crainte, lequel est enuironné de beaucoup d'espines.

Comme vn Lis parmy les broßailles, telle est la Crainte chaste, amoureuse, & charitable parmy les autres sortes de crainte, & comme vn pommier franc parmy des arbres sauuages.

43. *Qu'est-ce que la Crainte Naturelle?*

C'est vne apprehension des maux de la nature, & vne frayeur qui preuient l'vsage de la raison, elle nous est commune auec les animaux, qui fuyent naturellement tout ce qui leur peut nuire.

Dieu estant autheur de la nature, tout ce qu'il a creé est bon, & ainsi ceste crainte est bonne, qui nous fait éuiter ce qui nous est nuisible.

44. *Peut elle estre vicieuse?*

Oui, quand elle tombe dans l'excés, mais de soy, c'est à dire de sa nature, elle n'est pas mauuaise, joinct que tout peché estant volontaire, celle-cy ne peut estre peché, puis qu'elle preuient l'vsage de la raison, & mise entre ces premiers mouuemens, qui ne sont pas en nostre puissance.

Les éclairs du Seigneur, dit le Psalmiste, ont brillé sur la terre, & les hommes en ont esté effrayez.

45. *Vue exemple.*

Le grand S. Thomas d'Aquin estoit sujet à ceste frayeur naturelle, il redoutoit la solitude, & entroit en d'extrémes apprehensions, quand il tonnoit & éclairoit, ayant de coustume de proferer durant ces orages, ces diuines paroles, Le Verbe a esté fait chair, & a habité parmy nous. Cependant qui peut douter de la Sainteté & perfection d'vn si excellent seruiteur de Dieu?

O Dieu, dit Dauid, qui ne craindra à la voix de vostre tonnerre, c'est vne voix terrible en la roüe de vostre colere.

46. *Vn autre.*

Les Apostres aprés la Resurrection du Sauueur, eurent peur de luy en diuerses apparitions, estimans que ce fust vn Phantosme, N.S. leur disant pour les r'asseurer que c'estoit luy, qu'ils n'eussent point de peur.

Le Seigneur, dit le Psalmiste, mettra le iuste sous le bouclier de sa verité, & le deliurera des frayeurs de la nuict.

47. *Encore vn autre.*

La tressainte Vierge fut saisie de crainte à l'apparition de l'Ange, qui luy dit qu'elle n'eust point de peur, & qu'il venoit à elle de

de la crainte de Dieu.

la part de Dieu.

Si les Colomnes tremblent que doiuent faire les rozeaux du desert?

48. *Qu'appellez vous Crainte mondaine?*

On la peut encor appeler Crainte Humaine, ou Respect humain, c'est lors que pour la peur des hommes, ou pour des considerations humaines ou mondaines nous offensons Dieu.

Ne permettez pas, Seigneur, que de peur de perdre les biens temporels, nous renoncions par le peché aux eternels.

49. *Quels sont ces Biens Temporels?*

Ils sont de trois sortes, Honorables, Delectables, Vtiles. Et les maux opposez sont l'Infamie, la Douleur, & la Disette, quand donc de peur que l'on ne nous diffame, que l'on ne nous tourmente au corps, ou qu'on ne nous oste nos possessions nous venons à pecher contre Dieu, c'est la Crainte Mondaine, qui est tousjours vicieuse. (*v. S. Tho.* 2. 2. *q.* 19. *art.* 3.)

Ne craignez point, dit N. S. ceux qui ne peuuent ruiner que le corps, & non l'ame, mais redoutez celuy qui peut enuoyer le corps & l'ame en la gesne.

50. *Exemples.*

Adam de peur de déplaire à sa femme viola le commandement diuin. Herodes craignant de contrister l'infame Herodias, fit décapiter

S. Iean Baptiste. Pilate craignant de tomber en la disgrace de Cesar, condemna injustemēt le Sauueur à la mort. Et nos Duellistes pour vne vaine opinion de ce que dira le monde, & vn faux poinct d'honneur exposent leurs ames à la damnation.

Tant il est vray, que l'amitié du monde est ennemie de Dieu.

51. *Autres exemples.*

Saincte Susanne rejetta bien loin toute crainte mondaine, & tout respect humain, aimant mieux mourir infame deuāt les yeux des hommes que d'offenser Dieu. Eleazar aussi ne voulant pas seulement faire semblant de manger de la chair deffenduë, par la Loy ancienne pour sauuer sa vie.

Les Princes, dit Dauid, m'ont persecuté par malice, mais, ô Seigneur, i'ay plus apprehendé ton iugement que leurs persecutions.

52. *Dittes ce que c'est que la Crainte Seruile.*

Il y a deux sortes de Seruiteurs, les vns qui sont Esclaues, les autres libres, & qui seruent pour des gages. Ceux-là seruent par contrainte & sans salaire, ceux-cy volontairement, & pour vn certain prix. Ce qui fait que ceux-là seruent pour la crainte d'estre battus, ceux-cy ou pour l'espoir de la recompense, ou pour la crainte de ne gaigner pas.

Nous n'auons pas receu, dit S. Paul, l'esprit

de la crainte de Dieu. 527

d'esclauage qui n'a que de la crainte seruile, mais l'esprit filial & d'adoption, auquel nous disons à Dieu Abba, Pere.

53. *Mais la Crainte Seruile n'est elle pas bonne ?*

Tres-bonne, & vn don de Dieu, qui est vn commencement de Sagesse, & vn principe de Penitence & de Conuersion : Non toutesfois ce Don du Sainct Esprit, dont il est parlé en Isaye (11.)

Nous auons, Seigneur, conçeu par vostre crainte, & après ceste conception nous auons enfanté l'esprit de salut.

54. *Pourquoy n'est-ce pas vn don du Sainct Esprit ?*

Parce que le Prophete parle de ceux qui ont esté en N. S. & il est constant qu'il n'a point eu l'Esprit de Crainte Seruile. Car bien qu'il ait paru icy bas en forme d'esclaue, il a pourtant tousjours esté vray & naturel fils de Dieu, & n'a point eu de Crainte d'esclaue.

Voyla mon Fils bien aimé, dit de luy le Pere Eternel, auquel ie prends mes delices & ma complaisance.

55. *N'a t'il pas eu la Crainte naturelle ?*

Oui : car en sa passion il eut frayeur, tristesse, affliction, agonie, & il fut attaqué des terreurs de la mort : mais il y a bien de la difference entre la Crainte naturelle & la Seruile, parce que la naturelle prouient d'vn Amour, de foy mefme legitime & bien reglé, au lieu que la feruilité de la Crainte, dit S. Thomas (2. 2. q. 19. art. 4.) eft tousjours mauuaife.

Celle-là eft incompatible auec la Charité, mais la Charité parfaite chaffe la feruilité de la Crainte.

56. *Que redoute la Seruilité de la Crainte?*

Les peines temporelles de cefte vie, & les eternelles de l'autre, & elle les craint plus que le mal de coulpe, les tenant pour le fouuerain mal. C'eft enquoy fa feruilité eft dereglée, paffe les bornes de la droite raifon, & de la lumiere de la Foy.

Grand Dieu renouuelez vn efprit de droiture en mes entrailles, que voftre bon efprit nous meine en la terre d'équité, puis que vous voulez eftre honoré auec iugement.

57. *Eft-ce mal fait de craindre les chaftimens Diuins, en ce monde & en l'autre?*

Tant s'en faut, puis que l'efcriture nous inculque cent & cent fois cefte falutaire crainte, Seigneur, dit Dauid, cloüez ma chair par voftre crainte, car ie redoute ton iugement, i'ay fait iugement & iuftice, parce que i'ay eu peur de voftre tribunal, mes os n'ont point de paix, ils tremblent deuant la face de voftre courroux.

Le Seigneur donne vn figne à ceux qui le

craignent, affin qu'ils fuyent deuant la face de son arc.

58. Pourquoy donc dittes vous que la seruilité de la Crainte est mauuaise?

C'est l'Ange de l'escole qui le dit (*l. c.*) & la raison est, parce qu'elle fait preferer à celuy qui agit par elle, son propre interest à celuy de Dieu, redoutant plus la peine, soit temporelle, soit eternelle, que la coulpe, tout ainsi que l'A-mour mercenaire est mauuais, parce qu'il fait aimer Dieu pour quelqu'autre chose que pour luy, mettant la creature deuant le Createur par vn ordre contraire à celuy de la Charité.

Mon bien aimé, dit l'Amante sacrée, m'a fait entrer dans ses celliers, & a mis en moy l'ordre de son Amour.

59. N'y a t'il point quelqu'autre raison, pourquoy la Crainte Seruile n'est point l'vn des dons du Sainct Esprit?

C'est parce que ces Dons sont tousjours conjoincts à la Charité, & cessent d'estre en l'ame qui est hors de grace. Au lieu que la crainte Seruile non seulement peut estre, mais est ordinairement dans les plus grands pecheurs.

Et l'Escriture nous apprend que la Charité venant en l'ame, pousse dehors la seruilité de la Crainte.

60. *Pourquoy donc appellez vous bonne la Crainte Seruile?*

La Crainte, dit S. Thomas (2.2. q.19. a.4.) est bonne quant à sa substance, mais sa seruilité n'est pas bonne: or la seruilité n'est pas de l'essence de la Crainte, non plus que l'informité n'est pas de l'essence de la Foy ny des autres vertus. Elle est comme vn or qui est encor auec son escume, lequel ne laisse d'auoir son prix, bien qu'il ne soit pas purifié.

Les douleurs de la mort m'enuironnent, dit le Psalmiste, & les terreurs de l'Enfer me donnent des assaults.

61. *Quel bien prouient de la Crainte seruile?*

Vn vaillant homme ne laisse pas de faire de beaux faits d'armes auec vne courte espée, que ne fit Sanson auec vne maschoüere d'asne. C'est tousjours vn grãd bien que de quitter le peché, quand il n'y auroit autre motif de cét abandonnement, que de la peur d'estre damné.

Cessez de mal faire, & apprenez à operer le bien, dit le Seigneur, par vn de ses Prophetes.

62. *Mais cela ne iustifie pas.*

Cela certes, sans l'amour de Dieu, ne sera pas pour estre sauué, tousjours neantmoins cela sert pour estre moins puny en ce monde & en l'autre, car les peines suiuent la coulpe, comme l'ombre le corps.

Nous deuons pourtant agir par vne plus haute &

haute & noble visée, & auoir des pretensions plus genereuses, en quittant la region de l'ombre de la mort qui est le peché.

63. Comme faut-il faire?

Certes la Crainte qui ne forclost pas la volonté de pecher, ny l'affection au peché est meschante, & pareille à celle des Démons, qui cessent souuent de nuire aux possedez, de peur d'estre tourmentez par l'exorcisme, sans cesser de desirer, & de vouloir le mal qu'ils desirent tousjours.

C'est là ceste crainte diabolique dont Sainct Iacques parle, quand il dit, que les Démons croyent & tremblent.

64. Vn autre exemple.

Elle est encore semblable à celle du miserable forçat, qui obeït par crainte au Comite, duquel il voudroit auoir mangé le cœur. En somme à celle de l'Esclaue, qui ne sert que pour l'apprehension d'estre battu, non pour aucun amour qu'il ait pour son maistre.

Comme la Foy sans la Charité est morte, beaucoup plus la Crainte, qui n'est qu'vne vertu morale, qui n'aime point demeure en la mort.

65. Quelle est cette crainte seruile qui ne forclost que l'effect, non l'affection au peché?

Voicy ce qu'en dit le B. François de Sales, en son traicté de l'amour de Dieu (*l. 11. c. 18.*)

Celuy qui n'ose commettre le peché qu'il voudroit volontiers, mais qui s'en abstient seulement de peur d'estre damné, a vne crainte horrible & detestable, car bien qu'il n'ait pas la volonté de venir à l'execution du peché, il a neátmoins l'execution en sa volonté, puis qu'il le voudroit commettre, si la crainte ne le tenoit, estant comme par force qu'il n'en vient pas aux effects.

Prions Dieu qu'il écarte de nous cét esprit qui fait regarder en arriere, comme fit la femme de Loth, & qui fait ressembler à ces Israëlites qui regrettoient l'Egypte en la quittant.

66. *Et de celle qui forclost la volonté de pecher, quoy que par la seule apprehension de la peine, qu'en dittes vous?*

Qu'elle est bonne & loüable, quoy que sans la Charité, elle ne sauue pas de l'Enfer celuy qui l'a, ny ne luy face meriter la vie eternelle.

Où est l'esprit de Dieu, là est la liberté, le Paradis n'est preparé que pour les enfans de Dieu, si enfans, heritiers, & heritiers de Dieu, & coheritiers de IESVS CHRIST.

67. *Que dittes vous aussi de la Crainte qui n'exclust pas, mais aussi qui n'enclost pas l'Amour de Dieu?*

Qu'elle est bonne, & qu'elle ne rend pas l'homme qui l'a pire, ny hypocrite, comme disent quelques errans, C'est la deffinition du

de la crainte de Dieu. 531

Sacré Concile de Trente, (*sef. 6. can.* 8.) qui prononce anathême contre celuy qui tiendra que la Crainte de la gehenne eternelle, par laquelle l'homme recourt à Dieu, s'atristant d'auoir peché, ou s'abstenant de pecher, rende le pecheur pire.

Quiconque n'entendra l'Eglise qu'il nous soit fait, comme Payen & Peager.

68. *Mais si elle excluoit formellement l'Amour de Dieu?*

Voicy ce qu'en dit le B. François de Sales, en son liure de l'Amour de Dieu (11. *c* 18.) cette crainte est blasmable, qui enferme en soy l'exclusion du S. Amour, car qui diroit, ie ne veux point seruir Dieu pour aucun Amour que ie luy vueille porter, mais seulement pour éuiter les peines dont il menace, ou auoir les recompenses qu'il promet, il feroit vn blaspheme, preferant la recompense au maistre, le bien au bien-faicteur, l'heritage au Pere, & son propre proffit à Dieu tout puissant.

Seigneur i'ay aimé vos tesmoignages, c'est à dire vostre volonté, plus que l'or & le topaze: dit le Psalmiste Roy.

69. *Quelle est donc la vraye Crainte seruile?*

C'est celle qui n'enclost ny n'exclut aussi l'Amour de Dieu, & qui n'a autre motif pour s'abstenir de peché, que l'apprehension des punitions en ceste vie & en l'autre.

Ll ij

Et qui est l'homme si ennemy de nature, & de soy-mesme, qui puisse appeller mauuaise la fuite de la peine, quand elle se fait sans violer la Loy de Dieu, & blesser la Charité.

70. *L'homme iuste se peut il abstenir du peché par la seule crainte de la peine?*

Caietan monstre dans vn traicté exprés (*opusc. l. 1. tr.*) que la crainte de la peine quād elle n'est point contre la regle de la droite raison, peut tomber en vn homme iuste, & ne porte aucun prejudice à la Charité: Et en vn mot, il n'y a que l'exclusion formelle de l'Amour de Dieu, qui puisse rendre mauuaise la crainte seruile.

I'ay redouté la colere de Dieu, dit Iob, comme les flots de la mer courroucée: c'est à dire comme vne horrible tempeste, qui menace d'vn naufrage éuident: & le mesme a dit, qu'il a pris garde à toutes ses voyes, sçachant que Dieu ne laisse aucune offense sans punition.

71. *Qu'est-ce que la Crainte mercenaire?*

C'est celle des seruiteurs qui se loüent pour des gages, & qui n'ont autre but de leurs seruices que l'espoir de salaire.

I'ay incliné mon cœur à faire vos iustifications, c'est à dire à l'obseruance de vostre Loy ô Seigneur, pour la retribution.

72. *C'est plutost Espoir mercenaire que Crainte.*

Il est vray, mais comme le profit qui cesse, est

vne espece de dommage, cét Espoir mercenaire peut estre appelé Crainte mercenaire, lors que le Seruiteur craint de perdre ses gages, & l'attente de quelque fortune qu'il croit faire auprés d'vn bon maistre.

Il faut pour approcher de Dieu croire qu'il est, & qu'il est remunerateur de ceux qui font bien, selon ce qu'il dit à Abraham, ie seray ta recompense tres grande.

78. *Cette Crainte mercenaire est elle bonne?*

Comme la crainte de l'enfer est loüable, quand elle nous oste l'affection de pecher, aussi l'est la Crainte de perdre le Paradis quand elle nous retire du mal, & de la volõté de mal faire. Moyse regardant la recompense diuine, mesprisa les promesses temporelles de la fille de Pharao : Nous pouuons imiter ce grand amy de Dieu.

74. *Mais cela est imparfait?*

Il est vray, pourtant il n'est pas mauuais, sinon lors que le moins veut exclurre le mieux, qui est l'Amour de Dieu. Il y a bien de la difference entre ces deux propositiõs, craindre de perdre la recompense promise, & ne craindre que pour ceste perte. La 1. n'enclost pas l'Amour de Dieu, mais aussi elle ne le rejette pas, l'autre l'exclut expressément, ne craignant ny ne voulant craindre que dans la veüe de son interest propre.

Qui ne sçait que preferer son propre Amour à celuy de Dieu, & rendre celui-cy subalterne à celuy là, est imiter ce Démon du desert, qui vouloit que Iesus Christ tombast à ses pieds & l'adorast. (V. le B. François de Sales de l'Amour de Dieu, l. 2. c. 17.)

75. *Si cette crainte est imparfaite, d'où vient donc que Dauid la recommande?*

Non seulement Dauid, mais toute l'escriture n'est pleine que de menaces, & de promesses, par lesquelles la Crainte seruile & mercenaire est excitée en nous, ce n'est pas pourtant le dessein de Dieu que nous en demeurions là, & que nous n'agissions que par cét esprit, mais il veut par là nous tirer à soy, & de la Crainte qui regarde nostre interest, nous faire passer à son Amour qui regarde le sien.

La Crainte est le commencement de Sagesse, mais n'en est pas la fin & la consummation.

76. *Que veut donc dire Dauid?*

Il dit qu'il a incliné son cœur à faire la Loy de Dieu pour la retribution, & ailleurs qu'il l'obserue, parce qu'il y a vne grande recompense preparée pour ceux qui la gardent auec fidelité. Le diuin Psalmiste doit estre consideré & comme Pecheur, & comme Penitent, & comme Parfait, & dans ses diuins cantiques, il parle souuent en ces trois qualitez. Car il y a beaucoup de traits, tantost d'esprit seruile, tantost de mercenaire, tantost de pur Amour : icy il s'excite au bien par l'espoir de la recompense, mais il ne met pas sa fin derniere dans ce salaire. Autrement il renuerseroit l'ordre de la Charité, qui veut que l'on prefere le Dieu de Paradis, au Paradis de Dieu, le Bien-faicteur au Bien-fait.

Tout Don parfait vient d'enhaut, du Pere des lumieres, lequel toutesfois est plus que tous ses presens Comme il regarda Abel & puis ses offrandes, il est bien iuste que nous ayons plus d'égard à luy qu'aux biens que nous esperons de luy.

77. *Que dittes vous de la Couronne de Iustice, que Sainct Paul attendoit?*

Il auoit raison d'attendre la Couronne de Iustice deuë à la grace de Dieu, par laquelle il estoit ce qu'il estoit: mais c'est faire vn mauuais iugement de la perfection d'vn si grand Apostre, d'estimer qu'il n'operast le bien, ne combatist vn bon combat, & ne gardast sa foy que pour la recompense qu'il en attendoit, non pour le pur Amour de Dieu, qu'il seruoit d'vne Charité si desinteressée.

Celuy qui vouloit estre anathéme pour ses freres, ne mettoit pas la derniere fin de ses actions dans le salaire de ses trauaux.

78. *Et Sainct Pierre ne demande t'il pas à Nostre Seigneur ce qu'il luy donnera,*

pour auoir tout quitté pour le suiure?

C'est encore iuger fort bassement de l'ardent Amour du plus amant de tous les Disciples du Sauueur, d'estimer que le dernier but de ses actions eust la recompense pour son terme, & non pas l'Amour pur de ce cher maistre, auquel il respondit par trois fois, vous sçauez que ie vous aime, & que ie veux mourir pour vous.

Que si le vray Amour veut le bien de la chose aimée pour elle, non pour nous, comme pouuons nous estimer que celuy d'vn si parfait Amant fust mercenaire, & cherchast autre salaire que le bien de l'object aimé?

79.   *Exemple.*

Vn valet qui declareroit n'aimer ny ne seruir son maistre que pour les gages & la recompense qu'il en attend, & qui estimeroit plus son salaire que son maistre, meriteroit d'estre chassé. Et celui-là seroit indigne d'estre Disciple de N. S. & d'auoir part à sa suitte, qui arresteroit ses pensées en derniere instance, sur les biens qu'il attend de luy, non sur sa propre bonté infinie qui est souuerainement aimable par elle mesme.

Il seroit vn sel corrompu, qui ne vaut plus rien qu'à estre jetté dehors, & foulé aux pieds des passans.

80.   *A quoy est donc bonne ceste Crainte Mercenaire?*

de la crainte de Dieu. 539

Quand elle n'exclut pas le mieux qui est l'Amour de Dieu, & quand elle nous fait quitter le peché & l'affection au peché, & operer le bien, qui ne void qu'elle est fort salutaire, quoy que sans l'amour de Dieu elle soit inutile pour le Salut eternel.

Esprouuons tout ; mais allons tousjours au bien, & du bien au mieux, selon ce que dit le Psalmiste, ceux là verront le Dieu des Dieux en Syon, qui chemineront de vertu en vertu.

81. *Quelle est proprement sa bonté ?*

Le commencement des choses bonnes est bon, le progrés est meilleur, & la fin tres bonne : toutefois le commencemét n'est bon qu'en qualité de commencement, & le progrés, qu'en qualité de progrés, mais de vouloir finir l'œuure dans le commencemét, ou au progrés c'est renuerser l'ordre. Cecy est du B. François de Sales en son Traicté de l'Amour de Dieu (*liu.* 1. *chap.* 19.)

Parmy les Chrestiens, dit S. Hierosme, on ne regarde pas les commencemens, mais la fin : le bastisseur de l'Euangile est blasmé d'auoir entrepris vn ouurage qu'il ne put acheuer.

82. *Exemples.*

L'enfance est bonne, mais si on ne vouloit iamais estre qu'enfant cela seroit mauuais, car l'enfant de cent ans est mesprisé dans l'escriture. De commencer d'apprendre cela est bon, mais qui commenceroit en intention de ne se perfectionner iamais, feroit contre toute bonne raison. La Crainte seruile & la mercenaire sont bonnes pour le commencement de la Sagesse Chrestienne, mais qui de propos deliberé voudroit ne paruenir point à l'Amour auquel consiste la perfection du Chrestien, offenseroit celuy qui a voulu que son amour fust la souueraine fin de toutes nos œuures.

Quand ce qui est parfait est arriué, ce qui est imparfait s'esuanoüit aussi tost.

83. *Confirmation de ce qui a esté dit.*

C'est bien fait certes de fuir le mal & de faire le bien pour éuiter l'enfer, & auoir le Paradis, mais qui prendroit resolution de ne vouloir agir que par ces motifs de propre interest, non par celuy du diuin Amour, qui est tout desinteressé, commettroit vn grand peché, dit le B. François de Sales (*&c.*)

Quel seroit le Pere qui ne treuuast mauuais, que son fils le voulust voirement seruir, mais non iamais auec amour, ou par amour, & seulement de peur d'estre chastié, ou de perdre son heritage.

84. *Que dittes vous de la promesse du centuple, & de la vie eternelle, faite en l'Euangile?*

Que la pluspart de ceux qui l'alleguent abusent manifestement du texte sacré: Car il ne dit

de la Crainte de Dieu. 541

pas que celuy qui fera la bonne œuure pour auoir le centuple & la vie eternelle, aura ce centuple & la vie eternelle, mais qui la fera pour Dieu & pour son nom, c'est à dire pour son honneur & son amour.

Or le vray & pur Amour dit Sainct Bernard, aprés S. Chrysostome, n'est point mercenaire, & est digne d'vn salaire d'autant plus grand que moins il a esgard à la recompense.

85. *Qu'appellez vous Crainte Initiale?*

Les 4. sortes de Crainte que nous venons d'expliquer, peuuent estre & sont communément sans la Charité, mais celle-cy est auec la Charité, Charité neantmoins foible & commençante. C'est lors que l'on craint plus l'offense que la peine, & que l'on a plus de peur d'offenser Dieu parce qu'il est bon, que d'apprehension des peines que sa Iustice a preparées à ceux qui pechent.

Alors nostre interest est meslé auec celuy de Dieu, mais celui-cy surnage, tient le haut bout, & est le maistre.

86. *Exemples.*

Tant qu'Agar fut soumise à sa maistresse Sara, & qu'Ismaël respecta Isaac, Abraham les souffrit en sa maison, mais aussi tost que l'vn & l'autre se reuolterent, il les mit dehors. Quand nostre interest est rapporté & subordonné à celuy de Dieu, il est compatible auec la Charité, mais aussi tost qu'il veut dominer ou aller du pair, il faut ou que la Charité sorte du cœur, ou qu'elle en chasse ce mal.

Il faut que l'Amour de Dieu porte le Sceptre sur tous les Amours, ou Roy, ou rien, c'est sa deuise.

D'autres.

Cette Crainte a deux yeux, de l'vn elle redoute le mal de coulpe par Amour de la Iustice, de l'autre elle considere le mal de peine: celuy qui en est pourueu imite Abraham, qui planta son pauillon entre Bethel & Hai (*Genes.* 12. *& 13.*) entre le desir du Ciel & la Crainte de l'Enfer, ce sont là les deux seruantes qui soustenoient Esther, quand elle parut deuant Assuere, affin d'obtenir grace pour les Iuifs.

La Crainte du Seigneur, dit le Sage, (*Prouerbe* 8.) hait le mal, mais plus celuy de coulpe que de peine.

87. Mais si l'on craignoit plus le mal de peine que celuy de coulpe?

Alors ce ne seroit plus vne Crainte Initiale, mais seruile, quoy que l'on redoutast aussi la coulpe, parce que l'ordre de la nature veut que la cause marche deuant l'effect, & celuy de la Charité veut que l'interest de Dieu aille deuant le nostre.

Quiconque a le vray Amour de Dieu, fait plus d'estat de l'interest de Dieu que du sien,

de la crainte de Dieu. 543

car la Charité fait preferer Dieu à toutes choses, & le fait aimer sur toutes choses.

88. *Cet ordre est-il si necessaire?*

Oüi, car il est essentiel à la Charité, laquelle
perit en vne ame quand il y est violé, car qui
craindroit premierement & principalement la
peine, & secondement & comme par accessoire la coulpe, prefereroit son interest à celuy
de Dieu, lequel desordre est le fondement & le
foyer de tout peché.

Or la vraye Charité ne cherche pas son interest, mais celuy de Dieu, ou si elle permet que
nous recherchions nostre interest, c'est à condition que nous le sous-mettrons & rapporterons
à celuy de Dieu.

89. *La Crainte Charitable qu'est-ce?*

C'est la Parfaite, la Viue, la Veritable, de laquelle on peut dire ce que l'espoux de sa bien
aimée, soixante Roynes, quatre vingt associées, vn grand nombre de ieunes Filles, mais
il n'y a qu'vne Colombe, toute belle, toute pure, & sans tache, les delices de son Amant.

Prions Dieu qu'il nous soit liberal par son S.
Esprit, de ce don de Crainte, qui demeurera
au siecle des siecles, ainsi que la Charité qui ne
manque ny ne deffaut iamais.

90. *Dittes donc ce que c'est?*

Elle a beaucoup de noms, elle est appelée
Sainte, Chaste, Filiale, des Espouses, Amou-

reuſe & Reſpectueuſe : Sainte, parce qu'eſtant inſeparable de la Charité elle porte la iuſtification & la ſanctification dans l'ame où elle eſt.

Vous tous, ô Saincts, craignez le Seigneur, ſeruez le auec tremblement, & vous resjoüiſſez en luy auec crainte.

91. *Pourquoy eſt elle appellé Chaſte ?*
Comme la perſonne Vierge ou Continente n'a aucun commerce corporel auec vn autre, non point meſme le legitime qui eſt dans le mariage. Ainſi la Chaſteté de la Crainte Charitable conſiſte en vn ſi pur Amour, que l'on ne craigne que la ſeule offenſe, non la peine, & que l'on ne craigne que pour l'intereſt de Dieu, non pour le noſtre.

Le Pſalmiſte (*Pſ.* 18.) dit que la Crainte Sainte (vne autre lecture dit Chaſte) demeure en l'Eternité, ce qui eſt le propre du diuin Amour, auquel elle eſt toute tranſformée : or ſi elle demeure dans le Ciel, il faut qu'elle ſoit fort eſpurée d'amour propre, car rien de ſoüillé de propre intereſt n'entre au Royaume Eternel.

92. *Pourquoy la nomme t'on Filiale ?*
D'autant qu'vn enfant bien nay n'obeït pas à ſon Pere, en conſideration de ce qu'il a le pouuoir de punir ſa deſobeïſſance, ny auſſi parce qu'il le peut desheriter, mais ſeulement parce qu'il eſt ſon Pere, auquel il doit hon-

neur, seruice, respect & obeissance.

Ceux-là craignent Dieu d'vne affectiō vrayment filiale, qui ont peur de luy déplaire, purement, & simplement, parce qu'il est leur Pere tres-doux, tres-aimable, & tres-amiable.

93. *Vous l'appelez aussi des Espouses.*

Ouï, & c'est selon le sentiment de S. Augustin (*tract. 9. in ep. Ioa. & epist. 120.*) suiuy par Sainct Bernard, & par d'autres Theologiens (*Magist. sent. l. 3. dist. 34. S. Antonin summ. moral. part. 4. tit. 14. ch. 13.*) parce que l'Espouse chaste craint son Espoux, non qu'elle l'ait offensé par infidelité, mais elle a peur de ne l'aimer pas assez, de n'en estre pas assez aimée, qu'il ne s'absente pour quelque temps affin de vaquer à quelques affaires necessaires & importantes.

Elle dit en son cœur comme celle du Cantique, ie le tiens & ne le laisseray point aller.

94. *La mauuaise espouse craint aussi son mary.*

Ouï, mais c'est de peur qu'il ne la punisse de sa perfidie, elle ne desire que son absence, elle craint qu'il ne vienne, qu'il ne découure ses trahisons, sa crainte est toute seruile: comme elle n'est pas chaste, sa crainte ne l'est pas aussi.

Dieu nous preserue d'vne pareille crainte, qui est plustost vn effect de haine que d'amour:

ainsi le criminel craint le Iuge qu'il n'aime pas en son cœur.

95. *Vous donnez encor à cette Crainte Charitable le nom de Respectueuse.*

Oüi, & cette Crainte procede d'excés d'Amour, lequel n'est iamais sans ceste sorte de Crainte : Car on craint tousjours de déplaire à ce que l'on aime, on craint de ne luy aggréer pas assez, on l'honore parce que l'Amour donne vne grande estime de l'object aimé. Et cette Crainte demeure mesme dans le Paradis où les Puissances & les Vertus tremblent deuant Dieu : d'où vient que S. Iean en son Apocalypse entendit cette voix des Anges qui disoient en la celeste Ierusalem :

Loüez Dieu, ô vous tous les Saincts qui le craignez, honorez-le tant les grands que les petits. Et le Psalmiste.

Le Respect au Seigneur porté,
Est sainct, & plein de pureté,
Sa crainte en tout siecle est durable :
Tout ainsi que sa Majesté
Est à iamais tres adorable.

96. *Pourquoy l'appelez vous Amoureuse ?*

C'est le mesme que Charitable, car Charité & Amour de Dieu sont vne mesme chose, & ces noms de Charitable, ou Amoureuse me semblent les plus propres & les plus conuenables de tous, parce que la Charité estant vn
Amour

Amour de Dieu qui est desinteressé, craindre Dieu par Amour Charitable, est le craindre pour son seul interest, ce qui est proprement craindre Dieu pour Dieu.

C'est là la Crainte des Saincts, & la Crainte qui fait les Saincts. Craignez Dieu tous ses Saincts, car rien ne manque à ceux qui le craignent ainsi.

97. *Cette crainte parfaite chasse t'elle les autres ?*

Elle leur fait le mesme affront, que le Soleil fait tous les matins aux Estoilles, & celuy que la verge de Moyse fit à celles des Mages en les engloutissant. Elle n'oste pas la naturelle, puis que N. S. qui estoit la Charité mesme l'a euë, mais elle est incompatible auec la Mondaine & Charnelle : Quant à la Seruile & Mercenaire elle s'en sert comme vn Maistre de ses Esclaues & Seruiteurs. Il est vray qu'elle oste la Seruilité & Mercenaireté, comme le feu separe la roüille du fer.

Ie reduiray au pur ton escume, dit Dieu par vn Prophete, parlant d'vne ame qu'il vouloit purifier.

98. *Mais cette Crainte Charitable ne craint donc que la coulpe ?*

Elle la craint premierement & principalement, entant qu'elle prejudicie à la Gloire Exterieure de Dieu qui en est diminuée. Mais pourtant elle ne laisse pas aussi de craindre la peine eternelle entant qu'elle separe de Dieu.

O ame, voyez combien il est amer d'auoir quitté Dieu, car le salut est loin des pecheurs.

99. *Elle a donc de ce costé là quelque regard sur soy-mesme, & sur l'interest propre.*

Il y a bien de la difference entre l'Amour de soy mesme & l'Amour propre, celui-là est commandé & bon, celui-cy est deffendu & mauuais. Nous auons obligation par la Loy de Dieu, de nous aimer nous mesmes pour l'Amour de Dieu, c'est à dire auec rapport à Dieu: mais il nous est deffēdu de nous aimer pour l'amour de nous mesmes, & de nous establir pour derniere fin de nos actions: Quand donc nous craignons la peine eternelle, entant qu'elle nous separe de Dieu pour iamais, nous deuons principalement regarder en cela l'interest de Dieu, qui pert en cela la fin pour laquelle il nous auoit creez, qui est pour le glorifier à perpetuité par amour.

Les meschans, dit le texte sacré, seront en des peines eternelles loing de la face de Dieu. Qui ne vous craindra ô Roy des Nations, dit Ieremie.

100. *Mais c'est tousjours craindre pour soy?*

Il est vray que ne craindre Dieu, que pour le mal de peine que sa Iustice nous peut faire, n'est craindre Dieu que comme nous craignons les tonnerres, les maladies, les fleaux, nos ennemis visibles & inuisibles, & toutes les choses qui nous peuuent nuire, & quand cette crainte se termine dans nostre propre interest, elle ne procede point du motif de la Charité, qui n'a esgard qu'à l'interest de Dieu.

Mais l'ame chastement craintiue qui dit à Dieu, leuez vous Seigneur, & me deliurez pour la gloire de vostre nom, ie suis à vous sauuez moy, qui ne void que sa crainte est charitable, & se termine en Dieu, à qui il est glorieux de la sauuer.

101. *Et quel interest a Dieu de nous sauuer?*

Ceste demande ne peut estre faite par vn homme qui croit en IESVS crucifié. Car il a bien monstré par sa Croix, & par ses souffrances, qu'il cherchoit la gloire de son Pere dans nostre salut, & la gloire de son Pere n'est-ce pas la sienne propre?

Puis que IESVS ne fait aucun tort à son Pere Eternel, de se dire coëgal & consubstantiel à luy en la Diuinité.

102. *S'il a cherché sa gloire en nostre salut, quelle obligation luy auons nous?*

Tres-grande, puisque nous trouuons l'interest de nostre salut dans le sien, comme si en derniere fin il estoit mort pour nous, mais parce que nous deuons l'aimer plus que nous mesme nous deuons aussi nous resjoüir dauanta-

Mm ij

ge, & nous estimer plus obligez à sa bonté, de ce qu'il est mort en fin derniere pour sa gloire, que s'il estoit mort en derniere fin pour nostre salut.

O Seigneur IESVS, ie vous rends graces pour ce grand bien fait, mais ie vous en remercie principalement pour vostre grande gloire.

103. Iesus Christ ne pouuoit il pas mourir pour nous en fin derniere?

Ouï en fin prochaine, non en derniere, car comme Dieu est le principe premier, aussi la fin derniere de toutes choses: parce que la fin derniere deuant necessairement estre la plus excellente de toutes choses, & Dieu ne pouuant rien faire de plus excellent que soy, il faut par vne heureuse necessité qui prouient de son excellence infinie, qu'il soit la fin derniere de toutes choses.

La fin derniere de nostre salut estant la gloire de Dieu, la fin prochaine de la Passion de I. C. estant nostre salut, la derniere est la gloire de son Pere Eternel.

104. Et le Symbole ne dit il pas que pour nous & pour nostre salut il s'est incarné, & a esté crucifié?

Cela se doit entendre, comme nous venons de dire, en fin prochaine non en derniere, autrement si nostre bien & non celuy de Dieu estoit la fin derniere de Dieu, nous nous establirions les Dieux de Dieu, ce qui seroit vne impieté nompareille, & vne arrogance pire que celle de cét Ange reuolté, qui disoit:

Ie mettray mon siege du costé de l'Aquilon, & ie seray semblable au Tres-haut.

105. *Mais ne peut on pas craindre la mort sans perdre la Charité?*

La mort estant la plus terrible de toutes les choses terribles, nous la pouuons redouter sans offenser Dieu, veu mesme que N. S. l'a apprehendée. Cette crainte naturelle est compatible auec la Charité.

Mais quand la Charité est forte, elle surmonte ceste crainte naturelle, comme il paroist en tant de Martyrs, & en ce diuin Apostre qui tenoit la mort pour vn profit.

Ne deuons nous pas aussi craindre le iugement de Dieu?

Qui ne le craindroit, puis qu'il fait horrible tomber entre les mains du Dieu viuant, de qui les iugemens sont de grands abysmes. Au dernier iugement les Anges mesmes, quoy que confirmez en grace, & establis en gloire, trembleront deuant la face du Iuge.

O Seigneur i'ay fait iugement & iustice, parce que i'ay redouté vos iugemens.

106. *Et de la crainte de l'Enfer qu'en dittes vous?*

Qu'elle est fort salutaire, & inculquée cent &

cent fois en la sainte parole, quel d'entre vous, dit vn Prophete, pourra demeurer auec vn feu deuorant, en des ardeurs eternelles. Mais pour la rendre fort pure & parfaite, nous deuons auoir plus d'égard, dans le regard de l'enfer, à la perte que Dieu y fait en nous qu'à nostre propre ruine : Ainsi nous craindrons l'enfer pour l'interest de Dieu plus que pour le nostre : Et plus la priuation des eternelles loüanges & benedictiós que dans le Ciel nous donnerions à Dieu, que les tourmens de la gesne.

O Dieu nul ne se souuient de vous dans l'eternelle mort, & dans l'enfer nul ne vous confesse, c'est à dire ne loüe & benit vostre sainct nom.

107. *Ne faut-il pas craindre de perdre le Paradis ?*

Hé ! que seruiroit à l'homme de gaigner tout le monde, & de perdre son ame pour iamais, qu'y a t'il de plus desirable, si le Ciel ne l'est, & quelle perte est redoutable, à l'égard de la perte de l'eternité. Mais pour rendre ceste crainte fort pure & accomplie, il faut plus apprehender ceste perte pour l'interest de Dieu que pour le nostre, & faire plus d'estat de la gloire que nous donnerons à Dieu pour iamais dans le Ciel, que de celle qu'il nous y donnera, car la gloire que nous y donnerons à Dieu est la fin de celle que Dieu nous y communiquera.

de la crainte de Dieu. 553

Bien-heureux, dit Dauid, ceux qui demeureront dans la maison celeste du Seigneur, pourquoy cela ! est-ce pour leur propre gloire, & pour les torrens de volupté, dont ils seront abbreuuez pour la felicité & richesses qu'ils y possederont, cét homme selon le cœur de Dieu en donne bien vne autre raison, c'est par, ce qu'ils loüeront Dieu au siecle des siecles.

108. *Si cela est, il y a bien peu de crainte de Dieu en la terre.*

Quand le Fils de l'homme viendra en son dernier auenement, pensez vous, dit le texte sacré, qu'il treuue de la foy en la terre, il parle de la foy viue œuurante par Charité. Certes il y a aussi peu de vraye Crainte de Dieu dedans le monde, chacun craint Dieu pour son propre interest, non pour celuy de Dieu, fort peu de gens craignent Dieu pour Dieu, d'vne Crainte Chaste, Sainte, Filiale, Respectueuse, Amoureuse, Charitable.

Dieu a regardé du haut des Cieux, dit le Psalmiste, si quelqu'vn le recherche, & est vrayment attentif à son seruice, tous declinent & y sont inutiles, peu operent le bien, bien peu craignent Dieu auec Amour, c'est à dire pour l'interest de Dieu mesme.

109. *Le fondement de Sagesse, de Pieté, & de Religion Chrestienne est fort peu cognu.*

M m iiij

Moins que l'on ne sçauroit ny dire, ny penser, on void encor assez de Vertus mortes, fort peu de viues & animées de Charité. Nous sommes venus en cette lie & extremité des siecles dont l'Apostre parle.

Aussi voyons nous combien la vraye Charité qui aime Dieu pour l'Amour de luy mesme est refroidie, tous cherchent leur interest non celuy de Dieu.

110. *Ily a donc vne Crainte de Dieu morte?*

Toute Vertu, & la foy mesme est morte sans la Charité, qui est l'ame & la vie de toutes les Vertus. La Crainte de Dieu estant vne Vertu, peut comme les autres estre viue & morte, viue si elle est accōpagnée de l'Amour Diuin, morte si elle en est dépourueüe: la seule viue est vtile à salut & attaint la fin derniere, la morte n'arriue pas à ce but, & est inutile pour l'Eternité.

Plusieurs prennent Lia pour Rachel, & pensent craindre Dieu, qui ne craignent que pour eux mesmes, & non pour Dieu.

111. *Comme pourra t'on discerner la Crainte viue de la morte?*

Si nul ne sçait s'il est digne d'amour ou de haine, c'est à dire s'il a la Charité, comme pourroit on sçauoir si l'on a la Crainte viue, toutesfois comme il y a quelques conjectures qui nº donent des certitudes morales que nous sommes en estat de grace, il y en a aussi pour estimer probablement que l'on a la vraye & viuante Crainte de Dieu.

Deſſillez mes yeux, ô Seigneur, & ie conſidereray les merueilles de voſtre Loy.

112. *Dittes en quelqu'vne.*

La Crainte naturelle peut eſtre auec la Charité, & auſſi en eſtre priuée, mais la Crainte mondaine qui eſt tousjours mauuaiſe n'eſt iamais auec la Charité.

Quiconque rougira de moy deuant les hommes, dit N.S. ie rougiray pour luy deuant mon Pere.

113. *Quelqu'autre.*

Quand nous n'auons point d'autre motif de Crainte, que la peur de la peine, ou l'apprehenſion de perdre la recōpenſe, c'eſt ſigne que noſtre crainte, quoy qu'elle n'exclue pas la Charité, ne l'encloſt pas auſſi, & par conſequent qu'elle eſt morte.

Qui n'aime point, c'eſt à dire qui n'agit par l'eſprit d'amour, eſt en la mort, & ne peut faire que des œuures mortes.

114. *L'Initiale eſt elle pas viue?*

Ouï, parce qu'elle nous fait craindre principalement la coulpe qui eſt l'offenſe pour l'intereſt de Dieu, & la peine ſeulement par acceſſoire & en ſeconde inſtance : mais elle eſt appelée Initiale, c'eſt à dire des apprentifs ou commençans, parce qu'elle meſle l'intereſt propre de celuy qui craint auec celuy de Dieu.

Celuy, dit S. Augustin, aime moins Dieu qu'il ne doit, qui aime quelque chose auec Dieu, s'il ne l'aime pour Dieu, le mesme se doit dire de la Crainte.

115. *La Charitable est donc parfaitement viue?*

Ouï: parce qu'elle est toute détrempée dans la vie des vrayes vertus, qui est l'Amour de Dieu, & c'est la vraye, la pure, la parfaite crainte de Dieu, qui demeure au siecle des siecles: & la Crainte des Saincts qui n'aiment pas Dieu par crainte, mais le craignent par Amour.

Il faut si vous voulez que vostre ame soit sainte, craindre Dieu par Amour, & non l'aimer par Crainte.

Bien-heureux celuy, qui craint Dieu de ceste façon, car il marche droit & comme il faut dans les voyes de Dieu, c'est à dire il accomplit par amour la Loy de Dieu qui est toute d'Amour. Crains Dieu, dit le Sage, & garde ses commandemens, voila le tout, c'est à dire toute la perfection de l'homme.

116. *Enquoy different la Crainte Initiale*
& la Charitable, puis que l'vne
& l'autre sont viues?

Comme le moins parfait du plus parfait, comme l'or ou l'argent espuré au septuple dans le creuset, à celuy qui sort de la carriere & qui est meslé de sa marcassité.

L'Initiale est comme l'aiglon dont la veuë est debile, qui clignotte quelquefois les yeux deuant les rayons du Soleil, & les rabat contre la terre : la Charitable est comme l'aigle genereux qui regarde fixement ce grand astre du iour.

Ne craindre que pour l'interest de Dieu, c'est craindre vrayment en bon enfant, qui a plus de peur de voir offenser son Pere, que de tout le mal qui luy pourroit arriuer.

117. *Quel mal peut arriuer à Dieu par nos pechez ?*

Il n'en peut arriuer aucun à sa gloire interieure & essentielle : mais l'exterieure en est deshonorée, & Dieu quittant l'ame qui tombe dans le peché capital perd les delices qu'il prenoit en elle : il perd encore l'vtilité d'honneur qu'il en receuoit, parce que la loüange diuine n'est pas specieuse en la bouche pecheresse.

Le pecheur est vn arbre sans fruit pour Dieu, vn seruiteur inutile, infidele & nuisible.

118. *Comme prouuez vous cela ?*

Par vne infinité de passages de l'Escriture, où Dieu se plaint d'estre abandonné par son peuple, qu'il ne tire de sa vigne, si laborieusement & soigneusement cultiuée, que des ronces au lieu de raisins.

Si le pecheur n'interessoit le bien exterieur de Dieu, Iesus Christ auroit il crié à Saul, ou trageant les fideles, ô Saul pourquoy est-ce que tu me persecutes?

119. *Et quel bien apporte à Dieu nostre Crainte Charitable?*

Elle apporte à son bien exterieur qui est sa gloire, des auantages Honorables, Vtiles & Delectables. Honorables, car elle nous porte à le loüer, adorer, benir. Vtiles, car elle nous rend seruiteurs vtiles de sa diuine Majesté, fait que par nous est augmenté le nombre de ses esleus, qui sont les enfans de sa gloire & de sa droitte. Delectables, dautant qu'il se delecte d'estre serui & honoré auec tremblement.

Soyez, dit-il, saisis d'effroy & d'estonnement deuant mon Sanctuaire.

120. *Quel sujet de crainte peuuent auoir dans le Ciel, les Bien-heureux?*

Leur Crainte Amoureuse, Respectueuse & Reuerentielle, tire son origine de la consideration, de la souueraine Infinité, Immensité, Majesté, Grandeur, Puissance, Sagesse, Bonté, Iustice, Misericorde, & autres excellences de Dieu, qui les oblige à imiter ces Seraphins du Prophete, qui replioient leurs aisles sur leurs pieds deuant le trosne de Dieu, comme disans par ceste action ceremonieuse & mystique:

Qu'ils sont incapables de cognoistre, de loüer, & d'honorer Dieu comme il merite de l'estre c'est à dire infiniment, & de l'aimer de mesme,

de la crainte de Dieu.

parce que leurs affections (dont les pieds sont le Symbole) ne sont pas infinies.

121. *Pouuons nous craindre Dieu de cette façon dés cette vie ?*

Ie ne voy pas que rien nous en puisse empescher sinon nostre malice, puisque la Foy nous enseigne & nous fait cognoistre assez suffisamment, quoy que sombrement & sobrement, les mesmes excellences de Dieu, que les Esleus voyent en leur plain iour.

Essayons de former ceste saincte & respectueuse crainte en nos cœurs, selon le modelle qui nous en est monstré sur la montagne celeste.

122. *De quel vsage sera donc la Crainte seruile ?*

Elle sera, selon la pensée de Sainct Augustin, comme l'aiguille auec laquelle on passe la soye dans vne estoffe, & que l'on oste quand l'ouurage est fait & la soye introduite. Car elle prepare les voyes à la Charité, laquelle estant entrée en l'ame, oste aussi tost à la Crainte sa seruilité. Selon ce qui est escrit.

Que la parfaite Charité met la Crainte dehors, comme Iacob poussa Esaü hors des flancs maternels.

123. *Et la Mercenaire ?*

De mesme elle sera comme la soye dont se sert le cordonnier, pour passer son fil dans son ouurage, car la crainte de perdre le Paradis pour noſtre intereſt, nous porte à celle de le perdre, de peur que Dieu ne ſoit priué des eternelles loüanges que nous luy rendrions.

C'eſt ainſi que nous deuons faire vſage de la Crainte mercenaire.

124. *Comment peut on puriſier l'vne & l'autre ?*

C'eſt en les jettant dans la fournaiſe du diuin Amour, dont les lampes ſont toutes de feu & de flame. Car tout ainſi que la foudre tombant ſur les animaux veneneux, leur oſte le venin & leur laiſſe la vie, auſſi la Charité ſuruenant en l'ame ſeruilement ou mercenairement craintiue, elle luy donne la vie de la grace, & luy oſte la craſſe de la ſeruilité & mercenaireté.

Elle luy oſte la crainte de la peine qui eſt touſjours effroyable & angoiſſeuſe, & luy laiſſe celle de la coulpe qui eſt amoureuſe, & par conſequent toute douce & toute ſuaue, car quand on aime on n'a point de peine, & ſi l'on en a c'eſt vne peine bien aimée.

126. *Mais la crainte Initiale n'apprehende t'elle pas la peine, auſſi bien que la ſeruile & mercenaire ?*

Oüi, mais d'vne maniere bien differente, car celle-cy viole l'ordre de la Charité, craignant premierement & principalement la peine : mais l'Initiale craint principalement la coulpe, & la peine ſeulement par acceſſoire

(S. Tho. 2. 2. q. 19. a. 2. ad 4.)
Prions Dieu qu'il nous preserue de ce desordre, & que de l'Initiale, il nous fasse faire progrés dans la pure & Amoureuse.

127. *Et quelle peut estre la crainte des parfaits puisque la parfaite Charité pousse dehors la crainte?*

C'est celle qui est toute détrempée & comme transformée en Amour : semblable à ce buisson ardant sans se consumer, qui faisoit voir à Moyse des espines toutes en feu, & vn feu remply d'espines.

La crainte de Dieu qui est Charité, par le motif de la Charité, pour le seul motif de la Charité, & selon la Charité, c'est à dire en l'Amour, par l'Amour, & pour l'Amour de Dieu est ceste belle & blanche colombe qui toute amoureuse : mais toute tremblante entre dans l'arche, & se sauue du deluge de la colere de Dieu.

128. *Expliquez vous plus clairement?*

En vn mot c'est celle qui ne craint que par le seul & pur interest de Dieu, crainte toute en l'Amour, pour l'Amour, par l'Amour, & d'Amour : Crainte toute parfaite, toute belle & sans tache, qui demeurera eternellement auec la Charité qui ne deffaut iamais.

O mon Ame, combien peu de ce pur or est en la terre, combien peu craignent Dieu de cette façon, que grande est l'ignorāce de cette sainte crainte.

129. *D'où procede cette ignorance?*

De ce que le feu du propre Interest nous aueugle & nous empesche de voir le Soleil de celuy de Dieu. Puisque tous craignent Dieu pour l'amour qu'ils se portent à eux mesmes, non pour celuy qu'ils deuroient porter à Dieu, on ne parle presque point de craindre la coulpe, on ne fait estat que de celle de la peine : rarement pense-t'on à craindre Dieu pour Dieu : beaucoup moins à l'interest de Dieu dans la crainte, de là vient ce change miserable qui fait prendre la crainte propre pour celle de Dieu.

Ainsi plusieurs par vn desordre étrange, mettent leur cœur pour le cœur de Dieu, c'est à dire leur interest en la place de celuy de Dieu, Dagon au lieu de l'arche, preferans les oignōs de l'Egypte à la manne, l'Idole au temple de Dieu, par vne prodigieuse abomination de desolation. O Dieu iugez nous, & discernez la cause de ceux qui ont vostre veritable crainte, de ceux qui ne l'ont que fainte, ne craignans que la peine non la coulpe, que pour leur peau & leur propre interest, non pour vostre Amour & vostre gloire.

130. *Quel remede à ce desordre?*

Puisqu'il prouient de l'amour desordonné de soy

de soy-mesme source de tout peché, (car la conuoitise est la racine de tout mal.) Amour qui fait que l'on termine sa crainte dans son interest propre. L'antidote est de r'entrer en l'ordre de la Charité, qui nous fera craindre Dieu pour Dieu, & pour son Amour, rapportans à son honneur tous nos interests, c'est en cela que consiste ce parfait renoncement de soy-mesme, qui fait le sommaire & le sommet de la perfection Euangelique. Cela est craindre Dieu, comme il faut purement, veritablement, sincerement, charitablement.

Qui voudra garder son ame en ce monde la perdra en l'autre, c'est à dire qui ne visera qu'à son propre interest icy bas, ne trouuerra pas de salut en l'autre vie. Mais quiconque perdra son ame en ce monde, renonçant entierement à toutes ses propres conuoitises, il la gardera pour l'autre, où il trouuera qu'vne mesure pleine, comble, abondante, respanchante, sera respanduë dans son sein.

131. *CONCLVSION.*

La Crainte Naturelle est indifferente, la Mondaine est mauuaise, la Seruile & la Mercenaire sont bonnes quoy qu'imparfaites, & incapables sans la Charité de iustifier l'ame & d'operer le salut. L'Initiale est bonne & vtile à salut, quoy que moins parfaite. La seule Crainte Amoureuse, Charitable, Saincte,

Chaste, Filiale, est parfaite, pure, & auantageuse pour le Salut.

Nettoyez nos cœurs, ô IESVS, de ces craintes impures & imparfaites, qui n'ont autre motif que nostre propre Amour: respandez y par vostre Charité ceste Crainte Chaste, Pure, & accomplie, qui fasse que nous vous craignions pour vostre gloire, & vostre honneur plutost que pour nostre interest propre. Ainsi nous vous craindrons par Amour, plus que nous ne vous aimerons par crainte.

O pur Amour, ô chaste Crainte
C'est vous qui rendez l'ame sainte:
O chaste Crainte, ô pur Amour
Possedez nos cœurs pour tousjour.

CATECHESE
X. DES SACREMENS.

SECTION I.
Des Sacremens en general.
I. ARTICLE.

Qu'est-ce que Sacrement?

'Est vn signe exterieur & sensible, d'vne grace diuine & interieure: institué par Iesus Christ, pour le culte & la gloire de Dieu, & la sanctification de nos ames.

Benissez le Seigneur Dieu de ces sources d'Israël, & puisez auec ioye dans les fontaines du Sauueur, & tirez en vostre salut du Seigneur, & la vie, & plus abondamment la vie.

2. *Est-ce là sa deffinition?*

Oüi: dans l'explication de laquelle nous cognoistrons ce qui est de la nature & de l'essence des Sacremens, qui sont des moyens excellens auec la Foy, l'Esperance, la Charité, & la

Nn ij

Iustice Chrestienne, pour arriuer à la fin que nous auons proposee au commencement de ce Catechisme.

Dieu soit glorifié qui nous donne des moyés si doux, si suaues, & si efficaces pour paruenir à nostre derniere fin, qui consiste en nostre vnion auec luy pour sa gloire.

3. *Qu'appelez vous vn signe?*

C'est vne chose qui en sa monstre exterieure, en denote vne autre, comme vn Embleme ou Symbole. Ainsi l'arc en Ciel fut donné de Dieu à Noé pour marque d'alliance.

O Dieu, vous auez mis en nous comme vn signe la lumiere de vostre beau visage, & nos cœurs en sont resjoüis.

4. *Combien y a t'il de sortes de signes?*

Trois: la 1. est de Commemoration, la 2. de Demonstration, la 3. de Pronostique. Le Sacrement est signe en toutes ces trois façons, car 1. il nous fait souuenir de la Passion de Iesus Christ, doù il tire son efficace. 2. il nous monstre la grace qu'il nous confere, procedante du merite du fils de Dieu. 3. & nous presage la gloire si nous perseuerons en la grace.

A raison dequoy l'Eglise chante sur le sujet du diuin & adorable Sacrement de l'autel, O sacré banquet auquel Iesus Christ est receu, la memoire de sa Passion renouuelée, l'ame remplie de grace, & le gage doné de la gloire future.

des Sacremens. 567

5. *Pourquoy appelez vous ce signe exterieur & sensible?*

Parce qu'il doit frapper les sens corporels, Dieu nous voulant faire cognoistre les choses inuisibles & spirituelles, par les visibles & corporelles.

Affin que nostre cœur, c'est à dire nostre ame, & nostre chair se resjouïsse au Dieu viuant qui est nostre salutaire, c'est à dire le salut de nostre face, & nostre vray Dieu.

6. *Belle pensée de S. Chrysostome.*

Si nous estions purement spirituels comme les Anges, Dieu nous communiqueroit sa grace d'vne maniere toute spirituelle, mais estans comme nous sommes composez d'esprit & de corps, pour s'accommoder à nostre nature, il nous confere sa grace par certaines actions corporelles, & certains symboles qui ont rapport par similitude, à l'effect que sa grace opere en nos ames. (*S. Chrysost. hom. 83. in Matth.*)

O mon ame, faisons cognoistre aux peuples les admirables intentions de Dieu.

7. *Donnez vn exemple de cela.*

L'eau du Sacrement de Baptesme, est le signe qui tesmoigne le nettoyement de l'ame.

C'est là le lauoir des oüailles, d'où elles sortent plus blanches que la neige.

8. *Quelle est la grace interieure & diuine?*

C'est vne qualité spirituelle & creée que

Nn iij

Dieu surnaturellement respand en l'ame, qu'il sanctifie & iustifie, appelée autrement infuse.

La Charité de Dieu (qui est reellement le mesme que la grace iustifiante) est respanduë en nos cœurs, par le S. Esprit qui nous est donné, dit Sainct Paul.

9. *Que veulent dire ces mots de la Deffinition, institué par Iesus Christ?*

C'est pour distinguer les Sacremens de la nouuelle Loy de ceux de l'ancienne, car bien que Dieu soit l'Autheur des vns & des autres, si est-ce que ceux de l'ancienne Loy n'ont eu que Moyse pour Promulgateur, & non Instituteur, mais IESVS a esté l'Autheur, l'Instituteur, & le Promulgateur de ceux de la nouuelle alliance.

Autrefois Dieu a parlé à nos Peres en diuerses manieres par les Prophetes, mais en fin il nous a parlé par son fils vnique I. C. N. S. lequel soit beny à iamais.

10. *Pour le Culte & la Gloire de Dieu?*

C'est la fin premiere, principale, & souueraine de l'institution des Sacremens, qui leur est commune auec toutes les choses creées, que Dieu a toutes faites pour soy-mesme, estant leur derniere fin necessaire, comme il est leur premier principe.

Ie suis l'Alpha, & l'Omega, le commencement & la fin de toutes choses, dit le Seigneur

Tout-puissant.

11. *Il y a à la fin de la Description, & pour la sanctification de nos ames.*

Oüi, car les Sacremens sont des vaisseaux qui contiennent la grace & la sainteté, que Dieu respand dans les ames de ceux qui n'y mettent point d'obstacle, par leurs indispositions.

Ce sont ces canaux, dont il est parlé aux Cantiques, par lesquels la grace de la iustification découle dans nos cœurs.

12. *Pourquoy les Sacremens sont ils instituez?*

Pour plusieurs causes remarquées par les Theologiens, la 1. pour seruir de medecines côtre les pechez qui sont les maladies de l'ame.

C'est la probatique piscine remuée par l'Ange du grand conseil, où se trouue la guerison de toutes les infirmitez spirituelles, c'est l'huile & le vin du bon Samaritain.

13. *La Seconde.*

Pour seruir de signes & de tesmoignages de la bonne volonté de Dieu enuers nous, qui a mis entre nos mains des instrumens si faciles & si efficaces, de sa grace & de sa bonté.

O Dieu que vous rendrons nous pour tant de biens, nous prendrons le calice de vostre salutaire, & nous inuoquerons vostre saint nom.

14. *La Troisiesme.*

Pour estre autant de marques & de signes de

l'vnion des fidelles entr'eux, laquelle se remarque en l'vsage & participation des mesmes Sacremens.

Les fidelles, dit le Prophete, se multiplient, par le fruict du froment, du vin, & de l'huile.

15. *La Quatriesme.*

Pour faire par leur reception, vne profession & protestation publique de nostre Foy, ce qui est d'edification à l'Eglise, & vne bonne odeur en Iesus Christ, odeur de vie à la vie.

Sainct Paul (*Rom.* 10.) on croit de cœur pour estre iustifié, mais on confesse de bouche pour auoir le salut.

16. *La Cinquiesme.*

Pour nous humilier, nous faisant rechercher la grace diuine en des elemens sensibles, que nous auons quittée pour adherer aux creatures.

Ce qui est trancher la teste au Goliath de l'orgueil auec son propre glaiue.

17. *Les Sacremens sont ils necessaires?*

Si l'homme fust demeuré en l'estat d'innocence auquel il auoit esté creé, il n'eust pas eu besoin de Sacremens pour se conseruer en grace, & pour arriuer à la gloire, mais sa cheute & son infirmité luy rendent ces remedes necessaires. (S *Tho.* 3. *q.* 61.)

Guerissez moy Seigneur, & ie seray guery, sauuez moy & ie seray sauué, car vous estes ma loüange, & toute ma gloire, c'est vous qui me

des Sacremens.

relevez le courage (*Ierem.* 17.)

18. *Y a t'il de la difference entre les Sacremens de l'ancienne Loy, & ceux de la nouuelle ?*

Autant que de la figure à la verité, car la Loy n'auoit que l'ombre des choses à venir: à raison dequoy S. Paul appelle ceux-là des eslemens debiles & pauures (*Galat.* 4.)

Remerciez Dieu de vous auoir fait naistre sous vne Loy, qui vous donne le corps, dont les precedentes n'auoient que l'Image.

19. *Dittes quelque difference.*

Il y en a plusieurs, mais la principale est que les Sacremens de l'ancienne Loy ne côferoient pas la grace iustifiante, mais seulement la presiguroient & la promettoient, mais ceux de la nouuelle la respandent dans les ames, qui ne mettent point d'empeschement à leur operation.

C'est par là Seigneur, que vous nous monstrez vostre misericorde, & que vous nous donnez vostre salutaire.

20. *Combien y a t'il de Sacremens ?*

Il y en a sept. 1. le Baptesme. 2. la Confirmatiõ. 3. l'Eucharistie. 4. la Penitence. 5 l'Extréme Onction. 6. l'Ordre. 7. le Mariage. Figurez par le grand chandelier à sept lampes aromatiques, qui esclairoit deuant le tabernacle.

Priez Dieu que par leur bon vſage vous ayez part à ſes lumieres, & aux ardeurs de ſon diuin Amour.

21. *Quel eſt leur ordre ?*

Celuy que nous auons marqué en l'article qui precede. Le Bapteſme eſt le 1. par l'ordre de nature, car il eſt la porte de tous les autres, & ſans lequel on n'eſt point enfant de l'Egliſe, ny membre du corps de Ieſus Chriſt. La Confirmation le 2. parce que c'eſt vne ratification du Bapteſme, & vn affermiſſement en la Foy que l'on y a receuë & proteſtée. Le 3. l'Euchariſtie, d'autant qu'elle ne ſe communiquoit autrefois qu'à ceux qui auoient receu le S. Eſprit par la Confirmation. La Penitence le 4. pour releuer ceux qui eſtoient tombez dans le peché. Le 5. l'Extréme Onction pour fortifier les malades au dernier paſſage, ou les guerir. Le 6. l'Ordre pour pouruoir d'Officiers à l'Egliſe. Le 7. le Mariage pour la legitime propagation de l'eſpece humaine.

Reſpectez cét ordre naturel, dans ces remedes ſalutaires.

22. *Ie demande l'ordre ou le rang de leur dignité ou preeminence.*

Il n'y a point de difficulté que Ieſus Chriſt eſtant reellement & ſubſtantiellement preſent en l'Euchariſtie, cét adorable Sacremét ne ſoit entre les autres, comme le Soleil entre les Planettes, aufquelles il communique toute la lumiere qui refide en luy, comme en la fource.

O Iesvs, adorable au treffainct Sacrement, vous eftes la lumiere du monde, Soleil d'Orient, Orient d'enhaut, lumiere de lumiere, fplendeur & candeur de la lumiere eternelle, de vous tous les autres Sacremens tirent leur vertu : ils reçoiuent tous de voftre plenitude.

23. *Mais quel eft le rang des autres ?*

Ils ont tous quelques prerogatiues fpeciales : le Baptefme au regard de la neceffité abfoluë : la Confirmation au regard de la perfection : la Penitence au regard de l'vtilité : l'Extreme Onction pour l'extremité : l'Ordre pour la puiffance & l'auctorité : le Mariage au regard de fa fignification, car il reprefente l'vnion de Iefus Chrift auec l'Eglife, & de l'ame auec Dieu.

Honorez les tous pour ces refpects, & principalement parce qu'ils fe terminent tous en la gloire de Dieu, comme les lignes en leur centre, & les moyens en leur fin.

24. *Sont ils tous neceffaires de neceffité abfoluë ?*

Non : il n'y a que le Baptefme qui le foit au regard de tous, car fans luy nul ne verra Dieu, l'Ordre au regard de l'Eglife dont le corps ne peut fubfifter fans Preftres & fans Pafteurs, la

Penitence à ceux qui sont tombez dans le peché capital, les autres ne sont pas necessaires de necessité si precise, sinon autant qu'ils sont vtiles à l'effect du salut (S. Tho. 3. q. 65. a. 4.)

25. *Quelles choses sont les plus considerables au sujet des Sacremens?*

Il y en a neuf. La 1. la Nature ou deffinition du Sacrement. 2. la Matiere. 3. la Forme. 4. l'Administrant. 5. celuy qui le reçoit. 6. l'intention. 7. la disposition. 8. les effects. 9. les ceremonies. C'est ce que nous considererons en détail sur chaque Sacrement.

Demandez à Dieu la lumiere qui vous est necessaire, pour penetrer ces mysteres, & luy dites qu'il vous instruise en la voye de ses iustifications.

SECTION II.

Du Baptesme.

ARTICLE I.

Qu'est-ce que Baptesme?

C'Est vn Sacrement par lequel nous sommes regenerez par l'eau, & la parole de vie, & faits membres mystiques du corps de Iesus Christ qui est son Eglise.

S. Paul (*Tit. 3.*) nous sommes sauuez par le lauement de regeneration & de renouuellement du S. Esprit, que Dieu respand abondam-

des Sacremens.

ment par Iesus Christ nostre Sauueur, affin que iustifiez par sa grace, nous soyons heritiers en esperance de la vie eternelle.

2. *Est il necessaire à salut?*

Ouï: & de necessité absoluë, car quiconque ne sera rené de l'eau & du S. Esprit, n'entrera point au Royaume de Dieu.

Remerciez Dieu de ce grand bienfait, qui vous donne accés a la gloire du Royaume, qui n'aura point de fin.

3. *Se peut il reïterer?*

Non: car comme nous ne pouuons naistre qu'vne fois, nous ne pouuons aussi renaistre qu'vne fois.

C'est pour cela que nous disons au Symbole, Ie confesse vn seul Baptesme en la remission des pechez. Rejettez & detestez toutes sectes & opinions contraires.

4. *Quelle est la matiere de ce Sacrement?*

L'eau pure & naturelle, non l'artificielle.

O Dieu lauez moy tousjours plus de mon iniquité, & me nettoyez de mes pechez par vostre grace, qui est l'eau de la sagesse salutaire.

5. *La forme.*

Ces paroles. Ie te baptize au nom du Pere, du Fils, & du S. Esprit. Ceste parole jointe à l'element, accomplit ce Sacrement.

O Seigneur Iesvs, vous auez vrayment les paroles de vie, & de vie eternelle. Parlez mon Sauueur & voyla mon ame guerie.

6.   *Quel est l'Administrant?*

Le Prestre hors le cas de necessité, en ce cas tout homme Laïque, mesme vne femme s'il n'y a point d'homme, le peut administrer.

Vous soyez beny ô Dieu, qui auez donné tant de facilité à vne si grande necessité, ainsi vous confirmez sur nous vostre misericorde.

7.   *Qui le peut receuoir?*

Toute creature viuante qui a le peché originel : soit enfant, soit adulte, ou ayant l'vsage de raison. Car tous sont obligez à receuoir ce Sacrement, sous peine de damnation.

Loüez Dieu, qui vous a fait par ce mystere du nombre de ses enfans, & vous a donné droit à l'heritage de vie, gardez d'en deschoir par vostre preuarication.

8.   *Quelle intention est requise?*

En celuy qui l'administre celle au moins de ce que l'Eglise fait en telle occurrence : Aux enfans qui n'ont pas l'vsage de raison, l'intention n'est pas desirée, quoy qu'elle soit representée par le parrain & la marraine, quand il est baptizé solemnellement à la face de l'Eglise : En l'adulte, il faut qu'il ait volonté d'estre baptizé, sans cela il ne reçoit point le Sacrement.

Pesez l'importance de l'intention, puisqu'elle est l'ame de l'œuure bonne ou mauuaise, c'est cela que Dieu void & considere.

des Sacremens.

9. *Quelle disposition est necessaire?*

Il n'en faut point aux enfans qui n'en sont pas capables, n'ayans pas l'vsage de la raison, mais à ceux qui l'ont, il en faut trois. 1. l'intention. 2. la Foy. 3. & vn desplaisir, quoy qu'imparfait ou d'atrition d'auoir offensé Dieu. Le deffaut de la 1. fait que l'on ne reçoit point le Baptesme, le manquement des deux autres n'empeschant que la reception de la grace du Sacrement, non pas l'impression du caractere.

O Dieu preseruez nous de toute malignité qui fasse opposition à vostre grace, soyons sans malice comme des enfans nouuellement nez, ceux-cy reçoiuent, & le sacrement, & la grace baptismale, d'autant qu'ils n'y mettent aucun obstacle.

10. *Quels sont les effects du Baptesme?*

Le 1. il efface la coulpe originelle. 2. & l'actuelle encor si l'adulte qui le reçoit en a commis. 3. il remet toute peine auec la coulpe, sans qu'il soit besoin de confesser celle-cy, ou bien d'en auoir le repentir.

C'est l'aspersion d'hyssope predite par le Prophete, qui nous laue & nous rend plus blancs que la nege.

11. *N'y a t'il point d'autre effect?*

Il imprime encor vn caractere en l'ame du baptizé qui est inefaçable, & qui le discerne pour jamais de ceux qui ne l'auront pas esté.

O Seigneur, mettez vous comme vn cachet, & vn signe, sur mon cœur, & sur mon bras, sur mes pensées, & sur mes actions.

12. *Que dittes vous des ceremonies qui se pratiquent en l'administration de ce Sacrement?*

Qu'elles sont de sa decence, non pas de son essence, quoy que ce fust tres mal fait de les obmettre hors le cas de necessité, car les ceremonies sont comme l'escorce qui conserue la moëlle de l'arbre de la Religion.

Laquelle est ceste Reine de la droite de Dieu, vestuë de brocatel, recouuert d'vne riche broderie bien diuersifiée.

13. *Expliquez les.*

Ce seroit vne trop longue entreprise, il suffira de les nommer, la 1. est le Catechisme ou Instruction. 2. l'Exorcisme. 3. l'onction de l'huile des Catechumenes. 4. celle du S. Cresme. 5. le sel. 6. la saliue. 7. le cresmeau. 8. le cierge. 9. les Parrain & Marraine. Toutes ces choses ont des significations mystiques, qui rendent venerable l'administration de ce Sacrement, qui est la porte du salut.

O fille du Prince, ô Eglise sainte, que tes pieds sont beaux en leurs chaussures, que ton procedé en tes ceremonies est plein de respect & digne d'honneur.

Y a t'il

des Sacremens.

14. *Y a t'il point quelqu'autre sorte de Baptesme, que celuy de l'eau?*

Les Docteurs en remarquent deux autres, celuy du sang par le martyre, & celuy de l'esprit repentant du cœur contrit & abbatu.

Il semble que S. Iean y ait esgard, quand il dit, que trois rendent tesmoignage au Ciel, le Pere, le Verbe, & le S. Esprit, & trois en terre, l'Esprit, l'Eau, & le Sang.

SECTION III.

De la Confirmation.

ARTICLE I.

Qu'est-ce que Confirmation?

LE nom signifie fort proprement la chose, C'est vn Sacrement par lequel nous sommes confirmez, c'est à dire affermis en la Foy de nostre Baptesme.

O Dieu confirmez en nous ce que vous y auez operé, dans vostre Sainct Temple de la Ierusalem de vostre Eglise.

2. *Quelle en est la matiere?*

Le Sainct Cresme composé de baûme, & d'huile d'oliue, consacré par l'Euesque.

La personne qui reçoit ce Sacrement comme il faut, & qui est affermie dans la grace, est renié comme vn baûme aromatique & odorant deuant Dieu, & deuant les hommes.

3. *La forme.*

Elle consiste en ces paroles que l'Euesque prononce, en appliquant le cresme en forme de Croix au front du côfirmé. Ie te signe du signe de la Croix, & te confirme du cresme de salut, au nom du Pere, du Fils, & du Sainct Esprit. Amen.

O Iesvs, vostre croix imprimée sur mon front, m'apprend à ne rougir point de l'Euangile, qui est la vertu de Dieu, à salut à tous croyans.

4. *L'Administrant.*

C'est l'Euesque: lequel comme successeur des Apostres, donne le Sainct Esprit par l'imposition de ses mains.

O Dieu rendez moy la ioye de vostre salutaire, & me confirmez de vostre esprit principal.

5. *Celuy qui reçoit la Confirmation.*

C'est tout Chrestien baptizé de quelque sexe qu'il soit, car le non baptizé n'est pas capable de le receuoir, ne pouuant estre affermy en vne Foy qu'il n'a pas protestée & receuë au Baptesme.

O Dieu vostre misericorde est confirmée sur nous, & vostre verité demeure eternellement.

6. *L'Intention.*

Celle de l'Euesque Administrant est entie-

des Sacremens.

rement necessaire pour la validité du Sacrement, & celle du Receuant pour estre fait participant de la grace qu'il influë.

En vous Seigneur sont mes vœux, quelles loüanges vous rendray-je?

7. *La Disposition.*

Et celuy qui l'Administre, & celuy qui le reçoit doiuent estre en estat de grace, autrement ils pechent, l'vn le donnant, l'autre le receuant en estat de peché mortel, quoy que le Sacrement tienne, mais le Receuant n'en tire pas la grace, par l'obstacle qu'il y met par son indisposition, & l'Administrant fait mal de traicter vne chose sacrée auec vne conscience impure.

Il faut traicter les choses saintes saintement. Soyez saincts, comme ie suis Sainct, dit le Seigneur.

8. *Est-il necessaire de se confesser pour receuoir ce Sacrement?*

Ouï; si l'on est en estat de peché mortel: ou du moins de faire vn acte de contrition, auec propos de se confesser à la premiere commodité.

Si deuant l'oraison il faut préparer son ame, de peur de tenter Dieu, combien plus auant la reception d'vn Sacrement.

9. *Quels sont les effects?*

Le 1. de nous affermir en la Foy. 2. il nous

O o ij

donne le courage de la protester & soustenir publiquement. 3. il nous fortifie contre les tentations contraires à la Charité. 4. il conserue & augmente la grace iustifiante. 5. il imprime en l'ame vn caractere indeleble. 6. il nous rend plainement Chrestiens, non pas de plenitude de suffisance, laquelle se trouue au Baptesme, mais de plenitude d'abondance.

Bien-heureux le peuple qui a toutes ces choses, bien-heureux celuy de qui le Seigneur est Dieu.

10. *Quelles sont les ceremonies ?*

1. L'Euesque est reuestu Pontificalement & bien assisté. 2. il impose les mains. 3. le confirmé est à genoux. 4. assisté d'vn parrain ou d'vne marraine. 5. aprés l'onction & les paroles qui font la matiere & la forme, il reçoit vn touchement des doigts de l'Euesque sur la jouë, qui est vne espece de soufflet, ou plutost de carresse paternelle. 6. à la fin on lie le front d'vn bandeau, affin que le cresme se seche sans que l'on y touche. Tout cela est mysterieux, mais ce n'est pas icy le lieu de l'expliquer.

Que le soldat de Iesus Christ separe de ces liurées, patience, humilité, Croix, souffrances, ce sont là les armes de nostre milice.

SECTION IV.

De l'Eucharistie.

ARTICLE I.

Qu'est-ce que l'Eucharistie?

C'Est le Roy & le Soleil des Sacremens, par lequel nous est reellement & substantiellement communiqué le corps & le sang de I. C. N. S. sous les especes du pain & du vin, dont la substance a esté changée en la chair & au sang du Sauueur, par les paroles de la consecration.

Adorez la benignité & l'humanité de IESVS enuers nous, qui a daigné nous donner sa chair en viande, & son sang pour breuuage, affin qu'il demeurast en nous & nous en luy.

2. *La Matiere.*

C'est le pain & le vin, & pain de froment non d'autre chose, & vin exprimé de grappes de vigne, non d'autre liqueur, l'vn & l'autre sain, & sans alteration.

Le pain que nous benissons dit l'Apostre, n'est-ce pas la communication du corps de Iesus Christ, & le calice celle de son sang?

3. *La forme.*

Ce sont les paroles de la consecration. Cecy

est mon corps, cecy est mon sang, paroles non seulement enonciatiues, mais effectiues.

Paroles d'esprit & de vie, qui proferées par celuy qui en a la puissance de la part de Dieu, font ce qu'elles disent. Le Sauueur disant, le pain que ie donneray, c'est ma chair, pour la vie du monde.

4. *L'Administrant.*

C'est le Prestre seul qui peut, & consacrer, & administrer ce diuin mystere.

Benissez Dieu qui a donné vne telle puissance aux hommes, & adorez la bonté de I. C. qui se rend obeissant à la voix de l'homme, comme le Soleil à celle de Iosué.

5. *Le Receuant.*

Toutes sortes de personnes le peuuent receuoir, les bons & les mauuais, ceux là à leur salut, ceux-cy à leur condamnation. Les fideles, & les infideles, ceux-là reçoiuent le Sacrement & la grace, ceux-cy le Sacrement sans la grace, & sans sçauoir ce qu'ils font : les Errans ne recoiuent, ny le Sacrement, ny la grace, car ils ne consacrent pas ; leur communion estant vn vray phantosme.

Gardez que ceste table sacrée où est distribué en l'Eglise le pain de vie, le pain vif & viuifiant descendu du Ciel pour la vie du monde, par vostre indisposition, ne vous deuienne vn piege, vn scandale, & vn iugement qui

des Sacremens.

vous condamne.

6. *L'Intention.*

Elle est necessaire au Prestre qui consacre, autrement il ne fait rien, & le corps de Iesus Christ ne se rend pas present, en vertu des paroles seules proferées sans intention de consacrer. Il n'en est pas ainsi de celle du Receuant, car soit qu'il ait l'intention bonne, mauuaise, ou nulle, il ne laisse pas de receuoir le Sacrement, mais non pas la grace qui l'accōpagne, si outre la bonne intention il n'est bien disposé.

C'est pourquoy, dit S. Paul, que l'homme s'espreuue, & mange estant bien esprouué, de ce pain celeste, car celuy qui le mange indignement reçoit sa condamnation, ne discernant pas le corps du Seigneur, caché sous les saintes especes.

7. *La Disposition.*

Tant l'Administrant que le receuant doiuent estre en estat de grace, car c'est la viande des viuans, non des morts.

Il est de vie pour les bons, dit S. Thomas, & de mort pour les mauuais, que les effects sont differens d'vne mesme reception.

8. *Les Effects.*

Ils sont sans nombre, car il comprend en soy l'Autheur de la grace, de sorte que la grace de Dieu y est goustée & puisée en sa source, quia Iesus Christ, comment en luy n'a il toutes

O o iiij

choses; nous auons tous receu de sa plenitude, & il est plein de grace & de verité.

Le Pere eternel ayant mis & caché en luy tous les tresors de sa science & de sa sagesse.

9. *Dittes en quelques vns.*

Les deux principaux sont 1. de conseruer. 2. d'augmenter en nous la grace, qui est la semence de la gloire.

Qui mange ma chair, & boit mon sang, il a la vie eternelle, il a le Royaume du Ciel en soy, il a la vie, & plus abondamment la vie, c'est à dire surabondamment & auec excés.

10. *Ce diuin Sacrement n'est-il pas aussi Sacrifice ?*

Ouï: & sacrifice des sacrifices, qui doit durer iusques à la consommation du monde: Sacrifice non sanglant, sacrifice expiatoire & propitiatoire pour les viuans, & pour les morts qui sont en purgatoire, sacrifice adorable, l'accomplissement de tous les sacrifices anciens, & le grand sacrifice de l'Eglise, & de la Religion Chrestienne.

O Sacrifice incomparable, ie sacrifie & mon corps & mon ame, à vostre culte supreme, à vostre souueraine adoration. Venez adorons, & nous prosternons deuant ce Sacrement & Sacrifice esmerueillable, & luy offrons les parfuns de nos honneurs & de nos loüanges.

Quelles sont les ceremonies ?

des Sacremens. 587

L'Eglise les a ordonnées autant venerables & celebres qu'elle a pû trouuer, pour décorer cét Auguste & diuin Mystere, soit en la celebration de la Saincte Messe, soit en la distribution de la Saincte Eucharistie, par les tables sacrées.

Si Dieu vouloit qu'en l'ancienne Loy on fust saisi d'estonnement, & de respect deuant le Sanctuaire, qui n'estoit que l'ombre & la figure, que deuons nous faire deuant la realité, nos irreuerences sont des marques de nostre peu de Foy.

12. *Dittes en quelques vnes.*

Tout parle dans la celebration du tres-auguste Sacrement & Sacrifice de l'Autel, les habillemens sacrez du Prestre sont representatifs de la Passion du Fils de Dieu. 1. l'aube de la robe blanche qui luy fut donnée chez Herodes. 2. l'amict du voile dont on luy couurit la face. 3. la couronne du Prestre de celle d'espines. 4. l'estole, le manipule, la ceinture, des liens dont il fut garroté. 5. la chasuble de la Croix, qu'il porta sur ses espaules. 6. l'Autel represente le Caluaire. 7. le corporal, le suaire où il fut enseuely. 8. le calice, le tombeau.

Honorez ces ceremonies mystiques instituées pour la reuerence de ce mystere sacré, & pour exciter la deuotions aux assistans.

13. *Dittes quelque chose des parties de la saincte Messe.*

C'est comme vn abbregé de la vie, Mort, Passion, Resurrection, Ascension du Fils de Dieu, & des principaux mysteres de nostre redemption. 1. la preparation par le Pseaume, & la Confession represente les desirs & les souhaits de la venuë du Messie, faits par les Patriarches & Prophetes. 2. l'Introite nous monstre l'Annonciation faite par l'Ange à la Sainte Vierge. 3. le *Kyrie eleison*, l'attente de la naissance de Iesus Christ. 4. le Cantique des Anges, *Gloria in excelsis*, la ioye de la naissance du Sauueur. 5. l'Oraison qui suit, sa Circoncision, l'adoration des Roys, & la presentation de IESVS au Temple. 6. l'Epistre, la Predication de Sainct Iean Baptiste. 7. le Graduel, la conuersion des peuples à la Predication de Sainct Iean. 8. l'Euangile, la Predication de Nostre Seigneur. 9. les cierges allumez, que par sa publication il a illuminé ceux qui estoient dans les tenebres, & dans la region de l'ombre de mort.

Honorez tout cela, & en tirez diuerses affections.

14. *Continuez.*

10. Le Symbole, est la marque de l'vnion des Apostres & Disciples à la suitte du Sauueur. 11. l'Offertoire represéte le don qu'ils luy font

des Sacremens. 589

de tout leur estre. 12. l'oraison secrette figure les secrettes menées des Iuifs contre IESVS, pour le faire mourir. 13. la Preface qui se termine par *l'ozanna*. represente le Triomphe des palmes. 14. les secrettes prieres qui suiuent monstrent la prise & les souffrances de Iesus Christ, durant la nuict de sa Passion. 15. l'Eleuation de l'Hostie declare son exaltation en la Croix.

Faites là vne pause, & tirez de saints enseignemens de tout cela.

15.   *Acheuez.*

16. le *Pater noster*, represente les paroles de Nostre Seigneur en la Croix. 17. la fraction de l'hostie, le coup de lance. 18. l'*Agnus Dei*, les larmes & la pieté de ceux qui destacherent le corps de Iesus Christ de la Croix. 19. la Communion, sa sepulture. 20. la Postcommunion, sa Resurrection. 21. l'*Ite Missa est*, son Ascension. 22. la Benediction du Prestre, la descente du Sainct Esprit. 23. l'Euangile qui se dit à la fin, la Predication des Apostres, par laquelle ils firent retentir l'Euangile par toute la terre.

Tout cela vous peut fournir vn grand entretien, en plusieurs bons sentimens de pieté.

SECTION V.

De la Penitence.

ARTICLE I.

Qu'est-ce que Penitence ?

C'Est vn Sacrement par lequel nous receuons la remission des pechez, commis aprés le Baptesme.

Rendez graces à la misericorde de Dieu, qui vous a fourny ceste seconde table aprés le naufrage

  2.   *La Matiere.*

Ce sont les actes du penitent, par lesquels il deteste souuerainement ses pechez, & s'en accuse.

O Seigneur, disoit ce Roy des Penitens, ie cognois mon iniquité, & mon peché est tousjours contre moy.

  3.   *La forme.*

Ce sont ces paroles du Prestre, Ie t'absous de tes pechez au nom du Pere, du Fils, & du Sainct Esprit.

Nostre Seigneur luy a donné ceste puissance, disant, les pechez que vous remettrez serōt remis, & retenus ceux que vous retiendrez. (*Iean* 20.)

des Sacremens. 591

4. *L'Administrant.*

C'est le Prestre qui a la clef, c'est à dire la Iurisdiction & l'auctorité.

Reuerez cesté puissance & cesté auctorité Diuine, mise entre les mains des oingts du Seigneur, que l'on peut à ce sujet appeler des Dieux, & enfans du Tres haut, comme Moyse est appelé le Dieu de Pharaon.

5. *Celuy qui le reçoit.*

C'est celuy qui est en estat de peché, & qui y est tombé depuis son Baptesme.

Le Sacrement est vne source ouuerte en la maison de Iacob, la saincte Eglise, (hors laquelle il n'y a ny salut, ny remission des pechez) pour la purgation du pecheur, & de la personne souillée.

6. *Quelles sont les parties de ce Sacrement?*

Il y en a trois qui composent son integrité, c'est à dire, qui y sont necessairement requises: Elles s'appellent. 1. Contrition. 2. Confession. 3. Satisfaction.

Pesez bien ceste doctrine si importante pour le salut, & la purgation de l'ame.

7. *Qu'est-ce que contrition?*

C'est vne detestation souueraine du peché commis, entant que Dieu en est offensé: auec vn ferme propos de n'y retourner plus, de s'en confesser, & de garder les commandemens de

Dieu à l'auenir. Vous voyez qu'elle a deux faces, d'vn costé elle nous fait haïr le peché sur tout ce qui est haïssable, & de l'autre à aimer Dieu sur toutes choses, pour l'amour de luy mesme.

Cét acte surnaturel qui est vn precieux don de Dieu, nous remet en grace auec luy, combien le deuez vous estimer, puisque c'est la porte de la iustification.

8. *Qu'appelez-vous Attrition?*

Vne contrition imparfaite qui a pour motif nostre interest, au lieu que la contrition regarde l'interest de Dieu offensé: la bonté de Dieu & sa misericorde est tellement magnifiée en ce Sacrement, que celuy qui en approche auec ceste repentance imparfaite, en vertu de l'absolution il reçoit la parfaite, & d'attrit il deuient contrit.

O Dieu, dont les misericordes sont sans nombre, que benie soit à iamais vostre incomparable douceur.

9. *Qu'est-ce que Confession?*

C'est l'accusation de ses fautes aux oreilles du Prestre, qui a le pouuoir de nous absoudre.

O Dieu, i'ay dit que ie confesseray mon peché contre moy mesme, & vous m'en ferez la remission.

10. *Et la Satisfaction?*

C'est vne peine volontairement prise pour

des Sacremens. 593

reparer en quelque façon l'offense passée, remise quant à la coulpe & la peine eternelle.

O Dieu ie vous sacrifieray volontairement, & ie confesseray vostre sainct Nom, car c'est vne chose bonne.

11. *Quelles sont les œuures satisfactoires?*

On les reduit communément à trois chefs, Oraisons, Ieusnes, & Aumosnes, rangeant sous l'Oraison toutes les bonnes actions de l'esprit, sous le Ieusne celles du corps, sous l'Aumosne, celles qui regardent le bon vsage des biens exterieurs. Bonne est l'Oraison, auec le Ieusne & l'Aumosne, disoit Tobie.

Ce sont ces fruits dignes de Penitence, tant recommandez en l'Euangile.

12. *Quels sont les effects du Sacrement de Penitence?*

La 1. la remission & expulsion du peché actuel tant mortel que veniel. 2. l'infusion de la grace. 3. force pour resister aux tentations. 4. & pour auancer en la voye de Dieu.

Faites Penitence, c'est elle qui met en nous le Royaume de Dieu.

13. *L'Intention.*

Le Prestre doit auoir intention d'absoudre, & le Penitent de receuoir l'absolution, autrement il mettroit obstacle à l'effect du Sacrement.

Venez Seigneur, & ne tardez point, & relaschez les fautes de ceux qui se repentent, se confessent de leurs pechez, & s'humilient sous vostre main puissante.

14.   Les ceremonies.

1. Le Prestre y est assis sur le tribunal en qualité de Iuge. 2. il est reuestu & couuert, ce qui est de la decence. 3. le Penitent est à genoux, & teste nuë si c'est vn homme, & en posture de criminel. 4. l'imposition des mains sacerdotales, quoy qu'elle ne soit pas de l'essence, mais de la bienseance. 5. le Penitent frappe sa poitrine. 6. le Prestre le benit en luy donnant l'absolution.

Que de bonnes instructions nous presentent ces actions exterieures : que d'edification. Pensez à l'action du Penitent Publicain.

SECTION VI.

De l'Extreme onction.

ARTICLE I.

Qu'est-ce qu'Extreme onction ?

C'Est vn Sacrement par lequel les malades qui sont en danger de mort, sont oingts par les Prestres en certains lieux de leurs corps, en vertu duquel les restes de leurs pechez sont effacez, & ils sont fortifiez en leurs maladies.

Benissez

des Sacremens.

Benissez Dieu qui est propice à toutes nos iniquitez, & qui guerit toutes nos infirmitez.

2. *La Matiere.*

C'est de l'huile d'oliue, benie & consacrée par l'Euesque.

Pensez à la Bonté de Dieu, qui verse ce remede dans nos playes interieures, par le ministere de ceux qu'il a deputez à ces diuins offices.

3. *La forme.*

Elle consiste en ces mots. Par ceste saincte Onction, & par sa tres-pitoyable misericorde, Dieu vous pardonne les fautes que vous auez cōmises par la veuë: & ainsi des autres endroits que l'on oingt, qui sont les yeux, les oreilles, la bouche, les narines, les pieds, & les mains.

Venerez ces saintes paroles, ausquelles jointes à la matiere Dieu donne tant d'efficace.

4. *L'Administrant.*

C'est le Prestre, car cét office ne peut estre rendu par vn Diacre.

Que cela vous imprime vne grande reuerence au caractere sacerdotal.

5. *Celuy qui le reçoit.*

Il faut que ce soit celuy qui est malade d'vne maladie qui est iugée dangereuse & menacer de mort.

S. Iacques exprime tout cela (5.) Quelqu'vn est il malade entre vous, qu'il fasse venir les Prestres de l'Eglise, qu'ils prient sur luy,

P p

l'oignans d'huile au nom du Seigneur: & l'oraison du fidelle le sauuera & le soulagera, & s'il est en peché il en aura la remission.

6. *Pourquoy ne donne t'on ce Sacrement à ceux qui sont condamnez à la mort par la Iustice?*

Parce qu'ils ne sont pas malades, & qu'ils n'ont aucun espoir de reschaper, & de demeurer en vie.

Honorez la Prudence de l'Eglise en la dispensation de ses mysteres.

7. *L'Intention.*

Celle du ministre est requise, & aussi celle du Receuant s'il veut joüir de l'effect & de la Grace Sacramentelle.

Heureux ceux qui le demandent auec vn iugement sain, & le reçoiuent auec pieté.

8. *La Disposition.*

Le Receuant doit estre en estat de Grace, & confessé, car ce Sacrement est à celuy de Penitence, ce que la Confirmation à celuy du Baptesme, & il efface les restes des pechez non confessez, par oubly & sans malice.

Heureux celuy qui se dispose par ces sacrez moyens au iugement de Dieu.

9. *Les Effects.*

1. Est de remettre les restes des pechez oubliez. 2. de soulager le malade en ses douleurs. 3. de le fortifier au dernier passage contre les

des Sacremens. 597

assauts des ennemis inuisibles, d'autant plus puissans qu'ils se voyent auoir peu de temps de reste. 4. d'auancer la guerison si Dieu le iuge expedient.

Remerciez Dieu, riche en misericordes qui les respand si abondammét sur les miserables.

10.   *Les Ceremonies.*

1. Le Prestre est reuestu d'ornemens decens. 2. il est assisté & accompagné. 3. on allume des cierges. 4. le malade s'incline autant qu'il peut. 5. les assistans se mettent à genoux & en prieres. 6. le Prestre fait son ministere auec respect & attention. 7. exhorte, & benit le malade & toute l'assistance.

Entrez dans les bons sentimens qui naissent de ce triste & funeste spectacle.

11. *Pourquoy appelle-t on cette Onction Extreme.*

Ce n'est pas tát parce qu'elle ne se donne que quand on est en d'extremes maux, qu'a cause que le peril nous fait voir comme les extremitez de nostre vie, mais principalement parce que c'est en rang la derniere des Onctions sacramentelles, la 1. estant au Baptesme, la 2. en la Cofirmation, la 3. en la Prestrise.

Priez Dieu qu'il vous donne vne mort semblable à celles des Iustes, qui meurent en sa grace pour reuiure eternellement en luy, & que vostre fin soit comme la leur.

Pp ij

SECTION VII.

De l'Ordre.

ARTICLE I.

Qu'est-ce que l'ordre?

C'Est vn Sacrement, par lequel est donné à ceux qui le reçoiuent vne grace & puissance spirituelle, pour exercer les Ministeres Ecclesiastiques.

Reuerez ceste puissance qui regarde les choses celestes, & qui acheminent à l'Eternité.

2. *La Matiere.*

Selon les sept degrez de ce Sacrement, & les fonctions de chaque degré les matieres sont diuerses, celle du degré des Portiers des clefs, & vne clochette qui denotent son office. 2. celle du Lecteur, le liure de l'office diuin. 3. de l'Exorciste, le Rituel des exorcismes. 4. de l'Acolythe, vn chandelier & vn cierge auec les petits vaisseaux où l'on met l'eau & le vin pour le seruice de l'autel. 5. du Sousdiacre vn calice & patene consacrez, auec le liure des Epistres. 6. du Diacre, le liure des Euangiles. 7. du Prestre, vne patene auec du pain à consacrer; & vn calice où il y ait du vin auec vn peu d'eau. Ces matieres sont de l'essence.

Admirez & honorez ce bel ordre de l'Eglise, qui est la maison de Dieu. Tout ce qui est de Dieu est bien ordonné.

3.   *La forme.*

Elle consiste aux paroles qui se disent par l'Euesque, en presentant à celuy qui doit estre ordonné la matiere conuenable à chaque degré. 1. aux Portiers, leur presentant & faisant toucher les clefs, il dit ; comportez vous comme ayans à rendre compte à Dieu, des choses qui sont enfermées sous ces clefs. 2. aux Lecteurs, en leur presentant & faisant toucher le liure de l'Office Ecclesiastique, il dit, Receuez ce liure, & lisez distinctemét les diuines loüanges, & vous aurez part à la retribution des bons seruiteurs de Dieu, si vous accomplissez fidelement vostre office. 3. aux Exorcistes, il presente le liure des Exorcismes, & leur dit : Tenez & souuenez vous que vous auez puissance d'imposer les mains sur les Energumenes, soit Catechumenes. soit Baptifez. 4. aux Acolythes, leur faisant toucher le chandelier auec le cierge, il dit, Receuez ce chandelier auec ce cierge, & sçachez que vous estes deputez au nom du Seigneur pour allumer le luminaire de l'Eglise, puis en leur faisant toucher le petit vase, il dit, Receuez ce petit vaisseau, pour fournir l'eau & le vin pour le seruice de l'Eucharistie au nom du Seigneur.

Catechese X.

Voyla comme se conferent les 4: ordres ou degrez que l'on appelle moindres. Vous en pouuez tirer diuers enseignemens de pieté & de respect.

4. *Continuez.*

5. Aux Sousdiacres en leur faisant toucher le calice & la patene consacrez, & en leur baillant le liure des Epistres, l'Euesque consacrant dit: Receuez le liure des Epistres, & ayez puissance de les lire en l'Eglise de Dieu, tant pour les viuans que pour les deffuncts, au nom du Pere, du Fils, & du S. Esprit. 6. aux Diacres, en leur faisant toucher le liure des Euangiles, il dit, Receuez la puissance de lire l'Euangile en l'Eglise de Dieu tant pour les viuans que pour les deffuncts au nom du Seigneur. 7. aux Prestres en leur faisant toucher le calice où il y a du vin & de l'eau, & la patene auec vne hostie, il dit; Receuez la puissance d'offrir sacrifice à Dieu, & de celebrer des Messes tant pour les viuans que pour les deffuncts au nom du Seigneur. Aprés leur imposant les mains sur la teste, il dit, Receuez le S. Esprit, de qui vous remettez les pechez ils seront remis, & retenus de ceux de qui vous les retiendrez.

Quelle reuerence deuez vous auoir à ceste puissance, à laquelle les Anges mesmes ne sont appelez. Que les Prestres soient reuestus du salutaire, & tous les saincts, ce sont les Chrestiés,

des Sacremens. 601

s'en resioüyront.

Quel est l'Administrateur de ce Sacrement? c'est l'Euesque seul, en quoy consiste la difference de l'Euesque & du Prestre, selon S. Hierosme. Le Prestre est enuoyé, mais ne peut pas enuoyer; vn Euesque est enuoyé, auec faculté d'enuoyer, & mesme auec pouuoir de cósacrer vn autre Euesque selon la forme de l'Eglise.

Reiettez l'erreur des Aëriens, qui ne mettoient point de difference entre l'Euesque, & le Prestre. 6. *Qui peut receuoir ce sacrement?*

Vn homme baptizé de sexe masculin, car le feminin en est totalement exclus. Il est vray que par les canons 1. Les enfans, 2. ceux qui n'ont pas l'vsage de raison. 3. Les meurtriers, 4. les Illegitimes. 5. ceux qui sont estropiez auec enorme difformité, sont declarez irreguliers, & incapables d'estre admis à ce Sacrement.

Benissez Dieu, & le priez qu'il suscite des Ministres idoines & conuenables à son Eglise, pour faire auec decence, & pour sa gloire les fonctions Clericales.. 7. *L'Intention.*

L'Administrant qui est l'Euesque la doit auoir, autrement il ne confere rien. Le Receuant la doit aussi auoir, s'il veut auoir part à la grace du Sacrement.

Demandez à Dieu qu'il fructifie les intentions des vns & des autres, & qu'il pouruoye son Eglise de fideles Pasteurs, & Clercs.

8. *La Disposition.*

L'Administrant & le Receuant doiuent estre en estat de Grace, autrement ils pechent l'vn en conferant, l'autre en prenant l'Ordre sacré.

Soyez sanctifiez vous qui portez les vaisseaux du Seigneur, & qui estes destinez à ces hauts Ministeres. **9.** *Les Effets.*

1. Il affermit en la grace Iustifiante. 2. il la cōserue. 3. il l'augmente. 4. il en donne vne particuliere pour faire bien & selon Dieu les fonctiōs du Ministere auquel on est employé.

Les Prestres de Dieu qui luy presentent des sacrifices, & les parfums des prieres doiuent estre saincts, de peur de polluer son nom, & d'auilir lenr Ministere. **10.** *Les Ceremonies.*

Elles sons fort amples. 1. l'Euesque y celebre Pontificalement auec grande assistance & solemnité. 2. les ornemens Pontificaux sont tous mysterieux. 3. comme aussi les Sacerdotaux. 4. chacun de ceux qui doiuent estre ordonnez est reuestu selon son grade. 5. le diuin Office se celebre auec apparat. 6. toutes choses s'y distribuent auec vn grand ordre.

Admirez la Sulamite la saincte Eglise rangée en belle ordonnance, comme vne armée mise en bataille, que verrez vous en elle sinon des chœurs de combatans, des bataillons de Choristes? **11.** *Que dites-vous du Caractere?*

des Sacremens.

Qu'il s'en imprime vn ineffaçable en ce Sacrement, comme en ceux de Baptesme & de Confirmation.

Ne manquez pas d'honorer ce caractere en ceux qui le portent, que Dieu appelle ses oingts, & desquels il a dit, qui vous mesprise me desdaigne.

SECTION VIII.

Du Mariage.

ARTICLE I.

Qu'est-ce que Mariage?

C'Est vn Sacrement qui par vn consentement mutuel fait vne conionction inseparable de l'homme & de la femme, capables de s'vnir par ce lien sacré.

Grand Sacrement, dit S. Paul, en I. C. & en son Eglise, honorable en tous ceux qui le contractent legitimement, & en toutes ses qualitez.   2.   *La Matiere.*

Ce sont les corps de ceux qui se contractent lesquels se donnent reciproquement l'vn à l'autre par vn mutuel consentement. Et ainsi sont rendus deux en vne mesme chair.

Priez pour la fidelité & loyauté mutuelle de ceux que Dieu a ainsi conioints, & que nulle puissance humaine ne peut separer. 3. *La Forme.*

Ce sont les paroles ou les signes exterieurs

qui expriment ce mutuel consentement.

Les paroles sont les liens qui attachent les creatures raisonnables. Ne promets point si tu ne veux tenir, car la promesse folle & temeraire desplaist à Dieu, beaucoup plus la perfidie & le parjure.   4. *L'Administrant.*

Le Prestre & les tesmoins requis depuis le Concile pour valider le mariage, & le rendre non clandestin, ne sont pas les Ministres de ce Sacrement, mais les parties mesmes, le Prestre comme Pasteur ne faisant que leur donner la benediction nuptiale, & receuoir leurs promesses à la face de l'Eglise.

Honorez ce decret de l'Eglise ayant, comme bonne Mere, soin de l'honesteté publique, & voulant que ses enfans, comme vrays enfans de lumiere, marchent comme il est bienseant & conuenable aux Saincts, en la clarté d'vn beau jour.   5. *Ceux qui le reçoiuent.*

Ce sont les contractans, pourueu qu'ils n'ayent aucun empeschement legitime, car il y en a qui empeschent le mariage a contracter, mais ne le dissoluent pas quand il est contracté & consommé, & d'autres qui le declarent nul quand mesme il seroit contracté & consommé.

Il faut beaucoup inuoquer la grace & l'assistance de Dieu auant que contracter vn tel lié.

6.   *Quels sont ces empeschemens?*

C'est vne matiere de longue deduction, &

sur laquelle il est besoin de consulter les Docteurs.

Il me suffit icy d'auertir que l'on n'entre pas sans filet & sans addresse dedans ce labyrinthe.

7. *L'Intention.*

Puisque c'est le consentement mutuel qui fait le nœud du mariage, plustost que l'vnion des corps, il est clair que l'intention reciproque des deux parties y est necessaire, autrement le Sacrement est nul.

Auisent ceux que cecy regarde si leur intention a esté telle qu'elle a deub estre.

8. *La Disposition.*

Comme les contractans sont & Ministres & receuans ce Sacrement, ils pechent d'ailleurs s'ils le contractent en estat de peché, & se priuent de la reception de la grace annexée à ce mystere.

Deplorez l'aueuglement de plusieurs qui ne pensent point a cecy, d'où vient qu'il y a si peu d'heureux mariages.

9. *Les Effects.*

1. L'vnion & la mutuelle correspondance des parties. 2. La Paix & concorde. 3. l'ayde reciproque en la conduite & eleuation de la famille & des enfans au seruice de Dieu. 4. il affermit la fidelité & loyauté. Il affoiblit les tentations & donne force pour y resister.

Priez Dieu qu'il conserue & augmente ses

graces à ceux qui sõt engagez en ceste cõditiõ.

10. *Pour quelles causes est institué le Mariage.*

1. Pour auoir lignée. 2. pour euiter l'Incontinence. 3. pour s'ayder mutuellement à l'education de la lignée. 4. pour honorer l'indissoluble conionction de I. C. auec l'Eglise.

Honorez ce Sacrement que Dieu a institué dans le Paradis terrestre, & que I. C. a honoré de sa personne aux nopces de Cana.

11. *Les Ceremonies.*

1. Le Prestre est en habit conuenable à sa dignité. 2. l'assistance en respect, 3. les parties auec toute modestie & decence se presentent à la face de l'Eglise pour y receuoir la benediction de Dieu par les mains de son Seruiteur. 4. Ils assistent au diuin Sacrement. 5. le pain & le vin y sont benits. 6. le voyle. 7. l'anneau. 8. le lict est beny. Et sainct Paul l'appelle couche sans tache.

Ayez en horreur les insolences qui se commettent quelque-fois dans les festins & banquets, & qui deffigurent l'honnesteté d'vne si saincte ceremonie.

12. *Preferez vous la Continence au Mariage?*

Qui en peut douter apres le conseil de Continence donné par N.S. en l'Euangile. (Matth. 19.) & continué par son Apostre (1. Cor. 7.).

Finissons par ce diuin Oracle, Qui se marie fait bien, qui ne se marie pas fait mieux.

FIN.

La simplicité de [illegible] [illegible]
quand [illegible] [illegible] la peine [illegible]

La simplicité consistera a [illegible] la
peine a la [illegible] de [illegible] -
[illegible] le motif de l'amour

[illegible] de [illegible] [illegible] p. 26 [illegible]
[illegible] de la [illegible] [illegible]
amour [illegible] p. 27 [illegible]

[illegible] p. 37 [illegible] que [illegible] la [illegible]
[illegible] [illegible]

[illegible] [illegible] [illegible] [illegible]
ainsi que de la [illegible] p. 40 et 41.

[illegible] [illegible] [illegible]
[illegible] p. 46

aimer [illegible] pour l'amour de [illegible]
[illegible] pag 251 traitté de la vraye
Charité

Amour [illegible] pag. 255 traitté
de la vraye Charité
[illegible] [illegible] amour [illegible]
[illegible] a l'union [illegible]

[illegible] de S.t [illegible] p. 27 [illegible]
de la Charité

aimer [illegible] pag. 270 [illegible]
[illegible]
Le [illegible]

[illegible] [illegible] [illegible] de l'amour
[illegible] pag 296 [illegible] 69. ordre de
la Charité [illegible]

[illegible] de [illegible] distinguent [illegible]
pag. 10 [illegible]

La p[er]fection Chr[est]ienne q[ue] fa[i]t au [...]
avene pag 30[1]

S[eig]nr a [...] gn[er] les egnors que seya [...]
Chr[ist] pag 303 a 304

D[...] p[er]ge g[ue]stu pag 309 a 378

A[...] sy mala[...] dicts p[...] de somber[...]
a[...] Affaire pag 300 [...] [...]

Conuerti[e] sa[...] b[...] p[er]ge a[...] p 33[...]

Les mon[...] de s[...] si b[...] a conse[...]
au perge ou a la th[...] [...]

Up[...] p[er]sone gh d[...] les sup[...] de p 340
de [...]

qua[...] malen fact le perge [...]
p[ag] 344 de [...]

[...] Ga[...] sa[...] libele au C[...] pag 352

La Justice eyep[...] general[...] oeq[...]
Affaire 353.

Ult[...] E[...] dy ma[...] [...]
les [...] dy habit[...] general
de la S[...] A[...] [...]
Justice morale p 354 de [...]

Hs Confrig de Commander ler pag 359
La selection de l[...] confre [...]
Confre quand a l[...] de [...] de [...]
ma[...] de Commande[...] qua[...] la[...]
pag 359

a go[...] done s[...] sa ma[...] [...]
a Din sa p[...] pag 360

Texte détérioré — reliure défectueuse
NF Z 43-120-11

www.ingramcontent.com/pod-product-compliance
Lightning Source LLC
Chambersburg PA
CBHW051324230426
43668CB00010B/1139